Heinrich Breloer
Speer und Er

Heinrich Breloer

Speer und Er

Hitlers Architekt
und Rüstungsminister

Propyläen

*Buchfassung: Heinrich Breloer in Zusammenarbeit mit
Barbara Hoffmeister*

Propyläen ist ein Verlag der Ullstein Buchverlage GmbH

ISBN 3-549-07193-0

© Ullstein Buchverlage GmbH, Berlin 2005
Alle Rechte vorbehalten
Printed in Germany
Satz, Aufbau und Layout: Prill Partners producing, Berlin
Reproarbeiten: LVD GmbH, Berlin
Druck und Bindung: Mohndruck Graphische Betriebe GmbH, Gütersloh

Inhalt

Vorbemerkung 9
Nürnberg 1945: Die Anklage 13
Auf dem Obersalzberg 27
Die Hauptkriegsverbrecher 33
Liebe zum Einfachen 41
1930: Hitler in der Hasenheide 46
Erste Aufträge der Partei 52
München 1933: Im Wohnzimmer des Führers 59
Nürnberg 1945: Maßnahmen der Anklage
   und der Verteidigung 64
Berlin 1933: Zu Tisch mit Hitler 70
Der erste Architekt des Führers 76
Prozessauftakt 82
Das Speer'sche Tempo: Die Neue Reichskanzlei 87
»Wenn Hitler einen Freund gehabt hätte …« 94
Eine Reise nach Paris 102
Germania oder: »Der ganze Sinn meiner Bauten« 106
Berliner Witz und Widerstand 114
»Judenreine Gebiete«: Professor Speer macht
   einen Vorschlag 119
Dezember 1941: Besuch bei Heydrich in Prag 135
Besuch in der Wolfsschanze:
   Der neue Rüstungsminister 136
Zwischenspiel bei der Familie 150
Alles auf Rüstung 155
Speer in Winniza: Lebensraum im Osten 158
»Wisst ihr Deutsche das?«
   Der Ausbau des Lagers Auschwitz 164

INHALT

Der Anfang vom Ende: Stalingrad *176*
Im Namen des Volkes: Der »totale Krieg« *181*
Nürnberg 1945: Die Eröffnungsrede
   von Justice Jackson *186*
Täter und Mitwisser: Posen, 6. Oktober 1943 *190*
Fußnote zu Posen: Die Akte Speer *200*
Nürnberg 1945: Erster Film über
   die Konzentrationslager *207*
Zeugen der Verteidigung *213*
Arthur Harris: »Wir bomben Deutschland
   nach Noten« *216*
Dem Führer abgerungen: Wiederaufbaustab Speer *222*
Superminister für die wirtschaftliche
   Gesamtproduktion *227*
»Rechnende Romantiker«: Die V2 *230*
Im Lager Dora *234*
»Absolut einwandfreie Arbeitsbedingungen« *248*
Speer als Kronzeuge und verhinderter
   Hitler-Attentäter *255*
»Das aufregendste Wettrennen der Weltgeschichte« *266*
Zwischen Niederlage und Neubeginn *275*
Der Nero-Befehl *283*
Flucht der Familie *292*
Nürnberg: Einvernahme Albert Speers *299*
Reaktionen in der Familie *313*
Kreuzverhör *318*
Zuletzt im Bunker *332*
Der meistbefragte Mann des Dritten Reiches *346*
Vor dem Urteil *356*
»Speer lachte nervös«: Das Urteil *364*
Nach Nürnberg *377*

Texthinweise *389*
Personenregister *409*
Bildnachweis *415*

»Wenn Hitler einen Freund gehabt hätte, wäre ich es gewesen.«
Albert Speer

»Die Hitlers und Himmlers mögen wir loswerden – die Speers werden uns bleiben.«
Sebastian Haffner, 1944

Besetzungsliste SPEER UND ER

Albert Speer	Sebastian Koch
Adolf Hitler	Tobias Moretti
Margarete Speer	Dagmar Manzel
Annemarie Kempf	Susanne Schäfer
Baldur von Schirach	Markus Boysen
Karl Dönitz	Peter Rühring
Rudolf Hess	André Hennicke
Erich Raeder	Michael Gwisdek
Hermann Göring	Hannes Hellmann
Fritz Sauckel	Oliver Stern
Robert Jackson	Edmund Dehn
Hans Flächsner	Joachim Bißmeier
Gustave Gilbert	August Zirner
Kenneth Galbraith	Sky Du Mont
Richard Sonnenfeldt	Elias Patrick
Major Neave	Hannes Jaenicke
Heinrich Himmler	Florian Martens
Joseph Goebbels	Wilfried Hochholdinger
Martin Bormann	Gottfried Breitfuß
Eva Braun	Eva Hassmann
Karl Brandt	Michael Maertens
Fritz Todt	Conrad F. Geier
Nikolaus von Below	Tim Vetter
Walter Model	Hubert Mulzer
Heinrich Hoffmann	Heinz Grunschel
Gerhard Degenkolb	Götz Argus
Hans Kammler	Sven Walser
Rudolf Wolters	Axel Milberg
Marion Riesser	Erika Marozsan
Ernst Speer	Christian Nickel
Friedrich Tamms	Franz Xaver Zach
Friedrich Hetzelt	Heinz Kloss
Helmut Hentrich	Artus-Maria Matthiessen
Julius Schulte-Frohlinde	Alfred Herms

Buch: Heinrich Breloer und Horst Königstein

Vorbemerkung

Damals konnte man noch mit der Geschichte telefonieren. Albert Speer kam in seinem Heidelberger Haus persönlich an den Apparat. Und dann traf ich ihn zu einem längeren Gespräch in Hamburg. Das war am 1. Mai 1981, wenige Monate vor seinem Tod. Mir trat ein freundlicher älterer Herr entgegen. Unprätentiös setzte er sich neben mich in meinen alten VW Käfer, und ich chauffierte uns ins Hamburger Landesarchiv. Dort wartete mein Freund Horst Königstein mit dem Kamerateam, und schon kurze Zeit später drehten wir seine Sichtung der alten Bauzeichnungen und Fotos aus den Jahren, als Hamburg nach Hitlers Plan zu einer Hafenstadt amerikanischen Formats mit einem Hochhaus und einer Art Golden Gate Bridge umgebaut werden sollte.

Heinrich Breloer im Gespräch mit Albert Speer in Hamburg 1981

Zuvorkommend beantwortete er alle Fragen, auch solche nach seinen persönlichen Erinnerungen an Adolf Hitler. Es gab kein Tabu, und sehr schnell hatte er ein Vertrauensverhältnis hergestellt. Ich hatte seine Bücher gelesen und war von der Geschichte fasziniert.

Der Sohn aus gutem Hause geht hinaus in die Welt, trifft auf den bösen Zauberer, gerät in dessen Hofstaat und wird in seine Verbrechen hineingezogen, kann sich schließlich aus dem Bann lösen und gerade noch die völlige Zerstörung Deutschlands verhindern. Urteil, Strafe, Buße folgen, und geläutert kann er in die Welt zurückkehren, aus der er aufgebrochen war, und wird dort für sein reuiges Bemühen um die Wahrheit belohnt. Ein märchenhafter Glanz fällt so auf dieses Leben.

Ich konnte an seinen Worten nicht zweifeln. Etwas störte allerdings und machte uns schon damals stutzig, die leicht sto-

VORBEMERKUNG

ckende Redeweise Albert Speers. Fast war es so, als wollte er jedes Wort kontrollieren. Es war die Art, wie er über sich erzählte – als ob der Speer, der vor uns stand, mit dem Rüstungsminister nichts zu tun hätte. Wir saßen gemeinsam vor der Couch mit dem Patienten, und Speer war Analytiker und Analysand zugleich. Seltsam dabei war, dass die beiden Personen jeden gefühlsmäßigen Zusammenhang verloren hatten, als hätte sich Albert Speer unter dem Schock der Wahrheit von 1945 in zwei Teile zerlegt.

Bald darauf gruben Wissenschaftler einer nachwachsenden Generation immer mehr Tatsachen aus, die der Bestsellerautor seinen Lesern verschwiegen hatte. Diese Fakten ließen den Minister Hitlers deutlich in einem anderen Licht erscheinen als dem, in das er sich selbst gerückt hatte. Er entpuppte sich als der kaltblütige Manager, der für seine Karriere über Leichen ging. Ein Mann, der als Mitwisser und Mittäter am Jahrhundertverbrechen des Judenmords beteiligt war.

Mit dem zentralen, zuletzt beinahe gebetsmühlenhaft wiederholten Satz »Ich hätte wissen können, wenn ich gewollt hätte«, hatte Speer seine Schuld immer aufs Wegsehen verlegt. Diese Verteidigungslinie brach nun Stück für Stück zusammen. Bei alledem hatte jedoch das Ansehen Speers in der Öffentlichkeit merkwürdigerweise kaum Schaden genommen.

Zwanzig Jahre später habe ich nach meinem Film über die Familie Mann eine zweite Reise in das Leben Albert Speers unternommen.

Der Besuch im Pharaonengrab Speers im Bundesarchiv, wo der – sicherlich von ihm gesäuberte – Nachlass in Regalmetern zu besichtigen ist, hat mir gezeigt, wie oft er sein Selbstbild korrigiert hat. Die Dokumente, die hier und in anderen Archiven liegen, sprechen eine andere Sprache als der Zeitzeuge Speer, der nach seiner Entlassung rastlos unterwegs war und in den Fernsehstudios ganz Europas sein Selbstbild propagiert hat. Er kannte wohl einen Teil dieser ihn belastenden Dokumente von seinen Besuchen im Archiv; er verschwieg sie gerne oder versuchte sie herunterzuspielen. Meine Besuche bei den Zeitzeugen, die Vor-Ort-Besuche oder das Treffen mit ehemaligen Häftlingen im

VORBEMERKUNG

Konzentrationslager Dora haben mein Bild von Albert Speer deutlich verfinstert. Am Ende war er der Manager des Grauens.

Das Filmprojekt SPEER UND ER über den Architekten, Rüstungsminister, Hauptkriegsverbrecher, Spandau-Häftling, Zeitzeugen und Bestsellerautor Albert Speer, das ich zusammen mit Horst Königstein entwickelt habe, stellte uns immer wieder vor die Frage, welchen Szenen wir zunächst trauen wollten und wie man den Überlieferungen Speers dann im Film das verdrängte, vergessene und verschwiegene Material seines Lebens gegenüber stellen konnte. In der Konfrontation der Lebenslegende mit den Gegenbildern historischer Wirklichkeit sollte ein komplexes Bild entstehen, das den Zuschauer an der Suchbewegung des Films beteiligt.

Ein Mittel der Distanzierung von Speers Sehweise und, wichtiger noch, die Rückbindung an unsere eigene Lebenswirklichkeit war die Frage, wie die Kinder Albert Speers mit dem unheimlichen Erbe ihres Vaters zurechtkommen mochten – wie wir alle mit dem Fortwirken der blutigen Erbschaft zurechtkommen müssen, die uns dieses Vaterland hinterlassen hat. Hilde, Albert und Arnold Speer haben mich über Wochen einen weiten Weg begleitet, mitunter bis dorthin, wo der Blick in den Abgrund uns alle sprachlos werden läßt.

Beim Dreh des Films bieten sich dann noch einmal ganz andere Aufschlüsse über die Welt Albert Speers. Es gibt den Tag, an dem Sebastian Koch in der braunen Uniform Albert Speers und Tobias Moretti in der Maske Adolf Hitlers vor mir stehen. Der Ort ist vielleicht die Reichskanzlei, die wir im Studio als blutrotes Gehäuse nachgebaut haben. Dabei tauchte für die Schauspieler immer wieder die Frage auf, wie viel die Personen von ihrer Geschichte wissen. Wie naiv darf Koch als Speer sein Glück an der Seite Hitlers blind und taub für die Mordpläne und -taten erleben? Wir haben am Drehort oft von der doppelten Perspektive gesprochen, mit der wir diese Geschichte erzählen wollten. Die handelnden Personen kennen nicht das Ende der Geschichte. Wir sehen durch den Rauch der Schornsteine von Auschwitz auf das Personal in der Reichskanzlei. Sebastian Koch

VORBEMERKUNG

darf Albert Speer, bei allem angemessenen Hochmut, mit einer gewissen Blindheit für seine zahllosen Opfer spielen. Nur so konnte er die Geschichte selber vorantreiben – mit dem Optimismus und der Euphorie, Bauten für Jahrhunderte zu errichten, in der Vertreibung und schließlich Deportation der Berliner Juden eine Lösung für seine Bauprobleme gefunden zu haben.

Unsere Bilder zeigen die schweren Koffer der Berliner Juden auf dem Bahnsteig, die später als Gebirge leerer Koffer in Auschwitz von den Befreiern gefilmt wurden. Wann war Albert Speer bewusst, dass er an diesem Raubmord beteiligt war? Was ist Selbsttäuschung in seinen Erzählungen und wo liegt gezielte Täuschungsabsicht vor?

Das vorliegende Buch hatte die Drehbücher zur Basis. Die Szenen sind allerdings – ein Buch ist kein Film – neu arrangiert, thematisch vertieft und verdichtet worden. Viele Originalzitate sollen zum Verständnis der fünfzehn Jahre Speer'schen Wirkens für den Nationalsozialismus beitragen.

Bei meinen Gesprächen hörte ich von einer Begegnung Albert Speers mit Simon Wiesenthal, dem Gründer des jüdischen Dokumentationszentrums in Wien. Wiesenthal habe zu Speer gesagt: Wenn bekannt gewesen wäre, was wir heute wissen, wären Sie 1946 in Nürnberg gehängt worden! Speer habe daraufhin geschwiegen. Wiesenthal: Er wusste, dass ich Recht hatte.

Heinrich Breloer, im April 2005

Nürnberg 1945: Die Anklage

Vier Meter ist die Zelle lang und etwa 2,30 Meter breit. Albert Speer hat die Maße schon vor Wochen abgeschritten. Eine alte Gewohnheit: Volumenberechnung. In dem drei Meter hohen Raum gibt es in Kopfhöhe ein Kippfenster, dahinter das Gitter, dann geht der Blick auf das Gerichtsgebäude. Die Scheiben haben die Amerikaner durch Kunststoffgläser ersetzt, graues Zelluloid, verkratzt.

Keiner der Gefangenen soll sich dem Prozess entziehen können. Gürtel, Hosenträger und Schuhbänder hat man abgeben müssen, und durch eine quadratische Klappe in der schweren Eisentür bleiben die Zellen auf Augenhöhe einsehbar. Man will die Gefangenen jederzeit unter Kontrolle haben. Während der Nacht leuchtet ein kleiner Scheinwerfer durch die Luke. Doch Speer hat Glück: »... ein für normale Menschen bescheidener, für mich gewaltiger Wechsel: Ich wurde in den dritten Stock, auf die Sonnenseite verlegt, wo es bessere Räume mit besseren Betten gab.« Ein Sonnenbad für den Oberkörper – dazu braucht es lediglich ein paar Decken auf dem Zellenboden, darauf rutscht man dann Zentimeter für Zentimeter weiter bis zum letzten Lichteinfall.

In seinen *Erinnerungen* wird einmal stehen, der »Absturz von der Höhe der Macht« sehe ihn zu seinem Erstaunen »ohne große innerliche Erregung«. Eine »zwölfjährige Schulung der Unterordnung« und das Bewusstsein, »bereits in Hitlers Staat ein gefangener Mensch gewesen« zu sein, hätten ihn anpassungsfähig gemacht. Doch das sollte für den Mai 1945 gelten; die Inhaftierung der Elite des untergegangenen Reiches hatte damals noch in Palasthotels stattgefunden – im luxemburgischen Grenz-

Albert Speer in seiner Nürnberger Zelle

NÜRNBERG 1945: DIE ANKLAGE

ort Mondorf-les-Bains, dann in der Nähe von Versailles, schließlich auf Schloss Kransberg im Taunus, das Speer selbst einst für Göring umbaute. Man ist mehr befragt als verhört worden, hat viel zu erzählen gehabt. Die Sieger haben alles genauestens wissen wollen, man tauschte Erfahrungen in Bezug auf die mutmaßlich kriegsentscheidenden Strategien und Irrtümer aus, gab Einschätzungen zu Personen und Maßnahmen ab oder Auskünfte über Interna aus dem inneren Führungszirkel. Nürnberg, der Ort einstiger Erfolge als Architekt der Partei, das wusste Speer, war etwas anderes – nach Nürnberg kam nur, wer als Hauptkriegsverbrecher eingestuft wurde: »Ich versuchte die Fassung zu bewahren, aber die Nachricht traf mich schwer.«

Durch die Luke ist der Aufmarsch einer Delegation zu hören, sie geht von Zelle zu Zelle. Göring, Ribbentrop, Heß, Kalten-

NÜRNBERG 1945: DIE ANKLAGE

brunner, Rosenberg und weitere Namen werden aufgerufen, die Stimme eines Offiziers spult im immergleichen Rhythmus die Worte herunter: »I am Major Neave, the officer at the International Military Tribunal to serve upon you a copy of the indictment in which you are named as defendant.« Dann folgt die Stimme eines Dolmetschers: »Ich bin Major Neave, Offizier beim Internationalen Militärtribunal. Ich übergebe Ihnen eine Kopie der Anklageschrift, in der Sie als Angeklagter aufgeführt sind.«

Nürnberg hat neben Berlin und München – und nicht zu vergessen Linz, die Jugendstadt des Führers – zu Hitlers auserwählten Orten gezählt; einmal jährlich im September sollte sich das dortige Reichsparteitagsgelände als Weihestätte darbieten. Und ausersehen für diese »damals größte künstlerische Bauaufgabe des neuen Reiches« war der junge Albert Speer, der im gleichen Jahr, 1934, Leiter des Amtes »Schönheit der Arbeit« in der Deutschen Arbeitsfront und Chef der Bauabteilung im Stab von Rudolf Heß wird. Nürnberg knapp zwölf Jahre später, im Oktober 1945: ein Trümmerfeld.

Richard Sonnenfeldt, 1945 Mitarbeiter des Internationalen Militärtribunals: »Da gab es keine Stadt. Das erste Mal kam ich mit einem zweimotorigen Flugzeug aus Paris – das war im Juli 1945. Das Fahrwerk von dem Flugzeug ging nicht runter. Deswegen

15

NÜRNBERG 1945: DIE ANKLAGE

Richard Sonnenfeldt, Jahrgang 1923, emigrierte als Kind in die USA

mussten wir über dem Parteitagsgelände kreisen. Und so weit das Auge reichte, konnte ich kein Dach und kein Haus sehen, außer einem Teil des Justizpalastes mit einem Dach. Man konnte runter in die Häuser gucken, viele hatten keine Etagen mehr. Und da gab's keine Straßen, die waren noch full of shit ... Das Fahrwerk kam schließlich runter, wir sind gelandet, und da standen ein Panzerwagen und zwei Jeeps, um uns abzuholen. Es gab nur ganz enge Pfade zwischen diesen Schutthaufen. Ich hab eine Zigarette aus dem Jeep rausgeworfen, und auf einmal sind drei deutsche Frauen darauf gestürzt wie Möwen, denn es gab keinen Tabak. Es gab keine Seife, es gab keinen Kaffee. Die haben Rüben und Kartoffeln gegessen, das Wasser kam aus dem Fluss. Da waren keine Männer, die waren alle Kriegsgefangene, außer Einarmigen oder Einbeinigen. Ich sage Ihnen das, denn Justice Jackson hat am Anfang dieses Prozesses gesagt: Die Deutschen können diese Leute gar nicht verurteilen, denn es gibt kein Deutschland.«

Der Justizpalast von Nürnberg ist nur durch Zufall stehen geblieben, ein Gebäude aus der Mitte des 19. Jahrhunderts, mit Hunderten von Büros, mit Verhandlungsräumen und vor allem dem sternförmigen Zellentrakt. Der erstreckt sich über drei Stockwerke, ist ohne geschlossene Zwischendecken über Treppen und

Nürnberg 1945

Der Nürnberger Justizpalast

Laufstege begehbar und von überall gut einzusehen durch hohe Fenster, die an eine Kathedrale erinnern.

Colonel Andrus, der amerikanische Gefängniskommandant, zwei GIs, der Brite Major Neave und Richard Sonnenfeldt als Dolmetscher bilden die Abordnung im Gefängnisflur. Major Airey Neave hat in Oxford Deutsch gelernt und dann fünf Jahre für den Geheimdienst gearbeitet. Bei Einsätzen in Polen wurde er von der Gestapo gefasst, doch er konnte fliehen, und nun ist er als Spezialist auf die Anklage gegen Krupp und die so genannte Sklavenarbeit angesetzt worden. Er kennt Speers Biografie. Auch Neave ist, mehr durch seinen Lebenslauf als durch seine Funktion, ein »big shot«, ein Star in Nürnberg. Er hat für diesen Tag seine beste Uniform angezogen – »with a Sam Browne belt and polished brass«.

Speers Zelle wird aufgeschlossen. Die Delegation tritt ein. Neaves Stimme hallt in die Höhe, scharf, drohend, unversöhnlich hört es sich an: »I am Major Neave. You are charged of crimes against peace, war crimes, crimes against humanity, or participation in a common plan or conspiracy for the accomplishment of any of the forgoing. You shall have the right to conduct your own defense before the Tribunal or to have the assistance of a counsel.« Und Richard Sonnenfeldt übersetzt: »Sie sind der Verbrechen gegen den Frieden, der Kriegsverbrechen, Verbrechen gegen die Menschlichkeit, des Völkermords oder der Verschwörung zu einer der vorgenannten Handlungen angeklagt. Sie haben das Recht, sich vor Gericht selber zu verteidigen oder die Hilfe eines Verteidigers in Anspruch zu nehmen.«

Speer kennt Sonnenfeldt schon. Der ist fast noch ein Junge, etwas über zwanzig Jahre. Er ist drei, vier Mal dabei gewesen, als der ehemalige Rüstungsminister im Vorfeld der Anklage verhört worden ist. Ein Jude – unverkennbar; einer, den sie mit den Eltern hinausgejagt hatten. Nun steht er in der Uniform der Sieger vor ihm und erklärt ihm das Papier, das der britische Major ihm gerade überreicht hat: »Hier ist eine Liste von zugelassenen deutschen Anwälten. Wir erwarten bis morgen Ihre Entscheidung.«

Die Zellentür schnappt ins Schloss. Speer blättert die Seiten an und beginnt, in dem Konvolut zu lesen. »Der Angeklagte Speer … beteiligte sich … an der militärischen und wirtschaftlichen Planung und Vorbereitung der Nazi-Verschwörer für Angriffskriege … er genehmigte und leitete die in Anklagepunkt Drei angeführten Kriegsverbrechen, ebenso wie die in Anklagepunkt Vier angeführten Verbrechen gegen die Humanität, im besonderen den Mißbrauch und die Ausnützung von Menschen für Zwangsarbeit während der Führung von Angriffskriegen, und nahm an diesen Verbrechen teil.«

Speer sackt auf den Stuhl unter dem vergitterten Fenster. Ihm ist, als schöben sich die Wände auf ihn zu. Das ist das Todesurteil. Sie werden ihn hängen, wenn es bei diesen Behauptungen bleibt. Die Russen werden nichts anderes gelten lassen. Hitlers Rüstungsminister weiß, was er ihnen angetan hat. Sein Organisationsgenie hat den Krieg verlängert, die Sowjetunion rechnet ihm dafür Millionen von Toten an. Aber das war der Krieg, und den hatte doch Hitler gewollt.

Anklagepunkt Vier: Verbrechen gegen die Humanität. »A) Ermordung, Ausrottung, Versklavung, Deportation und andere unmenschliche Handlungen gegen Zivilbevölkerungen vor oder während des Krieges.« Verschleppung der Zivilbevölkerung der besetzten Gebiete zum Zweck der Sklavenarbeit. Kriegsverbrechen, die von den Angeklagten begangen wurden und von anderen Personen, für deren Handlungen die Angeklagten einzustehen haben …

Ein Irrtum. Er kann unmöglich gemeint sein. Er ist Architekt, hat sich in die Rüstung auf Befehl des Führers eingearbeitet. Wer sich auskennt, der weiß, dass sein Ministerium doch im Grunde ein Beschaffungsamt gewesen ist, es organisierte die Produktion der Waffen für die Landsleute an der Front. Jeder andere an seiner Stelle in jedem anderen Land hätte nicht anders für sein Volk gehandelt. Das hat er doch schon klar ausgedrückt, gleich nach Kriegsende im Mai in Glücksburg und wenig später in Kransberg. Freundliches Entgegenkommen war die Reaktion damals, gerade bei den Briten und Amerikanern, die hier in Nürnberg nun den Ton angeben und den Prozess aufziehen. »In meiner Naivität hatte ich mir vorgestellt, dass jeder Einzelne seine individuelle Anklageschrift erhielte. Nun stellte sich heraus, dass jeder von uns all der ungeheuerlichen Verbrechen bezichtigt wurde, die dieses Dokument aufführte.«

Haben die denn nicht zugehört? Albert Speer ist nie ein Judenhasser gewesen wie Streicher, kein Fanatiker wie Goebbels, kein subalterner Militär wie die Keitels und Jodls, die all die sinnlosen Befehle des Führers aus den letzten Monaten mit ihrer Autorität gedeckt haben. Er gehört nicht zum braunen Pöbel, den Alten Kämpfern, die mit der Machtergreifung nach oben gespült worden sind und sich dann »durch ihr Leben im Luxus verweichlicht und sich zur Minderwertigkeit entwickelt« haben, die Görings, die Leys, die Himmlers, die nichts mehr geleistet haben. Die von der zunehmenden Unentschlossenheit und Selbstisolierung des Führers lebten.

Speer liest weiter: Die Ermordungen und Misshandlungen wurden auf verschiedene Weise ausgeführt wie: durch Erschießen, Erhängen, Vergasen, Aushungern, übermäßige Zusammenpferchung, systematische Unterernährung, systematische Aufbürdung von Arbeit über die Kraft derer, die sie auszuführen hatten, unzureichende ärztliche Betreuung und Hygiene, durch Fußtritte, Prügel, Brutalität und Folter jeder Art, einschließlich des Gebrauches glühender Eisen, Ausreißen von Fingernägeln und Vornahme von Experimenten durch Operationen usw. an lebenden Menschen …

Das war doch Himmlers Bande; da muss man doch unterscheiden. Man darf ihn doch nicht auf dieses Niveau ziehen. Das wäre das Ende. Er muss sich Achtung verschaffen, den nötigen Abstand zwischen sich und die Primitivlinge bringen. Er ist nur ein Fachmann …

Solche Gedanken mögen Speer durch den Kopf gehen, als einem Mann in amerikanischer Armeeuniform die Zellentür aufgeschlossen wird. Er bleibt noch im Korridor stehen und blickt den Inhaftierten an; er wirkt intelligent und zurückhaltend: »Wenn Sie mit mir sprechen wollen?« Gustave M. Gilbert ist erst seit kurzem als eine Art Gerichtspsychologe im Nürnberger Gefängnis. Er spricht Deutsch und wird die angeklagten Nationalsozialisten bis zur Urteilsverkündung begleiten. Oberst Andrus möchte über ihre seelische Verfassung unterrichtet werden. Gilbert wird einer der wenigen Männer sein, die stets freien Zugang zu den Zellen haben, und bald zum vertrauten Gesprächspartner der Angeklagten werden.

Der Nürnberger Gerichtspsychologe Gustave M. Gilbert

»Als deutsch sprechender Abwehroffizier hatte ich den Zusammenbruch der Nazi-Kriegsorganisation und den Beweis für das Nazi-Barbarentum an Orten wie dem Dachauer Konzentrationslager vor dem eigentlichen Kapitulationstag gesehen. Als Psychologe interessierte es mich natürlich herauszufinden, was Menschen dazu gebracht hatte, sich der Nazi-Bewegung anzuschließen und all das zu tun, was sie getan hatten.« Die »Befragung von Kriegsgefangenen und deutschen Zivilisten hatte sich als erfolglos erwiesen«, schreibt Gilbert später. Die »kleinen Leute« beteuerten ihre Unschuld und beriefen sich darauf, von ihren Führern verraten worden zu sein. Nun würde er ein Jahr lang, das Jahr zwischen Anklage und Urteil, diesen Führern vor allem zuhören.

Dr. Hans Frank zum Beispiel, Jahrgang 1900, von 1939 bis 1945 mächtiger Generalgouverneur in den besetzten polnischen Gebieten, dem »Wandalengau«, wie er gesagt haben soll. In den zwanziger Jahren ist er Hitlers Anwalt gewesen, nach seiner Gefangennahme gibt ein beinahe gelingender Selbstmordversuch seine Identität preis. Treblinka, Belzec, Majdanek lagen in seinem Verwaltungsbereich, Inbegriffe der Vernichtungslager. Er ist früh stolz darauf, dem Führer durch konsequente Deportationen Arbeiter zur Verfügung zu stellen. »Polen wird als Kolonie behandelt werden; die Polen sollen die Sklaven des Großdeutschen Weltreiches werden«, so Frank am 3. Oktober 1939. Hier in Nürnberg erkennt er nun, dass er mit dem Teufel im Bunde stand, und sucht Zuflucht im Katholizismus. Die Hysterie der Reue entspricht wohl seiner früheren Brutalität. »Ich sehe ein, das Schicksal hat mich hierher gestellt, damit ich das Böse enthülle, das in uns allen steckt. Gott möge mir die Kraft geben, das zu tun und nicht wieder schwach zu werden«, hält Gilbert einen solchen Ausbruch fest. »Wenn ich befehlen würde, daß jedesmal wegen sieben erschossenen Polen Anschläge angebracht werden, dann gäbe es in ganz Polen nicht genug Wälder, um das Papier für diese Anschläge herzustellen«, so Frank am 6. Februar 1940 in einem Interview für den *Völkischen Beobachter*.

Oder Robert Ley, Jahrgang 1890, NSDAP-Mitglied seit 1924, Leiter der Deutschen Arbeitsfront (DAF), der mit 25 Millionen Mitgliedern größten Massenorganisation des Dritten Reiches, erbitterter Antisemit, Alkoholiker. Er erdrosselt sich mit den abgerissenen Säumen eines Militärhandtuchs am Abflussrohr. Gilbert hat ihn Stunden zuvor erregt in seiner Zelle angetroffen: »Soll ich mich gegen diese Verbrechen, von denen ich nichts wusste, verteidigen? ... Stellt uns an die Wand und erschießt uns! – Ihr seid die Sieger.« Auf einem Zettel hinter-

Hans Frank in Nürnberg

lässt er die Bemerkung, er habe die Schuld nicht länger aushalten können.

Oberst Andrus ist bestürzt. Die Wachen werden vervierfacht. Für viele der Gefangenen ist Andrus schon seit »Ashcan« verantwortlich – »Mülleimer« nannten sie das Auffanglager für Top-Nazis im Mondorfer Luxushotel. Er hat sie heil nach Nürnberg gebracht, und nun soll ihnen auch der Prozess gemacht werden. Gilbert wird neben den 24-Stunden-Wachen zu seinem Frühwarnsystem.

Speer hat sofort verstanden, dass der Gerichtspsychologe sie alle kontrollieren und beobachten soll. Der kluge Doktor unterzieht sie auch einigen Tests. Man will die eingefangenen Nazis von allen Seiten beleuchten. Speer muss sich nicht besonders anstrengen, um beim Intelligenztest ordentlich abzuschneiden. Ein IQ von 128 ergibt Rang 12 von 21.

Die Nazi-Führer sind, mit Ausnahme von Julius Streicher, dem von allen gemiedenen einstigen Herausgeber des *Stürmer*, überdurchschnittlich intelligente Männer; »was nur die Tatsache bestätigt, daß die erfolgreichsten Menschen auf jedem Gebiet menschlicher Tätigkeit – sei es Politik, Industrie, Militärwesen oder Kriminalität – meist über der Durchschnittsintelligenz liegen«, schätzt Gilbert nüchtern die Aussagekraft seiner Tests bei der Beurteilung dieser Angeklagten ein. Seine täglichen Aufzeichnungen werden unvergleichlich aufschlussreicher sein.

Der hochgewachsene ehemalige Rüstungsminister Speer, Jahrgang 1905, lenkt die Aufmerksamkeit gerade nicht auf sich, er fällt nicht aus der Rolle, reagiert vernünftig, hebt sich damit wohltuend von den meisten anderen ab. Gilbert scheint er anfänglich »der Realistischste von allen zu sein«. Tatsächlich wirkt er geradezu kooperativ, verständig, zur Selbstanklage entschlossen. Das würde dem Gericht der Sieger nur helfen können. »Der Prozeß ist notwendig. Eine Mitverantwortlichkeit für solch grauenvolle Verbrechen gibt es sogar in einem autoritären Staat« – ein staatsmännisches Wort, das Speer dem Gerichtspsychologen als seine erste Reaktion auf die Akte schreibt. Damit scheint er weiter zu gehen als alle anderen.

Der zweite Mann im Staate Hitlers hingegen, Hermann Gö-

Speer und Göring auf dem Berghof

ring, Reichsmarschall, Reichsluftfahrtminister und manches andere, zuletzt morphiumsüchtig, doch in alliierter Haft durch die Verabreichung immer schwächerer Dosen Paracodein erfolgreich entwöhnt, Jahrgang 1893, von Hitler 1922 zum Kommandeur der SA ernannt, 1928 einer der ersten NSDAP-Abgeordneten im Reichstag – er zeigt sich unversöhnlich und in ungebrochener Selbstherrlichkeit: »Der Sieger wird immer der Richter und der Besiegte stets der Angeklagte sein!«

Viele Deutsche denken nach zwölf Jahren Diktatur nicht anders. Zur sechsten Kriegsweihnacht sollten sie noch – in Goebbels' Worten – »wie eine Mauer vor dem Führer stehen«, jetzt stehen sie in den Ruinen des auch moralisch zerstörten Landes. Wenn man sie mit den Gräueltaten direkt konfrontiert, heben sie die Hände zum Himmel und stöhnen. Was sollen sie auch anderes tun, wenn sie, wie nach der Befreiung des KZ Buchenwald im April 1945, vor laufender Kamera an Leichenbergen und Verbrennungsöfen vorbeigeführt werden? Es ist die verlangte, ja fast erpresste Bestürzung; der Beginn von Entnazifizierung und Umerziehung. Darunter lebt wohl ihre Bewunderung für den Führer erst einmal fort. Der hat ja von all den Verbrechen nichts gewusst.

»Citate aus letzten deutschen Zeitungen, Ausschnitt aus Frankfurter Presse, Grotesk. Stolz auf die Katastrophe. Sie wissen noch nicht, wie elend sie sind«, schreibt Thomas Mann im fernen Amerika ins Tagebuch. Gustave Gilbert hat die Freud'sche Psychoanalyse studiert und in seinen Gesprächen mit der deutschen Bevölkerung erfahren, wie die Menschen es vermeiden, die schmerzhafte Wahrheit zur Kenntnis zu nehmen.

Der Angeklagte Speer macht da einen anderen Eindruck. Er sagt, »er hoffe, daß das deutsche Volk erkennen würde, Hitler, und nicht die Alliierten, trüge die Schuld an ihrem jetzigen Elend«. Die zivilisierte Welt blickt auf das Siegergericht von Nürnberg, und auf der Prozessbühne wird ein Angeklagter aus der Führungselite wie Speer eine gute Rolle spielen können. Die Demokratie, die im verwüsteten Deutschland zu errichten sein wird, braucht Fürsprecher; Menschen, die die Verbrechen der Diktatur vor aller Welt bestätigen und brandmarken. Während die Verteidigung der Militärs sich hartnäckig auf den Grundsatz »Befehl ist Befehl« beruft, scheinen Gilbert die »gegenwärtigen anti-militaristischen und anti-hitleristischen Überzeugungen« des ehemaligen Rüstungsministers »aufrichtig zu sein, so verspätet und opportunistisch sie auch sein mögen«.

Verspätet und opportunistisch, notiert und mutmaßt der Psychologe. Auch Speer bleibt letztlich ein Wackelkandidat. Er möchte »hier als Reichsminister stehen und nicht als Privatperson«, wie er seiner Frau schreibt. Dadurch will er offenbar zwei sehr verschiedene Haltungen übereinbringen: demonstrative Schonungslosigkeit gegenüber sich selbst (wie seiner Familie) – und zugleich die Forderung nach Freispruch für den Privatmann. Die Geschichte verlange zu Recht einen solchen Prozess angesichts der Ungeheuerlichkeit der begangenen Verbrechen, konstatiert Speer gegenüber Gilbert. Und hält sich doch gleichermaßen aus der Sache raus: »Es habe keinen Zweck, über Einzelschicksale zu jammern, obwohl seine eigene Schuld ihm genauso fraglich erscheint wie die der Übrigen. Von den in der Anklageschrift angeführten Verbrechen behauptet er keine Ahnung gehabt zu haben, da er 1942 ohne jegliche bisherige Erfahrung zum Vorsitzenden des Rüstungsrates ernannt worden war. Über die Konzentrationslager wusste er nicht mehr als irgendein anderer Minister etwa über die V-2.«

NÜRNBERG 1945: DIE ANKLAGE

Mitverantwortlich schuldlos geblieben, auf diesen Nenner möchte Albert Speer das Urteil über sein Tun bringen. Gustave Gilbert kann sich die Frage an des Führers Baumeister und Rüstungsminister dennoch nicht verkneifen: »Wie konnten Sie so lange mit einem Ungeheuer wie Hitler gemeinsame Sache machen?«

»Ich muss zugeben, das war Schwäche meinerseits.« Speer hat sich eine Zigarette aus der Schachtel gezogen, Gilbert reicht ihm sein Feuerzeug. Der Rüstungsminister – das Stichwort genügt. Wenn ihm die Anklage mit ihrer Auflistung der blutigen Gräuel je den Boden unter den Füßen weggerissen hat – jetzt fühlt er wieder festen Grund, jetzt spricht er sich frei: »Rüstungsminister wurde ich nur durch Zufall. Ich war gerade im Führerhauptquartier in Rastenburg, als Minister Todt abgestürzt ist, und

Hitler hat mir sofort alle dessen Ämter übergeben, ohne jede Vorbereitung. Er hat es mir direkt befohlen!« Er sieht die Situation vor sich, Februar 1942, und spielt seine Trumpfkarte aus, jene Selbstdeutung, mit der er für sich selbst die plausibelste Erklärung für den großen Irrtum gefunden hat: Es ist die Geschichte vom unpolitischen Architekten, der nur durch Zufall, eher widerwillig, an die Schaltstellen der Macht geraten ist, ein Idealist, der sich von seinem Bauherrn Hitler das Versprechen hat geben lassen, nach dem Sieg gleich wieder an sein Zeichenbrett zurückkehren zu dürfen.

Albert Speer versucht es dem Doktor der Psychologie zu erklären: »Ich hatte als Architekt Illusionen über Hitler, die ich auch noch als Rüstungsminister hatte. Aber ich bin aufgewacht, als ich sah, wie der Krieg verloren ging. Ich habe Hitler im März 1945 die Wahrheit gesagt. Und wissen Sie, was er geantwortet hat? ›Wenn das deutsche Volk den Krieg nicht gewinnen kann, dann verdient es nicht zu überleben.‹ Er wollte Deutschland zerstören.«

Gilbert nickt. Eine späte Einsicht, aber immerhin eine Einsicht, auch wenn sie immer noch die gravierende Tatsache außer Acht lässt, dass der zerstörerische Hitler zuvor dieses Land auf Kosten anderer Völker hatte aufbauen wollen.

Speer hofft, über Gilbert direkt mit der Anklage sprechen zu können. Seine Haltung und die Bereitschaft, den Siegern beim Neuaufbau Deutschlands zu helfen, hat er schon in Kransberg gezeigt und nun auch hier zu Protokoll gegeben. Es wird Ärger geben mit den ehemaligen Weggefährten, den alten »Nickeseln«, wenn gerade er, Albert Speer, der Günstling des Führers, so vor dem Tribunal der Sieger über Hitler sprechen wird – das ist ihm klar. Aber um die abgehalfterten Gestalten darf er sich nicht scheren. Der Respekt der Sieger, Sympathien bei verständigen Menschen im geschlagenen Deutschland – nur darum kann es noch gehen.

Er will nicht um sein Leben zittern wie die ehemaligen Befehlshaber Deutschlands, die jämmerlichen Nazis, die »heroische Reden über Kämpfen und Sterben fürs Vaterland« geschwungen haben, als es nur den Kopf anderer kostete. Speer fühlt sich zu seinem eigenen Erstaunen »guter Dinge … wenn ich jede Hoffnung hinter mir gelassen habe«, er werde hingegen »unsicher und unruhig, sowie ich glaube, eine Chance zu haben«, schreibt er an seine Frau Gretel und übt damit auch seine zukünftige Haltung ein: kühl und gefasst.

Gilbert drückt seine Zigarette in den Aschenbecher und wendet sich der Zellentür zu. Für diesmal soll es genug sein. Speer hat noch eine Frage; er kennt die Antwort, aber es sollte zwischen ihnen ausgesprochen sein. »Sie sprechen gut deutsch. Sind Sie, ich meine –«

Gilbert schaut ihm in die Augen. »Ja, ich bin Jude. Ich habe Dachau und andere Orte gesehen. Ich versuche erst einmal, all das zu verstehen.« Schon in der Tür, hört er noch eine letzte Frage: »Sie machen niemals Notizen bei Ihren Besuchen.« Der Psychologe lächelt nachsichtig: »Ich habe ein gutes Gedächtnis.« Damit verabschiedet er sich. Die Tür zum Gefangenen Speer wird geschlossen. Gilbert macht sich nie Aufzeichnungen in Gegenwart der Angeklagten, doch sofort nach Verlassen ihrer Zellen, der Kantine oder später des Gerichtssaals führt er genau Buch über die Gespräche und Beobachtungen.

Auf dem Obersalzberg

Speer liegt auf der schmalen Pritsche seiner Zelle und beschwört alte Bilder herauf. Berchtesgaden, der idyllisch gelegene Berghof auf dem Obersalzberg. Hitler steht, wie so oft, mit seinem Filzhut auf der großen Terrasse und blickt auf die dramatische Gebirgswelt, auf den Watzmann und den Untersberg auf der anderen Seite des Tals. Speer hat Eva Braun, der Gefährtin des Führers, schon früh Farbfilmmaterial für die kleine Amateurkamera besorgt, und sie filmt die Gäste und immer wieder den Chef, wie man hier oben gerne sagt. Hinter dem Tal liegt das Salzburger Land, Österreich, Hitlers Heimat. Eva Braun drückt auf den Auslöser, es macht ihr Spaß, die Gäste mit der Kamera zu überraschen – vielleicht gibt es ihr hier oben auch ein größeres Selbstbewusstsein. Auf Hitlers Berg herrschen strenge Regeln für sie. Und sie mag Albert Speer, der sich gerade der Länge nach auf der Terrassenmauer niederlässt, eine Limonade in der Hand.

AUF DEM OBERSALZBERG

Albert Speer jr.

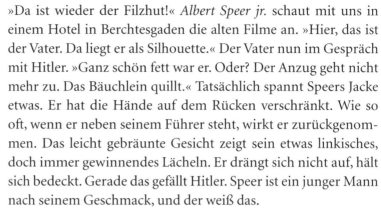

»Da ist wieder der Filzhut!« *Albert Speer jr.* schaut mit uns in einem Hotel in Berchtesgaden die alten Filme an. »Hier, das ist der Vater. Da liegt er als Silhouette.« Der Vater nun im Gespräch mit Hitler. »Ganz schön fett war er. Oder? Der Anzug geht nicht mehr zu. Das Bäuchlein quillt.« Tatsächlich spannt Speers Jacke etwas. Er hat die Hände auf dem Rücken verschränkt. Wie so oft, wenn er neben seinem Führer steht, wirkt er zurückgenommen. Das leicht gebräunte Gesicht zeigt sein etwas linkisches, doch immer gewinnendes Lächeln. Er drängt sich nicht auf, hält sich bedeckt. Gerade das gefällt Hitler. Speer ist ein junger Mann nach seinem Geschmack, und der weiß das.

Der älteste Sohn, Albert Speer junior, wird im Juli 1934 geboren. Die Jahre bis 1945 verbringt er größtenteils hier in Berchtesgaden. Mit seiner Mutter und den Geschwistern ist er oft oben auf dem Berghof eingeladen, beim Onkel Hitler und der Tante Eva sozusagen. »Und wir fühlten uns da auch wohl.« Denn dort oben kann man tun, was man will. Die strengen Regeln, denen man unten, zu Hause beim Personal, unterworfen ist, gelten hier nicht. Man trifft auf die Bormann-Kinder, zum Beispiel. Die Kellner bringen Limonade. Man darf mit den Hasen von Tante Eva spielen, und manchmal gibt es in dem großen Wohnzimmer Filmvorführungen, Mickey Mouse etwa.

Jetzt zeigt der Film Adolf Hitler und den kleinen Albert. Hitler stellt den Jungen vor sich hin, legt ihm die Hand auf die Schulter und posiert, als ob es ein Bild fürs Fotoalbum werden soll. Albert hat seine Lederhose an, die rechte Hand steckt in der Hosentasche, er lässt alles stoisch über sich ergehen.

Er lacht, wenn er sich heute so wiedersieht. »Hitler war ein äußerst liebenswürdiger Mensch für uns Kinder. Völlig normal …« Nach einer kleinen Pause wiederholt er: »Für uns Kinder.« Die »haben ja kein Sensorium, Verbrecher zu erkennen«.

Professor Albert Speer ist einer der erfolgreichsten deutschen Städteplaner, Leiter eines großen Architekturbüros in Frankfurt am Main, mit Aufträgen in aller Welt. Seine Bauvorhaben wurden realisiert, im Gegensatz zu den meisten des Vaters, man kann die Ergebnisse seiner Planungen sehen und nutzen. Er kann in leichtes Stottern geraten, vor allem, wenn er vom Vater

AUF DEM OBERSALZBERG

Hitler mit den Speer-Kindern Hilde und Albert auf dem Berghof

erzählen soll. Das kann man sich bei dem selbstbewussten Jungen in der Lederhose nicht vorstellen.

Jetzt wird die zwei Jahre jüngere Schwester Hilde ins Bild geschoben. Hitler zieht sie zu Albert heran, rückt die beiden aneinander, als sollten sie sich vor der Kamera herzen. Die kleine Hilde ist etwas schüchtern in der Szene. Sie trägt ein leichtes Sommerkleidchen mit Schürze und, wie in dieser Zeit bei Kindern üblich, eine Schleife im Haar.

29

Hilde Schramm

»Ich erinnere mich nicht, dass ich da oben war. Das muss ich verdrängt haben, wo ich doch so oft dort oben war.« *Hilde Schramm* ist Professorin, Erziehungswissenschaftlerin. Sie gehört zu den führenden Köpfen der Grünen und war als Abgeordnete dieser Partei stellvertretende Vorsitzende des Berliner Abgeordnetenhauses. Sie weiß genau, was sie sagt, und schmunzelt ein wenig über ihre paradoxe Äußerung. Sie sieht sich diese Filme nicht gern an: Hitler, der die kleine Hilde zärtlich in den Arm nimmt, ihr liebevoll über die Schulter blickt, wenn sie auf der Tafel etwas für den »Onkel« geschrieben hat. »Ich muss das wirklich mit Gewalt in mich hineinversenkt haben, dass es nie mehr hochkommt. Weil das natürlich für mich mit zunehmendem Alter zu einer schrecklichen Erinnerung wurde. Einfach die Tatsache, dass ich in dieser Umgebung mit Hitler und den anderen Personen, die ich ja nur verabscheuen kann, in meiner Kindheit so engen Kontakt hatte. Ich glaube, das wollte ich dann doch nicht mehr wahrhaben.«

In dem alten Film steht Hilde jetzt unten am Teehaus und blickt etwas scheu in Eva Brauns Kamera. Sie hat Blümchen gepflückt und soll den kleinen Strauß dem Führer bringen, der da hinten wartet. Sie muss sich erst überwinden und geht dann doch zu ihm hin, hinter ihr die Brüder Albert und Fritz, Letzterer geboren 1937.

Arnold Speer wird 1940 geboren. Auf seine Erinnerungen angesprochen, sagt er ganz einfach: »Bis 1945 habe ich alles ausgeblendet.«

1938 hat sich die Familie des Architekten unterhalb des Berghofes im »Führersperrgebiet« angesiedelt, in einem eigens von Speer umgebauten alten Bauernhaus, das zuvor von einem Kunstmaler bewohnt wurde. Sie sind nun immer in der Nähe des Führers, die vierten »Obersalzberger« neben Göring, Bormann und Hitler. Der hatte das so gewünscht.

Während Speers Karriere als Hitlers Bauplaner gerade Fahrt aufnimmt und er ständig in Berlin ist, lebt seine Frau Margarete, genannt Gretel, mit ihren nun vier, schließlich sechs Kindern hauptsächlich hier oben. Die lebenslustige Eva Braun freut sich über jeden Neuzugang in der Nachbarschaft; Freundinnen wer-

Das Haus der Familie Speer auf dem Obersalzberg

den die beiden Frauen trotz gemeinsamer Reisen wohl aber kaum. Persönliches vertraut die versteckte Gefährtin des Führers eher Albert an. Außerdem darf Margarete viel häufiger als sie am Leben in Berlin teilnehmen, auf Empfänge gehen. Eva Braun bleibt ein Geheimnis. Niemand draußen im Reich soll wissen, was das »Fräulein vom Berghof« mit dem Führer zu tun hat. Dessen Braut ist bekanntlich Deutschland, wie er selbst oft genug verlauten lässt.

Die alten Aufnahmen – es sind eher aneinander geklebte Schnipsel aus verschiedenen Jahren – erzählen von den einfachen Späßen oben auf der Terrasse, wenn die Entourage auf den Führer wartet, der erst spät, meistens gegen elf Uhr, aus dem Schlafzimmer herunterkommt. Bald nach dem Mittagessen lenkt er seine Gesellschaft vom Berghof über einen schmalen Pfad durch die Wiesen zum Aussichtspunkt, dem Mooslaner Kopf. Dort steht Hitlers Teehaus. Hier warten schon die Kellner, die vorausgeeilt sind, mit Kaffee und Kuchen auf die Spaziergänger, die dann das herrliche Panorama über dem Berchtesgadener Tal mit den immer gleichen Ausdrücken würdigen und damit stets dieselbe zustimmende Reaktion bei Hitler hervorrufen – so wird es Speer in seinen *Erinnerungen* beschreiben.

Wir gehen den Weg 65 Jahre später mit *Albert Speer jr.* Der Blick auf den schneebedeckten Watzmann, auf das Grün der Wälder und die saftigen Wiesen ist an diesem Sommertag so postkartenschön wie in seiner Kindheit. Dazu das Bimmeln der Kuhglocken – die Friedlichkeit der frühen Jahre. Eine entrückte Welt. Man kann sich vorstellen, wie die prächtige Bergkulisse das Hässliche, den Krieg, fernhält.

»Aber als diese Kulisse weggezogen war, sah man ja dahinter ein Land in Trümmern, unglaubliches Elend und Not.«

Hatten Sie damals das Gefühl, Ihr Vater habe damit etwas zu tun?

»Ich glaube nicht. Es ist bei mir nicht so eindeutig. Ich weiß ja auch nicht so genau, wann ich wirklich das Stottern bekommen habe. Es kann sein, dass es damit zusammenhängt. Die Wahrscheinlichkeit ist sehr groß. Mit der Kulisse ist die Sicherheit weg, stattdessen die Verunsicherung, in einer anderen Welt zu sein, dazu die beginnende Pubertät ...«

Hilde Schramm wägt ihre Worte, vor allem, wenn die Kamera läuft. Sie möchte die Situation so weit wie möglich unter Kontrolle haben. Es entstünden so leicht falsche Bilder von der Familie Speer. Am besten wäre es, wenn wir nur ganz streng die Figur des Vaters, seinen Kopf, in der Zelle zeigten und dazu aus dem Off sprechen ließen; Erklärungen gäben, damit man begreifen kann, wie das alles geschehen konnte. Der Verstand, das

Wort – das sind die Instrumente, mit denen die Erziehungswissenschaftlerin diese Welt in den Griff zu bekommen versucht. Dabei kann sie weinen. Aber wir sollen es nicht zeigen. Sie hat Sorge, dass man diese Tränen falsch verstehen könnte.

Schon in Berchtesgaden habe man sie eine »alte Heulsuse« genannt. Nach außen hin war sie eher das artige, auch aparte und kluge Mädchen, der Stolz und Liebling des Vaters. Man konnte sie gut vorzeigen oben auf dem Berghof, wo für die Kinder der Großen des Reiches auch schon mal bedeutende Aufgaben bei der künftigen Weltregierung vorwegphantasiert wurden.

Als wir uns im Gespräch dem Bild des verehrten Vaters nähern, der so viele scheußliche Dinge getan haben muss, seufzt Hilde Schramm: »Ja, ich glaube, ich habe an mich gerade so viel herankommen lassen, wie ich ertragen konnte. Alles abgedichtet, wo ich nicht mehr konnte…«

Arnold Speer erzählt die seltsame und anrührende Geschichte, wie er später in der Schule in Heidelberg, als die Kinder die Berufe ihrer Väter angeben sollten, eben nicht Architekt sagte, sondern: »Kriegsverbrecher«. Das war es, was er so gehört hatte; er wusste nicht, was das Wort bedeutete.

Wann haben Sie begriffen, was es bedeutet?

»Ganz spät«, sagt Arnold, »vielleicht so mit zwanzig.«

Anfang der sechziger Jahre?

»Ja. Ich habe das alles weggeschoben, alles, was mit diesem Vater zusammenhängt. Deshalb habe ich auch diese Lücke bis 1945, die Gedächtnislücke.«

Wir schweigen. Arnold Speer, Dr. med., weiß, was er uns da Merkwürdiges sagt. Er ist Landarzt und setzt sich mit viel Hingabe für seine Mitmenschen ein. Mit uns begibt er sich auf die Spur des Jungen, der er einmal war, der in seinen ersten Lebensjahren noch Adolf hieß, und seines mächtigen Vaters, von dem er bis heute nicht viel weiß.

Arnold Speer

Die Hauptkriegsverbrecher

Zwischen Anklageerhebung im Oktober 1945 und Prozessbeginn im November befinden sich die Nazigrößen in Einzelhaft, auch im Gefängnishof sollen sie nicht miteinander sprechen. Unter Bewachung drehen die 21 angeklagten Hauptkriegsverbrecher – Bormann ist in Abwesenheit angeklagt, Ley tot – hier ihre Runden, im Abstand von einigen Schritten. Adolf Hitler, Joseph Goebbels und Heinrich Himmler haben sich der Verantwortung für ihre Politik durch Selbstmord entzogen. Wir sehen den ehemaligen Reichsaußenminister Joachim von Ribbentrop, geboren 1893, von Hermann Göring gern als Sektvertreter verspottet, wegen seiner Heirat mit der Henkell-Erbin Anneliese und seiner Firmen-Vertretung in der Hauptstadt. Er glaubt, die Anklage sei gegen die falschen Personen gerichtet, man habe doch in Hitlers Schatten gestanden.

Ähnliches hört man vom ehemaligen Chef des Oberkommandos der Wehrmacht, Feldmarschall Wilhelm Keitel, Jahrgang 1882, von manchen wegen seiner Willfährigkeit gegenüber Hitler »Lakaitel« genannt: Wie kann man mich anklagen, einen Angriffskrieg angezettelt zu haben? Ich hatte keine Vollmacht, keine Befehlsgewalt. »Für einen Soldaten sind Befehle Befehle!«, hat er für den Gerichtspsychologen auf seiner Akte vermerkt.

Karl Dönitz, geboren 1891, Großadmiral und Oberbefehlshaber der deutschen Kriegsmarine seit 1943, nach des Führers Selbstmord für kurze Zeit dessen testamentarisch bestimmter Nachfolger, fühlt sich erst gar nicht angesprochen: Keiner der Anklagepunkte betreffe ihn im Geringsten; es handle sich hier um eine »amerikanische Marotte«.

Sein Vorgänger als Oberbefehlshaber der Kriegsmarine, Großadmiral Erich Raeder, geboren 1876, der seit 1935 am Aufbau der deutschen Kriegsflotte arbeitete, verweigert jeden Kommentar zur Anklage und wird später sagen, er sei nur sehr schwer mit Hitler ausgekommen – Dönitz wird ihn dafür als »Feigling« beschimpfen.

Der Kollege General Alfred Jodl, geboren 1890, Chef des Wehrmachtsführungsstabs von 1939 bis 1945, bedauert »die Mischung gerechtfertigter Anklagen und politischer Propaganda«. Jodl hat als Bevollmächtigter von Großadmiral Dönitz am 7. Mai 1945 die Kapitulation der Wehrmacht vor den Westmächten unterzeichnet.

Apropos Propaganda – Hans Fritzsche, Jahrgang 1900, ehe-

DIE HAUPTKRIEGSVERBRECHER

maliger Leiter der Abteilung Funk im Reichspropagandaministerium unter Goebbels, ist bleich und elend und in Anbetracht seiner vergleichsweise harmlosen Position besonders schwer von der Anklage getroffen. Dennoch schreibt er dem Psychologen Gilbert einen von sich absehenden Kommentar auf seine Anklageakte: »Es ist die schrecklichste Anklage aller Zeiten. Nur eines wird noch schrecklicher: die Anklage, die das deutsche Volk für den Missbrauch seines Idealismus erheben wird.«

Baldur von Schirach wiederum, Jahrgang 1907 und seit 1925 NSDAP-Mitglied, hat genau diesen Idealismus selbst empfunden und erfolgreich geschürt: Im Mai 1933 wurde er zum Jugendführer des Deutschen Reiches ernannt, die von ihm geleitete Hitlerjugend zählte 1936 bereits sechs Millionen Mitglieder. 1940 wird Schirach Reichsstatthalter in Wien, 1943 entfremdet

DIE HAUPTKRIEGSVERBRECHER

er sich völlig von Hitler. Schirach ist einer der wenigen, die aufrichtig erscheinen, und er vermerkt auf seiner Akte, das »ganze Unglück kam von der Rassenpolitik«.

Das sieht Julius Streicher, geboren 1885 und seit 1921 NSDAP-Mitglied, aus explizit antisemitischen Gründen anders. Er gründet 1923 die Zeitschrift *Der Stürmer* und wird 1925 Gauleiter in Franken; ein Mann der ersten Stunde, von Hitler stets gefördert, von den anderen Angeklagten geschnitten – für Streicher ist der Prozess »ein Triumph des Weltjudentums«.

Alfred Rosenberg, geboren 1893 in Reval, baltendeutscher Herkunft, wird 1923 Hauptschriftleiter des *Völkischen Beobachter*. Mitglied der DAP/NSDAP ist er bereits seit 1919. Er wird zum führenden Parteitheoretiker und Kulturpropagandisten, sein *Mythus des zwanzigsten Jahrhunderts* wird nach *Mein Kampf* zum meistverlegten NS-Werk. Im Juli 1941 wird er Reichsminister für die besetzten Ostgebiete. Auch er weist die Anklage zurück: Die »antisemitische Bewegung war nur eine Schutzmaßnahme«.

»Ich fühle mich keiner Kriegsverbrechen schuldig, ich habe nur meine Pflicht als ein Abwehr-Organ getan, und ich weigere mich, als Ersatz für Himmler zu dienen.« So sagt es Ernst Kaltenbrunner, geboren 1903, niedergelassener Anwalt in Linz seit 1926, ab 1943 Chef des Reichssicherheitshauptamtes (RSHA) und damit Herr über Gestapo, Kripo und SD, Nachfolger des bei einem Attentat getöteten Reinhard Heydrich. Kaltenbrunner lenkte den für die so genannte »Endlösung der Judenfrage« zuständigen Apparat.

Auf besonders pathetische Weise beteuert Fritz Sauckel, Jahrgang 1894, seit 1923 NSDAP-Mitglied, seit 1933 Gauleiter von Thüringen, schließlich von 1942 bis 1945 Generalbevollmächtigter für den Arbeitseinsatz und damit verantwortlich für millionenfache Deportationen aus den besetzten Gebieten Osteuropas, seine Unschuld: »Die Kluft zwischen dem Ideal einer sozialistischen Gesellschaft, das mir vorschwebte und das ich als früherer Seemann und Arbeiter verteidigte, und den schrecklichen Geschehnissen in den Konzentrationslagern hat mich tief erschüttert.«

Ein anderer Hauptangeklagter, der sich, wie der Gerichtspsy-

Fritz Sauckel in Nürnberg

chologe notiert, gar nicht erst die Mühe einer Unschuldsbeteuerung macht, ist Arthur Seyß-Inquart, geboren 1892. Er geht 1918 nach Wien, wo er sich als Rechtsanwalt niederlässt, wird 1938 österreichischer Innenminister unter Schuschnigg und Hitlers Trojanisches Pferd in dessen Regierung. Seyß-Inquart fungiert dann als Reichsstatthalter von Österreich, der »Ostmark«. Von 1940 bis 1945 zeichnet er als Reichskommissar der besetzten Niederlande unter anderem verantwortlich für die Deportation von Arbeitskräften nach Deutschland und die Verfolgung der Juden. Den Nürnberger Prozess sieht er als letzten Akt des Zweiten Weltkriegs – »hoffe ich!«.

Ein weiterer Jurist unter den Angeklagten ist Wilhelm Frick, geboren 1877. Zwanzig Jahre, 1904 bis 1924, arbeitet er im Münchner Polizeipräsidium, seit 1919 als Leiter der politischen Polizei. Er ist einer der ersten nationalsozialistischen Abgeordneten, die in den Reichstag gewählt werden, und wird dort 1928 Fraktionschef der NSDAP. Von 1933 bis 1943 ist er Reichsinnenminister und mitverantwortlich für Hitlers Terrorpolitik. Für Frick beruht die Anklage »auf der Annahme einer fingierten Verschwörung«. Er wird die Aussage verweigern.

Ebenfalls von Hause aus Jurist ist Konstantin Freiherr von Neurath, Jahrgang 1873, Diplomat alter Schule, von 1921 bis 1930 Botschafter in Rom. Er wird 1932, noch unter Papen, Reichs-

Die Bank
der Angeklagten
in Nürnberg

außenminister, bleibt es bis 1938, ist dann bis 1943 Reichsprotektor von Böhmen und Mähren. Als Teilnehmer der so genannten Hoßbach-Konferenz erfährt er bereits im November 1937 von Hitlers Angriffsplänen. Seine Reaktion auf die Anklage fällt als sehr spezielle Kritik am Nazismus aus: »Ich war immer gegen Bestrafung ohne Möglichkeit einer Verteidigung.«

Hitlers Vor-Vorgänger, der frühere Reichskanzler Franz von Papen, geboren 1879, dient bis 1934 als dessen Vizekanzler und gewährleistet damit den Anschein bürgerlich-respektabler Kontinuität nach dem Machtantritt der NSDAP. Er gerät nach seiner Amtsenthebung wegen kritischer Äußerungen in der Öffentlichkeit kurzfristig auf die »Abschussliste«, bevor er noch 1934 als Botschafter nach Wien geht und den »Anschluss« mit vorbereitet. Zuletzt von 1938 bis 1944 Botschafter in Ankara, fühlt Papen sich von der Anklage offenbar kaum angesprochen, was er allerdings wortreich begründet – er sei entsetzt »erstens wegen der Verantwortungslosigkeit, mit der Deutschland in diesen Krieg und die weltweite Katastrophe gestürzt wurde, und zweitens wegen der Anhäufung von Verbrechen, die einige meiner Landsleute begangen haben. Das Letztere ist psychologisch unerklärlich ...«

»Ich verstehe überhaupt nicht, warum ich angeklagt worden bin«, notiert Hjalmar Schacht, geboren 1877. Als Präsident der

Reichsbank von 1923 bis 1930 und von 1933 bis 1939 hat er Hitler in Hochfinanzkreise eingeführt. Seinem Bemühen sind wohl auch die Wahlkampfhilfen der Schwerindustrie (von Krupp, I.G. Farben und anderen) 1933 zu verdanken, was ihm ein Jahr später zum Amt des Wirtschaftsministers verhilft. Nach seinem Rücktritt 1937 bleibt er bis 1943 Reichsminister ohne Geschäftsbereich. Er gilt als Hitlers Finanzarchitekt und wird im Mai 1935 zum Generalbevollmächtigten für die Kriegswirtschaft ernannt. Seine Kontakte zu Widerstandskreisen bringen ihn nach dem 20. Juli 1944 ins KZ.

Schachts Nachfolger als Reichswirtschaftsminister und Generalbevollmächtigter für die Kriegswirtschaft wird 1937 Walther Funk, Jahrgang 1890. Ebenfalls mit guten Kontakten zu Industrie und Hochfinanz ausgestattet, wird Funk 1939 auch Reichsbankpräsident. In Geheimabsprachen mit Heinrich Himmler eröffnet er ein Konto unter dem Namen »Max Heiliger« und lässt der SS darüber Bargeld, Gold, auch Zahngold, Juwelen und andere Werte aus dem Besitz ermordeter Juden gutschreiben. Seine Reaktion auf die Vorwürfe der Ankläger, vermerkt auf der Akte, lässt solche Handlungen höchstens erahnen: »Nie in meinem Leben habe ich bewusst etwas getan, was zu einer derartigen Anklage berechtigen könnte. Wenn ich mich durch Irrtum oder Unwissenheit jener Taten schuldig gemacht habe, die in der Anklageschrift stehen, dann ist meine Schuld eine menschliche Tragödie und kein Verbrechen.«

Eine Tragödie besonderer Art zeichnet sich schließlich um einen der frühesten und lange Zeit treuesten Hitler-Anhänger ab: Rudolf Heß, geboren 1894 in Ägypten. Er wird 1920 in München Mitglied Nr. 16 der NSDAP und Hitlers Privatsekretär, 1933 dann »Stellvertreter des Führers« im Rang eines Reichsministers und dritter Mann im Staat – bis er im Mai 1941 auf eigene Faust nach Schottland fliegt und der britischen Regierung Friedensangebote macht. Zurück aus englischer Kriegsgefangenschaft, leidet Heß an diversen Neurosen und an Gedächtnisschwund; sein Kommentar zur Anklage: »I can't remember.«

An der geistigen Gesundheit der Angeklagten besteht ansonsten kein Zweifel; außer Heß wird nur Julius Streicher psychiatrisch untersucht. Hermann Göring wacht über allen mit ver-

Rudolf Heß in Nürnberg

ächtlichem Blick; der hochdekorierte Jagdflieger des Ersten Weltkriegs – zu Beginn seiner Inhaftierung in Mondorf »eine einfältig lächelnde Molluske, mit zwei Koffern voll Paracodein« (Oberst Andrus) – hat sich von Sucht und Entzug erholt. Er trägt seine hellgraue Luftwaffenuniform und hat sichtlich abgenommen, etwa 15 Kilo. Die Jacke baumelt dem einstigen »letzten Renaissancemenschen« lose um den Leib. Alles an ihm ist etwas schmuddelig geworden, wie Speer kühl beobachtet.

Görings Stimme ist immer noch scharf, volltönend und klar. Er scheint gut in Form zu sein. »Jammern Sie nicht so herum!« lässt er bei Gelegenheit verlauten. »Wir haben den Krieg verloren. Das ist unser Kriegsverbrechen. Die einzige Hoffnung, die uns hier bleibt, ist ein Marmorsarkophag – in fünfzig Jahren vielleicht!«

»Nix spräkken ... Go! Go!« Die Wachen treiben die Gefangenen zurück in die Zellen. Speer rollt sich in die Decken ein, er friert. Der Lärm der Wachen verhallt allmählich. Die Außenscheinwerfer projizieren Lichtspiele an die schmutzig graue Zellenwand. Wenn man sich etwas Mühe gibt, kann man darin Schönes erkennen: die hohen Gipfel in der Silvretta oder in Galtür zum Beispiel.

Liebe zum Einfachen

Es herrscht strahlender Sonnenschein, und wenn er sich umdreht, lacht Gretel ihn an. Sie sind durch ein Seil mit dem Bergführer Stangl verbunden. Gretel hat Albert, den begeisterten Ruderer, erst darauf gebracht, auf das Wandern und das Skifahren, das gerade in Mode gekommen ist. Schon in den zwanziger Jahren, er war noch Student an der Technischen Hochschule in Berlin, sind sie gemeinsam in die Ötztaler Alpen gefahren, heimlich. Hier haben sie ihre erste Gletscherwanderung zur Wildspitze unternommen, hier versprachen sie einander, gemeinsam durchs Leben zu gehen. Unvergesslich die Augenblicke, wenn man, stolz über den Aufstieg, schweigend, müde und erfüllt die steilen Schneefelder hinabstapfte.

Auch später im Hochgebirge derselbe Reiz. Der Alltag, die Sorgen und Lasten verschwinden angesichts der großartigen Weite der Natur. Ein erhebendes Gefühl, das sich allem Kleinen, Widrigen, menschlich Niederziehenden entgegensetzt – das ist das Glück, an das er sich immer wieder erinnern wird. Er streicht über das karierte Skihemd. Viel Sonne und Schneeluft stecken darin. Er hat es bei der Abfahrt im Lager Kransberg zu seinen Sachen gepackt. Er wusste, es würde ein Trost sein – gute Vorkriegsqualität ist es obendrein.

Sie ist stark, die Tochter des Heidelberger Schreinermeisters Friedrich Weber. Dessen Werkstatt ist angesehen, er hat fünfzig Mitarbeiter und sitzt im Stadtrat – und dennoch sind Speers Eltern von Anfang an gegen die Beziehung mit der Handwerker-

Margarete Speer, geb. Weber, vor der Hochzeit

tochter aus dem Tal. Gretels Eltern sind es allerdings auch, so herzlich sie Albert zunächst aufgenommen haben. Die Speers, eine Mannheimer Architektendynastie in dritter Generation, zu Ruhm und Wohlstand gekommen, sind etwas Besseres, und die drei Söhne Hermann (geboren 1902), Albert (1905) und Ernst (1906) sollen es einmal noch weiter bringen. Dünkel und Drang zu Höherem beherrschen vor allem die Mutter Luise Mathilde, geborene Hommel, Jahrgang 1879. Ihre Ehe mit dem sechzehn Jahre älteren Friedrich Albert Speer, obwohl komfortabel mit viel Personal und einem erlesenen Ambiente aus Delfter Kacheln und Lyoner Seidenstoffen ausgestattet, kann sie kaum für ihre Herkunft aus einer noch besser gestellten Mainzer Handelsunternehmerfamilie entschädigen.

Mathilde Speer treibt großen Aufwand. Sie gibt Gesellschaften, die Hausdiener bekommen ein Phantasiewappen aufgenäht, der Chauffeur bedient die Winterlimousine und das Sommercabriolet, und die französische Erzieherin jüdischer Abstammung, Mademoiselle Blum, führt die drei Jungen aus. Und doch bleibt die Dame des Hauses selbst eine Getriebene.

In diese Szenerie passt die unverbildete Margarete Weber, ein halbes Jahr jünger als Albert, nicht hinein, als die beiden sich 1922 kennen lernen. Gretel geht damals noch aufs Lyzeum. Eine Tochter aus der Nachbarsfamilie Bosch, die in der Villa am Hang

Die Eltern Albert Speers

gegenüber wohnt – das wäre eine Wahl nach dem Geschmack der Mutter gewesen.

Albert Speer wird später seinen Biografen Fest und Sereny erzählen, wie unwohl und fremd er sich zeitlebens in seinem Elternhaus gefühlt habe, auch nach dem Umzug von Mannheim nach Heidelberg 1918. Die kühle, versnobte Mutter bevorzugt den älteren Bruder Hermann, der entsprechend eingebildet sei. Die Zuneigung des unnahbaren, dabei über alles verehrten Vaters gilt dem lebenslustigen jüngeren Bruder Ernst. Albert ist eher zart und gesundheitlich labil, er neigt zu Ohnmachten, die er sich später als Versuch erklären wird, die Liebe der Brüder zu gewinnen. Diese treten laut und selbstbewusst auf – und verbünden sich gegen ihn. Albert hat keine Chance. Er habe versucht, anders zu sein, als man es von ihm erwartet, sagt er später.

Albert und Bruder Hermann

Vielleicht will er es auch allen zeigen. Er entwickelt Ehrgeiz. Er bemüht sich um die Aufnahme in den Ruderclub – eine Sportart für gewöhnliche Leute, wie die Mutter anmerkt, ihresgleichen spielt Tennis, wie die beiden anderen Söhne. Doch Albert macht sich immer besser in der Schule, deshalb kann die Mutter ihm nichts anhaben, die Leistung gibt ihm Autorität. Er schafft die Aufnahme, wird nach kurzer Zeit Steuermann im Vierer und später Schlagmann im Achter. »Das war mein erster wirklicher Erfolg«, erzählt er Gitta Sereny und fügt, wie sie schreibt, »spitzbübisch« in Erwartung ihrer Reaktion hinzu: »…das erste Mal, dass ich anderen meinen Willen aufzwingen konnte. Ich hatte acht Leute unter mir. Der Steuermann ist der König, die anderen sind nur Sklaven.«

Er habe immer einen Hang zum Einfachen gehabt, zu den gewöhnlichen Leuten, wie seine Mutter sagen würde: zu Spielkameraden aus Unterschichtsfamilien, die man nicht mit nach Hause bringen durfte, oder, als kleiner Junge, zur Tochter des Portiers: »Ich fühlte mich schon damals von der Einfachheit eines solchen Lebens und von seiner Wärme angezogen.«

Der emotional gehemmte Architektensohn, der eigentlich Mathematik studieren wollte, lässt sich nicht beirren. Sowie er eine feste Anstellung als Assistent seines Professors Heinrich Tessenow in Berlin bekommt, heiratet er seine Gretel, und zwar am 28. August 1928 – nicht zufällig an Goethes Geburtstag. Die

LIEBE ZUM EINFACHEN

Margarete und Albert Speer an ihrem Hochzeitstag

Eltern in Heidelberg werden davon formlos per Telegramm in Kenntnis gesetzt; es vergehen dann noch ein paar Jahre, bis Margarete erstmals ins Haus der Schwiegereltern eingeladen wird.

In der Nürnberger Haft schreibt Speer Briefe an Gretel, manchmal auch nur skizzierte Gedanken, er muss sich aufrecht halten: Mein Bett ist einfach, aber auf den Hütten haben wir primitiver und kälter geschlafen. Dafür war ich eben Minister. Nur schade, dass wir von dem Ministerdasein nichts hatten als Ärger und Arbeit und Trennung voneinander ... – Sie soll sich nicht sorgen. Sicher liest sie in den Zeitungen die unglaublichsten Geschichten. Und? Kann sie es glauben? Was hat sie während der letzten zwölf Jahre im fernen Berchtesgaden gehört, verstanden? Sie hat ihm niemals Fragen gestellt, die er nicht hätte beantworten können ... – Aber mach dem Schicksal keine Vorwürfe! Es liegt wirklich nicht in der Hand der Menschen, wohin es sie verschlägt. Wenn ich daran denke, von welchen Zufälligkeiten mein Lebenslauf abhing. Angefangen bei der aufgeschobenen Faltboottour nach Ostpreußen, wodurch mich die ersten Aufträge als Architekt erreichten, dann der Absturz von Todt und später so manche Zufälligkeit, die mich am Leben ließ ...

Es ist gar nicht so schwer, Ordnung in den Wirbel der Ereignisse zu bringen, in den ihn die Begegnung mit Adolf Hitler gerissen hat. Als habe er gar keine Wahl gehabt. Ein Schnelldurchlauf. Tatsächlich ist es der Parteigenosse Karl Hanke gewesen, ein früherer Müllergeselle und späterer Gauleiter, der ihm die ersten Parteiaufträge vermittelt hat. Im Sommer 1932 waren Zelt und Faltboot für die großen Ferien schon verpackt, in wenigen Stunden hätte er mit Gretel im Zug gesessen und wäre an den ostpreußischen Seen für Wochen unerreichbar gewesen, da klingelte das Telefon und Hanke brachte den Auftrag, das Berliner Gauhaus der NSDAP umzubauen. Alles Weitere ergab sich von diesem Augenblick an.

Durch den Gauhaus-Umbau wird der »kleine Doktor« Joseph Goebbels auf ihn aufmerksam. Er gibt ihm nach der Machtergreifung den Auftrag, die Berliner Feier zum 1. Mai auszustatten. Speer fällt dem Führer auf, darf den Reichsparteitag in Nürnberg gestalten, bald auch das Parteitagsgelände entwerfen, er wird der erste Architekt im Reich – und zufällig ist er an genau dem Tag in der Wolfsschanze, als Fritz Todt, der Bewaffnungs- und Munitionsminister und Chef der »Organisation Todt«, kurz nach dem Start mit seinem Flugzeug abstürzt. Fast hätte er selbst in der Maschine gesessen. Es fällt schwer, nicht auf den Gedanken zu kommen, er sei vom Schicksal eigens aufgespart worden, um gerade diese Nachfolge anzutreten. Nur ein Techniker mit künstlerischer Begabung, nur jemand wie Albert Speer also war in der Lage, als Minister in wenigen Monaten ein Rüstungswunder zu entfalten, das Deutschland bis auf weiteres vor der drohenden Niederlage bewahrt.

Auch bei Frontfahrten ist er nur knapp dem Tod entronnen. Und so will er sich auch jetzt der Vorsehung ergeben. Ein Mensch kann sich nur in sein Schicksal fügen. Er wird dafür sterben, wenn es denn sein soll, und eine künftige Welt wird darüber richten ...

1930: Hitler in der Hasenheide

Ist es wirklich so zugegangen im Leben des jungen Albert Speer, der sich bis zu seinem Tod damit brüstet, ein Sonntagskind, ein Liebling des Schicksals gewesen zu sein? Und unpolitisch, das vor allem. »Am 30. Januar 1937 wurde ich der Architekt der Welt, der bei riesigen Bauten unbeschränkt aus dem Vollen schöpfen konnte. Warum hatte Hitler gerade mich zu seinem Architekten gewählt? Er selbst ließ bisweilen durchblicken, er habe nur einen jungen begabten Architekten gewollt, so unbeschrieben noch, dass er ihn formen konnte. Wahrscheinlich war es so«, schreibt Albert Speer 1975 in seinen *Spandauer Tagebüchern*.

Vielleicht war es auch mehr: Der »Führer und Reichskanzler« will dem jungen Mann ganz offenkundig schmeicheln, wenn er persönlich »den Architekten Diplomingenieur Professor« Albert Speer am vierten Jahrestag der Machtergreifung zum »Generalbauinspektor für die Reichshauptstadt« ernennt. Der »Architekt der Welt« darf sich mit dem bereits hochrüstenden Führer der Welt identifizieren.

Und wann hat Speer für sich den Führer erwählt? Schon vor dem ersten Auftrag der Partei im Sommer 1932; er selbst gibt als seine Initiation den 4. Dezember 1930 an, einen Auftritt Hitlers in der Gaststätte »Neue Welt« in der Berliner Hasenheide. Doch

Hitler und Speer auf dem Berghof, eines der frühesten Fotos der beiden

er hat wohl noch früher mit der Partei geliebäugelt. Als leidenschaftlicher Autofahrer tritt er mit dem im Januar 1930 gegründeten Nationalsozialistischen Automobil-Korps (NSAK) in Verbindung. Das NSAK ist eine Sondereinheit der SA, vier Jahre später wird sie durch Zusammenlegung mit der Motor-SA zum NS-Kraftfahrerkorps (NSKK). Kurios ist, dass er in der von ihm kontaktierten Sektion Wannsee der einzige Autobesitzer ist. »Die anderen Mitglieder wollten erst noch eines erringen, falls die ›Revolution‹ stattgefunden habe, von der sie träumten«, bemerkt Speer 1969 in seinen *Erinnerungen*. Seine eigenen Motive für den Umgang mit der Gruppe erwähnt er nicht.

Die Funktion des NSKK ist nämlich nicht nur die Ausbildung im Auto- und Motorradfahren. »Je höher der Stand der Motorisierung, desto stärker die Abwehrkraft der Nation!«, lautet der Leitspruch. »Der junge Fahrer, der aus ihnen [den Schulungen des Korps] hervorgeht, wird, wenn die Zeit seiner Wehrpflicht gekommen ist, wohlvorbereitet an Körper und Geist mit Stolz das Kleid des Waffenträgers der Nation – der Wehrmacht – tragen und nach dessen Ablegung als ganzer Mann wieder in die Reihen des Korps zurückkehren«, heißt es im Aufrüstungsjargon von 1936.

Tatsächlich dürfte sich Speers Affinität zur »Bewegung« schon Ende der zwanziger Jahre entwickelt haben. 1975 schreibt er: »Mit zweiundzwanzig Jahren [1927] führte mich die Verweigerung der Moderne als Assistent zu Tessenow. Es kann kein Zufall sein, dass es nicht Gropius oder Mies van der Rohe waren, die mich als jungen Architekten faszinierten, sondern eben Tessenow mit seinem Sinn fürs Gediegene, Schlichte, Handwerkliche. Mein Widerwille gegen die Großstadt, den Menschentypus, den sie hervorbrachte, und selbst mein Unverständnis für die Vergnügungen meiner Kommilitonen, dazu meine Leidenschaft für das Rudern, Wandern und Bergsteigen: Das alles waren ja schon romantische Protesthaltungen gegen die Zivilisation.«

Diese Protesthaltung gegen die Zivilisation war auch andernorts wahrzunehmen: Hasenheide, 4. Dezember 1930, 20 Uhr. Hitler trifft mit seinem Gefolge vor dem Berliner Lokal ein. Der Versammlungsort, der Hauptsaal in der Gaststätte »Neue Welt«, ist

4. Dezember 1930:
Hitler spricht in der
»Neuen Welt« in Berlin

an diesem Abend, wie der nationalsozialistische *Angriff* hinterher berichten wird, mit angeblich 5000 meist studentischen Besuchern vollkommen überfüllt. An der Technischen Hochschule haben die Nationalsozialisten, wie an den meisten deutschen Universitäten, erheblichen Zulauf. Hochschulwahlen stehen bevor. Auch die Studenten des jungen Assistenten Albert Speer begeistern sich für die NSDAP – er sei von den Kommilitonen animiert worden, sich mit ihnen gemeinsam anzuhören, was es mit jenem Adolf Hitler auf sich habe. Es geht um den »Weg des neuen Deutschlands und die Aufgaben des jungen Akademikertums«.

Die »Neue Welt« verfügt über einen großen Theaterraum mit Empore und Bühne. Dicht gedrängt sitzen die Gäste an ihren Tischen, an den Seitenwänden stehen SA-Männer in weißen Hemden mit schwarzem Schlips (die »Braunhemden« waren seinerzeit in Preußen verboten). Wachen auf der Bühne behalten die Menschen im Saal im Auge. Man will nicht nur die politischen Feinde im Blick haben – es ist zugleich eine Inszenierung von Ordnung, der neuen Ordnung, die zum Erlebnis werden soll. Auf der Bühne steht ein schlichter kleiner Tisch, dahinter die Fahne. Und dann tritt ein Mann in dunkelblauem Anzug vor das Mikrofon. Er wartet, bis der Saal Ruhe gibt, steigert die Spannung. Er räuspert sich, hält dabei fast schüchtern die Hand vor den Mund und beginnt dann überraschend leise und eindringlich zu sprechen. Er erzählt von Rassen, Völkern und Staaten, die untergingen. Propheten habe es gegeben, die dies vorausgesagt hätten und doch verlacht worden seien – die Zeitgenossen glaubten, ihre Reiche könnten niemals untergehen. Rom, Athen, Babylon seien solche Beispiele. Und so redeten sie auch heute in Deutschland: Die Masse denkt nie an die Zukunft, sieht das Leben nur als eine Reihenfolge tagtäglicher Ereignisse, Hoffnungen und Begierden.

Wie in einer geschichtlichen Vorlesung geht es hier zu, denkt der Assistent Speer. Der schreit ja nicht, fuchtelt nicht wirr mit den Armen durch die Luft, dieser Hitler entspricht nicht dem Schreckbild des Bürgertums, den Karikaturen in den Zeitungen, die der Vater liest. Eine gutturale, fremdartige Stimme, etwas Österreichisch, etwas Münchner Timbre – eigentlich unangenehm, zugleich einnehmend. Man ist berührt. Hitlers anfängliche Schüchternheit schwindet, der Prophet des neuen Deutschland steigert sich in Tempo und Lautstärke: Unser Zeitalter werde so gern als materiell bezeichnet, an die Stelle des Idealismus eine nüchterne so genannte Realität gesetzt. Jetzt greift er sie alle an, alle, die sich in der nüchternen Republik von den Idealen der Vergangenheit gelöst haben, von den heldischen Tugenden und vom Mut. Sie wollen dem Land mit ihrer Nüchternheit nützen, aber in Wahrheit schwächen diese Herren Realisten die politische Kraft der Nation.

Die Gegenwart schildert Hitler als großen Kampf zwischen Materialismus und Idealismus, zwischen dem verknöcherten Alten und der Jugend, die überwinden will und muss – das alles ist dem jungen Albert Speer aus dem Herzen gesprochen. Die Volksgemeinschaft soll triumphieren und nicht die Gemeinheit des Untermenschentums, eine neue Plattform muss geschaffen werden …

»Der Götze Wirtschaft bricht zusammen, das materielle Ich wird vernichtet. Und da fragt es sich dann, ob ein Volk ins Chaos stürzt, oder ob in ihm Tugenden wach werden, die die Nation wieder zur Macht führen.« – »Die neuen heroischen Ideen werden sich durchsetzen, den Bauern vom Pflug reißen, den Studenten aus dem Hörsaal, den Arbeiter aus der Fabrik und sie alle sagen lassen: Wir sind ein Volk. Das ewige Band der Gemeinsamkeit unseres Blutes wird sie umschließen. Die Besten werden kommen und werden das Volk zusammenschließen zu einem Hoffen und einem Glauben.« So gibt der *Völkische Beobachter* die Rede wieder. Der *Angriff* vom 5. Dezember 1930 formuliert schärfer, spricht von den »Minderwertigen«, die geblieben sind, weil der Krieg die Besten »ausgemerzt« habe.

Applaus und Klopfen der Studenten, auch Speer klatscht, lässt sich bewegen von dem Mann mit den heiseren, kehligen Lauten. Er hat ja Recht: »Wird ein Volk vom Laster geführt, so ergibt es sich dem Laster, führt aber der Idealismus, so wird er das Volk auch dazu erziehen, und es wird ihm im großen Erkennen folgen.« Hier herrscht ein neuer Ton, eine Dynamik, die Speer gefällt. »Dann wird der gebildete Mensch an seiner Seite den wertvollen Menschen aus der Fabrik wiedererkennen, und der Proletarier wird in dem früher Bekämpften den Kameraden achten, der tapfer mit ihm steht, und aus gemeinsamen Opfern wird die Wertschätzung erwachsen.«

Wie gern würde Albert seine Brüder diese Sätze hören lassen, den eingebildeten Großen, den Hermann, der sich vor allem auf das Geld des Vaters verlässt und ohne Verantwortung Kinder in die Welt setzt, Mutters Liebling! Genauso verzogen der Jüngere, der allseits beliebte Ernst, der in Heidelberg mit seinem schicken Motorrad renommiert und mit den Mädchen herumpoussiert.

»Sie haben viel gutzumachen.« Jetzt spricht der Führer die Herren Akademiker an. »Sie haben mit uns die Kluft zu beseitigen, die durch unser Volk geht und die das Bürgertum mitverschuldet hat.« Und dann scheint es, als ob er ihn direkt anschaut und gerade ihn meint unter all den anderen. Der *Völkische Beobachter* vermeldet an dieser Stelle einen Jubelsturm besagter 5000 Studenten. Jedem, der den Weg des nationalsozialistischen Idealismus gehe, werde viel zugemutet – sogar »dass er notfalls seine eigene Existenz für die Gesamtheit hingibt, von ihm werden Opfer verlangt«. Deutsche dürfen nicht weiterhin gegen Deutsche Front machen: »Das mangelnde Gemeinschaftsgefühl wandelte sich in gegenseitigen glühenden Hass ... eingekapselt in die Begriffe Bürgertum oder Proletariat.«

1930: HITLER IN DER HASENHEIDE

Worauf will Hitler hinaus mit seinen hehren Aufrufen? Er sagt es den jungen Leuten und den vereinzelt anwesenden Professoren: »Unser Volk muss sich mit seinem ganzen Krafteinsatz den Völkern gegenüberstellen, denn nicht mit der besten Wirtschaftstheorie und guter Ware setzt sich ein Volk durch, sondern nur, wenn es gewaltigsten Lebenseinsatz in die Waagschale werfen kann. *Das Schwert hat noch immer zuletzt entschieden.* Dazu müssen wir die Wunden im Volkskörper schließen, und wenn das nicht gelingt, dann ist alle Tagesarbeit und alles Studium vergeblich.«

Angriffsrhetorik, wie Hitler sie seit mehr oder weniger zehn Jahren vernehmen lässt. Speer wird später schreiben, er habe inhaltlich nicht viel in Erinnerung behalten, es seien die suggestive Überzeugungskraft des Redners gewesen und die physisch spürbare Welle der Begeisterung unter den Zuhörern, die ihn an diesem Abend erfasst und beeindruckt hätten. Hier im Saal ist es zu erleben, wovon der Mann da oben gerade gesprochen hat. Die Kraft der Einmütigkeit, selbst wenn sie ein »falscher Eindruck« (so Speer 1969) sein mag – der 25-Jährige lässt sich dadurch für Hitler gewinnen.

Einige Wochen später besucht Speer eine weitere Parteiveranstaltung, eine Kundgebung im Sportpalast. Der Berliner Gauleiter Joseph Goebbels spricht – und hat auf ihn die umgekehrte

Joseph Goebbels
1932 in Berlin

51

Wirkung: Speer fühlt sich »angewidert«, auf der einen Seite die Phrasen – »gut placiert und schneidend formuliert« –, auf der anderen »eine tobende Menge, die zu immer fanatischeren Begeisterungs- und Hassstürmen geführt wurde, ein Hexenkessel entfesselter Leidenschaft«. Und pöbelhaft nimmt diese Menge, »in ihrem Selbstbewusstsein gesteigert«, anschließend »herausfordernd die ganze Breite der Fahrbahn ein«; der Autoverkehr wird blockiert, die Polizei reitet »mit erhobenem Gummiknüppel in die Menge«. Speer hat so etwas noch nicht erlebt, »solche Gewaltanwendung«.

Doch er hat sich längst entschieden. Er will sich als einer der beschworenen Besten erweisen; der »gebildete Mensch« an der Seite des »wertvollen Arbeiters«, eine Phalanx für ein neu geordnetes Deutschland. Die Leitung der Sektion Wannsee im NSAK wird sein erstes Parteiamt, und es führt zu seinen ersten Aufträgen als »Architekt der Welt«.

Erste Aufträge der Partei

März 1931. Leichter Schneefall. Ein Auto an einer Straßenecke in Berlin, darin das Ehepaar Speer. Margarete hält ein Parteibuch der NSDAP in der Hand. Sie schlägt es auf und erkennt erstaunt das Gesicht ihres Albert. Er hat es nicht mit ihr besprochen. Gretel liest: »Nummer 474.481«. Es klingt wie eine Frage, und Albert versucht eine Erklärung: »Er hat eine Kraft – er glaubt an das, was er sagt.« – »Und du?« Speer startet den Motor und fährt los. »Er wird bauen, sehr viel bauen.« Der Scheinwerfer eines entgegenkommenden Wagens streift sein Gesicht. Gretel weiß, dass Alberts Vater eher bei den Nationalkonservativen beheimatet ist, Abstand hält zum braunen Pöbel auf der Straße. »Und wenn das dein Vater erfährt?« – »Er wird von mir kaum Besseres erwarten.«

Wir springen in den Sommer 1932: »Die Partei hat mir gerade einen Auftrag gegeben, ein kleiner Umbau an einer Geschäftsstelle, für Dr. Goebbels.« Das ist in dieser Zeit eine gute Nachricht für einen Nachwuchs-Architekten; zumal es, nach kleinen Gefälligkeitsarbeiten zuvor, erstmals Honorar geben wird. Auch

diesen Auftrag verdankt Speer dem mittlerweile aufgestiegenen Karl Hanke. »Wenn sie die Wahl gewinnen, Gretel, dann wird sich vieles ändern! Auch für uns ...«

Januar 1933. Reichspräsident Paul von Hindenburg ernennt Hitler zum Reichskanzler. Die Arbeitslosenzahl in Deutschland hat die sechs Millionen überschritten. Im Februar wird, »zum Schutz des deutschen Volkes«, die Rede-, Versammlungs- und Pressefreiheit eingeschränkt. Für Inhaftierungen braucht es keinen Gerichtsbeschluss mehr. Am 27. Februar brennt der Reichstag, einen Tag später wird eine Vielzahl demokratischer Grundrechte offiziell aufgehoben, erste Konzentrationslager (so genannte »wilde« KZs) entstehen.

Am 5. März gewinnt die NSDAP unter dem Zeichen des Ter-

ERSTE AUFTRÄGE DER PARTEI

Hitler am Abend seiner Ernennung zum Reichskanzler in Berlin, 30. Januar 1933

Joseph Goebbels

rors zusammen mit den verbündeten Deutschnationalen eine Mehrheit im Reichstag. »Wir sind die Herren im Reich«, notiert Goebbels triumphierend im Tagebuch, »alle anderen sind geschlagen zu Boden gesunken ... Deutschland ist erwacht!«

Eine Woche später, am 13. März, wird das Reichsministerium für Volksaufklärung und Propaganda gegründet, mit Goebbels als Chef. Der macht Tempo – er will an den Wilhelmplatz ziehen, in einen alten Bau aus dem 18. Jahrhundert, einst von Karl Friedrich Schinkel umgestaltet, und das Haus vorher entmotten und umbauen lassen: »Ich muss Klarheit, Sauberkeit und reine, übersichtliche Linien um mich haben. Zwielicht ist mir zuwider. Und wie in den Zimmern aufgeräumt werden muss, so auch unter den Menschen. Die von gestern können nicht Wegbereiter von morgen sein.« Karl Hanke ruft bei Albert Speer an, der sich als Architekt in Mannheim niedergelassen hat. Er eilt nach Berlin.

Szenenwechsel: Goebbels mit Speer und Hanke in den Fluren seines neuen Ministeriums. Der Propagandaminister hinkt leicht, versucht es zu überspielen. »Sie bauen mir das um, Speer. Das Arbeitszimmer und die Sitzungssäle, wie besprochen.« – »Wann beginnen wir?« will der junge Architekt wissen. Goebbels lacht. »Sie haben schon begonnen!« – »Keine Pläne, keine Kostenvoranschläge?« Mit dem Aufstoßen der nächsten Tür lässt der »kleine Doktor« auch dieses Problem hinter sich. »Nichts davon will ich sehen. Fragen Sie nicht, ob Mittel bereitgestellt sind und wann und wo die Bürokratie die Akten bewegt. Fangen Sie an! Ordnen Sie an! Bauen Sie, Speer. Wir gehen hier nicht mehr raus!«

Das ist ganz und gar gegen die Regel. Aber alles, was in diesen aufregenden Monaten geschieht, ist gegen die Regel. Es ist Revolution. Die Menschen ahnen es, und Speer weiß es auch – in Berlin ist »neues Leben eingezogen«. Nach dem Reichstagsbrand werden Kommunisten gejagt, eingesperrt und erschlagen, auch Sozialdemokraten, Gewerkschafter und viele andere, mit denen der neue Reichskanzler und seine SA abrechnen wollen. Die Szenerie rund um den Sportpalast kommt Speer in den Sinn. Oder Moabit, eines der gefährlichsten Viertel Berlins in diesen Monaten offener Straßenkämpfe. Speer hat es erlebt, als

ERSTE AUFTRÄGE DER PARTEI

Kurierfahrer bei der Wahl im Sommer 1932. Man muss nicht darüber nachdenken – es ist Politik oder Pöbel, beides Sache von anderen. Derweil kommt die Karriere des Architekten in Gang. Es geht von nun an, wie im ganzen Land, im Rhythmus der »Bewegung«: Schlag auf Schlag.

Albert Speer in seiner Berliner Wohnung vor dem Zeichenbrett. Mit einem feinen Pinsel trägt er für drei Hakenkreuzfahnen leuchtendes Rot auf. Die Hakenkreuzfahne und das schwarz-weiß-rote Banner sind nun die Flaggen des Reiches. Gretel kommt aus der Küche und schaut zu – ein neuer Auftrag der Partei. Und was für einer. Albert hat bei Karl Hanke im Gauhaus einen Entwurf für die Ausstattung der nächtlichen Feier am 1. Mai 1933 gesehen. Geplant ist eine Massenkundgebung mit dem neuen Reichskanzler auf dem Tempelhofer Feld, die das alte Gewerkschaftsfest zum »Tag der Arbeit« ersetzen soll. Hitler liebt solche Auftritte in der Dunkelheit. Aber was der junge Parteigenosse hier in Planung sah – so beschreibt er es später –, »empörte sowohl meine revolutionären wie auch meine architektonischen Gefühle: ›Das sieht aus wie die Dekoration zu einem Schützenfest‹.« Er darf es besser machen – nur zu, ermuntert ihn Freund Hanke, nunmehr Sekretär des Ministers Goebbels, und noch in derselben Nacht sitzt Speer am Zeichentisch.

Jetzt erklärt er seiner Frau die Skizze: drei riesige Fahnen, die wie die Kreuze von Golgatha aufgebaut sind. »Jede von ihnen höher als ein zehngeschossiges Haus.« Davor eine Tribüne. »Hier steht der Führer.« Gretel ist etwas überrascht, dass ihr Mann wie selbstverständlich diese Redeweise gebraucht. »Der Führer?« Albert bemerkt es gar nicht. »Ja. Ihn und die Fahne stelle ich in den Mittelpunkt.« Dann skizziert er zwei kleinere Fahnengruppen als Wiederholung des Hauptaltars, ein Triptychon. »In der Nacht werden die Fahnen von riesigen Scheinwerfern angestrahlt.«

»Scheinwerfer?« – »Ja, die habe ich von der UFA besorgt.« Albert hebt das Transparentpapier mit dem Entwurf auf ihre Augenhöhe. Wie im Kino soll Gretel das Bild vor sich sehen. »Die Menge in der Nacht – stell dir das mal vor, und darüber schwebt der Führer.« Hinter den roten Fahnen Alberts begeistertes Gesicht. Gretel kennt dieses Entfachtsein, seine Freude, wenn ihm die Arbeit gelingt. Sie zeigt auf den winzig kleinen Punkt hinterm Podium. »Das ist Hitler – wie hoch sind dann die Fahnen?« – »45 Meter. Die machen wir hier unten fest, wie große Segel.« Das ist, unter statischen Gesichtspunkten, gewagt. Gretel schüttelt den Kopf. »Und wenn Wind aufkommt?« Albert lässt das Transparentpapier sinken, sie hat Recht. Er schaut sie zufrieden an und gibt ihr einen Kuss auf die Wange. »Die halten was aus.«

Schon Tage vorher treffen Abordnungen ein – Arbeiterdelegationen aus dem ganzen Reich. Goebbels schreibt am 28. April: »In Tempelhof sind gigantische Anlagen gebaut worden. Sie bieten ein grandioses Bild nationalsozialistischen Gestaltungswillens. Der 1. Mai wird ein Massenereignis, wie es die Welt noch nicht gesehen hat. Das ganze Volk soll sich vereinigen in *einem* Willen und in *einer* Bereitschaft.«

Wir blenden in die Wochenschau mit den Bildern vom 1. Mai 1933. Hitler in der Inszenierung von Albert Speer. Die Fahnen wirken wie riesige Segel. »Die Scheinwerfer erlöschen bis auf jene, die den Führer in strahlende Helligkeit tauchen, so dass er wie in einem Märchenschiff über dem Gewoge der Massen zu stehen scheint. Es herrscht Stille wie in einer Kirche. Der Führer spricht.« So beschreibt es der französische Botschafter André François-Poncet.

Speers Inszenierung der Kundgebung am 1. Mai 1933 auf dem Tempelhofer Feld in Berlin

»Das deutsche Volk ist nun nicht mehr das Volk der Ehrlosigkeit, der Schande, der Selbstzerfleischung, der Kleinmütigkeit und Kleingläubigkeit. Das deutsche Volk ist wieder stark geworden in seinem Geiste, stark in seinem Willen, stark in seiner Beharrlichkeit, stark im Ertragen aller Opfer.« Donnernd rollen Hitlers Worte über die Menge, verstärkt durch gigantische Lautsprecher. Hier spricht einer, der wie Jakob mit dem Engel gerungen, der den Segen für sich und sein auserwähltes Volk direkt von Gott erhalten hat. »Herr, wir lassen nicht von dir! Nun segne unseren Kampf um unsere Freiheit und damit um unser deutsches Volk und Vaterland!«

Die nahe dabeistehen, wie Albert Speer und Joseph Goebbels, sehen noch, wie der Mann die Hände zum Himmel hebt. Und jetzt sagt er zum Ende offenbar wie in der Kirche: »Amen!«

Goebbels ist beglückt. »Ein toller Rausch der Begeisterung hat die Menschen erfasst. Gläubig und stark klingt Horst Wessels Lied in den ewigen Abendhimmel hinauf. Die Ätherwellen tragen die Stimmen der anderthalb Millionen Menschen, die hier in Berlin auf dem Tempelhofer Feld vereinigt stehen, über ganz Deutschland, durch Städte und Dörfer, und überall stimmen sie nun mit ein. Die Arbeiter im Ruhrgebiet, die Schiffer vom Hamburger Hafen, die Holzfäller aus Oberbayern und der einsame Bauer oben an Masurens Seen. Hier kann keiner sich ausschließen, hier gehören wir alle zusammen, und es ist keine Phrase mehr: wir sind ein einig Volk von Brüdern geworden. Und der uns den Weg dahin wies, der fährt nun, aufrecht im Auto stehend, zu seiner Arbeitsstätte in der Wilhelmstraße zurück, durch eine Via triumphalis, die sich rund um ihn herum aus lebenden Menschenleibern gebildet hat.«

Nicht alle blicken derart euphorisch auf solche Großkundgebungen. »Sie waren vereint, sie akkumulierten, sie waren eine gefährliche Häufung von Nullen, eine explosive Mischung: zwanzigtausend erregte Herzen und zwanzigtausend hohle Köpfe. Natürlich warten sie auf ihren Führer, auf die Nummer Eins, auf den, der sich positiv mit ihnen konfrontiert und sie erst zur gewaltigen Ziffer macht, zum Volk, zum neuen Golem des Mischbegriffs ein Volk, ein Reich, ein Führer, ein totaler Hass, eine totale Explosion, ein totaler Untergang.« So schildert der Schriftsteller Wolfgang Koeppen die gespenstische Szenerie.

Speers Entwurf war sofort angenommen worden. Stolz habe er ihn auch seinem verehrten Lehrer Heinrich Tessenow gezeigt, schreibt Speer später, doch der ließ sich nicht blenden und kommentierte: »Glauben Sie, dass Sie da etwas geschaffen haben? Es macht Eindruck, das ist alles.«

Den Parteioberen ist es gerade genug. Der Propagandaminister beschäftigt Speer gleich weiter; er soll dessen Dienstwohnung umbauen und erweitern, und zwar innerhalb von zwei Wochen. »Hitler glaubte nicht an die Einhaltung dieses Termins und Goebbels, um mich anzuspornen, erzählte mir davon. Tag und Nacht ließ ich in drei Schichten arbeiten, die verschiedensten Bauabschnitte waren bis ins Einzelne aufeinander abgestimmt, in den letzten Tagen setzte ich eine große Trockenanlage in Betrieb, und schließlich wurde der Bau pünktlich zur versprochenen Frist möbliert übergeben.«

Goebbels ist mit Speer überaus zufrieden. Im Juli 1933 wird er in ein Flugzeug gesetzt, um in Nürnberg erstmals den Parteitag auszustatten. Man beruft Speer zum »Amtsleiter für künstlerische Gestaltung der Großkundgebungen in der Reichspropagandaleitung«. Er wird der Wirkungskünstler der Bewegung.

München 1933: Im Wohnzimmer des Führers

Der Nürnberger Organisationsleiter will nicht riskieren, den Entwurf von Speer – eine Variante seiner Dekoration vom 1. Mai – ohne ausdrückliche Billigung der Parteizentrale in Auftrag zu geben. Er schickt den jungen Mann damit nach München ins »Braune Haus«. Wieder sind es Fahnenblöcke, die den Hintergrund für den Auftritt des Führers abgeben sollen. Diesmal rahmen zwei davon das Podium ein, jeweils bestehend aus zwei Hakenkreuzfahnen neben dem Schwarz-Weiß-Rot des Deutschen Reiches. Der Führer wiederum soll nun unter einem riesigen Adler mit ausgebreiteten Schwingen stehen, der in seinen Krallen das Hakenkreuz hält. Eine endlose Reihe von kleineren Fahnen umgrenzt das Aufmarschfeld.

Albert Speer, im »Braunen Haus« noch völlig unbekannt, versucht, seine Zeichnung zu erläutern, doch der Herr vor ihm unterbricht: »Sie brauchen mir gar nichts zu erklären. So etwas kann nur der Führer selbst entscheiden. Er ist in seiner Wohnung, ich melde Sie gleich an.« Speer ist überrascht und erfreut zugleich. »Zum Führer persönlich?« Der Parteigenosse greift zum Telefon, und während er eine Nummer wählt, erklärt er dem jungen Architekten vor seinem Schreibtisch, welche Bedeutung dieser Auftrag hat: »Festdekoration für einen Parteitag –

MÜNCHEN 1933: IM WOHNZIMMER DES FÜHRERS

Rudolf Heß während
einer Rede in München
1935

das ist für uns mehr als ein paar Fahnen am Straßenrand! Und Sie haben den Geist unserer Bewegung gut aufgegriffen ...«

Der das sagt, muss es wissen. Es ist Rudolf Heß, seit 1920 enger Wegbegleiter und seit dem 21. April 1933 der Stellvertreter Hitlers. Heß hat am Putschversuch vom 9. November 1923 teilgenommen und ist mit Hitler sieben Monate in der Festung Landsberg inhaftiert gewesen; hier half er ihm bei den Arbeiten am Manuskript von *Mein Kampf*. Er war Student der Volkswirtschaft, Geschichte und Geopolitik bei Karl Haushofer in München, als er Hitler reden hörte und sich dem Österreicher verschrieb: »Unser aller Nationalsozialismus ist verankert in kritischer Gefolgschaft, in der Hingabe an den Führer, die im Einzelfalle nicht nach dem Warum fragt, und in der schweigenden Ausführung dessen, was er befiehlt.«

Einen Alleingang wagt der Getreue später dann doch: Am 10. Mai 1941 wird er heimlich nach England fliegen und für einen gemeinsamen Kampf gegen die Sowjetunion werben. Eine womöglich durch den Sohn seines Professors Haushofer inspirierte Tat – Albrecht Haushofer, Verfasser von Dramen nach antikem Muster und ab 1939 selbst Professor für politische Geographie in Berlin, ist England-Experte und berät Heß. Er gehört später zur Widerstandsbewegung um den Kreisauer Kreis und wird 1945 von einem SS-Kommando erschossen.

Als Heß auf schottischem Boden mit dem Fallschirm abspringt, glaubt er tatsächlich, der britischen Regierung Vorschläge machen zu können: Deutschland habe keine geopolitischen Konflikte mit England. Wenn die Briten dem Reich im Osten freie Hand ließen, würde ihre Herrschaft über die Kolonialvölker nicht in Frage gestellt werden. Dass man ihn einfach festnimmt – damit hat Heß nicht gerechnet. Bis zum Kriegsende bleibt er in britischer Gefangenschaft. Hitler wird ihn für wahnsinnig erklären.

1946 begegnen Speer und Heß einander im Nürnberger Gefängnis wieder – dreizehn Jahre nach ihrem ersten Zusammentreffen im Vorzimmer der Macht. Und diese Macht ist mittlerweile fast absolut: Am 23. März 1933 hat man mit dem Ermächtigungsgesetz in Deutschland die Demokratie abgeschafft. Am 1. April kommt es zum Boykott jüdischer Einrichtungen und Geschäfte. Im selben Monat wird die Geheime Staatspolizei, die Gestapo, gegründet. Der Index verbotener Bücher umfasst im Mai bereits 12 400 Titel, die Werke von rund 150 Autoren werden öffentlich verbrannt. Die freien Gewerkschaften sind aufgelöst, ihre Mitglieder in die Deutsche Arbeitsfront (DAF) zwangseingegliedert worden. Im Juni wird die SPD verboten, kurz darauf der Einparteienstaat proklamiert; der »Deutsche Gruß« wird Pflicht, ebenso die Lektüre von *Mein Kampf* – zumindest für Beamte. Eine Welle der Gleichschaltung geht bereits in diesen ersten Monaten des Jahres 1933 über das Land hinweg. Betroffen sind alle Bereiche des gesellschaftlichen und privaten Lebens.

Die Nazis überrollen, überrumpeln, schüchtern ein und lassen Unrecht legalisieren, wo und wie es ihnen notwendig erscheint. Die politische Opposition wird verboten, vertrieben, verprügelt und in die neu errichteten Konzentrationslager gesperrt. Dachau hat als erstes offizielles KZ im März den Betrieb aufgenommen. Im Juli erteilt der Vatikan der Diktatur mit dem Reichskonkordat seinen Segen. Es ist der erste Staatsvertrag des Auslands mit dem neuen Deutschland: Fortbestand katholischer Einrichtungen gegen politische Passivität der Kirche. Albert Speer hat dies alles als engagiertes Parteimitglied miterlebt – voller Zukunftshoffnungen im Zentrum der Bewegung.

Bücherverbrennung am 10. Mai 1933 in Berlin

Seine geräumige Privatwohnung am Münchner Prinzregentenplatz behält Hitler auch als Reichskanzler. Ein Adjutant empfängt den aufstrebenden Entwurfskünstler und führt ihn durch eine Einrichtung von schlechtem Geschmack – wie Speer später schreibt – zum Führer. Hitler sitzt an seinem Schreibtisch und reinigt auf einem grünen Schutztuch seine Pistole.

»Lassen Sie mal sehen!« Er hat gar nicht hochgeschaut, hebt nur kurz die Pistole, damit der Besucher seinen Plan vor ihm ausbreiten kann. Speer entrollt das Blatt. Kommentarlos schaut Hitler sich das Bühnenbild für seinen Parteitag im September an. Auf der Zeichnung sind die Maße angegeben, so dass sich der Amateurarchitekt sofort zurechtfindet – er hat genug öffentliche Bauten in Wien und München gezeichnet, damals, als er seinen Lebensunterhalt mühsam als freischaffender Kunstmaler bestritt. Diesmal also kein Fahnensegel hinter dem Podium, sondern ein Adler, gehalten von einer Reihe Flaggenmasten. Dreißig Meter soll die Flügelspannweite betragen, Hitler kann die Wirkung abschätzen – vor allem, wenn dies alles wieder in nächtliches Scheinwerferlicht getaucht sein wird.

Er nickt, äußert beiläufig ein knappes »Einverstanden!« Speer kann gehen. Das Einverständnis des Führers wird ihm in Nürnberg alle Mittel gewährleisten. »Architektur«, davon bekommt Speer hier erstmals einen Begriff, ist für Hitler ein Zauberwort. »Mit Recht sind die Österreicher beliebt wegen ihrer künstlerischen Veranlagung. Die Wurzel davon ist freilich Komödianterei, und diese verrät einen Menschen, der sich über Wirklichkeiten hinwegtröstet, für das Leben den Schein nimmt und sich das Dasein, das sonst zu schwer auf ihm lasten würde, spielend leichter macht«, schreibt Heinrich Mann im selben Jahr mit Blick auf den Diktator.

Speer wird ab sofort Hitlers Kulissenzauberer sein. Die werden staunen in Nürnberg, wenn sein Bühnenbild, effektvoll inszeniert in der Nacht, aus dem weiten Aufmarschfeld einen Raum für 250 000 Parteigenossen schafft. Einen Raum, der die Versammelten zu einem Volk zusammenschwört und konzentriert auf ihren Führer.

»Fahnen, Masten, Lichter, Tribünen, Menschen sind die äußerst ursprünglichen Mittel, mit denen der Architekt Wirkungen er-

MÜNCHEN 1933: IM WOHNZIMMER DES FÜHRERS

zielt, die vielleicht gerade wegen ihrer Primitivität so stark und groß sind. Sie rahmen das revolutionäre Geschehen mit ebenso revolutionären architektonischen Mitteln«, schreibt Speers einstiger Studienkollege und späterer Chronist Rudolf Wolters 1943 über dessen Parteitagsentwürfe. Und über allem würde dieses Mal ein Hoheitsadler am Himmel schweben.

Im Berliner Beethovensaal mokiert sich Thomas Mann schon 1930 in seinem *Appell an die Vernunft* über solche »Politik im Groteskstil mit Heilsarmee-Allüren, Massenkrampf, Budengeläut, Halleluja und derwischmäßigem Wiederholen monotoner Schlagworte, bis alles Schaum vor dem Munde hat. Fanatismus wird Heilsprinzip, Begeisterung epileptische Ekstase, Politik wird zum Massenopiat des Dritten Reiches oder einer proletarischen Eschatologie, und die Vernunft verhüllt ihr Antlitz.«

Nürnberg 1945: Maßnahmen der Anklage und der Verteidigung

Gefängnis Nürnberg, November 1945. Eisenschlüssel klappern, das Schloss schnappt auf. Die Zellentür des Angeklagten Albert Speer wird geöffnet. Begleitet von zwei der freundlichen amerikanischen Guards durchquert er den langen, hohen Gang. Es geht zu einem ersten Treffen mit seinem Anwalt ins Sprechzimmer im vorderen Trakt des Justizpalastes. Dort haben die Amerikaner mit Hilfe deutscher Kriegsgefangener eine besondere Einrichtung gebaut, die nach amerikanischem Vorbild eine freie und dennoch sichere Begegnung der Angeklagten mit ihren Anwälten ermöglichen soll: In einer Reihe von Boxen sitzen sich, getrennt durch ein Drahtgitternetz, Anwalt und Mandant gegenüber. Ein Schlitz im Gitter erlaubt die Übergabe von Dokumenten. Die Boxenreihe trennt den Raum in zwei Teile. Das Gespräch wird während der ganzen Zeit bewacht und beobachtet.

Der weiß behelmte amerikanische Wächter bleibt hinter dem Gefangenen stehen. Noch andere Angeklagte sprechen hier mit ihren Anwälten. Wie ein Wartesaal ist der Raum von gedämpften Stimmen erfüllt – mal lauter, mal leiser. Speer geht auf seine Kabine zu. Die Zahl 17 ist in großen Ziffern auf das Gitternetz gepinselt. Es ist schon Abend. Da hastet ein Mann herein, unscheinbar, aber freundlich, mit einer Aktentasche unterm Arm. Er nimmt Platz und packt die Anklageschrift aus.

»Ich soll Sie verteidigen. Dr. Hans Flächsner aus Berlin.«

Speer ist skeptisch. Eigentlich hat er sich einen bedeutenderen, einen berühmten Anwalt gewünscht, den ehemaligen preußischen Minister Schreiber, wie Flächsner später erwähnt. Aber der antwortete auf Flächsners Anfrage nicht, und nun muss Speer wohl mit dem Mann vorlieb nehmen, der hier vor ihm sitzt.

»Für Sie, von meiner Ration.« Speer schiebt ihm eine Schachtel Lucky Strike zu. Die Wache neben ihm nickt. Flächsner nimmt die Gabe gern an. »Danke. Normalerweise bringt ja der Anwalt etwas mit. Das ist jetzt viel wert draußen.«

Speer kommt zur Sache. »Ich habe mir Gedanken über meine Verteidigung gemacht, Dr. Flächsner. Ich möchte keinesfalls

NÜRNBERG 1945: ANKLAGE UND VERTEIDIGUNG

irgendjemanden von meinen Untergebenen belasten.« Der Verteidiger wundert sich ein wenig, will aber zunächst einmal verstehen. »Kommen wir darum herum?«

Sein Mandant wird deutlicher: »Ich werde die Verantwortung übernehmen.«

Flächsner fischt sich eine Zigarette heraus und zündet sie an. »Für all die Scheußlichkeiten, die hier stehen? Angriffskrieg, Massenmord, Sklaverei ...?«

Jetzt muss Speer seinen Anwalt auf eine wichtige Differenzierung seiner Verteidigungslinie hinweisen: »Eine Mitverantwortung, Dr. Flächsner. Auch in einem autoritären Staat gibt es eine allgemeine Mitverantwortung. Ich übernehme die Verantwortung für ...«

Flächsner fällt ihm ins Wort. »Das werden Sie nicht tun. Um Gottes willen, das kann Sie den Kopf kosten.«

»Dann ist es eben so.«

Speer will nicht gerade leichtfertig seinen Kopf in die Schlinge legen, das nicht. Aber er will auch nicht um sein Leben feilschen oder betteln. So soll es der Anwalt sehen. Hitlers Architekt und Rüstungsminister hat zu diesem Zeitpunkt schon viele Befragungen und Verhöre hinter sich. Die Anklage als Hauptkriegsverbrecher war ein unerwarteter Schock für ihn, ja. Aber er weiß, dass er sich Respekt verschaffen muss. Er will Haltung zeigen und, wie in den Jahren der Diktatur, nicht auf dem Niveau seiner Nazi-Kollegen gesehen werden. Das wäre unangemessen –

65

und erst recht lebensgefährlich. Albert Speer bleibt Zauberlehrling, auch hier.

Rechtsanwalt Dr. Hans Flächsner aus Berlin, diese Zuteilung des Gerichts, erweist sich als ein Glücksgriff für den Angeklagten. Der kleine energische Mann mit Brille hat nicht vor, seinen Mandanten leichtfertig aufzugeben. Er versucht zu argumentieren, wo der Angeklagte mit dem Instinkt des Machtpolitikers nicht mit sich handeln lassen kann, und der Verteidiger wird ihn dafür bewundern.

»Die Anklage zielt auf die ganz Großen, die Politik gemacht haben: Göring, Ribbentrop, die Generäle. Sie sollten das unbedingt dem Gericht überlassen.« Speer versteht und ergänzt: »Wie die Richter diese Verantwortung *bewerten* wollen, ja.«

Flächsner holt etwas weiter aus, erläutert ihm nun seine Strategie für die Verteidigung. »Sie waren kein Politiker, sondern Architekt, ein Künstler; und dann der Rüstungsminister – ein Mann, der sein Amt lediglich nach sachlich orientierten Gesichtspunkten verwaltet hat. Verstehen Sie, eine Verschwörung gegen den Frieden, die Planung eines Angriffskrieges – das kommt doch für Sie alles gar nicht in Frage. Als Sie Minister wurden, war der Krieg längst in vollem Gang.«

Der Anwalt blättert in der Anklageschrift und schaut dann besorgt auf seinen Mandanten. »Die Anklage hatte viel Zeit,

Rechtsanwalt Hans Flächsner (rechts) im Gespräch mit Speer in der Besprechungsbox

um Zeugen und Beweismaterial zusammenzustellen. Und was haben wir?«

Speer hat bereits einen großen Teil seiner Ministerakten den Amerikanern und vor allem den Briten übergeben. In vielen Gesprächen, Einlassungen und Verhören, in denen er davon ausgegangen war, man werde ihn zum Aufbau eines neuen Deutschland brauchen, in denen er diesen Dienst bereits antrat, hat er Informationen preisgegeben und Akten zur Verfügung gestellt, die sich nun auch gegen ihn richten können. Er hat sich zu sicher gefühlt und ist in dem Glauben belassen worden. Nun muss seine Sekretärin Annemarie Kempf versuchen, der Verteidigung zu helfen – sie ist mit dem Material vertraut und – was vielleicht noch wichtiger ist – womöglich sind ihr entlastende Unterlagen zugänglich.

»Ein Teil meiner Akten steckt noch in Kransberg. Meine Sekretärin Annemarie Kempf – ich weiß leider nicht genau, wo sie sich jetzt aufhält – kann vielleicht helfen; sie war zuletzt mit mir in Kransberg.« Flächsner hebt erstaunt den Kopf. »Frau Kempf käme an das Material heran? Sie könnte uns Kopien von den Akten machen, die wir brauchen?«

Speer lächelt. »Sie würde sie für mich stehlen, wenn es nötig wäre.« Er kennt Annemarie Kempf, damals noch Wittenberg, seit 1932, seit den Anfängen. Im Büro der Gauleitung von Dr. Goebbels war sie ihm als besonders tüchtige und zuverlässige Kraft aufgefallen. Sie war dann zeitweise, auch nach der »Machtergreifung«, als sie für das Propagandaorgan *Der Angriff* arbeitete, nebenbei für ihn tätig gewesen. Als Speer 1937 Generalbauinspektor für die Reichshauptstadt wurde, engagierte er sie als seine persönliche Sekretärin für den nun aufzubauenden Apparat. Und nach der Ernennung zum Bewaffnungsminister hat er sie selbstverständlich auch ins neue Amt mitgenommen.

»Wo soll ich sie suchen?« Was für eine Frage in einem Land, in dem kaum ein Telefon funktioniert, in dem die Züge überfüllt sind und Millionen Menschen auf den Straßen umherirren, ein Dach über dem Kopf suchen oder nach verschollenen Angehörigen und Freunden fahnden.

Albert Speer macht sich in diesem Fall keine Sorgen: »Sie wird uns finden.«

Die Nürnberger Gerichtssäle werden kameragerecht umgebaut. Deutsche Gefangene als Arbeiter, angeleitet von Amerikanern. Zwar halten hier Sieger Gericht über die Besiegten, doch soll nicht Rachejustiz geübt werden. Nach gründlicher Beweisaufnahme, in der es gilt, die Verbrechen der nationalsozialistischen Diktatur aufzudecken und detailliert nachzuweisen, sollen gerechte Urteile gefällt werden, die in den Augen der zivilisierten Welt vor der Geschichte Bestand haben. Das alles will man dokumentieren.

Wir sehen, wie der Gerichtssaal zu einem Filmstudio in Hollywood-Qualität ausgebaut wird. Scheinwerfer-, Kamera- und Mikrofonpositionen werden entsprechend den Hauptmotiven eingerichtet. Ein Amerikaner erklärt den sowjetischen, französischen und englischen Kollegen die Aufbauten. Die Russen und

Franzosen haben einen Dolmetscher an der Seite, der ihnen das Englische simultan übersetzt.

»Dort ist die Bank der Angeklagten, und hier gegenüber sitzen die Richter. An der Wand dort die Übersetzer. Wir haben hier zum ersten Mal eine Simultansprechanlage aufgebaut, von IBM, unter der Bank der Angeklagten. Dort finden Sie die Verteidiger, dort den Stuhl für die Zeugen, und wir, die Ankläger der vier Nationen mit unseren Hilfskräften, sitzen in der Mitte. Sie sehen das besonders helle Licht, das hier aufgestellt worden ist. Das ist ein Wunsch der Kameraleute, der Raum braucht für die Dokumentation im Film Studioqualität. Wir bieten den Angeklagten Sonnenbrillen an, wenn sie das grelle Licht ermüdet.«

Es herrscht eine angespannte Stimmung. Beispielhaft sei ein kurzer grotesker Dialog unter den Anklägern erwähnt.

»Mister Jackson – und jetzt zeigen Sie uns den Raum, wo wir sie aufhängen werden.« Die Dolmetscherin stutzt und zögert, doch der sowjetische Hilfsankläger Raginski drängt: »Da! Dawai!«

So erfährt Justice Jackson, worauf die Russen hinauswollen. Er ist verärgert. Es ist das alte Spiel – die Russen markieren den starken Mann, als fänden sie es überflüssig, den Verbrechern nachzuweisen, dass sie Verbrecher sind. Dabei hat nicht zuletzt Stalin von Anfang an einen Prozess befürwortet – als habe man sich nicht schon im November 1943 in Moskau darüber verständigt.

Robert Jackson steht für den »fairen Prozess«. Und er hat durchaus von den erschreckenden Schauprozessen in Moskau gehört. Sollte das nun ein Scherz gewesen sein, will er sich sofort deutlich davon distanzieren. »Wir versuchen zuerst, in einer Verhandlung die Schuld der Angeklagten festzustellen. Das Gericht wird dann die Strafe festlegen.«

Hören wir noch einmal den Dolmetscher *Richard Sonnenfeldt*: »Die Deutschen können diese Leute nicht verurteilen, denn es gibt kein Deutschland, bemerkte Justice Jackson zu Beginn des Prozesses. Keine deutsche Regierung, kein deutsches Gericht, keine deutsche Behörde, keine deutsche Zeitung, da gab es nichts. Es gab kein Deutschland. Und Justice Jackson sagte: ›Wenn wir,

Der amerikanische Chefankläger Robert H. Jackson

die Sieger, es nicht machen, kann es nicht gemacht werden, denn es gibt auch keine Neutralen.‹ Und in demselben Satz hat er uns auch aufgefordert, unsere Sache gerecht zu machen. Denn wenn wir diesen Gefangenen aus einem vergifteten Becher zu trinken gäben, dann würde die Geschichte kommen und wir würden später aus demselben vergifteten Becher zu trinken haben.«

Der große Tross von Juristen, Gerichtsbeamten, Helfern und Journalisten wird je nach Rang in den Villen der Vorstädte Nürnbergs untergebracht. Das Grand Hotel ist der tägliche Treffpunkt. Von all dem Elend und dem Betrieb draußen bekommt Albert Speer in seiner Zelle nichts mit. Wahrscheinlich haben ihm freundliche amerikanische Wachen oder der Gefängnisgeistliche ein wenig von der Atmosphäre in der Trümmerstadt berichtet, vielleicht auch, was von seinem Reichsparteitagsgelände übrig geblieben ist.

Berlin 1933: Zu Tisch mit Hitler

Herbst 1933. Reichskanzler Hitler möchte seine Wohnung in der Hauptstadt umgestalten lassen. Sein erster Architekt ist zunächst einmal unumstritten Professor Paul Ludwig Troost in München. Hitler bewundert und verehrt den elf Jahre älteren Mann, der sich ursprünglich mit der Innenausstattung von Überseedampfern einen Namen gemacht hat, bevor er seinen funktionalen neoklassizistischen Architekturstil ausprägte, der Hitler so begeistert. Der Auftrag, die alte Reichskanzlei in Berlin für den Führer neu zu gestalten, fällt also Troost zu, nachdem der 1930 schon die Umbauten für das »Braune Haus« in München konzipiert hat.

Troosts Münchner Bauleiter kennt sich in der neuen Reichshauptstadt nicht aus; er weiß nicht, welche Baufirmen und Handwerksbetriebe heranzuziehen sind, zumal in der gebotenen Schnelle. Hitler erinnert sich jetzt an den jungen Mann, der beim Umbau der Goebbels'schen Ministerwohnung die Termine wider alle Erwartung eingehalten hat – so bekommt Speer den Auftrag, dem Büro Troost vor Ort zu Seite zu stehen.

Hitler hat sich auf die Baustelle begeben, um nach dem Fortgang der Arbeiten zu sehen. Überall stehen Gerüste, Bauarbeiter verputzen die Wände oder bessern den Stuck unter der Decke aus. Hitler trägt einen hellen Staubmantel, seine Begleitung hält sich zurück. Er schaut sich den Architekten an, den er ausgewählt hat, beobachtet, wie der mit den Bauarbeitern umgeht.

»Nein! Nein! Das war anders verabredet. Die Gerüste müssen raus. Die neuen Fenster werden heute noch eingesetzt.«

Hitler hat sich schon einige Male zuvor von Speer auf der Baustelle herumführen lassen. Dessen energisch antreibende Art gefällt ihm, so einen kann er gebrauchen. Speer schaut auf die Bauzeichnung.

»Wir müssen die Termine halten – der Führer muss hier so schnell wie möglich einziehen können. Seht zu, dass ihr mit dem Stuck da oben endlich fertig werdet.«

Er hat gar nicht bemerkt, dass Hitler wieder einmal auf der Baustelle zu Besuch ist. Der lächelt und spricht ihn an – ohne Pathos, unpersönlich, beiläufig: »Gut, Speer. Gut. Sie kommen voran. Es eilt mir sehr. Ich habe nur die kleine Staatssekretärswohnung unterm Dach, da kann man doch niemanden einladen.«

Speer weiß, was von ihm erwartet wird: »Ich übergebe pünktlich.« Hitler nickt zustimmend, und, schon im Weggehen, wendet er sich dem Architekten noch einmal zu: »Kommen's doch rüber mit mir zum Mittagessen.« Speer hat schon davon gehört, von dieser Mittagsrunde im engsten Kreis der Alten Kämpfer aus der ersten Zeit der NSDAP. Goebbels und Göring sollen meistens dabei sein. Er fühlt sich geehrt. »Ja, gerne, wenn es – …«

Der Zufall will es, dass just in diesem Moment ein weißer Gipsklecks von der Stukkateursarbeit unter der Decke auf Speers Jacke landet. Das fehlte gerade noch. Speers Verlegenheit amüsiert den ersten Mann im Staat: »Kommen's nur mit, das bringen wir oben schon in Ordnung.«

Das war so natürlich und einfach dahingesprochen, jovial, fast kollegial.

Speer wird sich später in seinen Memoiren fragen, ob Hitler solche Wirkungen berechnete. Vielleicht ist es auch nur dieser komödiantische Hang des Österreichers zur Selbststilisierung und obendrein das spätere Bedürfnis seiner ehemaligen Getreuen, den Diktator ihrerseits zu stilisieren – dabei auf jede Weise die eigene Persönlichkeit schachmatt setzend.

Eine putzige Geschichte also, wie der Leser sie mag – der menschelnde Hitler, der den eifrigen jungen Mann charmiert. Wie bei den meisten dieser Vier-Augen-Geschichten zwischen Speer und Hitler gibt es auch hier niemanden, der sie hätte bezeugen können. Sicher ist, dass der Gipsklecks bereits in Speers Spandauer Gefängniskassibern dem Freund und Chronisten Rudolf Wolters überliefert wird. Allerdings mit dem ironischen Zusatz: »Wenn der Putzer, der den Batzen fallen ließ, das liest, wird er sich bei der Widerstandsbewegung anmelden.« In Speers *Erinnerungen* hat eine solch flapsige Bemerkung gegen die allzu vielen verspäteten Aufrechten dann keinen Platz mehr.

Wir sehen Speer und Hitler auf ihrem Weg in die privaten Räume der alten Reichskanzlei. Der Kammerdiener wird angewiesen, Hitlers eigene dunkelbraune Jacke zu bringen. »So, ziehen Sie so lange das da an!« Hitler scheint die Situation zu gefallen. »Ihr Großvater war also Architekt. Und dann der Vater, und nun Sie. Das Bauen, scheint's, liegt Ihnen im Blut.«

»Drei Architekten in drei Generationen. Auch mein Vater heißt Albert.« Der junge Architekt in der dritten Generation hat sein Selbstbewusstsein wiedererlangt, während er sich die Jacke zuknöpft und feststellt, dass seine langen Arme etwas weit aus den Ärmeln stehen. »Albert – ja. Schön. Ganz passt's ja nicht.«

Speer wirft schnell einen Blick in den Spiegel. An der Jacke steckt das goldene Hoheitsabzeichen des Führers, der Adler, der das Hakenkreuz in den Fängen hält. Nur der Eine darf dieses Abzeichen am Revers tragen. Oder der Mann, dem er es gestattet. Den jungen Architekten, der sich gerade noch im Spiegel anschaut, will er gerne in seiner Nähe behalten. Ein gut aussehender Mann mit Ausstrahlung. Ein Mann von Kenntnissen, Familie, Bildung. Es wird viel zu tun geben für die Architekten im neuen Reich. Wenn so ein junger Mensch dabei ist, kann das nicht schaden. Außerdem hat er etwas, das Hitler immer ganz besonders gefällt: Er versteht es, Tempo zu machen.

Hitler glaubt, früh und vor der Zeit sterben zu müssen. Seine Mission, die Rettung Deutschlands, der Aufstieg zur Weltmacht muss noch zu seinen Lebzeiten in groben Zügen ausgeführt werden. Danach kommen die Jungen, diejenigen, die durch die Nähe zum Führer die Autorität und Weihe erlangt haben, die sie aus dem Volk herausheben. Er baut Speer intuitiv in seine Pläne für die Zukunft und sein Weiterleben in der Geschichte ein. Er wird ihm etwas von seinen großen Ideen einpflanzen. Albert

Speer ist an diesem Tag 28 Jahre alt, Reichskanzler Adolf Hitler ein Mann von 44 Jahren.

Der Führer platziert Speer neben sich an der Tafel. Eine Auszeichnung. Spürbare Neugierde am Tisch. Goebbels schielt verblüfft auf das goldene Parteiabzeichen an der Jacke. Man löffelt eine Suppe, während Hitler noch ein eiliges Dokument unterzeichnet und der Sekretärin zurückreicht. Dabei stellt er scheinbar absichtslos seinem Gast eine Frage. »Und den 1. Mai hier in Berlin – das haben Sie gemacht?«

Speer zögert einen Augenblick. Er sitzt Goebbels und Göring gegenüber. »Minister Goebbels war so freundlich, mich damit zu beauftragen.«

Das ist die Antwort, auf die Hitler gewartet hat – »Ach, ich dachte, der Herr Minister hätte es selbst entworfen. Mir war so.«

Goebbels überspielt die kleine Peinlichkeit, den Erfolg für sich verbucht zu haben. »Speer ist ein sehr fähiger Junge.« Die Goebbels'sche Wohnung, natürlich, er hatte sie gegen alle Widrigkeiten termingerecht übergeben. Hitler ahnt wohl allmählich, wer der Gast zu seiner Rechten ist. »Und der Parteitag in Nürnberg – die Dekoration, das waren auch Sie?«

»Der große Holzadler, ja, das war mein Entwurf. Ich hatte ihn Ihnen damals in München in Ihrer Wohnung unterbreitet.«

Hitler nickt zerstreut. »Ja, ja. Da war ein Architekt bei mir damals. Richtig, das waren also Sie.«

Göring schüttelt sich vor Lachen. Der Führer macht wieder mal Witze. Speer hingegen ist eingenommen. Der Führer gefällt ihm, in seiner ganzen Art, und er spürt, dass seine Qualitäten vom ersten Mann im Staat genau erkannt und geschätzt werden. Daran wird niemand mehr vorbeikommen.

Speer gehört nun zum engeren Kreis um den Reichskanzler. Er darf dessen neues Arbeitszimmer einrichten oder einen Wink- und Grußbalkon an der alten Reichskanzlei anbauen, und zwar vor das Fenster, von dem aus der Führer am Tag der »Machtergreifung« dem Fackelzug seiner Getreuen zugewinkt hat.

Um jederzeit bei seinem Bauherrn antreten zu können, mietet Speer sich ein Atelier in der nahe gelegenen Behrenstraße. Vorerst sind es eilige Gelegenheitsaufträge, die er mit jungen

Mitarbeitern ohne Rücksicht auf Privatleben bis spät in die Nacht für Hitler erledigt.

Zugleich nimmt Speer des öfteren an der Mittags- oder Abendtafel des Führers teil. Launig geht es zu in diesem familiären Kreis, bestehend aus Alten Kämpfern, Hitlers Adjutanten Brückner und Schaub, seinem Fahrer Schreck, dem Kommandeur der SS-Leibstandarte, Sepp Dietrich, dem Pressechef Otto Dietrich und dem Fotografen Heinrich Hoffmann. Hitler erzählt Anekdoten aus seinem Leben oder lässt sich und seinen Gästen Kinofilme vorführen, jeden Abend ein bis zwei. Deutsche Unterhaltungsstreifen, Natur- und Tierfilme oder auch mal »King Kong«. Die Auswahl wird mit Goebbels abgesprochen. Spielfilme von Leni Riefenstahl werden ebenfalls gern gesehen.

Speer darf den Führer auf dessen Reisen nach München zum geschätzten Professor Troost begleiten; mag er sich vom ersten Architekten des Reiches etwas abgucken. Nach und nach lernt Speer den Hofstaat Hitlers kennen, und die Führungsriege des Regimes auch ihn. Der Führer will ihn stets dabeihaben, das Organisationstalent, den jungen Mann, der Nürnberg gemacht hat. Hitler erkennt sich in gewissem Maße in ihm wieder – und zeigt ihm schließlich auch eines seiner eigenen Skizzenbücher aus den zwanziger Jahren mit Entwürfen für Repräsentativbauten.

Der erste Architekt des Führers

Im Frühjahr 1934 lässt Adolf Hitler bitten. Eine Abendgesellschaft mit Damen in der alten Reichskanzlei führt die Machtelite des Reichs zusammen. Minister wie Göring und Goebbels, Repräsentanten von Partei, Militär und Wirtschaft, dazwischen grelle Farbtupfer kleinbürgerlicher Herkunft. Frauen in Abendkleidern, die dem Kino nachempfunden sind. Vertreter von Industrie und Handel, die bei der Vergabe der großen Aufträge dabei sein wollen. Und die größten Aufträge, das ist unverkennbar, wird die Rüstung bringen.

Albert Speer hat erstmals seine Frau Margarete mitgebracht. Zu Beginn des Jahres ist Professor Troost nach schwerer Krankheit gestorben, und Speer hat seinen ersten Großauftrag bekommen: das Nürnberger Parteitagsgelände. Eine steinerne Anlage soll die bisherige provisorische Holztribüne ersetzen. Doch zunächst gilt es, einen kleinen Parteitag auf dem Nürnberger Zeppelinfeld zu inszenieren. Eine Nachtveranstaltung.

Luftfahrtminister Göring hat von den Plänen Speers gehört: »Sie haben tatsächlich 130 Flakscheinwerfer von der Heeresflakartillerie angefordert?«

»Ja. Wir setzen Säulen von Licht in den Himmel.«

Göring schüttelt den Kopf: »Speer, wissen Sie – das ist unsere gesamte strategische Reserve. Wenn unsere Feinde in so einem Augenblick ...«

Und dann wird der Satz vom Führer selbst vollendet, er taucht hinter Göring auf und mischt sich belustigt ein: »... in so

einem Augenblick so viel Flak nur in Nürnberg – wissen Sie, was unsere Feinde dann denken, Göring? Dann denken die, wir baden nur so in Scheinwerfern, wir können damit sogar unsere Parteitage ausstatten …«

Die hübsche junge Frau neben seinem Architekten ist Hitler gleich aufgefallen. Er hat Speer noch nie in weiblicher Begleitung gesehen, und man weiß, dass der Führer die Gesellschaft attraktiver Damen genießt. Immer öfter werden deshalb auch Schauspielerinnen, Sängerinnen und Tänzerinnen von den Berliner Bühnen und vom Film eingeladen. Speer wirkt gehemmt: »Mein Führer, darf ich Ihnen meine Frau vorstellen.«

Hitler ist für eine Sekunde verblüfft. Seit einigen Monaten hat er Speer an seiner Seite, und nicht einmal hat der Mann ihm gesagt, dass er verheiratet ist. Hitler nimmt Gretels Hand und gibt ihr einen galant-linkischen Handkuss. »Ja, da schau her, Frau Speer. Ihr Mann hat auch wirklich allen Grund, so viel Schönheit zu verbergen.« Gretel strahlt. Sie ist stolz, endlich mit Hitler bekannt gemacht zu werden. »Danke für die Einladung – ein herrlicher Empfang!«

Margarete Speer ist eingeführt. »Sie gehören ab heute dazu. Speer, jetzt können Sie's nimmermehr vor mir verstecken.«

Für einen Augenblick wird Hitler von SS-Chef Heinrich Himmler in Anspruch genommen. Er lässt das Ehepaar Speer stehen. Margarete hat verstanden – Albert hat sie bisher nie erwähnt. »Es war einfach keine Gelegenheit.« Gretel blickt diskret auf ihren Bauch, sie ist im vierten Monat schwanger. »Das können wir auch nimmermehr verstecken.« Speer schüttelt den Kopf: »Gretel, sag aber heute nichts darüber.«

Hitler wird seinen Architekten später am Abend fragen: »Warum haben's mir denn nicht gesagt, dass Sie verheiratet sind?« Und der wird peinlich berührt sein. Solche Privatheiten hat Speer tatsächlich vermieden – »nicht zuletzt, weil ich eine spürbare Abneigung gegen die Art empfand, in der Hitler seine Geliebte behandelte«. Der Führer will es jedoch genauer wissen: »Wie lange sind's denn überhaupt schon verheiratet?« Speer, immer noch leicht verunsichert, muss nun Farbe bekennen: »Sechs Jahre!« Hitler droht freundlich mit dem Finger. »Sie sind mir ein Halunke. Kinder?«

»Keine.« Das klingt fast wie ein Eingeständnis, und Hitler horcht auf: »Sechs Jahre verheiratet und keine Kinder – warum nicht?«

Die Menge teilt sich, man macht ihnen Platz und blickt ihnen hinterher: Wir sehen noch einmal die Speers mit Hitler in den Festsaal schreiten. »Meine schöne Frau Speer, ich darf doch so sagen?« Margarete bejaht schüchtern. Nun wird der Führer feierlich: »Ihr Mann wird noch Bauten für mich errichten, wie sie seit vier Jahrtausenden nicht mehr gebaut worden sind. Sie müssen ihn mir ein bisserl hergeben dafür. Ich brauch ihn halt.«

Albert Speer jr., der älteste Sohn, der damals gerade unterwegs war, lacht. Er kennt die Geschichte. »Österreichischer Charme, und der wirkte garantiert!«

DER ERSTE ARCHITEKT DES FÜHRERS

»Die Frau Speer, das war eine sehr sympathische Frau, die ihr Ich sehr zurückstellte. Eine Frau, der man ansah, dass sie nicht eitel war und keinen Ehrgeiz ausstrahlte, sondern sich ganz und hundertprozentig ihrem Mann unterstellte.« Das berichtete die mit beiden gut bekannte Filmemacherin *Leni Riefenstahl*, deren Weg als Frau im Dritten Reich ein so ganz anderer gewesen ist. Ihr erster eigener Film *Das Blaue Licht* (1932), eine romantische Berglegende um ein fremdartiges Mädchen, das in einer Kristallgrotte Zuflucht findet, trägt ihr eine Goldmedaille auf der Biennale in Venedig ein. »Irgendwie empfinde ich das« – Hitlers Bemerkung von den zukünftigen Bauten – »als Größenwahnsinn, wenn ich das jetzt so höre.«

Leni Riefenstahl

Konnte man das glauben, wenn einem damals so etwas von Hitler gesagt wurde? Hatte er diese Autorität?

Leni Riefenstahl: »Er hat das ausgesprochen, aber aufgenommen wurde es ja ganz verschieden von den Menschen. Also auf mich haben solche Reden negativ gewirkt.«

Sie werden für mich Filme machen, Fräulein Riefenstahl.

Leni Riefenstahl: »Ja, das hat er gesagt. Als ich ihn kennen lernte, hat er das gesagt. Wenn wir einmal an die Macht kommen, möchte ich, dass Sie Filme für uns machen. Für mich machen. Aber ich habe ihm schon damals gesagt, dass ich das gar nicht kann. Denn ich konnte ihm nicht irgendeinen Film

Leni Riefenstahl und Albert Speer 1934 in Berlin

DER ERSTE ARCHITEKT DES FÜHRERS

machen, einen Auftragsfilm. Ich hatte ja *Das Blaue Licht* selber geschrieben, mir die Geschichte selber ausgedacht. Das war kein Film, den mir ein anderer geschrieben hat, der kam aus meinem Inneren, aus meinem eigenen Wesen. Deshalb konnte ich mir gar nicht vorstellen, solche Filme, die er meinte, für ihn oder für die Partei zu machen.«

Sie wird ab 1933 die Starfilmerin der Partei. Und Albert Speer ist ihr, bevor sie ihm begegnet, in der Zeitung aufgefallen.

Leni Riefenstahl: »Ich hatte damals, nachdem ich Hitler kennen gelernt hatte, große Zweifel an der Qualität der Leute in der Partei, den so genannten Nationalsozialisten. Und nach den Bildern, die ich in der Presse gesehen hatte, im damaligen *Völkischen Beobachter*, waren mir die Typen und die Gesichter der so genannten Gauleiter, oder welche Stellung sie auch immer hatten, nicht sympathisch. Bis auf ein Bild von Speer, das fiel mir so auf, dass ich es mir ausgeschnitten habe. Ich dachte, wenn ein Mann, ein solcher Typ – er wirkte auf dem Foto intelligent und hat jedenfalls einen sehr positiven Eindruck auf mich gemacht – dabei ist, dann kann doch nicht alles schlecht sein in der Partei.«

Im September 1934 werden Speer und Riefenstahl auf dem »Reichsparteitag des Willens« eine Probe ihres Könnens im Dienste ebendieser Partei abliefern.

Leni Riefenstahls Lieblingsfoto von Albert Speer

Der Film *Triumph des Willens* gilt noch heute als »vielleicht die wirksamste NS-Propaganda, die je ins Bild gesetzt wurde«. Über 100 Mitarbeiter dirigiert die Bildmagierin, allein 16 Kameraleute mit je einem Assistenten hinter 30 Kameras zwischen einer Vielzahl von Scheinwerfern. Technisch auf dem neuesten Stand, ästhetisch stilprägend für die folgenden Jahrzehnte des Werbezeitalters, bekommt auch dieser Film in Venedig eine Goldmedaille.

Speers vom Kino angeregte Vorstellungen von einer raumschaffenden Lichtarchitektur werden allerdings erst drei Jahre später, beim Parteitag von 1937, zu voller Geltung gelangen. Die Wirkung sei überwältigend gewesen, vermeldet dann der britische Botschafter Sir Neville Henderson: »Gleichzeitig feierlich und schön, als ob man sich in einer Kathedrale aus Eis befände.«

Wir sehen Albert Speer am Feldtelefon Kommandos geben.

DER ERSTE ARCHITEKT DES FÜHRERS

Die mächtigen Scheinwerfer der Flak haben zwei Meter Durchmesser. »Wie Meteore schießen die Strahlen der Riesenscheinwerfer in den schwarzgrau verhüllten Nachthimmel. In der Höhe vereinen sich die Lichtsäulen an der Wolkendecke zu einem viereckigen flammenden Kranz. Ein überwältigendes Bild: Vom schwachen Winde bewegt, schlagen die auf den Tribünen rings das Feld umsäumenden Fahnen langsam in dem gleißenden Licht hin und her« – so der »offizielle Bericht«.

Ein Einfall nicht nur aus dem Kino, sondern auch für das Kino. So sehen es dann Millionen Deutsche, so erleben sie die Größe der neuen Zeit. »Märchenselig« nennt Thomas Mann seine Landsleute. Jetzt wird ihnen das »Wunder der deutschen Volkswerdung« vorgespielt.

Für Albert Speer bleibt der so genannte Lichtdom »nicht nur meine schönste, sondern auch die einzige Raumschöpfung, die, auf ihre Weise, die Zeit überdauert hat«.

Speers »Lichtdom« für den Nürnberger Parteitag 1937

Speers Entwurf für ein Stadion auf dem Nürnberger Reichsparteitagsgelände

Doch 1937 ist der Illusionskünstler eigentlich mit anderem beschäftigt: Seit Januar ist er Generalbauinspektor für die Reichshauptstadt Berlin. Auf der Weltausstellung in Paris bekommt er für den Deutschen Pavillon eine Goldmedaille und den Grand Prix für seine Entwürfe zum Nürnberger Parteitagsgelände. Der Grundstein für das Nürnberger Stadion wird im September gelegt. Es soll einst 400 000 Menschen fassen.

Und nicht zu vergessen: Bereits im Frühjahr 1936 sprach der Führer von einem weiteren großen Projekt: »›Einen Bauauftrag habe ich noch zu vergeben. Den größten von allen.‹ Bei dieser Andeutung blieb es. Weiter äußerte er sich nicht.«

Prozessauftakt

Einen Tag vor der Prozesseröffnung gibt es Ablaufproben für die Beteiligten im Gerichtssaal. Die Simultanübersetzer haben mit dem Gericht und den Dolmetschern die technischen Anlagen überprüft. Lämpchen sind am Zeugenstand, am Vortragspult und am Richtertisch angebracht worden. Wenn es zu schnell geht und die Übersetzung nicht folgen kann, leuchtet eine gelbe Lampe vor dem Zeugen oder dem Anklagevertreter auf. Beim Aufleuchten eines roten Lichtes wird die Übersetzung ganz unterbrochen.

Die Arena im Justizpalast ist so ausgestaltet, dass die Richter und die Angeklagten einander gegenübersitzen – das Gericht in erhöhter Position, die mutmaßlichen Kriegsverbrecher in ihren Boxen. Vor den Angeklagten sind deren Anwälte platziert und ihnen gegenüber zu Füßen des Hohen Gerichts die Gerichtssekretäre. Im rechten Winkel zu dieser Konfrontationslinie stehen das Pult der Anklage, von dem aus auch die Verteidigung agieren wird, und ihm gegenüber an der Wand der Zeugenstuhl. Im Rücken des Klägerpults befinden sich in der Tiefe des Raumes fünf lange Tische, an denen die Ankläger der vier Siegernationen mit ihren Assistenten Platz nehmen. Unmittelbar hinter dem Anklagepult sitzen die Chefs, mit direktem Blick auf die Angeklagten zur linken und zum Gericht auf der rechten Seite.

Die Außenfenster hinter den Richtern wurden zu deren Sicherheit mit Holzbrettern zugenagelt. Es bestehen immer noch große Befürchtungen hinsichtlich irgendwelcher Störungen – dass ein Nazi durch ein Attentat den Prozess verhindern oder gar ein Einsatztrupp versuchen könnte, einige der Top-Angeklagten im Handstreich zu befreien.

Die Angeklagten werden hereingebracht und in das Szenario eingewiesen. Göring bekommt den Eckplatz vorne links in der ersten Bankreihe. Er wird ihn als Ehrenplatz ansehen. Daneben sitzt Heß. Weit entfernt von diesen beiden und als einer der letzten wird in der zweiten Bank rechts, dicht unter der Box der Übersetzer, Albert Speer platziert. Hans Flächsner wird seinem Mandanten einschärfen, welch gutes Zeichen diese Sitzordnung im Sinne seiner Verteidigung bedeute: »Als Drittletzter hinten in der Bank. Sehen Sie, wo Göring, Heß, Ribbentrop und Keitel sitzen: vorne in der ersten Reihe. Das ist eine Einstufung. Also, lenken Sie doch nicht die Aufmerksamkeit so ungebührlich auf sich. Warum wollen Sie selber sagen, dass Sie verloren sind?«

Die Scheinwerfer flammen auf. Der Gefängnisdirektor Colonel Andrus steht mit grünem, glänzend lackiertem Helm vor der Anklagebank und verschafft sich Gehör. »Attention. Excuse me please ...« Gilbert übersetzt für die Gefangenen. »Das Licht ist für die Kameras notwendig. Wir bieten Ihnen dafür Sonnenbrillen an, die Sie jederzeit aufsetzen können, wenn Sie Ihre Augen schützen wollen.« Verschiedene Sonnenbrillen werden auf einem Tablett herumgereicht, und die Angeklagten bedienen sich.

Flächsner beugt sich noch einmal zu seinem Mandanten:

PROZESSAUFTAKT

Der Nürnberger Gefängnisdirektor Colonel Burton C. Andrus

»Der Prozess wird zu einem großen Teil nach angelsächsischem Recht geführt. Nach der Verlesung der Anklageschrift wird der Richter Sie fragen: Guilty or not guilty. Sie müssen in jedem Fall sagen: Nicht schuldig!«

Ein Platz auf der Anklagebank bleibt leer: der von Martin Bormann, geboren 1900, einst des Führers Sekretär und Chef der Parteikanzlei. Er hat, so sehen das zumindest die meisten Angeklagten, im Laufe der Nazidiktatur seine Vormachtstellung systematisch ausgebaut und Hitler zum allgemeinen Unheil vom restlichen Führungskreis isoliert. Er wird weiterhin über sämtliche öffentlichen Medien in allen Besatzungszonen gesucht. Man findet ihn nicht; drei Zeugen werden von seinem Tod berichten. Der Prozess beginnt ohne ihn.

20. November 1945. Auf der Pressetribüne haben 250 Journalisten aus aller Welt Platz genommen, darunter fünf Deutsche, vor sich einen Kopfhörer mit Wählscheibe, um die gewünschte Übersetzung einzustellen. »Attention! The Court!«, ruft Gerichtsmarschall Charley W. Mays, und alle Anwesenden erheben sich. Um 10.03 Uhr kommen die vier Richter und ihre Stellvertreter aus einer Wandtür an der Stirnseite des Saales. Sechs tragen Talare, die beiden Russen Uniform. Den Angeklagten gegenüber setzen sich von links nach rechts: Oberstleutnant Alexander F. Woltschkow, der Stellvertreter von Generalmajor Iola T. Niki-

tschenko neben ihm. Dann die Briten, Sir Norman Birkett und der Vorsitzende des Gerichtshofes, Lordrichter Sir Geoffrey Lawrence. Seine Ernennung geht auf einen Kompromiss zwischen Amerikanern und Russen zurück, weil die USA den Prozess, der in ihrer Besatzungszone stattfindet, von vornherein stark dominieren. Für die Amerikaner sehen wir Francis A. Biddle und seinen Stellvertreter John J. Parker. Die Franzosen schließlich haben als Richter den schon älteren Henri Donnedieu de Vabres und als dessen Stellvertreter Robert Falco eingesetzt.

Rückblende: Amerikanische GIs sprengen Ende April 1945 auf dem Nürnberger Parteitagsgelände das große eiserne Hakenkreuz von der Zeppelintribüne. Trümmerstücke verteilen sich in der Runde. US-Flieger in braunen Lederjacken spielen damit. Für die Filmkamera werfen sie Steine gegen die Hakenkreuze an den seitlich verbliebenen Säulen. Sie posieren an Hitlers Rednerplatz, einer von ihnen markiert mit einer Hand den Oberlippenbart und hebt die Rechte zum »Deutschen Gruß«. Die Kameraden packen ihn und tun so, als wollten sie ihn in die Tiefe stürzen.

Auf dem langen Gang des Nürnberger Gefängnisses trifft Speer auf Fritz Sauckel, den ehemaligen Gauleiter von Thüringen, einen der treuesten Gefolgsmänner des Führers. Man geht grußlos aneinander vorbei. Sauckel war ab 1942 der Generalbevollmächtigte für den Arbeitseinsatz. Er beschaffte Fremdarbeiter aus den besetzten Gebieten für Speers Rüstungsfabriken. Es konnten nicht genug sein, und es geht nun vor Gericht um mehrere Millionen Deportierte. Die Anklage will Sauckel dafür hängen sehen. Er ist unverhohlen antisemitisch eingestellt.

Fritz Sauckel bedeutet eine große Gefahr für Speers Leben, denn der frühere Minister für Rüstung und Kriegsproduktion hat diese Arbeiter angefordert, hat sich am Karussell der Menschenverschiebungen in Lager hinein, aus Lagern heraus durch seine Absprachen beteiligt. Wie weit wird er sich von dem unangenehmen Ex-Seemann distanzieren können? Er hat schon in seinen ersten Verhören in Flensburg und Kransberg die Konflikte bei der Zusammenarbeit und Sauckels Unabhängigkeit von

ihm, dem Rüstungsminister, betont. Und Sauckel wiederum hat in den Vorverhören Speer belastet. Er ahnt, wie gefährlich die Aussagen zu diesem Punkt sein werden.

Im Geiste hört Speer die Stimme Hitlers. »Meine Herren, wie viele Arbeitskräfte brauchen wir für 1944, wenn wir die Prognosen von Minister Speer erfüllen wollen?«

Sauckels Stimme antwortet: »Zweieinhalb Millionen.«

Dann Speer: »Wenn wir die Eisenerzförderung hochtreiben wollen, brauche ich noch mal 1,3 Millionen Arbeitskräfte dazu.«

Sauckel gibt Garantien: »Mein Führer, da können Sie sich auf mich verlassen.«

Hitler: »Der Reichsführer SS wird selbstverständlich sein Möglichstes tun, um mit seinen Männern der Aktion Sauckel zum vollsten Erfolg zu verhelfen.«

Das Speer'sche Tempo: Die Neue Reichskanzlei

Berlin, Januar 1939. Bauherr Hitler nimmt in Anwesenheit des Architekten »den ersten repräsentativen Staatsbau des neuen Deutschlands« ab: die Neue Reichskanzlei. »Viereinhalbtausend Arbeiter«, so bilanziert Speer später, »waren in zwei Schichten [mit einer Arbeitsleistung von 10–12 Stunden] beschäftigt gewesen, um die knappen Termine einzuhalten. Dazu kamen einige Tausend, die über das Land verstreut Teile hergestellt hatten.«

Der Führer lässt sich mit einigen hochrangigen Parteifunktionären durch den punktgenau zum anvisierten Neujahrsempfang vollendeten Bau führen. Kameraleute haben einige Lampen aufgestellt. Der erste Rundgang soll für einen Film über die Reichskanzlei festgehalten werden. Noch ist die letzte Schicht der Bauarbeiter zugange. Doch es herrscht keine Eile, Speers Organisationsgenie hat ein paar Tage zur Reserve einkalkuliert. Gemälde werden an den Wänden hochgezogen. Hier und da steigt noch ein Adler mit Hakenkreuz in die Höhe und wird über einer der Türen angenagelt, große Lüster werden unter die Decken gezogen. Putzfrauen wischen den staubigen Marmor und polieren alles auf Hochglanz.

Hitler inspiziert im Trenchcoat mit schnellen Schritten die Räume des Prachtbaus. Er ist begeistert. Die schwierige Vorgabe

Richtfest an der Neuen Reichskanzlei, August 1938

DIE NEUE REICHSKANZLEI

des in die Länge gezogenen Grundstücks an der Voßstraße sieht er mit diesem Gebäude bestens bewältigt.

Sie durchschreiten den großen Mosaiksaal, der bald die repräsentativen Empfänge beherbergen soll, dann den Runden Saal mit Arno Brekers Plastiken, der den leichten Winkel des Gebäudes vergessen lässt, und erreichen die Marmorgalerie – einen langen Flur, der den Spiegelsaal im Schloss von Versailles mit doppelter Größe ausstechen soll.

»Insgesamt also eine Folge von Räumen, in unablässig wechselnden Materialien und Farbzusammenstellungen, die zusammen 220 Meter lang war«, so Speer später.

Der Führer weiß dann auch: »Die werden auf dem langen Weg vom Eingang bis zum Empfangssaal schon etwas abbekommen von der Macht und Größe des Deutschen Reiches!«

DIE NEUE REICHSKANZLEI

Damit hat Hitler die Tür zu seinem neuen Arbeitszimmer erreicht. Architekt und Bauherr treten ein, der Adjutant schließt die riesigen Flügeltüren hinter ihnen. Der Führer dreht sich und schaut. Er lässt den Raum, den intensiven rötlichen Schimmer von Limbacher Marmor, die Kassettendecke aus Palisander, auf sich wirken. Seine Farben, seine Vorstellungen von Größe und Geschmack sind vollkommen getroffen. Rund 400 Quadratmeter Grundfläche, fast zehn Meter hohe Decken, die Fenster fünf Meter hoch. Auf einer Seite der große Schreibtisch des Führers, gegenüber eine Sitzgruppe am Marmorkamin unter dem Bildnis Bismarcks, das Lenbach gemalt hat. Ein Speer'scher Einfall: Der Gründer des zweiten Deutschen Kaiserreiches seinem Vollender gegenüber, dem Führer des Dritten, diesen Mal tausendjährigen Reiches.

»Der Kartentisch!« Hitlers Hand gleitet über den Marmor, auf dem bald Generalstabspläne mit Einzeichnungen für Marschrouten und Frontverläufe liegen sollen. Selbst in diesem 27 Meter langen Raum wirkt der Schreibtisch mit seinen 3,50 Metern wie der Arbeitsplatz für einen Riesen.

Speer zeigt dem Diktator eine besondere Intarsienarbeit, die mittlere an der Frontseite des Schreibtisches, der wie viele andere Möbel von ihm selbst entworfen wurde (wenn auch nicht die Intarsien). Ein halb aus der Scheide gezogenes Schwert, gekreuzt von einem Speer. Hitler lächelt, er stellt es sich vor: direkt in

89

Augenhöhe der Besucher, die hier vor ihm in den großen Sesseln Platz nehmen dürfen. »Das gezogene Schwert! Gut, gut, so ist es richtig.« Er geht um den Schreibtisch herum, Speer beschreibt noch die Details – »Marmor aus der Ostmark«. Hitler nickt nur beifällig, ein bösartiges Schmunzeln überzieht sein Gesicht: »Die Diplomaten werden mit ihren Schuhen erst auf dem Glatten ins Rutschen kommen, und wenn sie dann hier vor mir am Tisch sitzen, werden sie das Fürchten lernen. Das Schwert wird sie daran erinnern, wo sie sind und wer wir sind.«

Der Führer nickt erneut, ist beglückt und tief befriedigt. Er hat sein machtvolles Auftreten hier schon vorgekostet, die Szene genossen. Er steht auf und geht zu dem ehrgeizigen Mann, der ihm dies alles beschert hat. Er tritt hinter den Sessel, in dem Speer sitzt, schaut auf den Schreibtisch und dessen goldenes Zeichen, die verschränkten Buchstaben A und H. Die Hände liegen auf der hohen Rückenlehne. »Sie haben mich verstanden. Bis ins Innere.« Begleitet von einem anerkennenden Blick, kommt seltenes Lob: »Speer, Sie sind ein Genie.«

Wir sitzen *Albert Speer jr.* gegenüber. Soeben hat er den Auftrag bekommen, einen Teil der neuen Autostadt in Shanghai zu bauen und eine Achse für Peking zu entwerfen. Er versucht – fast eine Familientradition! – in allem so ungefähr das Gegenteil von seinem Vater zu leben und zu bauen. Eine menschenfreundliche, liberale Architektur, keine klotzigen Unterwerfungsbauten, wie sie der Vater im Dienst des neuen Weltherrschers plante. »Meine Häuser stehen noch«, bemerkt er einmal nebenbei. Viel Gelungenes und Gutes im neuen Frankfurt kommt aus dem Büro Speer, diese Stadt hat er mitgeprägt.

»Speer, Sie sind ein Genie ...« – Glauben Sie, dass Ihr Vater das geglaubt hat?

Für einen Moment hält der Sohn inne, bevor er mit lächelnder Bestimmtheit antwortet. »Ja, das glaube ich!«

Und glauben Sie selbst auch, dass er ein Genie war?

»Nein!« Unmissverständlich, fast belustigt: Nein. Der Sohn hat den Vater hinter sich gelassen. Als er von der Frankfurter Oberbürgermeisterin die Goethe-Plakette empfangen hat, ist ihm während seiner Rede das Stottern abhanden gekommen.

An diesem Tag haben Sie nicht an Ihren Vater gedacht.

»Nein, er war nicht da!«

Seine Gewaltgeschichte hat Albert Speer als ein Problem an seine Kinder vererbt. Sie gehören zur Generation der Enkel Adenauers, die erschrocken im Keller ihres Elternhauses Leichen entdeckt und nicht auf jede Frage eine befriedigende Antwort bekommt.

»Die Gegner werden es ahnen, aber vor allem die Anhänger müssen es wissen: zur Stärkung unserer Autorität entstehen unsere Bauten«, zitiert der *Völkische Beobachter* aus Hitlers Reichsparteitagsrede von 1937. Der Führer rüstet längst auf, und die Pläne für seine Monumentalarchitektur künden immer von dem einen Ziel: der Weltherrschaft. Auf die Frage, warum er nicht selbst Architekt geworden sei, antwortet Hitler seinem alten Freund, dem Fotografen Hoffmann: »Ich entschied mich, der Reichsbaumeister des Dritten Reiches zu werden.«

Kein anderer kultureller Bereich im Staate Hitlers ist derart politisch aufgeladen wie die Baukunst – seinem ersten Architekten ist es recht. »Denn: seine großen Bauten, die heute an vielen Orten zu entstehen beginnen, sollen ein Wesensausdruck der Bewegung auf Jahrtausende und damit ein Teil der Bewegung an sich sein. Der Führer aber hat diese Bewegung geschaffen, kam durch ihre Kraft zur Macht und bestimmt auch heute noch bis ins kleinste deren endgültige Gestaltung. – Er kann daher nicht, wie ein Staatsoberhaupt früherer Jahrhunderte, als wohlwollender Bauherr, noch weniger als Mäzen, er muss als Nationalsozialist bauen. Als solcher bestimmt er, ebenso wie er Willen und Ausdruck der Bewegung bestimmt, die Sauberkeit und Reinheit der Baugesinnung, die Härte des Ausdrucks, die Klarheit des Baugedankens, das Edle des Materials und als Höchstes und Wichtigstes den neuen inneren Sinn und damit den inneren Gehalt seiner Bauwerke.«

»Sauberkeit und Reinheit«, »Härte«, »Klarheit«, das »Edle« – Albert Speer scheint eine Art arisches Bauen vorzuschweben. Mit diesen Worten beginnt seine Eloge auf die Einmaligkeit des Führers als Bauherrn, die 1936 im Sammelalbum des »Cigaretten-Bilderdienstes« in einer Auflage von mehreren Millionen erscheint. In München wird schon die erste Ausstellung »Entartete Kunst« vorbereitet, und knapp ein Jahr zuvor sind die Nürnberger Rassengesetze ergangen, die unter anderem Ehen zwischen Juden und Nichtjuden in Deutschland verbieten.

Die Neue Reichskanzlei ist der erste jener Großbauten, mit denen Hitlers Plan für ein neues Berlin alias »Germania« realisiert werden soll – eben jener größte Bauauftrag, den der Führer im Frühjahr 1936 dunkel angedeutet und dann, laut Speer, im Sommer desselben Jahres gesamtplanerisch an ihn vergeben hat.

In einer Rede anlässlich der Übergabe des Baus erklärt Hitler am 9. Januar 1939 im Berliner Sportpalast sein Konzept der Unterwerfung nach außen und Stärkung nach innen. Mancher frage vielleicht, so leitet er ein, »warum will er immer das Größte? Meine deutschen Volksgenossen, ich tue es, um den einzelnen Deutschen wieder das Selbstbewusstsein zurückzugeben. ... Ich will ..., sagen wir, das Gefühl der Minderwertigkeit nehmen. Denn was tue ich denn, meine Volksgenossen, und besonders meine deutschen Arbeiter, seit bald 20 Jahren? Ich nehme dem deutschen Arbeiter die ihm aufgezwungenen Charakterzüge des Proletariats weg, Stück für Stück, und ich mache ihn zum deutschen Staatsbürger, zum deutschen Volksgenossen! ... Daher ist es auch mein Bestreben, diesem neuen nunmehr ja größten Reich eine würdige Hauptstadt zu geben.«

Und an anderer Stelle ergänzt Hitler: »Ich hatte mich in den Dezember- und Januartagen 1937/38 entschlossen, die österreichische Frage zu lösen und damit ein Großdeutsches Reich aufzurichten. Sowohl für die rein dienstlichen als aber auch repräsentativen Aufgaben, die damit verbunden waren, konnte die alte Reichskanzlei nun unter keinen Umständen genügen. Ich beauftragte daher am 11. Januar 1938 den Generalbauinspektor Professor Speer mit dem Neubau der Reichskanzlei in der Voßstraße und setzte als Termin der Fertigstellung den 10. Jan. 1939 fest. ... Dass und wie dieses Werk nun gelang, ist ausschließlich das Verdienst des genialen Architekten, seiner künstlerischen Veranlagung und seiner unerhörten organisatorischen Befähigung sowie des Fleißes seiner Mitarbeiter. Der Berliner Arbeiter hat sich gerade bei diesem Bau selbst übertroffen. Ich glaube

DIE NEUE REICHSKANZLEI

Feierliche Übergabe der Neuen Reichskanzlei am 10. Januar 1939

nicht, dass irgendwo in der Welt rein arbeitsmäßig eine solche Leistung denkbar wäre.«

Auch Albert Speer selbst hat in seinen Schriften und Interviews immer wieder diese Geschichte erzählt. Der eigentlich unmögliche Befehl im Januar 1938; statt Bedenkzeit innerhalb von sechs Stunden der Zeitplan; Abriss der alten Häuser bis Mitte März; Richtfest am 1. August; Übergabe am 10. Januar 1939. »Das ist jetzt – meine Volksgenossen – kein amerikanisches Tempo mehr, das ist jetzt schon das deutsche Tempo«, so Hitler beim Richtfest.

Baupläne, Abriss, Aufbau, Fertigstellung, Inneneinrichtung mit Möbeln, Bildern und Teppichen, alles in zwölf Monaten.

Ein Geniestreich der Organisation. Ein Blitzbau. Aber auch ein Märchen: Vor kurzem wurden die Baupläne der Reichskanzlei im Hauptstaatsarchiv München entdeckt. Sie zeigen, dass die Planungen auf das Jahr 1934 zurückgehen. Die notwendigen Grundstücke für den Bau an der Voßstraße wurden ab Januar 1935 angekauft, bis 1937 sind bereits 6 Millionen Reichsmark geflossen. Im September 1937 reicht Speer eine weitere Kosteneinschätzung von rund 27,5 Millionen Reichsmark ein. Die Zeichnungen für die Reichskanzlei sind Mitte 1937 fertig gestellt.

Speer hat an den Mythen mitgesponnen, tut es noch nach zwanzig Jahren Haft. Dennoch besaß er ganz offenkundig das Talent, in kürzester Zeit durch den Rückgriff auf unbegrenzte Mittel das Überdimensionale aus dem Boden zu stampfen, das Unmögliche möglich zu machen – ein sich von Mal zu Mal steigernder Ehrgeiz, der im Wechselspiel mit Hitler ausgeprägte Formen der Skrupellosigkeit annehmen wird.

»Rückwirkend beängstigt mich fast am meisten«, schreibt Speer 1969 in seinen *Erinnerungen*, »dass in jener Zeit gelegentliche Unruhe hauptsächlich dem Weg galt, den ich als Architekt nahm, der Entfernung von den Lehren Tessenows. Dagegen muss ich die Empfindung gehabt haben, dass es mich persönlich nichts angehe, wenn ich hörte, wie Juden, Freimaurer, Sozialdemokraten oder Zeugen Jehovas von meiner Umgebung wie Freiwild beurteilt wurden. Ich meinte, es genüge, wenn ich selber mich daran nicht beteiligte.«

Speer glaubt darüber hinaus, wie er im Juni 1956 an Annemarie Kempf schreibt, dass er als »Genie« in jedem System zum Nutznießer geworden wäre.

»Wenn Hitler einen Freund gehabt hätte …«

Das Leben auf dem Obersalzberg verlaufe vergleichsweise gemütlich, so Hitlers Fotograf Hoffmann. Bei den Mahlzeiten sieht man selten Fremde, der Tagesablauf ist immer der gleiche. Auch Speer beschreibt die Routine als ermüdend: »Hitler erschien meistens spät, gegen elf Uhr, in den unteren Räumen,

»WENN HITLER EINEN FREUND GEHABT HÄTTE ...«

arbeitete dann die Presseinformationen durch, nahm einige Berichte Bormanns entgegen und traf erste Entscheidungen.« Nach einem ausgedehnten Mittagessen formiert sich der Gästezug und wandert zum etwa zwei Kilometer entfernten Teehaus. Der Spaziergang führt vom Obersalzberg über Wiesen und Waldwege sanft hinab zum Aussichtspunkt Mooslaner Kopf. Unterwegs ergeben sich immer wieder imposante Perspektiven auf die Formation des alles überragenden Watzmann. Dann wird im Teehaus eingekehrt. »Hier an der Kaffeetafel verlor sich Hitler besonders gern in endlose Selbstgespräche«, so Speer. Manchmal schläft der Führer darüber ein, und man unterhält sich nur noch im Flüsterton. Hoffmann erzählt Ähnliches: Hitlers »Ausführungen gingen manchmal derart ins Detail, dass es vielen seiner Zuhörer schwer fiel, so lange wach zu bleiben«. Jede historische Jahreszahl habe er im Kopf gehabt, zudem Tonnage und Bestückung aller Flotten der Welt. Kaum einen Autotyp habe es gegeben, »von dem er nicht Namen, Tourenzahl, Gewicht, und was sonst noch alles dazu gehört, genau anzugeben vermochte«. Immerhin ein Thema für den begeisterten Sportwagenfahrer Speer.

Ein Figurenpaar vor gewaltigem Gebirgspanorama, eine Perspektive wie bei Caspar David Friedrich. Die beiden Männer stehen am Geländer, dort wo der Berg vor ihnen steil in die Tiefe abfällt. Wie so oft möchte Hitler von Speer über den Fortgang der Planungen zur Umgestaltung der Reichshauptstadt unterrichtet werden. »Wie hoch kommen Sie jetzt mit der großen Halle?«

Der Architekt kann so genau davon erzählen, dass man die Bauten förmlich vor sich sieht. »An die dreihundert Meter, nicht kleiner.«

Hitler lächelt. Er hat Speer einen seiner Entwürfe zur großen Halle gegeben. Einen Plan aus den zwanziger Jahren. Damals nur eine Phantasie, wie so vieles. Sein Architekt hat wieder einmal alles richtig verstanden und übersetzt. Er hat die richtige Einstellung. So muss man denken, dreihundert Meter – in der Wirkung so hoch wie der Berg dort drüben. Hitler zeigt mit seinem Spazierstock auf eine gewaltige bewaldete Kuppel gegenüber. Speer zeigt auf die kleinen Häuser im Tal. »So klein liegt Berlin dann unter den Menschen, wenn sie von der Kuppel herunterschauen.«

»Gewaltig! Aber wie gewaltig muß das erst auf die Menschen wirken, wenn sie von unten hochschauen zur Spitze der Halle.«

Hitler wendet sich vom Panorama ab und setzt sich auf die Bank vor dem Gatter. Speer wartet wie stets ab, was der Führer tut, und folgt ihm dann nach.

Der Aussichtspunkt und die Bank sind noch erhalten. Wo sich das kleine Teehaus befand, ist heute eine unzugängliche Trümmerwüste. Der Wald hat sich das Terrain zurückerobert. Der Blick auf Berchtesgaden ist zugewachsen, doch die Bank am Mooslaner Kopf lässt sich noch finden. An einem Sommertag des Jahres 2003 erreichen wir mit Sohn Albert diesen Platz. Er betrachtet das Foto, das Hitler und seinen Vater am Ende eines Spaziergangs auf dieser Bank zeigt. Jeder sitzt an einem Ende, es scheint dicke Luft zu herrschen: »Fröhlich sieht er nicht gerade aus.«

Bei anderer Gelegenheit die Frage an Tochter Hilde: Wer kann sich das erlauben im Dritten Reich, mit dem Führer zu schmollen?

»WENN HITLER EINEN FREUND GEHABT HÄTTE ...«

Foto mit persönlicher Widmung Hitlers für Speer

Hilde Schramm: »Weiß ich nicht. Oder vielleicht haben beide nur keine Lust zu reden; und wer kann sich leisten, diese Konvention, dass man etwas sagt, damit man die Zeit füllt, sozusagen zu durchbrechen?«

Albert Speer jr.: »Ich glaube, niemand außer ihm.«

Der Vater sagt in Nürnberg, wenn Hitler einen Freund gehabt hätte, wäre er es gewesen ...

Joachim Fest: »Speer hat mir irgendwann dieses Foto vorgelegt; er wollte es gerne in das Buch aufgenommen wissen, in seine *Erinnerungen*. Und ich habe, als ich das Bild sah, etwas überrascht und auch etwas ironisch reagiert: ›Ach, sieh da, zwei Verliebte grüßen vom Obersalzberg.‹ Daraufhin war Speer sehr ungehalten ... und ich habe ihm dann klarzumachen versucht, dass dieses Bild ganz deutlich eine homoerotische Beziehung offenbare, wie sie offenbar zwischen ihnen geherrscht habe. Speer hat das leidenschaftlich bestritten« – und allzu buchstäblich verstanden. Fest ließ nicht locker: »›Stellen Sie sich doch vor, Herr Speer, ein solches Bild mit diesen wirklich schmollenden Mienen mit Himmler oder Goebbels ist doch völlig undenkbar!‹ Und das sah er sofort ein.«

Albert Speer jr.: »Ich glaube, es war eine sehr enge Beziehung

Speers Atelierhaus auf dem Obersalzberg

auf Gegenseitigkeit, also nicht nur einseitig. Und mein Vater beschreibt ja später, dass er ... auch mit seinem Einfluss auf Hitler kokettiert, also damit spielt. Dass man versucht, mal zu testen, wo die Grenzen sind; wie weit kannst du gehen oder nicht gehen. Aber aus allem, was wir kennen, ist es doch eine echte tiefe, emotionale Beziehung.«

»Mein Vater tut ja auch alles – bestimmt übernimmt er auch Skizzen von Hitler, die ihm nicht gefallen. Das ist in einer solchen Beziehung nichts Ungewöhnliches, sondern auch ein Teil der Liebesgabe.«

1938, während in Berlin die Neue Reichskanzlei entsteht, haben die Speers mit ihren inzwischen vier Kindern Albert junior, Hilde, Fritz und Margret ein Domizil unterhalb des Berghofs beziehen können. Auf dem Land lässt sich nicht nur gut entwerfen, zumal in der Nähe des Auftraggebers, der diesen Umzug vorgeschlagen hat; die Kinder können auch fern von den Ereignissen der Hauptstadt in gesunder Umgebung aufwachsen.

Der Vater trifft den Führer nun oft auf dem Obersalzberg. Gelegentlich bringt er drei oder vier seiner Mitarbeiter mit, um Planungen voranzutreiben. Das Speer'sche Atelierhaus ist groß genug.

Zusammen mit Hitler verbringt er Stunden über Bauzeichnungen. Ist Speer auf dem Obersalzberg, dann hat er das Sagen, wie sich Militärattaché Reinhard Spitzy erinnert: »Wenn er da war, war Hitler begeistert, als ob eine Geliebte käme und ihn besuchte.

Und dann fingen sie beide an zu zeichnen und Pläne zu machen, und Modelle wurden aufgestellt. Sie korrigierten, sie radierten, sie nahmen den Bleistift zusammen. Es war wirklich wahr: ein Genuss zu sehen, wie die beiden kongenial waren. Aber für uns Sekretäre war's natürlich eine Katastrophe, denn wir blieben dann mit unseren Akten zwei oder drei Tage sitzen. Wenn Speer da war, hieß es, Speer regiert die Stunde, da ging einfach nichts mehr.«

Wie versiert der Autodidakt Hitler, der ehemalige Gelegenheitsgebäudezeichner, mit Reißbrett, Schiene und anderem Gerät hantierte, hat Speer selbst überliefert.

Ganz ungezwungen steht der Führer neben Speer: ein Baumeister mit der nötigen Befähigung und Lebenszeit, um ein Jahrtausendprojekt zu realisieren, mit dem Bauherrn, den es dazu braucht. Sie bewegen sich in Dimensionen, die jede bisherige Vorstellung übersteigen. Sie wollen, jeder auf seine Weise, alles Bisherige in den Schatten stellen. Sie leiden unter dem »Zwang zu übertreffen« (Elias Canetti). Wenn Hitler einen 100-Meter-Bau plant, dann hielt Paul Ludwig Troost 96 Meter für denkbar, während Speer es nicht unter 200 Metern macht – so fasst Troosts Witwe Gerdy einmal die Wesensmerkmale der beiden Führerarchitekten zusammen.

Mit Hitler am Zeichentisch im Atelierhaus

Speer und Hitler haben in ihren gigantistischen deutschen Repräsentationsbauten die Welt bereits erobert, »den Gegner« niedergeworfen, neue Maßstäbe gesetzt. Dafür brauchen sie einander – um das Unmögliche zu schaffen und dies in kürzester Zeit. Eine Sofort-Ewigkeit. Was diese beiden eher Verschlossenen und Gehemmten zueinander zieht und aneinander begeistert, ist der eigene ausgeprägte Leistungsstolz.

Das »Bauwerk T.« – über der Entwurfszeichnung hat Speer vermerkt »Nach einer Idee des Führers«. Hitler erkennt jetzt die gewaltigen Ausmaße, die dieser Triumphbogen bei der Neuschaffung Berlins als Welthauptstadt Germania bekommen soll. Ein steinernes Riesentor, so massiv an den Schnittpunkt der »Großen Achse« gestellt, dass es noch in tausend Jahren von der großen Zeit erzählen würde. Speer legt im Sinne Hitlers schon bei seinen Entwürfen für die Nürnberger Parteibauten Wert darauf, dass seine Werke auch noch als Ruinen wirken, und verordnet entsprechende Materialien: »Naturstein und nordischer Klinker sind unsere haltbarsten Baustoffe. Hier gilt, dass das zunächst Teurere sich auf die Dauer am billigsten stellt.« Und wie aus den Überresten der Antike noch ein triumphaler Abglanz ihrer untergegangenen Reiche auf die Gegenwart fällt, so würde einst aus den steinernen Rudimenten des Dritten Reiches die Führerbotschaft von Macht und Größe sprechen.

»Gut Speer, gut. Das ist nun mein Entwurf aus dem Jahr 1925. Wie viele haben mich als Phantasten gesehen damals, als einen Utopisten, als Spinner und Verrückten – das waren die Herren Realisten, Speer. Und jetzt bauen Sie ihn, meinen Entwurf! Aber machen Sie sich nicht kleiner als Sie sind, Sie sind der Architekt.« Hitler ist dabei, sich warm zu reden. Da klopft es an der Tür, Adjutant Brückner betritt das Zimmer. »Mein Führer, Außenminister Ribbentrop ist soeben eingetroffen.«

»Soll warten.« Mit einer Handbewegung wird die Störung beiseite gefächelt. Hitler versenkt sich erneut in seine Zukunftsbilder. Direkt nach der »Machtergreifung« hat er festgelegt, dass alle Kräfte von Wirtschaft und Produktion auf die Rüstung konzentriert werden. Nun steht nach wenigen Jahren eine Wehrmacht unter Waffen, die jedes Land in Europa erobern kann. Sehnlich

Hitlers Entwurf eines Triumphbogens aus dem Jahre 1925

erwartet Hitler den Tag, an dem er endlich den Befehl zum Einmarsch nach Frankreich geben kann, um die Schmach von Versailles zu tilgen.

Zwei Jahrzehnte nach Abdankung des Kaisers geht Deutschland unter seinem neuen Führer siegreich aus einem zweiten Krieg hervor – dafür soll dieser Triumphbogen stehen. »Ich werde alle Namen unserer Gefallenen des Ersten Weltkrieges hier einmeißeln lassen, von all denen, die ihr Leben gegeben haben für den Bestand Deutschlands – bestes deutsches Heldenblut, verraten und dann hingerafft von der Politik, vom internationalen Juden.«

Hitlers Augen fixieren die Ferne, wenn er in seinen Wahn eintaucht. Er nimmt sich dann zurück und spricht vom Reich der Toten, die in ihm leben.

Schon lange muss sich der Generalbauinspektor nicht mehr mit dem lästigen Alltagsgeschäft seiner Berufskollegen abgeben. Kein Grundstücksproblem, keine Frage nach Geld, Material oder Arbeitskräften beschränkt Speers Planungen. Man wird jetzt Frankreich erobern, den Erzfeind, und das wird viele zusätzliche Materialquellen zum Sprudeln bringen. Der Führer hat schon so oft Recht behalten.

Zu Hitlers 50. Geburtstag am 20. April 1939 lässt ihm sein Architekt ein Modell des Triumphbogens bauen. »Zeiten des Emporstiegs eines Volkskörpers zeichnen sich aus, ja existieren nur durch die absolute Führung des extremebesten Teiles.« So heißt es in *Mein Kampf*.

Eine Reise nach Paris

Im März 1939 zerschlägt Hitler die Tschechoslowakei. Der deutsch-sowjetische Nichtangriffspakt wird im August geschlossen; er enthält ein geheimes Zusatzprotokoll zur Teilung Osteuropas. Am 1. September fällt die Wehrmacht in Polen ein, der Zweite Weltkrieg beginnt. Gemäß ihrem Beistandsversprechen für Polen erklären England und Frankreich am 3. September Deutschland den Krieg. Polen kapituliert noch im September, nachdem von Osten die Rote Armee einmarschiert ist. Im April

EINE REISE NACH PARIS

1940 überfällt das Deutsche Reich Dänemark und Norwegen, im Mai die Benelux-Staaten und Frankreich. Alle angegriffenen Länder kapitulieren schon nach wenigen Wochen, Frankreich am 22. Juni 1940.

Die Wochenschauen zeigen den Führer in Paris. Ein Konvoi von fünf, sechs, sieben Fahrzeugen umkreist den Arc de Triomphe. Jubelmeldungen über Frankreichs Kapitulation ertönen: »Der erste Gruß an diesem glorreichen Tage gilt den Verwundeten, die ihr Blut für diesen herrlichen Sieg gaben, der überall, an der Front wie in der Heimat, unbeschreibliche Begeisterung auslöst ...«

Hitler war noch nie zuvor in Paris. Und seine erste Fahrt durch die zeitlebens bewunderte Stadt ist inoffiziell, keine Siegestour. Er hat seine Architekten Hermann Giesler und Albert Speer sowie den Bildhauer Arno Breker einfliegen lassen. Sein Hoffotograf Hoffmann ist sowieso dabei. Eine Kunstreise in den ersten Tagen nach dem Waffenstillstandsabkommen: »Paris hat mich fasziniert. Ein Besuch ist seit Jahren mein leidenschaftlicher Wunsch. Jetzt stehen die Tore für mich offen. Nie war bei mir eine andere Vorstellung vorhanden, als die Kunstmetropole mit meinen Künstlern zu besichtigen. Paris ist für mich ein Maßstab. Sicher bin ich, dass wir Anregungen erfahren, wonach wir

Hitler mit Gefolge in Paris beim Verlassen der Großen Oper, vor dem Eiffelturm und beim Verlassen des Invalidendoms

103

EINE REISE NACH PARIS

Speer, Breker und Begleitung auf dem Montmartre in Paris

die Pläne der Neugestaltung unserer wichtigsten Städte nochmals überprüfen können.« So überliefert Arno Breker, der einige Jahre in Paris gelebt hat und einen Besichtigungsplan erstellen soll, Hitlers Ausführungen vor Ort.

Breker, ein guter Freund Speers, und sein Kollege Josef Thorak haben den Auftrag, die Plastiken für die Riesenbauwerke im neuen Berlin zu entwerfen. Hermann Giesler wurde von Hitler zum Generalbaurat von München bestimmt; er ist ein paar Jahre älter als Speer und Konkurrenz für ihn. Später wird Giesler verantwortlich zeichnen für Hitlers große Pläne mit Linz.

Der Führer und seine drei Künstler fahren in einem Wagen. Paris wirkt wie ausgestorben, wie »Phantome« ragen die Häuserblocks empor. Erstes Ziel ist die kaiserliche Große Oper des Architekten Charles Garnier.

Oberst Speidel von der deutschen Besatzungsbehörde erwartet die Herren bereits. Von nun an übernimmt Hitler, zur Überraschung seiner Begleiter, die Führung. Er kennt sich genauestens aus in dem neubarocken Bauwerk; er weiß, was sich durch Eingriffe mit den Jahren verändert haben muss, wenn es nicht am Platze ist – etwa ein Salon an der Proszeniumsloge. Der Pariser Logenschließer gibt ihm Recht.

Anschließend geht es über den Boulevard des Capucines zur Madeleine, die Rue Royale hinunter zur Place de la Concorde, über die Champs-Élysées zum napoleonischen Arc de Triomphe, Hitlers großem baulichen Ideal.

Verschiedene Kameraleute drehen den Besuch in Paris mit. Sie sollen diesen Traum, der Wirklichkeit geworden ist, für Hitlers persönlichen Gebrauch festhalten. Der Führer liebt es, Filme anzuschauen, zudem lassen sich die Eindrücke von Paris für die Berliner Pläne noch vertiefen.

Höhepunkt der dreistündigen Tour wird der Besuch im Invalidendom – »wo er lange vor dem Sarkophag Napoleons stehen blieb«, so Speer. Und Breker: »Im Innern des Doms nimmt uns die überirdische, feierliche Atmosphäre gefangen. Ist es die Ausdruckskraft des reinen Raumgefüges? Die ungewöhnliche wie einmalige Lichtführung, die den Raum auf ergreifende Weise erschließt? ... Wir wissen es nicht. An der weißen Marmorrampe, die den Grabraum Napoleons umschließt, hält Hitler die Mütze an die Brust und verneigt sich.« Hermann Giesler fügt hinzu: »Im Invalidendom am Rund der Krypta stand Adolf Hitler lange und ernst, mit gesenktem Kopf, und schaute unverwandt auf den Sarkophag Napoleons hinab. Ich stand an seiner linken Seite, es war kein Zufall, er selbst hatte mich neben sich gezogen. Leise sagte er zu mir: ›Sie werden mir meine Grabstätte bauen, Giesler, wir sprechen später darüber.‹« Und Heinrich Hoffmann berichtet: »Als sich Hitler endlich aus der Verzauberung löste, sagte er tief ergriffen: ›Das war der größte und schönste Augenblick meines Lebens!‹«

Als während der Besichtigungsfahrt die Frage aufkommt, ob in Paris eine Siegesparade stattfinden soll, entscheidet sich Hitler nach einigem Nachdenken dagegen: »Ich habe keine Lust zu einer Siegesparade; wir sind noch nicht am Ende.«

Germania oder: »Der ganze Sinn meiner Bauten«

Speer und Hitler durchqueren das Arbeitszimmer des Reichskanzlers. Der Besuch in der Pariser Oper hat Hitlers Ansichten von diesem Bau nur bestätigt. »Es ist das schönste Opernhaus der Welt, es ist von bisher unerreichter Schönheit.«

Speer nickt zustimmend. »In einer der schönsten Städte Europas.«

»Ja. Aber Berlin muß viel schöner werden. Ich habe mir früher oft überlegt, ob man Paris nicht zerstören müsse … Gut, dass wir Paris nicht vernichten mussten. Aber wenn wir in Berlin fertig sind, wird Paris nur noch ein Schatten sein.«

Speer wird diese von ihm selbst überlieferten Äußerungen Hitlers später einmal als eine »ungenierte Offenbarung seines Vandalismus« kommentieren.

Aus der hohen Pforte zum Arbeitszimmer biegen der Führer und sein Architekt in den langen Gang der Marmorgalerie ein. Die Größe und Tiefe des Raums lässt die beiden schnell kleiner werden. Hitlers Worte verhallen allmählich. »Jeder soll und wird den Unterschied sehen können. Speer, bereiten Sie einen Erlass vor, in dem ich die volle Wiederaufnahme der Bauten in Berlin anordne. Das ist nun die wichtigste Aufgabe. Die Größe des Sieges muß in diesen Bauten in kürzester Zeit sichtbar werden. Darin sehe ich den bedeutendsten Beitrag zur endgültigen Sicherstellung unseres Sieges.«

Die Bauten, der Sieg. Durch Siege über innere und äußere »Gegner« sind sie letztlich auch nur zu finanzieren. Der spätere Minister für Bewaffnung und Munition und vieles andere ist mit seinen Repräsentationsbauten für Führer, Volk und Partei immer schon in der Aufrüstung tätig gewesen. »Natürlich war ich mir vollkommen darüber im klaren, dass er die Weltherrschaft anstrebte. Was Sie – und ich glaube alle anderen auch – offenbar nicht verstehen, ist, dass ich mir damals nichts Besseres wünschen konnte. Das war doch der ganze Sinn meiner Bauten. Sie hätten grotesk ausgesehen, wenn Hitler in Deutschland sitzen geblieben wäre. Mein ganzes Wollen war darauf gerichtet, dass dieser große Mann den Erdball beherrschen würde.« So Speer gegenüber seiner Biografin Gitta Sereny.

GERMANIA ODER: »DER GANZE SINN MEINER BAUTEN«

Der Sitz des Generalbauinspektors im Gebäude der Akademie der Künste am Pariser Platz in Berlin (rechts neben dem Hotel Adlon)

Im Modellsaal der Generalbauinspektion am Pariser Platz Nr. 4 lässt Speer immer wieder in wechselnden Größen die Achse für »Germania« und Einzelmodelle der geplanten Riesengebäude aufbauen. Auf Befehl Hitlers musste das Haus, in dem die Akademie der Künste untergebracht war, für Speer erst teilweise, 1938 dann ganz geräumt werden.

Zur Erinnerung: Am 30. Januar 1937 ist der 31 Jahre alte Speer durch Führererlass zum Generalbauinspektor für die Reichshauptstadt Berlin – auf Vorschlag von Goebbels inklusive Professorentitel – ernannt und mit weitgehenden Vollmachten ausgestattet worden. Speer hatte als Architekt und vor allem als Stadtplaner bis dahin nicht viel vorzuweisen, er will zudem weiterhin als Architekt tätig sein können, wenngleich auch nur im Auftrag Hitlers. Die Wahl des Gebäudes für die neue Generalbauinspektion (GBI) hat der Führer selbst getroffen, vor allem wegen der Nähe zu seiner Wohnung in der Reichskanzlei. So kann er jederzeit, auch in der Nacht, zu Fuß durch die Ministergärten in die Planungsstätte gelangen. Eine besondere Tür erlaubt es ihm, ungesehen in den Modellsaal zu kommen. Er interessiert sich für jede Kleinigkeit, die neu hinzukommt.

Bis zum Herbst 1938 unterstehen Speer in der GBI bereits 87 Mitarbeiter, freie Architekten nicht mitgezählt. Sein Gehalt (1700 Reichsmark) ließ er an dem des Berliner Oberbürgermeis-

GERMANIA ODER: »DER GANZE SINN MEINER BAUTEN«

ters (1650 Reichsmark) bemessen; hinzu kommt eine beträchtliche jährliche Aufwandsentschädigung.

Heute ist ein Weißmodell der gesamten Neubauplanung aufgestellt. Die Modellbauer haben schon viele Details eingearbeitet, so dass man sich einbilden kann, die fertige Stadt vor sich zu haben. Im Hintergrund wurde die Wand mit einem Prospekt der Berliner Stadtlandschaft ausgestattet, was die Wirkung einzelner Gebäude noch verstärkt. Die Riefenstahl-Filmproduktion begleitet den Umbau der Stadt mit der Kamera; ein künstlerischer Film soll die vielen Einzelschritte von Entwurf und Modell bis zu Bau und Fertigstellung dokumentieren.

Speer hat sich für den Besuch des Führers Scheinwerfer ausgeliehen. Nun simuliert er unterschiedliche Sonnenstände und

108

damit die Wirkung des Lichts auf Gebäude und Straßen. Wir sehen Speer an einer Lampe kurbeln: Die frühe Morgensonne fällt auf die Spitze der 300 Meter hohen Großen Halle und beleuchtet den Reichsadler an höchster Stelle. Der Kuppelbau erscheint im vollen Licht, die Gebäude tief darunter als Schattenumrisse.

Speer eröffnet seine Inszenierung. »So beginnt der Tag in ›Germania‹.«

Das Vorbild Paris ist noch zu erkennen. Wie die Champs-Élysées durchzieht eine gerade Nord-Süd-Achse Berlin. »Ein nettes Siegespförtchen!«, kommentiert der Führer süffisant seinen Großen Bogen, in den der Arc de Triomphe hineingestellt werden könnte. Am anderen Ende steht die »Volkshalle«, der erwähnte Kuppelbau mit einem geplanten Fassungsvermögen von 150 000 bis 180 000 Menschen. Zwei architektonische Riesenerscheinungen, an denen die großen Metropolen der Welt, ob Moskau, Rom, Paris oder London, nicht mehr werden vorbeischauen können.

In der weißen Märchenstadt sind noch Relikte des alten Berlin zu erkennen. Das Brandenburger Tor und gleich daneben der Reichstag – Bauten, die im Schatten der neuen Halle wie Zwergen-Entwürfe aus einer Zwergenzeit wirken. Speer nimmt ein Gebäude aus dem Modell heraus. »Das Brandenburger Tor: 29 Meter. Daneben der Reichstag: 75 Meter. Die Große Halle: 300 Meter;

GERMANIA ODER: »DER GANZE SINN MEINER BAUTEN«

45 Meter allein die Säulenhöhe.« Er zieht einen Teil der Achse aus dem Modell heraus, so dass Hitler den Blick direkt zum Vorplatz der neuen Volkshalle wandern lassen kann. Er prüft die Wirkung der Treppen und Säulen auf einen Besucher, der einstmals dort unten stehen und dann ergriffen nach oben schauen wird. »Wir übertreffen Rom um das Siebzehnfache«, preist der Herr der großen Zahlen weiter.

In einer digitalen Filmsequenz sehen wir die beiden virtuell durch hohe Türen in diese Halle der Zukunft eintreten. Ein sakraler Bau, dessen geheimnisvolles Licht von oben die Besucher aus der Realität herauswirbelt. Hitler hat dieses Unruhegefühl, jetzt alle Entscheidungen und Wirkungen für das Neue Reich in Gang setzen, die Kirche des Nationalsozialismus noch mit der Aura des Stifters ausstatten zu müssen. »Beeilen Sie sich, Speer.

GERMANIA ODER: »DER GANZE SINN MEINER BAUTEN«

Nur wenn ich hier noch gesprochen und regiert habe, dann werden diese Bauten die Weihe bekommen, die sie brauchen, für meine Nachfolger und für die künftigen Generationen. Und auch Sie als mein Baumeister werden dann für die Jahrtausende unvergessen bleiben.« Die Kamera fährt in die Kuppel und zeigt, wie zwei Menschen in diesem Riesengebäude allmählich verzwergen, sich auf einen Punkt reduzieren und dann völlig auflösen.

Ein andermal im Modellsaal. Hitler betrachtet das Modell abschließend von verschiedenen Seiten, lobt Einzelentwürfe, erklärt hier etwas für zu klein – 100 Prozent Material müsse »zugeschlagen werden, da nach dem Kriege diese Abteilung [eines Museums] wachsen würde« –, möchte dort eine »zusätzliche Eisenbetondecke, da die Bauten Jahrtausende halten müssen«, schlägt kräftigere Türme an irgendwelchen Ecken vor. Eine Prü-

Speers Originalentwurf der Großen Halle mit Reichstag und Brandenburger Tor als Größenvergleich

fungssituation für alle Beteiligten. Der Führer versteht zu loben, doch auch zu relativieren, er korrigiert, er behält sich vor.

»Marmor-Proben aus Böhmen, Travertin aus der Slowakei und Granit aus den Vogesen«, die der Führer laut Protokoll des anwesenden Speer-Mitarbeiters Wolters gutheißt. »Sp.[eer] erklärt, dass er auch den weißen französischen Kalkstein versuchen möchte. F.[ührer]: ›Sind Sie vorsichtig.‹«

Und immer wieder: die Notwendigkeit der Bausicherheit gegen Bomben jeden Kalibers. Der Führer weiß, wie sehr er sich auf Speer und dessen Stab verlassen kann. Sie haben verstanden, was er schon 1925 in *Mein Kampf* proklamierte und zu wiederholen pflegt: Es darf nicht passieren, dass in tausend Jahren »die Nachkommen als gewaltigste Werke unserer Zeit dereinst die Warenhäuser einiger Juden und die Hotels einiger Gesellschaften als charakteristischen Ausdruck der Kultur unserer Tage bewundern. Man vergleiche doch das böse Missverhältnis, das in einer Stadt wie selbst Berlin zwischen den Bauten des Reiches und denen der Finanz und des Handels herrscht.« Der Nationalsozialist Speer höchstselbst hat den Führer darin in seinem Aufsatz von 1936 im Zigarettenalbum bestärkt: »Nicht die Warenhäuser und die Verwaltungsgebäude der Banken und Konzerne sollen den Städten das Gepräge geben, sondern die Bauten des Führers, von ihm geschaffen und in ihrem Ausdruck bestimmt.«

Das kostet Geld, es geht, wie wir wissen, um die haltbarsten Baustoffe in größter Menge und deren Verarbeitung in kürzester Zeit. Hitlers Klage in *Mein Kampf*: »Schon der für die Staatsbauten aufgewendete Betrag ist meistens wahrhaft lächerlich und ungenügend. … Während ein einziges Schlachtschiff einen Wert von rund sechzig Millionen darstellte, wurde für den besten Prachtbau des Reiches, der für die Ewigkeit bestimmt sein sollte, das Reichstagsgebäude, kaum die Hälfte bewilligt.«

Heute nun im Modellsaal »schleicht« der Führer, so das Protokoll des anwesenden Wolters, »immer leicht schmunzelnd um den Reichstag herum und guckt Sp.[eer] dabei an. Sp.: ›Wenn nun später doch der Reichstag verschwinden würde, dann würde die Flucht der übrigen Gebäude schräg stehen zum Platz, da auch der Reichstag schräg steht.‹ F.[ührer] lacht: ›Sie wollen ihn wohl abreißen?‹ Sp.: ›Wenn es sein muss, ja.‹ F.: ›Ihr habt's auch gar keine

GERMANIA ODER: »DER GANZE SINN MEINER BAUTEN«

Ehrfurcht mehr vor den alten Sachen.‹ Sp.: ›Das ist die Jugend von heute.‹ F.: ›So, so die Jugend. So seid's Ihr.‹« Dann wird auch der anwesende Architekt Wilhelm Kreis gefragt: »›Na, wie ist es mit dem Reichstag?‹ Kreis: ›Ich würde nicht mehr so viel am Reichstag umbauen. Vielleicht kommt er doch mal weg. Er steht wie ein Gaukler unter den strengen Linien.‹ F. lacht über den Ausdruck, die Frage bleibt offen.«

Albert Speer jr. am Pariser Platz. Die ehemalige Generalbauinspektion ist wieder zur Akademie der Künste geworden, und die Stadt Berlin hat hier gerade eine große Baustelle – die alten Gebäudeteile sollen wieder hergestellt, neue hinzugefügt werden. Wir sind durch den alten Modellsaal gegangen und stehen etwa an der Stelle, wo das Büro des Vaters war. Der Blick von hier oben geht über das Brandenburger Tor und den Reichstag bis zum neuen Kanzleramt. Wir wollen uns die Wirkung der einst geplanten Speer-Bauten auf das Stadtbild vor Augen führen.

Albert Speer jr.: »Hier wäre es gewesen; wenn man hier herüberschaut. Und zwar ungefähr an der Stelle, wo das Bundeskanzleramt dort drüben zu erkennen ist, aber in Dimensionen, die weit über das derzeitige Baugerüst nach oben hinausgehen würden, also absolut abstrus und unvorstellbar. Der blaue Himmel wäre nicht mehr da. Nur – verstehen kann das keiner!«

Berliner Witz und Widerstand

Man nimmt die Angelegenheit jedoch ungeheuer ernst. Der Bildhauer Arno Breker – er gestaltet unter anderem eine sechs Meter hohe Pferdegruppe für die gerade von Hitler gelobte neue Soldatenhalle des Speer-Architekten Wilhelm Kreis und zwei 18 Meter lange Reliefs – berichtet von »auf dem Papier als fürstlich« zu bezeichnenden Honoraren, die er allerdings, »dem Rat Speers folgend, der es vernünftiger fand, sich nach dem Kriege das Honorar auszahlen zu lassen, da im anderen Fall die Steuer alles schlucken würde«, nur anteilig in Anspruch nimmt.

Breker, geboren 1900, und seine Frau sind mit den Speers befreundet; als die beiden sich nach Kriegsbeginn verschreckt aufs Land zurückziehen, holt Speer sie auf »seine burschikose Art« zurück: »Speer, bester Laune, flaxte über unsere übereilte, wenig heroische Flucht vor den Ereignissen ... Durch seinen täglichen Kontakt mit dem Führerhauptquartier war er über die gesamte Lage vollauf im Bilde und strahlte Siegeszuversicht aus ... Unter keinen Umständen, sagte er, dürfe meine Arbeit unterbrochen werden, im Gegenteil! Er stellte sogar für meinen wichtigsten Mitarbeiter Gustav Stührk Befreiung vom Militärdienst in Aussicht. In der Fortsetzung der künstlerischen Arbeit sähe Hitler ein Symbol der Siegeszuversicht.«

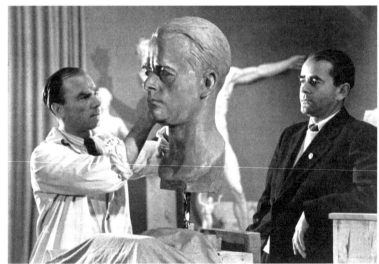

Arno Breker mit Speer in seinem Atelier, links Breker-Statue für die Neue Reichskanzlei

Wie sehr das Aus-dem-Boden-Stampfen der Welthauptstadt Germania für Hitler in eins fällt mit der siegreichen Unterwerfung aller »Gegner« und dies wiederum mit »Frieden«, mag auch die von Breker überlieferte erste Reaktion des Führers auf das Modell des Triumphbogens illustrieren. Versonnen sei er auf sie zugekommen und habe gesagt: »Wenn doch dieser Whiskysäufer Churchill endlich einsehen möchte, dass ich den Frieden will! Was vor uns steht, ist doch ein eindeutiges Dokument dieses fanatischen Willens zum Frieden. Gestern haben wir das Schlachtschiff ›Bismarck‹ vom Stapel gelassen. Mit den Baukosten dieses Schiffes könnte ich mühelos die ganze Reichshauptstadt so gestalten, wie wir sie in unseren fertig vorliegenden Plänen entworfen haben. Die uns aufgezwungene militärische Aufrüstung darf unter keinen Umständen unsere gigantischen Friedenspläne in Frage stellen. Wir wollen sie mit allen Mitteln verwirklichen.«

Diese »gigantischen Friedenspläne« aus härtestem Stein, durchaus Manifestationen eines »fanatischen Willens«, vertragen auch keinen Spaß.

Der Generalbauinspektor, Träger des goldenen Ehrenzeichens der NSDAP, seit 1938 Preußischer Staatsrat von Reichsmarschall Görings Gnaden, zudem Mitglied des Senats der Reichskulturkammer, achtet persönlich darauf, dass die Bevölkerung der Neugestaltung Berlins den nötigen Respekt entgegenbringt: »Lieber Hanke«, schreibt Speer im März 1939 an den alten Parteifreund und Staatssekretär im Propagandaministerium, »im Januar hatte ich die wichtigsten meiner Mitarbeiter in das Kabarett der Komiker gesandt, um deren Ansicht über die dortigen Darbietungen über die Berliner Neugestaltung zu hören. Ich lege einen von diesen Referenten nachträglich von mir angeforderten Bericht bei und bitte Dich, … die notwendigen Schlussfolgerungen zu ziehen.« Letztere beziehen sich explizit auf die jüngst aus der Kulturkammer ausgeschlossenen »3 Rulands«.

Jene »Referenten, die die Hauptarbeit bei der Neugestaltung Berlins leisten«, haben ihrem Chef Folgendes zu Protokoll gegeben: »Die unterzeichneten Referenten Ihrer Dienststelle hatten an einem Abend der letzten Tage des Januar Gelegenheit, das Programm des Kabaretts der Komiker zu sehen. Wenige Tage später wurden Werner Finck, Peter Sachse und die drei Rulands aus der Kulturkammer ausgestoßen, womit ihnen eine weitere Betätigung unmöglich gemacht wird. Wir waren uns alle darüber einig, dass die Entfernung eines Mannes – wie Werner Finck – eine Notwendigkeit war. Peter Sachse wurde dagegen wahrscheinlich nicht wegen seiner anstößigen Äußerungen ausgestoßen, sondern wohl mehr wegen seines völlig belanglosen Könnens. Hatte Werner Finck einen unangenehmen widerlichen Witz an sich, so hatte dieser überhaupt keinen. Unverständlich bleibt uns jedoch der Ausschluss der drei Rulands.« Diese nämlich hätten sich zwar der Neugestaltung Berlins thematisch angenommen, dabei allerdings nicht die Absicht einer »Verächtlichmachung der Pläne des Führers« erkennen lassen.

Die Schlussfolgerungen lauteten daher: Peter Sachse kann, Werner Finck muss aus der Kulturkammer ausgeschlossen bleiben.

In seinen *Erinnerungen* von 1969 erwähnt Speer auch Werner Finck und Hitlers angebliche ängstliche Bedachtsamkeit, dass nicht allzu viel von den Germania-Plänen bekannt werde: »So gaben wir gelegentlich in harmlos erscheinende Planungsteile Einblick, und auch die städtebauliche Grundkonzeption wurde mit Genehmigung Hitlers durch einen Artikel, den ich schrieb, publik gemacht. Als aber der Kabarettist Werner Finck sich über diese Projekte lustig machte, wurde er, obwohl auch anderes hinzugekommen sein mag, in ein Konzentrationslager verbracht. Übrigens einen Tag, bevor ich selbst die Vorstellung besuchen wollte, um zu zeigen, dass ich nicht verletzt sei.«

Albert Speer beherrscht den Umgang mit dem Apparat der Diktatur auf allen Ebenen. Ein lästiger Widersacher seines Durchsetzungswillens ist der Berliner Oberbürgermeister Dr. Julius Lippert.

Bevor Hitler seine Berlin-Pläne im Sommer 1936 an Speer übergibt und ihn am 30. Januar 1937 mit allen Vollmachten versieht, obliegt die Neugestaltung der Berliner Stadtverwaltung dem Oberbürgermeister und seinen Architekten.

Lippert ist ein alter Kampfgefährte von Joseph Goebbels, er leitete längere Zeit dessen Blatt *Der Angriff*. Die geplanten Eingriffe in die Stadt Berlin gehen ihm tendenziell zu weit; die auf

> Hauptquartier, BERLIN, DEN 25/Juni 1940
>
> ADOLF HITLER
>
> Berlin muß in kürzester Zeit durch seine bauliche Neugestaltung den ihm durch die Größe unseres Sieges zukommenden Ausdruck als Hauptstadt eines starken neuen Reiches erhalten.
>
> In der Verwirklichung dieser nunmehr **wichtigsten Bauaufgabe des Reiches** sehe ich den bedeutendsten Beitrag zur endgültigen Sicherstellung unseres Sieges.
>
> Ihre Vollendung erwarte ich bis zum Jahre 1950.
>
> Das Gleiche gilt auch für die Neugestaltung der Städte München, Linz, Hamburg und die Parteitagbauten in Nürnberg.
>
> Alle Dienststellen des Reiches, der Länder und der Städte sowie der Partei haben dem Generalbauinspektor für die Reichshauptstadt bei der Durchführung seiner Aufgaben jede geforderte Unterstützung zu gewähren.

Hitlers Vollmacht für Speer zum Ausbau der Reichshauptstadt

120 Meter Breite angelegte Prachtstraße beispielsweise verringert sich bei seinen städtischen Architekten auf 90 Meter. Entschieden zu weit gehen Lippert dann vor allem die Anmaßungen des neu eingesetzten Generalbauinspektors. Der nutzt seine Führer-Vollmacht vom 25. Juni 1940 für einen siebenseitigen Erlass, der die Stadt zu einer geldspendenden Zulieferbehörde mit kleinteiliger Auskunftspflicht degradiert: »Ich behalte mir vor, die bisherigen Träger dieser Aufgaben, insbesondere den Oberbürgermeister der Reichshauptstadt, mit der Durchführung bestimmter Teilaufgaben oder einzelner Angelegenheiten zu beauftragen.«

Speer listet die Neugestaltungsgebiete auf und betont seinen Vorbehalt, weitere Bauvorhaben zu Neugestaltungsmaßnahmen zu erklären – also in seinen alleinigen Machtbereich zu überführen; auch darüber hinaus kann seine »Mitwirkung« angezeigt sein.

»Der Gesamtplan für die Reichshauptstadt wird von mir aufgestellt. Zum Gesamtablaufplan rechnen insbesondere
    a) die Festlegung der Ring- und Ausfallstraßen in Lage und Breite und die Höhe ihrer Bebauung,
    b) die Festlegung neuer Wohnviertel,
    c) die Festlegung der Grünflächen,
    d) die Festlegung von Industriegebieten,
    e) die Planung von Wasserstraßen,
    f) die planungsmäßige Festlegung des Verkehrsnetzes.«

Grundsätzliche Fragen der Stadtplanung habe der Oberbürgermeister der Reichshauptstadt mit Speer zu erörtern – Weisungen vorbehalten.

Nächster Punkt: Die Errichtung von Ausweichwohnungen für die Umsiedlung so genannter Abrissmieter – »eine Voraussetzung für die Neugestaltung«. Damit will Speer sich nicht belasten. »Vielmehr möchte ich mich dann in weitestem Umfange der vorhandenen gemeinnützigen Wohnungsbauträger, insbesondere der Wohnungsbaugesellschaften der Stadt Berlin bedienen. Diese sind bei der Durchführung des Ersatzwohnungsbaus an meine Richtlinien gebunden.«

Desgleichen seien letztlich alle städtischen Bauvorhaben, vor allem irgendwie repräsentative, durch Speer zu genehmigen oder mit ihm abzustimmen. »Über das Ergebnis meiner Prüfung werde ich einen Bescheid erteilen, der folgenden Inhalt haben kann:
    a) Allgemeine Freigabe: …
    b) Bedingte Freigabe: …
    c) Zustimmung zur Weiterverfolgung: …«

Speers Prüfung betrifft auch den Grunderwerb für solche Bauvorhaben. Mehr noch, mit Bezug auf seinen Erlass vom 3. Juni 1938 werde er sich den Entwurf des Haushaltsplans der Stadt Berlin auch weiterhin vorlegen lassen.

Im letzten Punkt seines Dekrets, unter VIII., bestimmt Speer die zu leistende »Amtshilfe des Oberbürgermeisters für den Generalbauinspektor«. Auf einigen Gebieten wolle er sich auf eine vereinfachte Zusammenarbeit verlassen und seine Mitwirkung auf Weisungen und Erlasse von Richtlinien beschränken können: »Hierzu gehört insbesondere meine Mitwirkung bei baupolizeilichen Genehmigungen, bei der Bauberatung, bei den Wohnsiedlungsverfahren, bei der Entjudung des Grundbesitzes, bei der Umsiedlung von Kleingärtnern, bei der Bereitstellung von Ersatzwohnungen, bei der Erfassung von Judenwohnungen u.ä.«

Lippert empfindet den Erlass als unzumutbar und lehnt es ab, ihn zu akzeptieren. Schreiben wechseln hin und her. Eine Machtprobe, deren Ausgang schnell erzählt ist: Speer beschwert sich am 14. Juli 1940 an höchster Stelle auf dem Obersalzberg. »Als ich dem Führer die Tatsache vortrug, dass der Oberbürgermeister meinen Erlass, der die Zusammenarbeit zwischen Stadtverwaltung und Generalbauinspektor regelt, als für die Stadt demütigend empfindet und daher abgelehnt hat, stellte der Führer unverzüglich fest, dass dann Dr. Lippert als Oberbürgermeister und Stadtpräsident ›sofort abzusetzen‹ sei.«

So lautet Speers Gesprächsnotiz zwei Tage später, am 16. Juli, an dem er auch noch einmal einen harschen Brief an den »Herrn Oberbürgermeister«, der doch bereits abgesetzt ist, verfasst, vielleicht um das Feld schon für den Nachfolger zu bereiten. Den Schriftwechsel übergibt der Generalbauinspektor schließlich dem Reichssicherheitshauptamt von Heinrich Himmler: »Die Unterlagen sind dem Reichsführer SS von Professor Speer zur vertraulichen Kenntnisnahme zugeleitet worden.«

»Judenreine Gebiete«: Professor Speer macht einen Vorschlag

Wir sehen Ernst Speer, den jüngeren Bruder von Albert, wie er den Kopf durch die Tür zum Büro des Generalbauinspektors steckt. Die Chefsekretärin Annemarie Wittenberg (später Kempf) telefoniert noch, als er von ihr hereingewinkt wird. »Nein, in den judenreinen Gebieten stehen Ihnen jetzt keine Wohnungen

zur Verfügung … Da kann ich Ihnen auch keine Auskunft geben … Ob die Gauleitung Ihnen da weiterhelfen kann? Kann ich nicht sagen …«

Ernst nimmt das Leben leichter. Er hat Chemie studiert und ist später zur Architektur umgeschwenkt. Dann erreichte ihn der Einberufungsbefehl. Bei der schweren Artillerie des siebten Armeekorps absolvierte er seine Einsätze auf dem Polenfeldzug. Ein Freund seiner Mutter, General Ritter von Schobert, stellte ihn unter seinen Schutz.

Die Brüder haben sich nie besonders nahe gestanden und vor dem Krieg angesichts ihres sehr unterschiedlichen Lebenswandels wenig miteinander zu tun gehabt. Albert Speer hält nichts von seinem Bruder, er scheint ihm faul und verwöhnt zu sein. Vater eines unehelichen Sohnes ist er obendrein.

Ernst wartet und lächelt der hübschen Sekretärin zu. »Entschuldigung, ich bin der Ernst – Ernst Speer.«

Annemarie unterbricht kurz ihr Gespräch. »Augenblick mal.«

Sie deckt den Hörer ab und gibt dem Besucher die Hand, weist ihm dann den Weg durch die offen stehende Tür ins Büro des Bruders: »Annemarie. Willkommen in Berlin. Ihr Bruder ist unten mit den Herren im Modellsaal. Warten Sie doch bitte einen Moment in seinem Büro. Ich soll Sie dann gleich mal runterbringen.«

Ernst Speer schaut sich im Büro des Generalbauinspektors um. Er betrachtet die vielen Pläne zur Neugestaltung Berlins an den Wänden; die Entwürfe zur Achse mit den Daten zur Fertigstellung, die weit in die Zukunft verweisen. 1950 soll Germania stehen. Auf den Skizzen oder Karten von Berlin immer wieder der Vermerk und die lineare Markierung »Judenreine Gebiete«.

Annemarie am Telefon: »So. Ja, wir stellen Wohnraum für die Opfer der Luftangriffe bereit, das ist richtig. Aber wenn wir weitermachen, will der Chef sofort über den jüdischen Wohnraum verfügen … als Ersatz für die Häuser, die wir abreißen müssen … ja. Tut mir Leid. Hat der Führer persönlich angeordnet. Ja, ich werde es dem Chef gleich vortragen. Heil Hitler.«

Im Speer-Erlass vom 28. Juni 1940 zur Regelung der Zusammenarbeit mit der Berliner Stadtverwaltung hieß es »Entjudung des Grundbesitzes«. Zur Erinnerung: Ohne Ersatzwohnungen kann nicht abgerissen werden, ohne Abrisse keine Neubauten. 1938 wird in der Generalbauinspektion eine »Durchführungsstelle« gebildet, die hauptsächlich die notwendigen Abrisse vorbereitet.

Dem für sein Tempo bekannt gewordenen Speer geht es nicht schnell genug. »Als sich abzeichnet, dass die Verhandlungen mit dem Reichsfinanzminister über eine Finanzierung der Ersatz-Großwohnungen zu keinem positiven Ergebnis führen, entwickelt Speer einen folgenreichen und gänzlich neuartigen Plan«, so die Historiker Johann Friedrich Geist und Klaus Kürvers. Bei einer Unterredung der Generalbauinspektion mit dem städtischen Hauptplanungsamt am 14. September 1938 kommt der Plan zur Sprache: »Hinsichtlich des Baus von Mittel- und Großwohnungen entwickelte Prof. Speer einen Vorschlag, der darauf

»JUDENREINE GEBIETE«

**Generalfeldmarschall
Ministerpräsident ~~Generaloberst~~ Göring
Beauftragter für den Vierjahresplan**

Berlin W 8, den 26. November 1938
Leipziger Str. 3.

St. M. Dev. 8099.

In den Vorschriften über die Arisierung der Grundstücke und über die Entfernung der Juden aus Wohnungen, Läden, Speichern usw. arischer Vermieter ist für Berlin vorzusehen, daß dem Generalbauinspektor für die Reichshauptstadt ein Vorkaufsrecht bezw. die Entscheidung über die erste Neuvermietung oder Neuverpachtung eingeräumt wird. Abschrift hiervon haben der Reichsminister des Innern, Reichsjustizminister und der Generalbauinspektor für die Reichshauptstadt erhalten.

gez. G ö r i n g .

An den Herrn Reichswirtschaftsminister.

Abschrift übersende ich zur gefälligen Kenntnis.

gez. Göring

Beglaubigt
Vetter
Polizei-Büroassistent

An
a) den Herrn Reichsminister des Innern,
b) den Herrn Reichsjustizminister,
c) den Herrn Generalbauinspektor
   für die Reichshauptstadt.

abzielt, die erforderlichen Großwohnungen durch zwangsweise Ausmietung von Juden freizumachen. Es würde dann erforderlich sein, statt der 2500 Großwohnungen schätzungsweise 2700 Kleinwohnungen zu schaffen.« Speers Berechnungen zeigen die finanziellen und zeitlichen Vorteile eines solchen Verfahrens: »Prof. Speer bat in diesem Zusammenhang um Feststellung, wie viele Mittel- und Großwohnungen von Juden besetzt sind.« Der Vorschlag soll allerdings erst noch vertraulich behandelt werden, »da Prof. Speer zunächst die Auffassung des Führers erkunden will. Danach würden die erforderlichen gesetzlichen Handhabungen zu schaffen sein.«

Gesetzliche Handhabungen – Berufsverbote, Eheverbote, Eigentumsverbote und mehr – treffen die jüdische Bevölkerung in Deutschland schon seit 1933. Siebzehn Tage nach der »Reichskristallnacht« vom 9. November 1938 wird Speer ganz in seinem Sinne zugesichert: Bei den zu erlassenden »Vorschriften über die Arisierung der Grundstücke und über die Entfernung der Juden aus Wohnungen, Läden, Speichern usw. arischer Vermieter ist vorzusehen, dass dem Generalbauinspektor für die Reichshauptstadt ein Vorkaufsrecht bzw. die Entscheidung über die erste Neuvermietung oder Neuverpachtung eingeräumt wird«.

Speer, der später gegenüber Verleger und Lektor angibt, die Trümmer des Novemberpogroms als »Störung seines bürgerlichen Ordnungssinnes« empfunden zu haben, kann jetzt zufrieden sein, steht doch zugleich sein erster großer Berliner Repräsentationsbau, die Neue Reichskanzlei, kurz vor der Vollendung. Dann wird es also zügig weitergehen mit der Neugestaltung der Reichshauptstadt.

Linke Seite: Görings Vollmacht für Speer zur Verfügung über arisierte Wohnungen

Während Ernst Speer Einblick in die Welt seines Bruders nimmt, sehen wir den Kopf von Rudolf Wolters hinter dem Glasfenster des Nachbarbüros auftauchen. Wolters weiß, wer der junge Mann ist. Er öffnet die Tür und geht auf Ernst zu, um sich vorzustellen: »Rudi Wolters, Studienkollege, Mitarbeiter Ihres Bruders ...« Man reicht einander die Hand, und Wolters fügt noch hinzu: »... und gelegentlich sein Propagandaminister.«

»Mein Bruder macht für sich Reklame? Ich dachte der Führer und mein Bruder –«

Wolters hat schon verstanden. »Ja, ja – er hat das Ohr des Führers. Aber für sein Ansehen in der Öffentlichkeit muss er selber sorgen. Die Zeitungen wollen gefüttert werden – und der Kintopp!«

Im Modellsaal leuchten die Mitarbeiter der Riefenstahl-Filmproduktion gerade das Modell aus.

Albert Speer ist im Gespräch mit den Kameraleuten und hat seinen Bruder noch nicht kommen sehen. Wolters führt Ernst vor das lang gezogene Modell des neuen Berlin. Er steht auf der Höhe des Triumphbogens und sieht in die Tiefe der Großen Achse, an deren Ende sich die Kuppel der Volkshalle weit über alle anderen Bauwerke erhebt. Ein fremdartiger Block, der wie gewaltsam in das alte Berlin hineingebrochen wirkt.

»Das ist also Berlin –?«

Wolters lächelt: »Wir bauen es gerade.«

Ernst kann ermessen, hier wird an nichts gespart, Kosten spielen keine Rolle. Der große Bruder verfügt mittlerweile über einen enormen Apparat. Es gibt eine eigene Transportstandarte, Natursteine werden aus ganz Europa herangeschafft, Granit kommt aus Schweden, Norwegen und Finnland, weiteres Material aus Holland, Belgien oder Italien.

Eine Reihe von Geschützen im Spielzeugformat finden sich links und rechts der Straße aufgestellt. Albert, der Ernst inzwischen begrüßt hat, ist heute freundlich und leutselig mit seinem kleinen Bruder: »Und hier auf dem Vorplatz werden wir dann alle Beutewaffen aus unseren Feldzügen ausstellen.« Er wendet sich an einen Kameramann: »Lassen Sie meinen Bruder doch mal durch die Kamera sehen.«

Die Stimme des Älteren spricht dazu den Kommentar. »Alle Ministerien sind hier versammelt. Dort auf dem großen Platz neben der Halle steht der neue Führerpalast – durch die Arkaden kommt er direkt in die Große Halle.«

»Nur Ministerien, wie langweilig. Das wollt ihr wirklich bauen?« Gerade mal ein bisschen in die Architektur hineingeschnuppert und schon will er mitreden.

Albert beschwört die Bilder, die Ernst wohl nicht sehen kann. »… die Reichsoper, die neue Philharmonie, ein Uraufführungskino – du musst dir das alles bei Nacht vorstellen, wenn die

»JUDENREINE GEBIETE«

Reklamen der Theater und der Varietés leuchten …« Stolz und die Gewissheit, dass alles einmal genau so fertig gestellt sein wird, schwingen mit. Das ist mehr, als er sich zu Beginn seiner Karriere erträumt hat. Damals wollte er »nur« ein zweiter Schinkel werden. Stellen die jetzigen Planungen nicht alles zuvor in Berlin, ja auf der Welt Gebaute in den Schatten? Er hat sich nie für einen begabten Zeichner gehalten und bereits als Student seine Entwürfe zeichnen lassen; er ist ja mehr der Logistiker.

»Die besten Architekten des Landes habe ich zur Mitarbeit eingeladen. Dustmann, Tamms, Schulte-Frohlinde, Kreis, Hentrich …« Dann zeigt er auf die Plastiken, die hier ebenfalls schon als kleine Modelle angeklebt sind: Muskulöse nackte Krieger, mit Waffen ausgerüstet oder starke Rösser an der Hand führend. »Breker und Thorak entwerfen die großen Plastiken …«

Im Januar 1941 ist Speer mit seinem ehrgeizigen Versuch gescheitert, ein nationaler »Beauftragter des Führers für Baukunst und Städtebau« zu werden, ein Generalinspektor für die gesamten Neugestaltungsmaßnahmen im Reich sozusagen. 23 bis 27 Gauhauptstädte und 41 weitere Städte, für die er im Oktober 1940 ja auch eine Koordinationskompetenz übernommen hatte, wären dann in seine Zuständigkeit gelangt. Nun konzentriert Speer sich wieder ganz auf die Durchführung seiner Bauten in Berlin und Nürnberg.

Es war sein erster Rückschlag. Berlin, München, Hamburg, Nürnberg und Linz, die fünf »Führerstädte«, wären unter seine Oberhoheit gefallen, das wäre es gewesen. Generalbauräte wie der vom Führer ebenfalls geschätzte Hermann Giesler in München hätten ihm den Rang nicht mehr ablaufen können. Doch vorbei, eine Intrige, Bormann und Giesler! So viel Macht wollten sie ihm nicht …

»Was hat denn der Vater eigentlich zu deinen Bauten gesagt?« Ernst hat von dessen Besuch in Berlin gehört und holt den Bruder damit aus seinen Gedanken.

Albert Speer zögert einen Augenblick, ob er es preisgeben soll.

»Er hat gesagt: ›Ihr seid wohl vollkommen verrückt geworden!‹« Die beiden wechseln einen Blick – so kennen sie den Vater! – und lachen befreit auf.

Die selbstbewussten Brüder ahnen nicht, dass der Jüngere als Soldat in Stalingrad schon bald sein Leben für diesen mörderischen Größenwahn hergeben muss. Auf dem Weg zur Front, wo der Gefreite als »Teil eines Beobachtungstrupps der Artillerie in vorderer Linie« und »frei von aller Protektion« für den Hitlerstaat kämpft, wird er den Bruder – dann Rüstungsminister – noch einmal kurz besuchen: »Meine Tätigkeit ist überaus anstrengend. Nur ein paar Minuten ist er bei mir. Dann kommt der nächste Besucher. Als er herausgeht, will ich ihn zurückholen, um ihn noch einmal als Gast bei mir zu sehen, obwohl auch die Essen nur noch Termine sind. – Er ist bereits aus dem Haus. Wir sahen uns das letzte Mal.«

Mit dem Führererlass vom Sommer 1940 zur sofortigen Wiederaufnahme der seit Kriegsbeginn ruhenden Baumaßnahmen

»JUDENREINE GEBIETE«

in der Hauptstadt bekommen die Berliner »Judenwohnungen« verstärkt Bedeutung. Mittlerweile, seit Oktober 1939, gibt es Adolf Eichmanns »Judenreferat«.

Die Volkszählung im Mai 1939 hat für Berlin 82 788 Juden vermerkt. Ihre Wohnungen werden nun auch für Berliner, die durch Bombenangriffe obdachlos geworden sind, durch Zwangsräumungen »arisiert«.

»Was macht die Aktion der Räumung der 1000 Juden-Wohnungen?« fragt Albert Speer am 27. November 1940 vom Obersalzberg aus. In der Chronik, die Rudolf Wolters seit 1941 für Speer führt, heißt es Ende August 1941: »Gemäß Speer-Anordnung wird eine weitere Aktion zur Räumung von rund 5000 Judenwohnungen gestartet. Der vorhandene Apparat wird entsprechend vergrößert, damit die Judenwohnungen trotz der allseits bestehenden Schwierigkeiten infolge der Kriegslage schnellstens instand gesetzt und mit Abrissmietern aus den vordringlich zu räumenden Bereichen belegt werden können. Durch diese Maßnahmen werden die Judenwohnungen ihrem vorbestimmten Zweck zugeführt und auf der anderen Seite weitere Leerwohnungen für Katastrophenzwecke bereitgestellt.«

Zwischen dem 18. Oktober und dem 2. November 1941 »wurden in Berlin rund 4500 Juden evakuiert«, so die Chronik. »Dadurch wurden weitere 1000 Wohnungen für Bombengeschä-

127

»JUDENREINE GEBIETE«

Nach dem Krieg nahm Speers Mitarbeiter Rudolf Wolters in der Chronik, die er seit 1941 führte, Streichungen vor, um Speer zu entlasten

> lung der wichtigen Beutestücke für die Museen und die Große Straße heranzugehen.
>
> Um einer immer weiter um sich greifenden Zweckentfremdung von Wohnraum zugunsten von Büros für Behörden usw. entgegenzusteuern, wurde von Herrn Speer angeregt, die diesbezügliche VO des Reichsarbeitsministers entsprechend dem Erlaß über Ankauf von Beherbergungsbetrieben abzuändern.
>
> ~~Gemäß~~ Speer-Anordnung wird eine weitere Aktion zur ~~Räumung von rund 5000 Judenwohnungen~~ gestartet.

> ~~Der vorhandene Apparat wird entsprechend vergrößert,~~ damit die Judenwohnungen trotz der allseits bestehenden Schwierigkeiten infolge der Kriegslage schnellstens instandgesetzt und mit Abrißmietern aus den vordringlich zu räumenden Bereichen belegt werden können. Durch diese Maßnahmen werden die Judenwohnungen ihrem vorbestimmten Zweck zugeführt und auf der anderen Seite weitere Leerwohnungen für Katastrophenzwecke ~~bereitgestellt.~~
>
> Gegen Ende August flog Dr. W o l t e r s begleitet von Renner als Ausstellungskommissar des Generalbauinspektors nach Madrid und Lissabon, um die dort geplanten Ausstellungen vorzubereiten. Die Besprechungen mit dem Botschafter von S t o h r e r in Madrid und dem Gesandten v. H u e n e in Lissabon ergaben, daß die Ausstellung in Lissabon bereits am 1. November ds.Js. eröffnet wird, die Ausstellung in Madrid dagegen erst Anfang Mai des nächsten Jahres. Die beiden Ausstellungen, die augenblicklich getrennt laufen, sollen in Madrid zu e i n e r großen Ausstellung zusammengefügt werden.

digte frei und vom Generalbauinspektor zur Verfügung gestellt.«

Evakuiert heißt mittlerweile deportiert – im Zusammenspiel von Reichsmarschall Göring, der Generalbauinspektion, Heydrichs Gestapo und gezwungenermaßen der Reichsvereinigung der Juden, die darauf hofft, durch Kooperation so viele Härten wie möglich vermeiden zu können.

Melchior Baron von Schlippenbach: »Ich war Adjutant von Rommel, der für mich, das muss ich sagen, wie ein Vater war. Und da habe ich mal gesagt: ›Ich heirate!‹ ›Na, wo wollen Sie denn wohnen?‹

Ich sagte, damals war er noch Generaloberst: ›Herr Generaloberst, an und für sich in Berlin.‹

›Ach, wissen Sie, da ist es so schwer, eine Wohnung zu kriegen. Aber mein Freund, der Speer, der beschafft Wohnungen für bewährte Soldaten. Ich lasse Ihnen gleich ein Schreiben an Speer geben, und mit dem gehen Sie in Berlin zum Minister.‹

Und der hat mich sofort auf den Brief hin empfangen, hatte natürlich wenig Zeit, nicht für lange Gespräche: ›Nein! Und wie geht es meinem Freund? Wann gehen Sie denn wieder runter?‹ und so weiter. ›Und zuständig für die Wohnung ist der Stadtrat Sommer.‹ Ich glaube, Landgrafen- oder Burggrafenstraße, eins von beiden; ich weiß es nicht mehr. Also gehe ich zum Stadtrat Sommer. ›Ja, der kommt vom Minister!‹ ... und so weiter. ›Ich gebe Ihnen mal fünf Adressen, und dann schauen Sie sich die Wohnungen an.‹

Ich komme zu einer Adresse, da macht eine Jüdin auf mit zwei kleinen Kindern, alle drei mit einem Judenstern. Ich sage: ›Entschuldigen Sie vielmals, das muss ein Irrtum sein! Ich habe wohl falsch geklingelt.‹

›Nein, nein, das ist kein Irrtum. Kommen Sie ruhig rein.‹ ...

›Nein, das muss wirklich ein Irrtum sein. Entschuldigen Sie vielmals, dass ich gestört habe!‹ – und bin weg.

Ich bin dann zu Sommer gegangen und habe gesagt: ›Hören Sie mal, Sommer, da haben Sie mich aber in Verlegenheit gebracht!‹ – ›Ja, wieso denn?‹ – ›Sie geben mir fünf Wohnungen

Juden in Berlin mit dem 1941 verordneten Judenstern

auf, und eine Wohnung ist gar nicht leer, da macht eine Jüdin auf mit zwei kleinen Kindern!‹ – ›Ach, die haben sie noch nicht abgeholt. Hat Ihnen denn die Wohnung gefallen? Ich brauche nur zu telefonieren, dann werden die heute Nacht abgeholt und sind weg. Aber wir müssen erst die Wohnung ein paar Tage desinfizieren, dann können Sie sie haben.‹

Ich habe meine Frau angeguckt, und wir waren uns gleich einig, dass ich sagte: ›Ach, wissen Sie, ich glaube, wir ziehen lieber an den Tegernsee!‹

Als ich Rommel davon erzählte, sagte er mit fester Überzeugung: ›Ich kann mir nicht vorstellen, dass das der Minister weiß! Von Judenverfolgung, davon weiß mein Freund Speer nichts‹ …

Es gab eben in dieser Generation Menschen, da galt: Was nicht sein darf, das kann nicht sein! ›Das ist doch Propaganda mit den KZs, Schlippenbach!‹, sagte Feldmarschall Kluge. ›So was gibt es nicht! Das macht selbst Adolf Hitler nicht.‹ Davon waren die überzeugt.«

Welchen Eindruck machte Speer selbst auf Sie?

Melchior Baron von Schlippenbach: »Er kam ins Vorzimmer. Und er machte den Eindruck eines wohlerzogenen Gentleman aus gutem Hause. Aber ich hatte den Eindruck, er hätte dasselbe für Stalin, für Mussolini, für Franco gemacht, das wäre ihm egal gewesen. Seine Karriere und berühmt zu werden – das stand bei ihm im Vordergrund. Das habe ich so ein bisschen in der Unterhaltung gemerkt, man spürt das ja.«

Kam es Ihnen so vor, als habe Speer eventuell nichts von allem gewusst?

Melchior Baron von Schlippenbach: »Der wusste bestimmt! Das war sein Ressort, das waren seine Untergebenen und, wie schon in dem Schreiben für mich drinsteht: ›Der Führer hat mich beauftragt, das zu machen …‹ Der wusste doch von dem Sommer, was das für Wohnungen waren. Kann der mir doch nicht erzählen! Über Berlin wird gebombt, gebombt, gebombt, und da gibt es lauter freie Wohnungen, die Herr Speer verteilen kann! Nein, da bin ich felsenfest überzeugt, dass der genau gewusst hat, was das für Wohnungen waren, die der Sommer da verteilt hat. Aber wie der zum Telefon griff: ›Soll ich anrufen? Die können die noch heute Nacht abholen, wenn Ihnen die

Wohnung gefallen hat.‹ Eine Jüdin und zwei kleine Kinder werden getötet, nur weil einem Offizier eine Wohnung gefällt.«

»Reparatur-Verpflichtung des evakuierten Juden und des Hauseigentümers. Dritte Aktion. Schönheitsreparaturen trägt der Hauseigentümer« – was hat es auf sich mit diesem Dokument?

Die Historikerin *Susanne Willems* erläutert im Dezember 2004, wie die Räumung der zu vergebenden »Judenwohnungen« durch die Speerbehörde im Detail ablief: »Die Durchführungsstelle für die Neugestaltung der Reichshauptstadt, später das Hauptamt Verwaltung und Wirtschaft unter Leitung von Professor Karl Maria Hettlage, war die Abteilung in der Speer'schen Behörde, die sämtliche Karteien über die von Juden in der Stadt bewohnten Wohnungen und über die von Juden vermieteten Räume führte und die anhand dieser Karteien Wohnungsnachweise erstellte, um ihre mietberechtigte Klientel zu bedienen.«

Susanne Willems

Man hatte die Adressen, Tausende von Karteikarten. Wie sah nun die Zusammenarbeit mit der Gestapo aus?

Susanne Willems: »Ohne dieses Erfassungsmaterial hätte die Gestapo anhand der polizeilichen Melderegister selbst eine Auswahl unter mehr als fünfzigtausend Menschen treffen müssen. Und es war die Behörde Speers, die durch die Auswahl von 5000 Wohnungen im August 1941 aus ihren Karteien zehn- bis zwölftausend Juden zur Deportation bestimmte. Diejenigen, die zwischen Mitte Oktober 1941 und April 1942 in dreizehn Massentransporten aus Berlin deportiert wurden in die Ghettos in Lódz, nach Kowno, nach Minsk und Riga und im März und April 1942 in den Distrikt Lublin und in das Ghetto Warschau.«

Wenn von hier die Aktionen gestartet wurden, zunächst noch ganz normal mit Briefzustellung, und die Leute tauchten unter, weil sie die Gefahr kommen sahen – was machte man dann?

Susanne Willems: »Zunächst war die Mitteilung, die die Jüdische Kultusvereinigung auf Verlangen der Gestapo an Juden in Berlin weiterleiten musste, die Kündigungsanordnung, das existenzbedrohende Warnsignal für die Menschen. Von da an versuchten sie, von der Deportation zurückgestellt zu werden.«

Und wenn es dann so weit war – wurden sie abgeholt? Wie sah das rein praktisch aus?

Vermögenserklärungen, die Juden vor ihrer Deportation aus Deutschland ausfüllen mussten

Susanne Willems: »Das wandelte sich im Laufe dieser anderthalb Jahre der Wohnungsräumungen für die Deportationen. Anfangs wurden Menschen von Polizeibeamten und Gestapo abgeholt. Dann gab es eine Zeit, wo die Menschen, nachdem sie diese Kündigungsanordnung erhalten hatten, nachdem sie ihre Vermögenserklärungen erneuert hatten, mit der Zuteilung der Transportnummer durch die Gestapo die Aufforderung erhielten, sich zu einem bestimmten Zeitpunkt im Sammellager Levetzowstraße einzufinden mit den vorgeschriebenen fünfzig Kilogramm höchstens an Gepäck. In einer späteren Phase, nämlich genau ab November 1942, wurde das Berliner Gestapopersonal ausgetauscht, und unter dem Eichmann-Schergen Alois

Brunner begannen straßenweise Razzien. Und diese wurden abgeschlossen durch die »Fabrikaktion« als letzte Aktion zur Massendeportation. Das war im Februar/März 1943.«

Also man ging mit den Listen von Speer hin, sperrte eine Straße ab, stürmte die Häuser und holte die Leute raus?

Susanne Willems: »Richtig. Das heißt, zu Beginn der Deportationen im Oktober 1941 stand das bürokratische Erfassungssystem durch die Gestapo vor dem polizeilichen Zugriff auf die Menschen. Ab November 1942 wurde der polizeiliche Zugriff auf die Menschen durch Straßenrazzien und die Fabrikrazzien vorgezogen und dann in dem neu eingerichteten Sammellager Große Hamburger Strasse die bürokratische Erfassung nachgeholt.«

Und was hat es auf sich mit diesem Dokument?

Susanne Willems: »Ich habe nach den Fingerabdrücken der Speer'schen Behörde in den Akten der Deportierten gesucht. Beim Oberfinanzpräsidenten wurden Vermögenserklärungen gesammelt, die die Juden vor ihrer Deportation noch ausfüllen mussten, damit der Finanzbehörde die Verwertung des Vermögens erleichtert wurde. Diese Vermögenserklärungen sind gekennzeichnet: Bei den ersten dreizehn Transporten, die hier aus Grunewald abgefertigt wurden, mit einem Kürzel für die Kündigungsanordnung der Speer'schen Behörde, gefolgt von der Transportnummer der Deportierten.«

Eine römische Drei ...

Susanne Willems: »Für ›Dritte Aktion‹«.

Ein »Ka« ...

Susanne Willems: »Für ›Kündigungsanordnung‹«

Vier-drei-sieben.

Susanne Willems: »Die laufende Nummer der Wohnung.«

Sieben-neun-vier-acht.

Susanne Willems: »Das ist eine Transportnummer, die ist personenbezogen und wurde von der Gestapo vergeben.«

Und welches Geheimnis steckt dahinter?

Susanne Willems: »Dieses Kürzel für die Kündigungsanordnung verweist auf die Karteiauszüge, die in Speers Behörde gemacht und der Gestapo übergeben wurden, das verweist auf insgesamt 5000 Wohnungen, die geräumt wurden. Dieses Kürzel verweist auf eine Wohnung, nämlich auf die Wohnung der Juden Bendix in der Schwäbischen Straße 9 in Schöneberg. Und die Kennzeichnung der Wohnung ist hier identisch, die Kennzeichnung der Personen, die die Gestapo durch die Transportnummer vornahm, ist verschieden.«

Was beweist das?

Susanne Willems: »Das ist die Spur in den Akten von Speers Verantwortlichkeit für die Auswahl von insgesamt 45 000 Berliner Juden zur Deportation in die Ghettos und Vernichtungslager im Osten. Dies bezieht sich auf die ›Dritte Aktion‹, das ist die Auswahl von etwa 13 000 Berliner Juden zur Deportation durch Speers Behörde, durch die Auflistung und Kündigungsanordnung des Generalbauinspektors über fünftausend Wohnungen von Berliner Juden im August 1941. Das ist der Beweis.«

Die Berliner Zwangsräumungsaktionen blieben kein Einzelfall: »Mit insgesamt 20 Transporten treffen zwischen dem 16. Oktober und dem 4. November 1941 insgesamt 20 000 Juden aus Berlin, Düsseldorf, Frankfurt, Hamburg, Köln, Luxemburg, Prag und Wien in ›Litzmannstadt‹ [dem polnischen Łódz] ein«, so Johann Heinrich Geist und Klaus Kürvers.

Speer selbst schreibt später, in seiner letzten Publikation *Der Sklavenstaat* von 1981: »Wenn ich an das Schicksal der Berliner Juden denke, überkommt mich ein unabweichliches [!] Gefühl des Versagens und der Unzulänglichkeit. Oft sah ich bei meiner täglichen Fahrt in mein Architekturbüro und seit dem Februar 1942 auf dem Weg in mein Ministerium von der Avus aus auf dem nahegelegenen Bahnhof Nikolassee Menschenmassen auf dem Bahnsteig. Ich wusste, dass es sich um die Evakuierung der Berliner Juden handeln musste. Sicher überlief mich für diesen Augenblick des Vorbeifahrens ein bedrückendes Gefühl, vermutlich hatte ich das Bewußtsein düsterer Vorgänge.«

Susanne Willems: »Die ›düsteren Vorgänge‹, auf die Speer Bezug nimmt, sind die Wohnungsräumungen, die er selbst in Auftrag gegeben hatte im August 1941. Und die Menschenmengen von Berliner Juden, die der Gestapo zur Deportation ausgeliefert waren, das waren diejenigen, die von hier von Oktober '41 bis April '42 deportiert wurden.«

Dezember 1941: Besuch bei Heydrich in Prag

Obwohl Hitler die Bauaktivitäten im Reich, vor allem in Berlin, während des Krieges also keinesfalls ruhen lassen möchte, muss auch sein erster Architekt Speer Kapazitäten freimachen. Bis Oktober 1941 unterliegen seiner Betreuung schon »insgesamt 1352 Rüstungsbauten (Luftwaffenbauten einschl. Bombenfabriken sowie Bauvorhaben für das U-Boot-Programm der Kriegsmarine)«, vermerkt die Chronik von Rudolf Wolters. In Berlin ist der GBI für die Beseitigung von Bombenschäden und den Bau von Luftschutzbunkern zuständig. Obendrein hat Speer die Konzeption des größten deutschen Marinestützpunktes in der Nähe des norwegischen Drontheim (Trondheim) übertragen bekommen – »neben Werften und einer Dockanlage eine Stadt für 250 000 Deutsche« mit einer unterirdischen U-Boot-Basis im Granitfelsen. Und zudem sitzt er an der Planung deutscher Stadtgründungen in den von der Wehrmacht besetzten oder zu besetzenden Gebieten in der Sowjetunion.

Der Arbeitsalltag ist hart, davon zeugt die Chronik: »Bis zum 1. Oktober 1941 sind rd. 5 800 000 qm Nutzfläche fertiggestellt worden, weitere Großbauten (Wien, Brünn, Marburg, Graz) stehen unmittelbar vor ihrer Vollendung.« Allein im dritten »Kriegswirtschaftsjahr (Juli 1941 bis September 1942) ist mit einer Bausumme von rd. 700 000 000,– RM zu rechnen.« Der »Arbeiterbestand«, ohne den die Reichsmarksummen nicht zu bebautem Raum werden, beläuft sich am 1. Oktober 1941 auf »98 000 Mann«.

Und Speer sorgt vor. Laut Chronik vom 3. Dezember 1941 »begab sich Herr Speer mit dem Nachtzug nach Prag«; dort trifft er, auf dessen Wunsch, den Stellvertretenden Reichsprotektor von Böhmen und Mähren, Reinhard Heydrich. Er kann ihm diverse städteplanerische Tipps geben und verspricht dem Ziehsohn Heinrich Himmlers, ihm »durch teilweise Zurverfügungstellung seiner Berliner Architekten behilflich zu sein. Für Berlin erwirkte Herr Speer beim Reichsprotektor die Überweisung von 15 000 tschechischen Arbeitern. Weiterhin wurde zwischen Herrn Speer und dem Reichsprotektor vereinbart, dass das Protektorat für Zwecke der Berliner Aufgaben nach dem Kriege jähr-

BESUCH BEI HEYDRICH IN PRAG

Reinhard Heydrich (rechts) mit Himmler in Prag

lich laufend 50 000 Tschechen der jüngeren Jahrgänge bereitstellen werde, und zwar mit einer längeren Arbeitsverpflichtung.«

Reinhard Heydrich, geboren 1904, hat eine steile Karriere bei der SS hinter sich. 1931 in die Partei eingetreten wie Speer und im selben Jahr noch SS-Obersturmbannführer, wird er 1936 Chef der Sicherheitspolizei, in der Kriminalpolizei und Gestapo zusammengefasst werden. Ab 1939 leitet Heydrich das neu geschaffene Reichssicherheitshauptamt, das die Sicherheitspolizei und den SS-Sicherheitsdienst (SD) vereinigt. Er organisiert mit Eichmanns Hilfe Massendeportationen und ist seit Sommer 1941 von Hermann Göring beauftragt, einen »Gesamtentwurf über die organisatorischen, sachlichen und materiellen Vorausmaßnahmen zur Durchführung der angestrebten Endlösung der Judenfrage« zu erstellen.

Im September 1941 ist Heydrich zudem Stellvertretender Reichsprotektor von Böhmen und Mähren geworden. Für den 20. Januar 1942, eineinhalb Monate nach Speers Besuch in Prag, ist von Heydrich die später so genannte Wannseee-Konferenz einberufen worden, auf der dann das organisatorische Vorgehen zur »Endlösung der europäischen Judenfrage« erörtert werden wird.

Was besprechen die beiden »Organisationstalente« in Prag außer städteplanerischen Fragen und Arbeitsverpflichtungen?

Besuch in der Wolfsschanze: Der neue Rüstungsminister

Eine Wochenschau-Montage, Januar/Februar 1942: Winterkrieg. Landende Flugzeuge. Das Signet der »Transportstandarte Speer«. Die weiteren Bilder kommentiert der Sprecher: »Wehrmacht und OT sind eng verbunden. Der Transportstab Speer wurde jetzt in die OT [Organisation Todt] eingegliedert ... Die für die Neugestaltung der Städte Berlin, München, Nürnberg oder Hamburg verantwortlichen Mitarbeiter wurden zusammen mit Architekten, Ingenieuren und Bauarbeitern für diese neuen Kriegsaufgaben über das gesamte Reichsgebiet verteilt und eingesetzt ...«

Flughafen Dnjepropetrowsk, Ukraine. 7. Februar 1942. Speer läuft über die schneeverwehte Rollbahn zu einer Ju, die auf ihn gewartet hat. Kapitän Nein manövriert das Flugzeug sofort auf die schlecht geräumte Startbahn.

»Ohne Ihre Maschine wäre ich hier eingeschneit und festgefroren.«

»Tut mir leid, dass ich Sie nicht nach Berlin bringen kann. Sie müssen nun erst einmal mit ins Führerhauptquartier Wolfsschanze.«

Speer schreit gegen den Lärm der aufbrausenden Motoren. »Kein Problem. Ich lass mich von dort abholen.«

Er ist auf dem Rückweg von seinem »Baustab«, der seit letztem Jahr Arbeiten der »Organisation Todt« ausführt und in der Ukraine Straßen sowie Eisenbahngleise für die deutschen Truppen befestigt oder wieder aufbaut.

Wir sehen ihn später in der Kantine des Führerhauptquartiers Wolfsschanze in der Nähe des ostpreußischen Rastenburg. Er war noch nie zuvor hier und wartet nun auf sein erstes Zusammentreffen mit Hitler seit Anfang Dezember. Sein Freund Dr. Brandt, einer der Führer-Begleitärzte, leistet ihm Gesellschaft.

Karl Brandt, Jahrgang 1904, ist seit September 1939 mit der Durchführung des geheimen »Euthanasie«-Programms betraut, der massenhaften Tötung so genannten lebensunwerten Lebens.

Karl Brandt (Mitte links), Hitlers Begleitarzt und Freund Speers, begutachtet russische Kriegsgefangene

Mit Führererlass vom 17. August 1942 wird er als Generalkommissar für das Sanitäts- und Gesundheitswesen die zentrale Koordinierung aller in den Konzentrationslagern stattfindenden Menschenversuche übernehmen, wohl auch selbst an KZ-Häftlingen Experimente vornehmen. Seine Frau Annie, in den zwanziger Jahren deutsche Schwimm-Meisterin und seit dieser Zeit schon mit Hitler bekannt, bringt den Speer-Kindern in der Waldbadeanstalt auf dem Obersalzberg das Schwimmen bei.

Brandt hat bei Visiten an der Ostfront selbst einen Eindruck von der desolaten Lage der deutschen Truppen im harten russischen Winter bekommen. Er erkundigt sich nach Speers Bautrupps. Der berichtet von den Erschwernissen; der Treibstoffmangel ...

Hitlers Sekretär Martin Bormann taucht im Hintergrund auf und nähert sich ihrem Tisch; Speer hält sofort inne.

»Herr Speer! Minister Todt hält noch Vortrag beim Führer. Sie verstehen, das hat Vorrang.«

Der Angesprochene: »Ja, ja.« Er wartet, bis Bormann verschwunden ist, und fragt dann den Arzt: »Wie geht's dem Führer?«

Brandt macht ein sorgenvolles Gesicht. Er zögert, in diesem Raum offen zu sprechen. Speer insistiert: »Komm, als Arzt siehst du das doch?«

BESUCH IN DER WOLFSSCHANZE

Brandt, weiterhin vorsichtig: »Nach außen hin wirkt er völlig unbeeindruckt, ungerührt.«

Die Besprechung bei Hitler scheint beendet zu sein. Fritz Todt grüßt erschöpft herüber. Ein ernster, in der Bevölkerung angesehener Mann von fünfzig Jahren, der Hitler wahrscheinlich gerade gesagt hat, dass man den Krieg gegen die Sowjetunion nicht mehr gewinnen könne und der einzige Ausweg in einer politischen Offensive des Führers bestehe. Speer hat nicht erst neuerdings, seit sein Baustab Arbeiten der Organisation Todt mit übernimmt, mit dem Minister zu tun.

Fritz Todt, geboren 1891, der »Vater« der Reichsautobahnen, seit Januar 1922 NSDAP-Mitglied, jedoch nicht unbedingt ein typischer Alter Kämpfer, ist 1933 zum Generalinspektor für das deutsche Straßenwesen ernannt worden und 1938 zum Generalbevollmächtigten für die Bauwirtschaft. Im selben Jahr, 1938, bekommt Todt von Hitler den Auftrag, den Westwall zu errichten, wobei zur Beschleunigung auch der Reichsarbeitsdienst sowie Teile des Heeres und der privaten Bauwirtschaft herangezogen werden. Seit März 1940 ist Todt zugleich Reichsminister für Bewaffnung und Munition, seit 1941 zudem Generalinspektor für Wasser und Energie.

Todt und Speer haben dann, so Letzterer in seinen *Erinnerungen*, im Dezember 1941 eine Verabredung getroffen, »in dessen

Fritz Todt und Albert Speer in Berlin

bescheidenem Haus am Hintersee bei Berchtesgaden. Die gesamte Ukraine wurde mir als Tätigkeitsfeld zugewiesen ... Todt war gerade von einer längeren Besichtigungsreise auf dem östlichen Kriegsschauplatz zurückgekommen; er hatte liegengebliebene Sanitätszüge gesehen, in denen die Verwundeten erfroren waren, hatte das Elend der Truppe in den durch Schnee und Kälte abgeschnittenen Dörfern und Kleinstädten sowie Unmut und Verzweiflung unter den deutschen Soldaten erlebt. Bedrückt und pessimistisch schloss er, dass wir nicht nur physisch unfähig zu derartigen Strapazen seien, sondern auch seelisch in Russland zugrunde gehen müssten ...«

Vielleicht haben die beiden Männer, die vom Bauen, von Lösungsstrategien her denken – der sich aus Intrigen heraushaltende, streitbare Todt ist in Görings »zentraler Vierjahresplanung« für die zu errichtenden Bauwerke zuständig –, damals auch über Todts Probleme mit dem Führer gesprochen.

In dieser Nacht zumindest sieht der Minister verzweifelt aus: »Alle haben den Krieg im Osten unterschätzt – die Transportprobleme, die langen Strecken im Winter ...«

»Was sagt der Führer dazu?«, fragt Speer.

Der unbequeme Todt antwortet ironisch. »Waren Sie nicht beim Essen dabei? Er ist froh über den Osten! ›Endlich wird das deutsche Volk wieder Bewegungsfreiheit kriegen! Ein Volk wächst nur dann schnell, wenn für die zweiten, dritten und vierten Söhne noch Boden da ist.‹ Und so weiter. Nur siegen müssen wir noch. Nur siegen.«

Todt schüttelt ratlos den Kopf. Er steht auf und wendet sich dann noch einmal Speer zu.

»Ich habe gehört, Sie sitzen hier fest. Ich fliege morgen früh nach Berlin.«

»Ach, Sie können mich mitnehmen?«

»Wir starten früh – seien Sie pünktlich!«

Martin Bormann, seit dem Englandflug des Führer-Stellvertreters Rudolf Heß im Mai 1941 Chef der Parteikanzlei und nach einhelliger Meinung am Hofe Hitlers der eigentliche Meister der Ränkespiele, meldet nun dem von ihm nicht geschätzten Speer: »Der Führer hat jetzt Zeit für Sie!« Und nach kurzem, vergewisserndem Blick – »aber Sie haben ja gar keine Bauzeichnungen dabei?«

Speer und Hitler auf Stühlen einander gegenüber. Karg möbliertes Zimmer. Die Einrichtung von Hitlers Hauptquartieren sieht überall gleich aus. Eine Teekanne, zwei Tassen auf dem Tisch. Es ist etwa ein Uhr nachts. Hitler wirkt fahrig und fahl nach dem Gespräch mit Todt. Seine Hände wedeln fast, wenn er zu Gesten ansetzt. Speer steht vor der Karte der Sowjetunion. Durchgangsstraße IV, 2000 Kilometer lang, von Krakau bis Rostow, von Polen bis zum Asowschen Meer; sie soll noch über den Kaukasus bis ans Kaspische Meer verlängert werden. Der Reichsführer SS bietet Unterstützung, stellt Aufsichtspersonal für die zur Mitarbeit gezwungene örtliche Bevölkerung.

Hitler nickt zustimmend. »Bauen Sie ruhig, meinetwegen primitiv und behelfsmäßig, provisorisch. Nur rasch muss es gehen – wir müssen an das Öl, an das Petroleum von Baku und an das Erz und die Kohle im Donezbecken heran, damit der Nachschub gewährleistet ist.«

Speer versucht in aller Vorsicht, ohne allzu negativ zu klingen, Hitler etwas von dem zu vermitteln, was er selbst bei seinem Besuch in der Ukraine gesehen hat. »Wir stehen vor großen Problemen. Der Russe hat bei seinem Rückzug nichts, aber auch gar nichts stehen lassen. Die Zerstörungen im Eisenbahnnetz sind gewaltig.« Und die russische Spurweite ist sowieso eine andere. »Die Zwischenstationen, die Reparaturschuppen – alles gesprengt, die Weichenanlagen sind hin. Meine Männer finden nicht einen einzigen frostsicheren Wassertank.«

Hitler dreht sich weg von der Karte, blickt auf den Schnee vor dem Fenster und stützt sich mit beiden Händen auf seinem Schreibtisch auf – »wie ich diesen Schnee hasse! Habe heute schon genug Vortrag davon bekommen von Todt!« Hitler ist mürrisch geworden. Er will nichts mehr von den Härten des russischen Winters wissen und wechselt das Thema. »Sagen Sie, was machen unsere Bauten in Berlin und in Nürnberg?«

»Die Planungen laufen in der Generalbauinspektion selbstverständlich weiter.«

Nach erster Gehemmtheit der beiden Männer ziehen die alten Bilder wieder herauf, vor die sich der Krieg mit seinen ständigen, sofort zu treffenden Entscheidungen geschoben hat. Hitler wirkt zusehends frischer: »Das Nürnberger Stadion, der Berliner Triumphbogen, die Große Halle – die Peterskirche mit ihrem Platz davor soll darin verschwinden. Damit allein sind wir in der Lage, unseren einzigen Konkurrenten – Rom – auszuschalten.«

»Wir werden die Spree in einem zweikanaligen Tunnel unter dem Vorplatz der Großen Halle hindurchführen. Die Schifffahrt geht dann für einen Moment unter die Erde.«

Bormann schaut unbemerkt zur Tür herein. Er sieht und hört, wie sich der Chef von Gedanken davontragen lässt. »… Baustein Granit … selbst die ältesten Findlinge aus Urgestein … keine Verwitterung … noch in zehntausend Jahren …«

»Und dann wird das Kupfer der Kuppel ein herrliches Grün zeigen …« Bormann schließt die Tür von außen.

So etwa könnte das Gespräch verlaufen sein. Speer hat in seinen *Erinnerungen* davon berichtet, dass Hitler und er sich die gemeinsamen »Pläne von einst«, ihre opulenten Bauwerke, in dieser Nachtstunde ein letztes Mal vor Augen führten: »[Wir] steigerten uns noch einmal in einen halluzinatorischen Optimismus.« Man hört aus diesen Zeilen eine bevorstehende Lebenswende heraus.

»Vielleicht um 2 Uhr morgens komme ich zu Bett. Noch vorher sage ich den Flug ab, da Todt morgens früh starten will. Noch im Schlaf geht das Telefon. Dr. Todt soeben über dem Flugplatz abgestürzt. Tot. – Ein guter Kamerad und anständiger Charakter weniger in der Umgebung Hitlers. Hitler ist niedergeschlagen. Gespräche über den vermutlichen Nachfolger [vormittags in der Barackenkantine]. Ohne Ergebnis. Er ist nicht zu ersetzen. Denn er hat ein ungeheueres Arbeitsgebiet. [Adjutant] Schaub kommt und bittet mich zu Hitler. Er ist ernst und traurig. Seine Worte sind kurz und ohne Einleitung: ›Es ist ein schwerer Verlust. Aber ich habe das Zutrauen, dass Sie ihn ersetzen werden. Ich ernenne Sie zum Nachfolger in allen Ämtern.‹«

Erschrocken und verwirrt sei er gewesen, heißt es in Speers erstem, bereits in Nürnberg 1946 noch vor der Urteilsverkündung geschriebenen Lebensentwurf.

»Mir war bereits in diesen Stunden klar, dass mir ein wichtiges Teilgebiet von Todts umfassenden Aufgaben zufallen würde. Denn schon im Frühjahr 1939, auf einer seiner Besichtigungsfahrten zum Westwall, bemerkte Hitler, dass er mir seine Bauaufgaben zu übergeben gedenke, falls Todt etwas zustoßen sollte.«

Speer ist also im Grunde vorbereitet, in seinen *Erinnerungen* wird stehen: »Später, im Sommer 1940, empfing er mich offiziell im Arbeitszimmer der Reichskanzlei, um mir zu eröffnen, dass Todt überlastet sei. Daher habe er sich entschlossen, mir das gesamte Bauwesen, auch die Bauten am Atlantik zu übergeben. Ich hatte damals Hitler überzeugen können, dass es besser sei, wenn Bau und Rüstung in einer Hand blieben, da sie eng miteinander verbunden seien.«

So überrascht kann Speer nicht gewesen sein, als der Führer »Bau und Rüstung« nun eben weiterhin in einer Hand belassen möchte.

BESUCH IN DER WOLFSSCHANZE

Speer muss sichergehen. Da käme, selbst für einen routinierten »Zuständigkeitsgiganten« wie ihn, eine ungeheure zusätzliche Verantwortung auf ihn zu. Dafür braucht er die volle Unterstützung des Führers: »›Ich habe das Zutrauen zu Ihnen, dass Sie es schaffen werden‹, schnitt Hitler mir die Rede ab, ›außerdem habe ich keinen anderen! Setzen Sie sich sofort mit dem Ministerium in Verbindung und fangen Sie an!‹ – ›Dann müssen Sie, mein Führer, das befehlen, denn ich kann nicht dafür einstehen, dass ich diese Aufgabe meistern werde.‹«

Hitler befiehlt, und Speer nimmt an.

Am selben Tag noch wird Reichsmarschall Göring anreisen, um sich beim Führer persönlich um Todts Posten zu bewerben. Im Beisein Speers wird er abschlägig beschieden.

Wir sehen noch einmal den frisch gekürten Reichsminister und seinen Freund, Dr. Brandt, der ihn am Morgen über Todts Unfall informiert hat.

»Die Maschine ist gleich nach dem Start explodiert. Das hat niemand überlebt.«

»Sabotage?«, fragt Speer.

»Der Führer hat sofort eine Untersuchung angeordnet. Er ist vollkommen erschüttert ...«

»Wenn ich jetzt noch lebe, verdanke ich das dem Führer – es

ist gestern Nacht wieder sehr spät geworden. Um ein Haar, und ich hätte neben Todt in der Maschine gesessen.«

Fügung, Schicksal, Sabotage? An die Vorsehung glaubt vor allem Hitler selbst, an erste Intuitionen, erste Ideen, erste Lösungen. Diesen zweiten für Speers Karriere entscheidenden Todesfall nach dem Ableben Paul Ludwig Troosts 1934 habe Hitler jedenfalls oft als eine Fügung bezeichnet, wie Speer später wiederholt berichtete.

Der tödliche Flugzeugabsturz wird nie restlos aufgeklärt werden. Die Heinkel-Maschine – nicht seine eigene, die ist in der Inspektion – hatte einen Selbstzerstörer, eine Vorrichtung, die irrtümlich betätigt worden sein könnte. Von der Fügung oder im Auftrag irdischer Mächte.

Todts Sarg wird am Berliner Anhalter Bahnhof feierlich empfangen, der sichtlich bewegte Hitler hält die Gedenkrede. Der Reichsminister bekommt ein Staatsbegräbnis mit Trommelwirbel und Ehrenwache. Der Sarg wird im Trauerzug getragen, die Totenfeier selbst findet in der Neuen Reichskanzlei statt.

Die Aufnahmen der Wochenschau werden vom Sprecher feierlich kommentiert: »Der Mosaiksaal bildet den würdigen Rahmen für den vom Führer angeordneten Staatsakt zu Ehren des verunglückten Reichsministers. Tief bewegt spricht der Führer der Witwe Todts und seinen Kindern das Beileid aus.«

Wir sehen Hitler der tief verschleierten Witwe die Hand schütteln. Todts Nachfolger Speer sitzt mit Göring in der ersten Reihe neben ihr.

Die Trauerfeier für Fritz Todt

Er weiß, wie schwer es sein wird, den so beliebten, in seinem Ministerium souveränen und kompetenten Todt zu ersetzen. Das wird schon bei der ersten Mitarbeiterversammlung deutlich. Speer ist kein Redner. Er trifft den Ton nicht, wirkt unverbindlich. Die Worte kommen wie gestanzt. »Mag unsere Trauer um den Toten noch so groß sein – die des Führers ist größer. Wir alle wollen ihm durch rastlose Arbeit erleichtern, diesen Schmerz zu überwinden.«

Speer ist von nun an mit der Armbinde der »Org. Todt« zu sehen, doch er wird wohl nie einer von ihnen werden. Wie der Führer den »Soldatenrock«, so trägt er den einfachen Kittel der

BESUCH IN DER WOLFSSCHANZE

OT, allerdings aus feinem Zwirn. Entsprechend falsch muss sein Werben wirken: »Ich wende mich heute besonders an euch und bitte, mich in eure Kameradschaft der alten Mitarbeiter aufzunehmen ...«

Vertrauen sollen sie haben; er werde sich ihrer »persönlichen Nöte und Sorgen ebenso annehmen ..., wie es einst unser Chef getan hat«. Einer der engsten Mitarbeiter des toten Dr. Todt, Xaver Dorsch, schüttelt den Kopf. Vertrauen muss man sich verdienen. Er wird zwei Jahre später Speers Widersacher sein, auch wenn er dem neuen Vorgesetzten Loyalität signalisiert hat.

Speer appelliert ein letztes Mal – »denn der Erfolg unserer Arbeit ist entscheidend für den Sieg Deutschlands ... Sieg heil!« Ein Fotograf macht Aufnahmen, Speer reckt den Arm zum Hitlergruß, der Rundfunk schneidet mit. Im Hof stehen auch Mitarbeiter aus der GBI, darunter Vizepräsident Dietrich Clahes, Sekretärin Annemarie und natürlich Rudolf Wolters, der sich eifrig Notizen macht für die Chronik und für seinen neuen Job: Öffentlichkeitsarbeit des neuen Ministers bei der OT. Alle haben ihren Einflussbereich erweitert.

Antrittsreden und Besprechungen bestimmen die ersten Tage. Speer lernt schnell, wird sich nicht mehr derart ungeschickt im Ton vergreifen. Der Aufruf an die »Frontarbeiter der Organisation Todt!« ein paar Tage später, den Wolters ebenfalls in der

146

Chronik vermerkt, zeugt bereits vom wiedergewonnenen Selbstbewusstsein. Bedingungsloser Einsatz, Erhöhung der Schlagkraft, Leistungssteigerung der Rüstungswirtschaft, der Luftwaffenindustrie, im Lokomotivbau, so lauten die Stichworte.

Speer macht sich an eine Umstrukturierung des Ministeriums. Zuständigkeiten sollen neu geregelt, Fragen der Panzerentwicklung geklärt werden – von hier aus will der Rüstungsanfänger in die vielen anderen neuen Gebiete vordringen. Der Erlass über einen »Generalbevollmächtigten für Rüstungsaufgaben im Vierjahresplan« steht auf dem Programm. Er absolviert Führerbesprechungen, Stabsbesprechungen, Chefbesprechungen, Sitzungen mit Generalfeldmarschall Milch oder Reichsmarschall Göring, mit Generälen oder Generaldirektoren, mit Parteifunktionären und Staatssekretären: »Die ersten Monate brachten ein

Arbeitspensum, wie ich es noch nie in meinem arbeitsreichen Leben zu bewältigen hatte.«

Inhaltlich wie politisch und führungsstrategisch: Speer vermeidet wohlüberlegt Anfängerfehler. Mit dem Führerbefehl im Rücken gibt er die Regeln vor, setzt er das Tempo – der Chronist: »Versuchte Einbrüche in das Arbeitsgebiet des Ministers, die von verschiedener Seite (Funk, Ley, Milch) in den ersten Tagen bei der Übernahme der neuen Ämter versucht wurden, wurde[n] sofort erkannt und ›im Keime erstickt‹. Der Minister fand hierbei die volle Unterstützung des Führers und des Reichsmarschalls.«

Speer weiß – der Zauberstab bei all seinen Produktivitätswundern, ob auf dem Bau- oder nun dem Rüstungssektor, ist die geradezu despotische Macht, die er dem Führer für sich persönlich abzuringen versteht. Als sich Hitler, wie versprochen, in das intrigante Machtgerangel der ersten Tage einschaltet, überrascht die Wirkung sogar den Geförderten: »So war von Hitler noch kein Minister eingeführt worden. Auch in einem weniger autoritären System hätte ein solches Debüt eine wertvolle Hilfe bedeutet. In unserem Staate waren die Folgen verblüffend, selbst für mich. Ich bewegte mich für längere Zeit in einem gewissermaßen leeren, widerstandslosen Raum und konnte praktisch in weitesten Grenzen machen, was ich wollte.«

Er wird »nur einige ›Schaltfehler‹« beseitigen, wie er später schreibt, die Entscheidungswege verkürzen. Und die von Todt bereits eingeleitete so genannte »Selbstverantwortung der Industrie« weiterverfolgen – gemeint ist die tätige Mithilfe erfahrener Industrieführer bei der Umsetzung von Produktionssteigerungen auf dem Gebiet der Rüstung im Rahmen ehrenamtlicher Ausschüsse.

Speer weiß, wie er sich prinzipiell im neuen Amt organisieren will:

»1.) Ich war Fachmann als Architekt und wusste, dass nur Fachleute die Aufgabe durchführen konnten. – Ich suchte daher Fachleute aus der Industrie zu engen Mitarbeitern.

2.) Ich war nicht so eingebildet, meine Vorträge bei Hitler selbst zu führen. Ich brachte dazu meine Fachleute mit und ließ diese die Gespräche führen.

3.) Ich betrachtete mich als Mittler auch zwischen den Heeresstellen der Heimat und Hitler. Ich brachte diese zu Hitler und so wurden eine Unzahl Entscheidungen getroffen.

Damit war eigentlich alles [sic] mit meiner Arbeit ganz zufrieden. Denn ich öffnete ihnen die Tür zu dem Allerheiligsten des Reiches, und abgesehen von allen Vorteilen, erhöhte dies das Selbstbewusstsein dieser Mitarbeiter und Kontrahenten. Ich war aber daneben fleißig und besuchte Truppenübungsplätze, sah mir die Waffen genau an, ließ mir Fachvorträge halten, lernte das Fahren der Panzer, und bald hatte ich den Führerschein zum Steuern von Panzern erworben.

Hitler stellte große Forderungen auf einen vervielfachten Rüstungsausstoß auf allen Gebieten. Er hatte sie schon vor Jahren gestellt. ... Trotzdem wurden sie nie erreicht. – Wir nahmen sie in Angriff, und mit Hilfe der ehrenamtlichen Mithelfer aus der Industrie wurde eine geforderte Leistung nach der anderen erreicht.«

Ein paar Ehrenamtliche und Speer – sein »Nürnberger Entwurf« von 1946, eine fieberhafte Rechtfertigung der eigenen Ministertätigkeit unter dem Eindruck des Militärtribunals und mit Blick auf zukünftige Historiker geschrieben, lässt die Gewalt hinter den Herstellungsziffern nicht ahnen. Das ausgeklügelte Zwangsarbeitersystem zur Steigerung der Produktion erwähnt Speer nicht.

Rede Speers vor Vertretern der Rüstungswirtschaft

Wir sehen noch einmal Annemarie Kempf und Rudolf Wolters, für die Chronik wird festgehalten: »Am 9. Februar ernannte der Führer Herrn Speer als Nachfolger Dr. Todts zum Reichsminister für Bewaffnung und Munition, zum Generalinspektor für das deutsche Straßenwesen und zum Generalinspektor für Wasser und Energie. Am 10. Februar ernannte der Reichsmarschall Reichsminister Speer zum Generalbevollmächtigten für die Regelung der Bauwirtschaft. Zwei Tage später bestimmte der Führer den Minister zum Nachfolger in allen übrigen Ämtern, die Dr. Todt innehatte.« Das umfasst unter anderem die Leitung des Nationalsozialistischen Bundes Deutscher Technik (NSBDT). Außerdem wird Speer, wie erwähnt, im taktisch klug erlangten Einvernehmen mit Göring »Generalbevollmächtigter für Rüstungsaufgaben im Vierjahresplan«; der Erlass berechtigt den neu-

en Reichsminister, »der Rüstung ... im gesamten Wirtschaftsleben den Vorrang zu geben, der ihr im Krieg zukommt«.

Speer hat alles erreicht, was er bei Übernahme der neuen Funktion anstrebte. Er vereinigt nun mehr Macht auf sich, als Todt – dieser »gewaltigste Organisator der neueren Zeit«, wie Hitler ihn in der Trauerrede pries – jemals besessen hat.

Generalbauinspektor für die Reichshauptstadt bleibt Speer. Seinen Architekten kündigt er an, sich aufgrund der neuen Aufgaben für zunächst zwei Jahre aus den Berliner Projekten zurückzuziehen. »Er selbst glaubte jedoch, dass ihm die Durchführung dieser Kriegsaufgabe auch für die Zukunft von Nutzen sei. Er sei überzeugt, dass gerade der Techniker heute und später berufen sei, die neuen Aufgaben zu lösen. Die Führung der Technik werde, das stehe für ihn fest, in Zukunft der Architekt übernehmen!«

Die Chronik vermerkt auch das. Hier spricht vielleicht schon der künftige Erste Mann.

Zwischenspiel bei der Familie

Das schöne Wohnhaus der Familie Speer hebt sich in der Nacht von den Schneefeldern des Watzmann ab. Albert Speer steuert das BMW-Cabriolet den steilen Weg hinauf. Er kommt spät zu Hause an, ein überraschender Besuch bei der Familie. Er geht vorbei an der Schaukel, dem Wasserbecken und den Ställen für die Kaninchen, die seine Kinder so gern haben, und betritt sein Haus. Er zieht die Uniform aus und legt sich ins Bett. Eine kleine Geste von Gretel, die schlaftrunken nach ihm fragt. »Albert?« Speer, nur halb ausgezogen, ist völlig erschöpft und kann sich kaum noch wach halten. »Schlaf weiter. Ich bin hundemüde.«

Albert Speer jr.: »Wenn ich krank war, durfte ich hier im Bett der Eltern schlafen – die waren dann allerdings nicht da, in Berlin oder was weiß ich wo. Aber ich durfte hier schlafen!«
Konnte man morgens zu ihm ins Bett hüpfen, wenn er mal zu Hause war?
Albert Speer jr.: »Nein. So etwas tut man doch nicht, nein! [Geht auf den Balkon.] Ja, das ist es, daran kann ich mich erinnern – das ist wunderschön. Man guckt hier bis nach Berchtesgaden, und ich behaupte ja, dass der Blick von diesem Haus ... mit diesem Panorama bedeutend schöner ist als der Blick früher vom Berghof.«
Von dem Herrn Nachbarn?
»Von dem Herrn Nachbarn.«
Ein alter Farbfilm der Familie Speer: Der kleine Arnold mit seinem Bruder Albert auf dem Balkon vor dem Elternhaus. Aus einer Kiste greift Arnold eine frische Tomate und beißt herzhaft

hinein. Albert hat sich über die Mauer gebeugt und beobachtet einen Teerwagen, der die Straße herauffährt. Arnold kommt dazu, erschrickt und läuft weinend davon.

Das Gehäuse ist noch da – aber es ist schwer für Sie, mit dem Kind, das hier gelebt hat, das Sie waren, Kontakt aufzunehmen?

Arnold Speer: »Nö – ich bin ja froh, dass davon so ein kleines Stückchen kommt. Das ist eben eigen, dass ich in meinem Innersten mit der Zeit nichts zu tun haben will und ich deswegen alles weggeschlossen habe.«

Gretel Speer kommt aus dem Haus und ermahnt die Kinder, Ruhe zu halten mit ihrem Hund Ruppi, einem Überraschungsgeschenk des meist abwesenden Ministervaters. Albert Speer erscheint auf dem Balkon, noch im Unterhemd, ein Handtuch über der Schulter. Er blickt erfreut auf die kleine Schar.

»Na, machen wir heute eine Autofahrt?« Seine fünf jubeln. Jeder will neben dem Vater sitzen. Doch der entscheidet: »Die beiden Großen sitzen vorne.«

Speer hat den Fotografen Hanns Hubmann eingeladen, einige Fotos von ihm und seinen Kindern in Berchtesgaden zu machen. Hubmann soll die Illustrierten damit beliefern und so zu Speers Imagepflege beitragen – ein bisschen Privatmensch kann nicht schaden, das gibt Zuversicht in Zeiten des Krieges.

ZWISCHENSPIEL BEI DER FAMILIE

Die Kinder werden in das offen stehende Cabriolet gehievt, geordnet nach Alter und väterlicher Gunst: Hilde (*1936) neben dem Vater vorn und Albert (*1934) neben Hilde. Auf dem Sitz dahinter Fritz (*1937) und Margret (*1938). Der kleine Arnold (damals noch Adolf, *1940) auf dem Notsitz ganz hinten. Ernst, der Jüngste, wird erst am 4. September 1943 geboren und nach dem in Stalingrad verschollenen Onkel benannt werden.

Die Kinder zappeln, es soll endlich losgehen. Vater spielt mit dem Gaspedal. »Wir gucken jetzt alle die Mama an!« Hanns Hubmann drückt auf den Auslöser seiner Kamera.

Hilde Schramm: »Wenn mein Vater kam, dann hat er uns ins Auto gesetzt und Abenteuertouren mit uns gemacht. Er hat dann auch immer die ›Gefahren‹ vorher geschildert. Wir wussten, dass es keine sind, aber trotzdem, das war das Spiel, dass er über Brücken fährt und kleine Stege, die dann hinter uns zusammenbrächen. Was sie natürlich nicht taten …«

Vaters riskante Abenteuerfahrten. Langsam nähert sich der Wagen einer Holzbrücke über einem Bergbach. Der Fahrer simuliert Erschrecken. »Oh-oh. Die Brücke ist ja völlig morsch! Was machen wir denn jetzt?«

Der kleine Albert lehnt sich über die Wagentür und blickt in die vermeintliche Schlucht unter der Brücke: »Weiterfahren!«

Spritztour mit dem BMW-Cabriolet

Zum Vergnügen der Kinder reizt der Vater seine Besorgnis aus. »Und wenn sie zusammenbricht?«

Albert junior hat keine Angst: »Ja, ja! Wagen wir's einfach!« Jubelnde Zustimmung von allen Seiten. »Gut, wir wagen's. Vorsicht … « Und damit passiert das Cabriolet langsam den angeblich lebensgefährlichen Übergang.

Freude und Erleichterung, gespielt und sogar ein klein wenig echt, im Spaß ineinander übergehend. Oh-oh. Da haben wir noch mal Glück gehabt.

Der Wagen saust nun die Serpentinen entlang zum hoch gelegenen Kehlsteinhaus. Eine nicht ungefährliche, für die Kinder tatsächlich schaurige Strecke. In den Kurven, wo Holzbarrieren die Straße begrenzen, fällt der Blick jäh die steile Felswand hinab, bis an die tausend Meter in die Tiefe.

Albert Speer jr.: »Da sind diese Straßen, auf denen man direkt am Abhang fährt. Und es gibt Träume von mir, Angstträume, wie ich mit dem Vater im Auto dort herausschieße und dann runterfalle, quer durch die Abgrenzungen hindurch.«

Speers Wagen jagt aus dem Dunkel eines Tunnels hervor, in dem die lauten Rufe der sich gruselnden Kinder verhallen. »Achtung! Rechtskurve!« Der Motor zieht hoch, die Fahrt bleibt rasant und riskant.

Arnold Speer: »Und eins weiß ich auch – ich mochte nicht mit meinem Vater Auto fahren. Der fuhr zu schnell.«

Alles auf Rüstung

Wochenschaubilder: Reichsminister Speer fährt im Cabrio vor einem Rüstungsbetrieb vor und betritt das Werk. Panzerfertigung, die neu produzierten Kettenfahrzeuge rollen aus den Werktoren. Speer im Panzer. U-Boot-Stapellauf. Flugzeuge auf dem Rollfeld; Flugzeuge werfen Bomben ab. Zugkräftige Lokomotiven reihenweise. Alles Ausdruck der Leistungssteigerung in der Rüstungswirtschaft. Minister Speer in einer Fabrik, am Sehrohr eines U-Boots, Akten lesend im Flugzeug, im Gespräch mit dem Cheftaktiker der Marine, Admiral Dönitz.

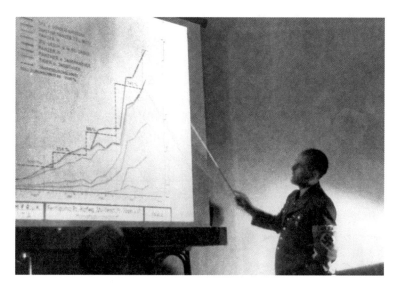

Speer demonstriert vor Betriebsführern der Rüstungsindustrie den Anstieg der deutschen Waffenproduktion, Juni 1944

Anderntags im Vortragssaal seines Ministeriums. Speer neben einer Epidiaskop-Projektion von Zahlen. Vor ihm hohe Militärs als Schattenrisse im abgedunkelten Raum. Der neue Rüstungsminister trägt die ersten Erfolge vor; das Stakkato einer Statistik, die sich sehen lassen kann. »Wir steigern so die Infanteriepatronen von 50 Millionen auf 350 Millionen, Gewehrgranaten von 680 000 auf 2,5 Millionen … Stielhandgranaten und Eierhandgranaten mit einer Kapazität von insgesamt 1,5 Millionen steigern wir auf 2,2 Millionen Stielhandgranaten und 3 Millionen Eierhandgranaten …«

Zwischendurch: Mit Annemarie beim Diktat, unterbrochen durch ein dringendes Telefonat. Speer spricht energisch und scharf – »das heißt eben auch die Einschränkung aller Bautätigkeiten, verstehen Sie doch. Friedensbauten können wir uns momentan nicht leisten! Ich brauche die 500 000 Bauarbeiter für die zweite und dritte Schicht in der Rüstung. Die vorhandenen Kapazitäten müssen voll ausgelastet werden. Wir haben den Krieg noch nicht gewonnen. Heil Hitler.« Damit hat Speer aufgelegt. Annemarie kennt diese Tonlage. Die unvernünftige Siegesgewissheit macht ihren Chef immer zornig.

»Wo waren wir stehen geblieben?« Annemarie liest den letzten Satz vor: »Im Speer-Programm versehen wir die Heeresrüstungsprogramme mit einem neuen Dringlichkeits- und Sonderstufensystem …« Speer ist sofort wieder konzentriert – »ferner kommen wir durch Typisierung und Rationalisierung der Fertigung sowie Förderung des Transportwesens zu erheblichen Steigerungen …«

Auf einer Konferenz mit Hitler am 19. Februar 1942 werden auch die Sanktionen besprochen: »Der Führer legt nach meinem Vortrag größten Wert darauf, dass die Friedensplanungen und Entwicklungen bei allen Firmen ab sofort eingestellt werden. Stellt strenge Strafen in Aussicht und betont, dass dafür nach dem Kriege genügend Zeit sei und auch, dass die Industriellen in keiner Weise versuchen dürften, bei ihren Betriebseinrichtungen bereits auf Friedenszwecke Rücksicht zu nehmen.« Außerdem: »Provisorisch abgezeichneter Erlass des Führers über Straffestsetzung bei falschen Angaben für benötigte Rohstoffe, Materialien usw.«

Ein paar Tage später präzisiert Speer vor den Gauleitern in München: »Der Führer hat auf meinen Vorschlag angeordnet, dass diejenigen Beamten und Offiziere, die versuchen, sich durch unwahre Angaben Material oder Arbeitskräfte zu sichern, entweder mit dem Tode oder schwerem Zuchthaus zu bestrafen sind.«

Auf Speers Drängen wird die entsprechende Endfassung der »Verordnung des Führers zum Schutz der Rüstungswirtschaft« von Hitler unterschrieben. Strafverfolgung tritt allein »auf Verlangen des Reichsministers für Bewaffnung und Munition« ein.

So stellt Speer in den ersten Wochen seiner neuen Tätigkeit die bisherige Kriegswirtschaft systematisch um und die Wirtschaft auf die Prioritäten der Rüstungsproduktion ein: »Vom ersten Tag an steuerte ich wie nachtwandlerisch einem System zu, durch das allein ein Rüstungserfolg zu erzielen war. Allerdings hatte ich bereits während meiner zweijährigen Tätigkeit für die Rüstung auf der unteren Ebene einen Einblick in viele grundsätzliche Fehler erhalten, die mir in der Spitze verborgen geblieben wären.«

Die führenden Herren nehmen Speers Organisationsschema ohne Einwände zur Kenntnis und erteilen ihm Vollmacht für »eine einheitliche Führung der Rüstung« durch seine Person. Der Eindruck von Hitlers Amtseinführung ist »noch nachhaltig genug«.

Speer in Winniza: Lebensraum im Osten

Ab 1940 lässt Hitler das Unternehmen »Barbarossa«, den Angriff auf die Sowjetunion, vorbereiten. Am 22. Juni 1941 fällt die deutsche Wehrmacht in die russischen Weiten ein. Der Vormarsch mit Stoßkeilen im Norden, auf mittlerer Höhe und im Süden der Sowjetunion führt zu schnellen Erfolgen, Smolensk und Kiew fallen, Leningrad wird belagert. »Ich habe noch nie das Wort Blitzkrieg verwendet, weil es ein ganz blödsinniges Wort ist. Wenn man es aber überhaupt auf einen Feldzug anwenden könnte, dann wäre es auf *den* Feldzug! Noch niemals ist ein Riesenreich in kürzerer Zeit zertrümmert worden und niedergeschlagen worden als dieses Mal Russland!«

Hitler irrt in dieser »Rede vor der Alten Garde« am 8. November 1941. Seine strategischen Entscheidungen führen dazu, dass der gebündelte Angriff auf Moskau mit Verzögerung erfolgt und im Dezember mit einer Gegenoffensive der Roten Armee beantwortet wird. Mitte Dezember 1941 gibt der Führer Befehl, jede Stellung zu halten. Der Oberbefehlshaber des Heeres, Walther von Brauchitsch, verantwortlich für die vorangegangenen »blitzartigen« Siege in Polen, Frankreich und zunächst auch in Russland, favorisiert einen Rückzug in verträgliche Winterstellungen. Er darf seinen Dienst quittieren.

Hitler übernimmt selbst das Oberkommando, eine Woche, nachdem er auch den USA offiziell den Krieg erklärt hat.

Der russische Winterkrieg geht an die Substanz. Hitler in seiner »Rede zum Heldengedenktag« im März 1942: »Dass sich der Deutsche vor menschlichem Drohen nicht fürchtet, hat er in seiner Geschichte oft genug bewiesen. Diesmal aber erprobt sich an ihm nicht nur die Gewalt feindlicher Waffen sowie ein zahlenmäßig scheinbar unerschöpflicher Blutstrom primitivster Völkerschaften, sondern darüber hinaus noch die grausamste Härte der Natur. Denn heute kann es mitgeteilt werden, dass hinter uns ein Winter liegt, wie ihn Mittel- und Osteuropa seit über 140 Jahren nicht erlebten. Wahrlich, unsere Soldaten und diejenigen unserer Verbündeten sind in den letzten 4 Monaten von der Vorsehung grausam gewogen worden auf ihren wirklichen inneren Wert …«

SPEER IN WINNIZA: LEBENSRAUM IM OSTEN

Die letzten Versorgungsflüge nach Stalingrad, Ende 1942

Hitler konzentriert sich mit geschwächtem Heer auf die Schwächung des Gegners – er will die Versorgungsgebiete am Don und an der unteren Wolga besetzen, das Erdölgebiet von Baku und Batumi. Und erlangt im Sommer 1942 Teilerfolge.

In den ersten Augusttagen erreichen deutsche Truppen den Fluss Kuban im kaukasischen Vorland. Am 9. August werden die Ölfelder von Maikop am Nordwestrand des Kaukasus eingenommen, am 19. August befiehlt General Paulus der 6. Armee den Angriff auf Stalingrad. Wir wissen – auch Albert Speers Bruder Ernst ist dabei.

In diesen Tagen erneuerter Siegeszuversicht empfängt Hitler seinen Rüstungsminister mit einigen Industriellen in seinem neuen Hauptquartier »Werwolf« in Winniza in der besetzten Ukraine, nicht allzu weit vom südöstlichen Kriegsschauplatz entfernt.

»Das ganze Hauptquartier war blendender Laune«, berichtet Speer 1975 in seinen *Spandauer Tagebüchern*. »Es war ein friedlicher Abend, wir waren allein. Hitler begann mit seiner tiefen, durch vieles Reden rauen Stimme: ›Seit langem habe ich alles vorbereiten lassen: Als nächsten Schritt werden wir südlich des Kaukasus vorstoßen und dann den Aufständischen im Iran und Irak gegen die Engländer helfen. Ein anderer Stoß wird am Kaspischen Meer entlang gegen Afghanistan und gegen Indien

Hitler empfängt Speer im Hauptquartier »Werwolf« in Winniza

159

geführt. Dann geht den Engländern das Öl aus. In zwei Jahren sind wir an der Grenze Indiens. Zwanzig bis dreißig deutsche Elite-Divisionen genügen.‹«

Hitler spricht ruhig und gelassen. »Ohnmächtig müssen die Engländer zusehen, wie ihr Kolonialreich zusammenbricht.« Die Fehler Napoleons beim Versuch, die Welt zu erobern: »Die werde ich vermeiden. Verlassen Sie sich darauf!« Für Ende 1943 sieht Hitler seine Truppen »in Teheran, in Bagdad und am Persischen Golf«. Die »Ölquellen wären damit für die Engländer endgültig versiegt«.

Speer zufolge hat Hitler das alles mit mathematischer Kühle vorgetragen. Und einmal mehr, denn neu waren diese Ideen nicht. In *Mein Kampf*, seit 1925 millionenfach verbreitet, heißt es blumig: »Wollte man in Europa Grund und Boden, dann konnte dies im Großen und Ganzen nur auf Kosten Russlands geschehen, dann musste sich das neue Reich wieder auf der Straße der einstigen Ordensritter in Marsch setzen, um mit dem deutschen Schwert dem deutschen Pflug die Scholle, der Nation aber das tägliche Brot zu geben.«

An jenem mückengeplagten Augustabend sagt Hitler nun, wie Speer überliefern sollte: »Im Gegensatz zu den Engländern werden wir aber nicht nur ausbeuten, sondern besiedeln. Wir sind kein Krämervolk, sondern ein Bauernvolk. Erstmals werden wir systematische Bevölkerungspolitik betreiben.« Die Fruchtbarkeit deutscher Frauen wird seit 1933 gefördert und belohnt – jedes Jahr dem Führer ein rassereines und erbgesundes Kind. »›Die weiten Landstrecken Russlands verführen geradezu dazu, aufgefüllt zu werden. Da mache ich mir keine Sorge. Die deutschen Familien, die dort in unseren neuen Städten und Dörfern leben, erhalten Großwohnungen mit vielen Zimmern, und darin wird es bald von Kindern wimmeln‹, sagte Hitler auf der Bank in Winniza, während wir durch die Bäume auf eine weite Ebene sahen.«

Alle germanischen Völker sollen ins Reich eingegliedert werden, ihre Sprache wird Deutsch sein »wie das Englische im Commonwealth«. – »Rechnen wir doch einmal aus, Speer, Deutschland hat achtzig Millionen Einwohner, dazu kommen bereits jetzt zehn Millionen Holländer, die eigentlich Deutsche sind ... Luxemburg ... die Schweiz ... Und dann die Dänen ... die Flamen ... Elsass-Lothringer, auch wenn ich von denen nichts halte.« Reicht das schon an das britische Empire heran?

»Wenn das Ergebnis seiner Erwartung noch nicht entsprach, holte er die Deutschen in Siebenbürgen oder Mähren dazu, dann die in Ungarn, in Jugoslawien, in Kroatien. ›Alle werden sie zurückgeführt. Wie schon die Baltendeutschen und dann die dreihunderttausend Südtiroler.‹ Hitler addierte weiter: ... die Norweger und die Schweden mit zusammen elf Millionen, außerdem sähe er hier überall diese blondköpfigen, blauäugigen Ukrainerkinder. Himmler habe ihm bestätigt, dass die von den Goten herstammten. ... Er wisse noch nicht, wie viele Menschen aus der Ostbevölkerung am Ende eingedeutscht würden: ›Aber schreiben Sie mal zehn Millionen. Wie viel haben Sie jetzt?‹ Ich war inzwischen bei nahezu einhundertsiebenundzwanzig Millionen angelangt.«

Wie gut sich Speer am 26. März 1947 (so die Datierung des Tagebucheintrags) oder im Jahr 1975 (Erscheinungsjahr seiner *Spandauer Tagebücher*) an dieses Gespräch mit Hitler erinnert oder wie sehr dies von seinen ausgeprägten Nachrecherchen zeugt, lässt sich kaum mehr feststellen. Ebenso unklar bleibt, wann er welche moralische Haltung zu Hitlers Plänen eingenommen haben mag.

Er selbst fragt sich: »War ich überwältigt oder sah ich das schlechterdings Wahnsinnige dieser Pläne, das ich nun, nur wenige Jahre später, als allererstes empfinde? Ich kann es nicht mehr ausmachen. Sicher ist nur, dass mir das orgiastische Gefühl, das Hitler vor diesen Visionen überkam, ganz fremd war. Aber unsicher bin ich, ob es moralische Bedenklichkeit war, die mich so zurückhielt, oder die Skepsis des Technokraten, für den sich alles auf ein Organisationsproblem reduziert; ob ich in solchen Stunden das Gefühl hatte, die Geburt eines Imperiums zu erleben, oder ob ich wenigstens eine Spur von Grausen empfand angesichts der Willkür, mit der hier Menschen millionenfach auf einem Erdteil herumgeschoben wurden.«

Speer hat nur wenige Jahre vor diesem auf März 1947 datierten Eintrag ungehemmt mitgemacht bei der millionenfachen Verschiebung von Menschen in unterschiedliche Richtungen.

SPEER IN WINNIZA: LEBENSRAUM IM OSTEN

Ende 1941 erarbeitet er darüber hinaus ein Konzept für die »Neugründung deutscher Städte im Osten«. Es wird auch mit Hitler hinsichtlich seiner Realisierbarkeit besprochen. Am 11. Februar 1942 leitet Speer – nun obendrein Rüstungsminister – das Papier an den Reichsminister für die besetzten Ostgebiete Alfred Rosenberg weiter. Es heißt darin unter anderem:

»Die Neugründungen deutscher Städte ... sind Taten, die auch in fernen Zeiten als *Stadtgründungen des Führers* gelten werden. Planung und Errichtung dieser Städte müssen bis ins Einzelne so durchgeführt werden, dass sie diesem hohen Maßstab entsprechen. ... Die Städte dürfen sich nicht uniformiert im Einzelnen gleichen, sondern müssen untereinander jede für sich ihr eigenes, charakteristisches Gepräge erhalten ... Man muss, wenn man von der einen Stadt zur nächsten kommt, auch das Gefühl haben, sich in einer anderen Stadt zu bewegen ... Es wäre daher *richtig*, den *Neubau deutscher Städte im Osten grundsätzlich* in der *Planung und Durchführung großen deutschen Städten im Einzelnen zu übertragen*. So könnte z. B. Stuttgart ein neues Stuttgart, Augsburg ein neues Augsburg, aber auch Nürnberg, Hamburg, Köln, Bremen, Königsberg, Danzig, Leipzig, Dresden, Wien usw. je eine neue Stadt übernehmen. ... Die Hilfe müsste so weit ausgedehnt werden, dass nicht *nur* Techniker der verschiedens-

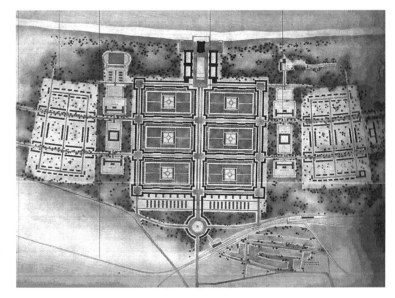

Stadt für 20 000 Einwohner. Entwurf: Heinrich Egerstedt und Architekturbüro der DAF unter der Leitung von Architekt Albert Speer. »Nur der klare, soldatisch strenge, auf eine starke bauliche Mitte ausgerichtete Stadtgrundriss kann der Spiegel des gewaltigen politischen Willens und militärischen Geschehens des Großdeutschen Reiches sein.« *(Rudolf Wolters im Begleittext)*

ten Arten – Hoch-, Tief- und Wasserbau – zur Verfügung gestellt werden, sondern auch Handwerker aus diesen Städten später für ihre Patenstadt arbeiten. Die Planung müsste so ausgerichtet werden, dass tatsächlich die neuen Städte von dem Charakter der alten wesentliche Züge miterhalten.«

Im Spandauer Notat heißt es dazu unter dem 10. Juli 1950: »Über Himmlers Wehrbauernsiedlungen hinaus sollten zahlreiche neue Städte in der Nachbarschaft der schon vorhandenen russischen entstehen. Als Vorbilder und Patenstädte pflegte Hitler Regensburg, Augsburg, Weimar oder Heidelberg zu nennen. Untereinander sollten sie möglichst variieren. ... In jedem Großdorf müsse es, so meinte Hitler ein anderes Mal, eine Station geben, die immer gleichlautend ›Gasthof zur Post‹ heiße, wie in Bayern auch. Auch hier schlug wieder seine fast zur Manie gewordene Vorstellung durch, der in den Weiten Russlands verlorene deutsche Bauer müsse überall im Osten Anlaufstellen finden, wo er sich heimisch und geborgen fühlen könne.«
Diese »Manie« ist für Speers Führer jedoch »wahrer Idealismus«: die »innere Gesinnung«, welcher der »Arier seine Stellung auf dieser Welt« verdankt, »denn sie allein hat aus dem reinen Geist die schöpferische Kraft geformt, die in einzigartiger Vermählung von roher Faust und genialem Intellekt die Denkmäler der menschlichen Kultur erschuf«.
Der Dialog zwischen Speer und Hitler an diesem Augustabend 1942 könnte sich also folgendermaßen weiterentwickelt haben. – »Wie weit sind wir denn mit den Plänen für die Ansiedlung unseres Volkes hier im Osten?«
Speer referiert den letzten Stand.
»Gut, gut. Die Russen, die bleiben dürfen ... einfache Siedlungen ... gut. Auch leichter im Falle eines Widerstandes ... Aber denken Sie auch an die Rüstungswerke ...« Er wendet sich nun direkt dem Mann zu, der ja sowohl sein genialer Baumeister als auch sein Rüstungsminister ist. »Rohmaterial, Erz, Kohle – ist nun alles beliebig vorhanden. Wir müssen dann Nachschub für unsere Armeen an der Grenze zu Asien sichern.«
»Natürlich, mein Führer, zuerst müssen wir allerdings weitere bürokratische Fesseln ablegen. Wir brauchen jetzt – da bin ich

mit Reichspropagandaminister Goebbels einer Meinung – mehr Arbeitskräfte für die Rüstung, wir brauchen jetzt den ›totalen Krieg‹.«

»Wisst ihr Deutsche das?«
Der Ausbau des Lagers Auschwitz

Zeitgenössische Aufnahmen: Deportationen von Juden, Russen, Polen und anderen so genannten Fremdvölkischen durch die SS. Alles im Dienste der »Festigung deutschen Volkstums«. Menschen werden in Güterwaggons verladen, die Türen fallen zu. Die Züge rollen davon, zum Arbeitseinsatz ins Deutsche Reich oder in die Konzentrationslager.

Szene in einem russischen Dorf. Ein Mann in Zivilkleidung aufgehängt an einer Birke. Ein Landser kommt des Wegs und schaut sich beiläufig nach dem Erhängten um, der im Wind hin- und herschaukelt.

Hitlers »Botschaft zum Tage der Parteigründung« vom 24. Februar 1942: »… meine Prophezeiung wird ihre Erfüllung finden, dass durch diesen Krieg nicht die arische Menschheit vernichtet, sondern der Jude ausgerottet wird. Was immer auch der Kampf mit sich bringen oder wie lange er dauern mag, das wird sein endgültiges Ergebnis sein.«

»Deutsche Hörer!
Man wüsste gern, wie ihr im Stillen von der Aufführung derer denkt, die in der Welt für euch handeln« – fragt Thomas Mann am 27. September 1942 über die Frequenz der BBC ins Deutsche Reich hinein. Wie viele seiner Landsleute mögen den »Feindsender« empfangen, Strafe riskieren? Im Januar 1937 gibt es in Deutschland über acht Millionen Rundfunkteilnehmer – die größte Hörerzahl in Europa. 55 Prozent aller deutschen Haushalte besitzen im Mai 1938 einen Volksempfänger.

Seit 1940 sendet der im kalifornischen Exil lebende Schriftsteller seine Botschaften ins Reich; manche werden auch als Flugblätter von der Royal Air Force über Deutschland abgewor-

Deportationen aus den
Niederlanden, 1943

fen. Speer erwähnt im Verhör durch die Briten: »Ihre Propaganda war in weiten Kreisen durch Schwarzhörer bekannt. Wenn von Ihnen sensationelle Nachrichten im Rundfunk kamen, konnte man diese als Gerücht sehr schnell im ganzen deutschen Volk hören.«

Man darf wohl annehmen, dass irgendjemand immer etwas wusste und irgendein anderer stets sagte: »Sei still, sonst kommst du ins KZ!« Und im Zweifelsfall hielt man es für Propaganda.

Jetzt, im Herbst 1942, berichtet Thomas Mann besonders Erschütterndes: »Jetzt ist man bei der Vernichtung, dem maniakalischen Entschluss zur völligen Austilgung der europäischen Judenschaft angelangt. ›Es ist unser Ziel‹, hat Goebbels in einer Radio-Rede gesagt, ›die Juden auszurotten. Ob wir siegen oder geschlagen werden, wir müssen und werden dieses Ziel erreichen. Sollten die Heere zum Rückzug gezwungen werden, so werden sie auf ihrem Wege den letzten Juden von der Erde vertilgen.‹ Kein vernunftbegabtes Wesen kann sich in den Gedankengang dieser verjauchten Gehirne versetzen. ... Das Ghetto von Warschau, wo fünfhunderttausend Juden aus Polen, Österreich, Tschechoslowakei und Deutschland in zwei Dutzend elende Straßen zusammengepfercht worden sind, ist nichts als eine Hunger-, Pest- und Todesgrube, aus der Leichengeruch steigt.

»WISST IHR DEUTSCHE DAS?«

Thomas Mann während seiner BBC-Rede im September 1942

Fünfundsechzigtausend Menschen sind dort in *einem* Jahr, dem vorigen Jahr, gestorben. Nach den Informationen der polnischen Exil-Regierung sind alles in allem bereits siebenhunderttausend Juden von der Gestapo ermordet oder zu Tode gequält worden ... Wisst ihr Deutsche das? ... In Paris wurden binnen weniger Tage sechzehntausend Juden zusammengetrieben, in Viehwagen verladen und abtransportiert. Wohin? Das weiß der deutsche Lokomotiv-Führer, von dem man sich in der Schweiz erzählt. Er ist dorthin entflohen, weil er mehrmals Züge voller Juden zu fahren hatte, die auf offener Strecke hielten, hermetisch verschlossen und dann durchgast wurden. Der Mann hatte es nicht mehr ausgestanden. Aber seine Erfahrungen sind keineswegs außerordentlich. Ein genauer und authentischer Bericht liegt vor über die Tötung von nicht weniger als elftausend polnischen Juden mit Giftgas. Sie wurden auf ein besonderes Exekutionsfeld bei Konin im Distrikt Warschau gebracht, in luftdicht verschlossene Wagen gesteckt und binnen einer Viertelstunde in Leichen verwandelt. Man hat die eingehende Beschreibung des ganzen Vorganges, der Schreie und Gebete der Opfer und des gutmütigen Gelächters der SS-Hottentotten, die den Spaß zur Ausführung brachten. – Und da wundert ihr Deutschen euch, entrüstet euch sogar darüber, dass die zivilisierte Welt beratschlagt, mit welchen Erziehungsmethoden aus den deutschen Generationen, deren Gehirne vom National-Sozialismus geformt sind, aus moralisch völlig begrifflosen und missgebildeten Killern also, Menschen zu machen sind?«

Anfang der neunziger Jahre finden Historiker in Prag eine Akte der Zentralbauleitung Auschwitz vom 28. Oktober 1942: »Zusammenstellung des Bauvorhaben Kriegsgefangenenlager Auschwitz (Durchführung der Sonderbehandlung)«. Sie enthält eine Kostenaufstellung für das dritte und vierte Kriegswirtschaftsjahr. Veranschlagt werden unter anderem »Unterkunfts-, Effekten-, Wasch-, Abort- u. Wirtschaftsbaracken, Wach- u. Kommandanturgebäude, Lagerhaus, Entwesungsanlage, Drahtzaun, Krematorien und Leichenhallen, Heiz- und Kochkessel«.

Im »Kostenüberschlag« folgen genaueste Angaben in Quadrat- und Kubikmeterzahlen – umbauter Raum der »6 Abortbaracken für die Wachtruppe« oder der Krematorien I u. II bzw. III u. IV mit Leichenkellern (gemeint sind Gaskammern) und jeweils zwei Schornsteinen etc. Die Gesamtkosten des Bauvorhabens inklusive Wasserversorgung und Gleisanschluss addieren sich auf 13,76 Millionen Reichsmark.

Pläne zur Erweiterung der Kapazitäten von Auschwitz »für die Tötungen durch Giftgas und die Unterbringungsmöglichkeiten für die zum Arbeitseinsatz ›selektierten‹ Juden« gibt es, so der Stand der Forschung, seit Sommer 1942.

Oswald Pohl, SS-Obergruppenführer und General der Waffen-SS, leitet als Chef des SS-Wirtschafts-Verwaltungshauptamtes (WVHA) einen Riesenkonzern, der seit 1940 alle Wirtschaftsunternehmen der SS sowie das gesamte, ab 1939 noch erweiterte

Himmler besichtigt den Ausbau von Rüstungsproduktionsstätten in Auschwitz

Konzentrationslagersystem umfasst. Mitte September 1942 hat Pohl eine ausgiebige Besprechung mit dem Rüstungsminister und Generalbevollmächtigten für das Bauwesen, Albert Speer. Für seinen Chef Himmler fertigt Pohl ein Protokoll davon an.

Die Themen der sechs Gesprächsteilnehmer sind: »1.) Vergrößerung Barackenlager Auschwitz infolge Ostwanderung [Deportation]. 2.) Übernahme von geschlossenen Rüstungsaufgaben größten Ausmaßes durch die KL [Konzentrationslager]. 3.) Bombenschädenhilfe durch die KL. 4.) Leichtmetallgießerei Fallersleben.«

Als Ergebnis wird festgehalten: »Reichsminister Prof. Speer hat die Vergrößerung des Barackenlagers Auschwitz im vollen Umfang genehmigt und ein zusätzliches Bauvolumen für Auschwitz in Höhe von 13,7 Millionen Reichsmark bereitgestellt. ... Wenn dieses zusätzliche Bauprogramm durchgeführt ist, können in Auschwitz insgesamt 132 000 Mann ständig untergebracht werden.

Zu 2.) Alle Beteiligten waren sich einig, dass die in den Konzentrationslagern vorhandene Arbeitskraft nunmehr für Rüstungsaufgaben von Großformat eingesetzt werden müsse.«

Über die »Verlegung von Rüstungsfertigungen in Konzentrationsläger« verhandelt man schon seit längerem. Im März 1942

Häftlinge des Lagers Auschwitz bei der Rüstungsproduktion

kommt man beispielsweise überein, »Buchenwald mit etwa 5000 Arbeitsfähigen«, Sachsenhausen, Ravensbrück und Auschwitz »mit etwa 6000« und »Neuengamme mit etwa 2000 Arbeitsfähigen« zum Einsatz zu bringen. – »Lublin wird aufgefüllt. Ende dieses Monats wird ein größerer Zugang von Häftlingen erwartet. Aus diesen werden sämtliche Handwerker und verwandte Berufe aussortiert und denjenigen Lägern zugewiesen, die eine Rüstungsfertigung übernehmen. Nach einer Forderung des Reichsführers SS müssen die Fertigungen in den Lägern verbleiben.«

Genau das soll sich angesichts der neuen Auftragslage ändern; Pohl schreibt im Ergebnisprotokoll an Himmler weiter:

»Wir dürfen nicht mehr engstirnig darauf bestehen, dass alle Fertigungen in unsere Lager hinein verlagert werden müssen. Solange wir uns mit so genanntem Kleckerkram, wie Sie, Reichsführer, unsere bisherigen Arbeiten infolge ihres geringen Umfangs ganz richtig bezeichnet haben, beschäftigt haben, konnten wir diese Forderung mit Recht erheben.

Wenn wir morgen aber ein geschlossenes Rüstungswerk mit 5 oder 10 oder 15 tausend Häftlingen übernehmen wollen, so ist es unmöglich, ein solches Werk intra muros zu errichten. ... Soweit freie Betriebe nicht vorhanden sind, sollen Rüstungsbetriebe, welche infolge unzureichender Belegschaft ihre volle

Auschwitz-Häftlinge beim Bau eines Entwässerungsgrabens in Birkenau

Kapazität bisher nicht ausgefüllt haben, ganz entleert und alsdann 100%ig durch unsere Häftlinge aufgefüllt werden.

Die dadurch frei werdenden deutschen und ausländischen Arbeiter dieser Betriebe aber sollen zur Ausfüllung der Arbeitslücken in gleichwertigen Rüstungsbetrieben verwendet werden.

Reichsminister Prof. Speer will auf diese Weise kurzfristig den Einsatz von zunächst 50 000 arbeitsfähigen Juden in geschlossenen vorhandenen Betrieben mit vorhandenen Unterbringungsmöglichkeiten gewährleisten.

Die für diesen Zweck notwendigen Arbeitskräfte werden wir in erster Linie in Auschwitz aus der Ostwanderung [Deportationen] abschöpfen ... Die für die Ostwanderung bestimmten arbeitsfähigen Juden werden also ihre Reise unterbrechen und Rüstungsarbeiten leisten müssen.«

Vereinbarungen dieser Art zwischen den Herren über die Konzentrationslager und Speer als Baumeister, als Baubevollmächtigter in Todt-Nachfolge oder als Rüstungsminister sind nicht neu. Speers Erfolgsgeheimnis, die totale Produktivität mit Generalvollmachten des Führers, erzeugt schon beim Bauen einen enormen Rohstoff- wie Materialbeschaffungs- und eben auch Arbeitskräftebedarf.

Mit seiner Formel »größte Wirkung in kürzester Zeit« hat er Parteikarriere gemacht, damit will er – immer noch – Baugeschichte schreiben und nun auch noch die erschwerten Bedingungen durch den Krieg in Doppelfunktion als Rüstungsminister bestehen.

Längst hilft das stetig expandierende Wirtschaftsimperium der SS auf vielfältige Weise mit. Es richtet seine Planungen an den Bedürfnissen des Kunden aus – etwa mit einer der größten SS-Firmen, der 1938 gegründeten Deutsche Erd- und Steinwerke GmbH (DEST), die vor allem Steinbrüche, Granit- und Baustoffwerke betreibt, in denen Häftlinge zahlreicher Konzentrationslager zur Arbeit gezwungen werden.

Die Zusammenarbeit der DEST mit dem Deutschen Reich, vertreten durch den Generalbauinspektor, bestimmt die Einrichtung oder Erweiterung von Konzentrationslagern in der Nähe der Rohstoffe (Natursteine, wir erinnern uns): »Die Ziege-

KZ-Flossenbürg, Zwangsarbeiter im Steinbruch

Steinbrucharbeit im KZ Flossenbürg

leien von Oranienburg bis Neuengamme [werden] gebaut, Natursteinbrüche von Natzweiler bis Flossenbürg ausgebeutet«, so der Historiker Jost Dülffer. »Noch im März 1945 rechneten Speers Beauftragte mit der SS Kosten für ein neues Werk in Oranienburg ab ... wie man beim GBI auch dankbar das Angebot der SS annahm, zur Erfassung norwegischer Natursteinvorkommen ggf. Häftlinge überstellt zu bekommen.«

Was ist also das Besondere an den Besprechungen und Dokumenten zum »Bauvorhaben Kriegsgefangenenlager Auschwitz (Durchführung der Sonderbehandlung)«?

Es markiert auf Seiten der SS den großen Einstieg in die Rüstungswirtschaft, der sich parallel zur »Endlösung der Judenfrage«, zur Vernichtung der Juden, vollzieht: »Wir werden also kleinere Rüstungsaufgaben in Zukunft nach Möglichkeit nicht mehr annehmen. ... Wir sind bereit! ... Das Verfahren des Abrufes und des Einsatzes [hier von Bau-Brigaden] ist mit Reichsminister Prof. Speer klar besprochen. Es wird klappen! ... außerdem habe ich dem Staatsrat Dr. Schieber [Bevollmächtigter von Speer] einen wendigen und elastischen technischen SS-Führer als Adjutanten und Verbindungsmann zu mir beigegeben. Ich hoffe, dass das zum Aufbau der Schlagkraft des Büros Schieber beiträgt.« So tönt tatenfreudig

Obergruppenführer Pohl im Protokoll für den Reichsführer SS Himmler.

Es markiert auf Seiten Speers dessen mutmaßlich bereits zu diesem Zeitpunkt sehr genaue Kenntnis der mörderischen Vorgänge in den Lagern des Ostens. »Sonderbehandlung«, abgekürzt auch »SB«, meinte immer die physische Vernichtung von Menschen. Dieser für die NS-Politik typische Verschleierungsbegriff unterlag keinem Bedeutungswandel, wie auch die Entdecker des Dokuments, Florian Freund, Bertrand Perz und Karl Stuhlpfarrer, herausstellen; er war in seiner Bedeutung sogar so unmissverständlich bekannt geworden, dass Himmler bei Gelegenheit ein paar Monate später die Verwendung des Ausdrucks explizit verbot.

Speer habe mit dem Bauvorhaben Auschwitz »nicht einfach die ›Vergrößerung des Barackenlagers‹ genehmigt, sondern die finanziellen Mittel und – noch wichtiger – die Baustoffkontingente für die im Bau befindlichen Einrichtungen in Auschwitz-Birkenau zur ›Durchführung der Sonderbehandlung‹ – zur Ermordung von Häftlingen durch Giftgas – zur Verfügung gestellt ... Auch Speers Zustimmung zur Ausbeutung der Arbeitskraft der Deportierten in Auschwitz-Birkenau (›die in den Konzentrationslagern vorhandene Arbeitskraft [müsse] nunmehr für Rüstungsaufgaben im Großformat eingesetzt werden‹) kann so als Zustimmung zum Selektionsverfahren in Auschwitz gelesen werden.«

Die Historikerin Susanne Willems geht noch weiter: Mit dem Ausbau des KZ Auschwitz habe Speer eine »Drehscheibe seines europäischen Sklavenmarkts« entstehen lassen, die Arbeitsfähigen gingen so der Rüstung nicht verloren.

Albert Speer selbst beharrte noch in einem Fernsehinterview mit Joachim Fest 1969, von Auschwitz »nicht direkt gehört« zu haben.

Speer schaut sich genau an, was er bewilligt, davon darf man ausgehen. Nach einem Besuch des KZ Mauthausen im März 1943 moniert er brieflich bei Himmler »die mir unter den heutigen Verhältnissen mehr als großzügig« erscheinenden Steinbauten des Lagers: »Wir müssen ... für den Ausbau von KZ-

Schreiben Speers an Himmler mit der Bewilligung von Baumaterialien für den Ausbau von KZ-Lagern, »insbesondere Auschwitz«

DER REICHSMINISTER
FÜR
BEWAFFNUNG UND MUNITION
GB 26/1-10027 g

Berlin-Charlottenburg 2
den 30.5.43
verl. Jebensstr.

Geheim!

An den
Herrn Reichsführer SS und Chef
der Deutschen Polizei   H i m m l e r
B e r l i n   SW   68
Prinz-Albrecht-Str. 8

Betr.: Baueisenkontingent für SS, insbesondere KZ-Lager Auschwitz.

Lieber Parteigenosse   H i m m l e r !

Auf Grund der vorliegenden Berichte und der Besichtigung des KZ-Lagers Auschwitz durch meine Herren Desch und Sander bin ich bereit, über die im III/43 zur Verfügung gestellte Baueisenmenge in Höhe von 450 mato für den Bedarf im Reichsgebiet und 180 mato für den Bedarf in den angeschlossenen und besetzten Gebieten einmalig folgende Mengen zuzuteilen:

1.) 1 000 t Baueisenbezugsrechte.
2.) 1 000 t Gußrohre, für die die SS aus ihrem Gesamtkontingent 300 t Eisenbezugsrechte zur Verfügung stellt.

den. Die Einzelfragen der Zuteilung werden zwischen Ihren Dienststellen und meiner Rohstoffstelle geregelt. Die Beschaffung der Bezugscheine für 1 000 t Gußrohre, sowie der Versand der Wasserleitungsrohre ist bereits in die Wege geleitet.

Heil Hitler!

Lägern eine neue Planung unter dem Gesichtspunkt des höchsten Wirkungsgrades bei Einsatz geringster Mittel mit Erzielung des größten Erfolges für die *augenblicklichen* Rüstungsforderungen durchführen, d.h. dass wir sofort zur Primitivbauweise übergehen müssen.«

Über diese Beschwerde regt sich SS-Obergruppenführer Pohl außerordentlich auf. Der Reichsminister tue so, »als ob wir ohne sein Wissen sehr großzügig und zeitfremd in den Konzentrationslagern herumbauen. Er verschweigt, dass jedes Bauvorhaben in den KL von uns ordnungsgemäß angemeldet worden ist und dass er selbst unter dem 2.2.1943 die Genehmigung erteilt hat.«

Nach eingehender Beschreibung des Genehmigungsverfahrens – grüne und gelbe Bauzettel, generelle Baugenehmigung des Reichsministers und Freigabe der Kontingente durch den örtlichen Beauftragten des Speer-Ministeriums – vermerkt Pohl: »Ich stelle also fest, dass nicht nur die Zentraldienststellen des Reichsministers Speer, sondern auch seine örtlichen Beauftragten bis ins letzte über unsere Bauvorhaben unterrichtet waren und sie schriftlich genehmigt haben.«

Ein andermal, im Mai 1943, bewilligt Speer persönlich auf »Grund der vorliegenden Berichte und der Besichtigung des KZ-Lagers Auschwitz durch meine Herren Desch und Sander« in einem Brief an Himmler einmalig zusätzliche Mengen Rundstahl, Wasserleitungsrohre, Gussrohre und Eisenbezugsrechte. »Diese Baueisenmengen sind nur für den Ausbau der KZ-Lager, insbesondere Auschwitz, zu verwenden. Für zusätzliche Behelfsbaumaßnahmen für die Aufstellung neuer Divisionen der Waffen-SS kann ich leider keine weitere Baueisenmengen zuteilen.«

Beispiele aus dem straff geführten Arbeitsalltag von Hitlers erstem Baumeister, der alles daran setzt, nun auch ein deutsches Rüstungswunder möglich zu machen.

Der Anfang vom Ende: Stalingrad

Der Berghof ist schon lange nicht mehr die einsam gelegene Residenz Hitlers. Die stetig wachsende Zahl an Personal, die Erweiterung der militärischen Einrichtungen und der Nachrichtenverbindungen zu den Kriegsschauplätzen, auch eine größere Wachmannschaft zur Abwehr von Attentaten hat auf dem Obersalzberg ein kleines Dorf entstehen lassen. Eine Schule für die Kinder der Mitarbeiter ist eingerichtet worden, es gibt ein Kino und ein Bordell für die Soldaten.

Gretel, Hilde und der kleine Albert sehen sich eine Wochenschau zum »siegreichen« Vormarsch in Russland an: Panzer rücken feuernd auf einer Ebene vor. »Die Granaten der feindlichen Artillerie schlagen zwischen den vorgehenden Verbänden ein. Ein als Bauernhaus getarnter Bunker ist erkannt und wird unter Feuer genommen. Auch Flak-Artillerie greift in den Kampf ein …«, schallt der Sprecher-Optimismus in den Vorführraum.

Hilde Schramm: »Der Krieg ist in Form von einigen Menschen, die, wie man das nannte, ›gefallen‹ sind, schon auch an mich herangekommen, und ich fand das ganz schrecklich … Die Vorstellung von Krieg war für mich überhaupt nicht heroisch … Ich hatte Wochenschaubilder gesehen, die habe ich aber unter Umständen auch anders gedeutet, als sie sich darstellten. Ich hatte offenbar doch noch Empathie genug, um zu sehen und mir klarzumachen, dass da Menschen getötet werden. Das hab ich in erster Linie wahrgenommen. Die Propaganda – mein Gott! – das war etwas Abstraktes, und ich fand das ganz fürchterlich. Das weiß ich genau. Und ich war nur froh – natürlich völlig unverantwortlich, kindisch! –, weil ich dachte: ›*Mich erwischt es ja nicht, ich bin ja ein Mädchen!*‹ Auch die Vorstellung, dass es immer so weitergeht und dann die Brüder groß werden – da habe ich Ängste gehabt.«

Stalingrad. Nach Eroberung eines großen Teils der Stadt an der Wolga wird die 6. Armee mit rund 280 000 Mann unter General Paulus durch eine sowjetische Gegenoffensive Ende November 1942 eingekesselt.

»Lagebesprechung bei Hitler«, erinnert sich Speer 1946 in Nürnberg: »Eine ganze Armee mit geringem Proviant und wenig Munition. Genaue Feststellung Zeitzlers, dass der Widerstand nur kurze Zeit dauern kann. Kein Brennstoff sei vorhanden. Die Truppe bekäme kein warmes Essen. Die Rationen seien unerträglich gekürzt. Vorschlag Zeitzlers, die Armee aus Stalingrad nach Westen marschieren zu lassen, unter Verlust der schweren Waffen. Der Russe sei noch nicht stark. Die deutschen Auffangstellungen nicht weit entfernt. Hitler widerspricht energisch. Er würde mit seinen Truppen wieder nach Stalingrad vorkommen. Mit einer Gegenoffensive.«

Hitler will nicht von der Wolga weichen, Stalingrad muss gehalten werden. Außerdem sei der Russe »zu schwach, das Menschenmaterial sei ungenügend, die Offiziere schlecht ausgebildet«.

Am nächsten Tag dieselbe Situation. »Auch Göring ist anwesend.« Der Generalstabschef des Heeres Zeitzler und der am 30. November 1942 zum Generaloberst beförderte Friedrich Paulus warnen; Zeitzler hat errechnet, ab »wann die Truppe aus Hunger den Kampf einstellen muss«.

Auf Hitlers Frage an Göring, »ob er die von Zeitzler angegebene erhebliche Tonnenzahl an Lebensmitteln oder Munition unter Einsatz aller Bomber seiner Luftwaffe täglich nach Stalingrad hereinfliegen kann«, versichert dieser, laut Speers Bericht: »Die Versorgung der 6. Armee in Stalingrad aus der Luft wird von mir garantiert.«

Damit ist die Sache für den Führer entschieden – ausharren und die Gegenoffensive antreten. Eine Alternative dazu ist für ihn wohl ohnehin undenkbar gewesen.

Göring kann sein Versprechen, das er offenbar ohne jede Rücksprache mit seinem Generalstab gegeben hat, nicht halten. Die Katastrophe nimmt ihren Lauf – oder in Speers Worten: »Das Schicksal von einigen Hunderttausend bester deutscher Soldaten ist besiegelt.«

Auch das Schicksal von Ernst. Der Bruder schreibt letzte Briefe an die Eltern. Speer: »Er hat die Krankheit der sechsten Armee. Gelbfieber, geschwollene Gliedmaßen, Nierenleiden. Ungenügende Ernährung. – Er geht in ein Lazarett. Es ist ein

Ernst Speer, in Stalingrad gefallen

Häuserkampf in Stalingrad

Pferdestall ohne Heizung, nur teilweise überdeckt. Im russischen Winter. Ein furchtbares Elend. Tote aus Hunger und Erschöpfung. – Er schreibt das nächste Mal. Er ist nicht besser daran, es ist schlimmer geworden mit ihm.«

Die Eltern versuchen, auf ihren mächtigen Sohn einzuwirken. »Meine Mutter, die ihre Gefühle sonst nie zeigte, weinte am Telefon.« Das könne er seinem Bruder doch nicht antun – »sagte sie, als ob ich dafür verantwortlich sei, und mein Vater klang gebrochen, als er hinzufügte: ›Es ist doch nicht möglich, dass ausgerechnet du nichts tun kannst, um ihn da herauszuholen.‹«

Als die Lage längst aussichtslos ist, »gab Hitler an Feldmarschall Milch eine Sondervollmacht zur Lösung des Problems der Versorgung von Stalingrad aus der Luft ... Milch, mit dem ich gut bekannt war ... flog sofort zur Ostfront« – und muss fest-

DER ANFANG VOM ENDE: STALINGRAD

stellen, dass Görings Zusagen »nicht im entferntesten eingehalten« werden.

Im Volksempfänger alte deutsche Weihnachtslieder. Stille Nacht, Heilige Nacht an allen Fronten. Der Rundfunksprecher sachte in den Soldatengesang hinein: »Und jetzt schalten wir dazu: Stalingrad, und jetzt kommt dazu: Frankreich, und jetzt kommt dazu: Catania, nun singt Afrika, und nun singen alle mit uns gemeinsam in dieser Minute das [wird übertönt] -chtslied ›… schla-haf in himmlischer Ruh.‹«

Speer schreibt: »Das deutsche Volk ist ahnungslos, welche Katastrophe hier erstmalig heraufzieht. Die Theater spielen weiter.« Er selbst geht seiner Frau zuliebe in die Oper – »Zauberflöte«. In der Rückschau von 1946 sieht er damals »das historische Bild« vor sich: »Die napoleonischen Soldaten erfrieren und verhungern in der großen Winterkatastrophe. Und die große Pariser Oper spielt zur Freude der ahnungslosen Pariser.«

Die Eltern hätten dann noch einen letzten Brief von Ernst erhalten – »zweifellos dank der Flugzeuge Milchs. Er war verzweifelt über sein Leben, haderte mit dem Tod und war verbittert über mich, seinen Bruder.«

Wolf Speer, der Sohn von Albert Speers ältestem Bruder Hermann: »… es ist auf jeden Fall vom Opi, also vom Großvater, versucht worden, Druck auszuüben auf den Albert. Er hat wohl auch ein bisschen etwas gemacht, aber das war nicht genug.«

Man konnte Ernst Speer nicht rausholen, es war zu spät?

Wolf Speer: »Es war zu spät. Wenn er ihn vier Wochen vorher da rausgeholt hätte, wäre das noch gegangen. Aber das hätte er wahrscheinlich als Zweifel am Endsieg ausgelegt, er hat es jedenfalls nicht gemacht. Dann hat er doch etwas unternommen, da war der Ernst aber schon krank und hat keine Chance mehr gehabt … Vor allen Dingen wäre es wahrscheinlich leichter gewesen, als man jetzt denkt, denn er war eng befreundet mit dem General Milch. Milch war der Vertreter von Göring und der Mann, der die Luftwaffe eigentlich geführt hat, der Göring war eine Theaterfigur. Milch war ein sehr tüchtiger Mann vom Nazi-

Standpunkt aus, und er war sehr befreundet mit Albert. Er hätte das gut machen können. Ob Albert sich geniert hat, zu ihm zu gehen und zu sagen: ›Hör mal zu, ich habe da einen Bruder …‹? Der Milch war ja ein Nazi von der schlimmsten Sorte.«

Albert Speer ist nun vielleicht nach Hitler der mächtigste Mann in Europa.

Wolf Speer: »Ja, gemeinsam mit Himmler, jeder auf seinem Gebiet der mächtigste Mann.«

Es gab eine Menge Leute, die Himmler und ihm nicht wohl gesinnt waren.

Wolf Speer: »Bormann. Den Namen habe ich eigentlich nur gekannt, weil es geheißen hat, das wäre sein Feind! Und Albert hat gejammert und geschimpft, dass der Bormann ihm so viele Schwierigkeiten machen würde. Aber das war an sich eine persönliche Sache, denn Albert hat sich als der Liebling von Hitler gefühlt, und dem Bormann hat das nicht gepasst, der hat sich selber für unentbehrlich gehalten, und deswegen haben die sich nicht leiden können.«

Einige Personen um Hitler – Göring, Goebbels, Bormann, Himmler – kämpften um die Nachfolge. Warum war er der Geeignetste, um Hitler zu beerben?

Wolf Speer: »Er war der Geeignetste?«

Es kommt einem so vor.

Wolf Speer: »Ja, mir auch. Von unserem bürgerlichen Standpunkt aus kommt mir das auch so vor. Zunächst einmal war ja der Nachfolger ernannt, das war Göring. Und Göring hat keiner mehr etwas zugetraut. Der ist ein Popanz gewesen, voll gefressen, faul, Morphium, alles Mögliche. Goebbels kam auch nicht in Frage, weil alles immer gelacht hat, wenn der ankam mit einem Humpelbein …«

Kein Germane …

Wolf Speer: »… kein Germane! Und Himmler kam nach Hitlers Meinung auch nicht in Frage, weil er total amusisch war. Na ja, da blieb nur der Albert übrig.«

Ein Künstler könnte den Staat führen. So einer wie Hitler.

Wolf Speer: »Wie er selbst. Und Albert Speer hatte sich ja bewährt, hatte Organisationstalent bewiesen. Was er nicht hatte, war Charisma, er konnte die breite Masse nicht mit sich reißen.

Was eigentlich die stärkste Eigenschaft von Hitler war – das hat er nicht gehabt. Aber das war vielleicht in der zweiten Generation auch schon nicht mehr nötig.«

Weil er die Weihe des Führers gehabt hätte?

Wolf Speer: »Ach, das war doch sowieso alles Quatsch. Der Gedanke des Nachfolgers war nur so lange wichtig, wie die Wehrmacht noch stark genug war, den Krieg zu gewinnen. Und in dem Maße, wie die Wehrmacht besiegt wurde, ist die SS hochgekommen. Aber in einem besiegten Land hatte das ja schon gar nichts mehr zu sagen ... Jeder wusste doch, dass es in ein, zwei Jahren mit denen aus sein würde. Natürlich musste man Acht geben, dass sie einen in den ein, zwei Jahren nicht noch umschossen.«

Im Namen des Volkes: Der »totale Krieg«

Speer steht am Fenster, blickt durch Schneegestöber auf das Brandenburger Tor. Im Radio die Stimme von Göring. Der Reichsmarschall hat in Stalingrad mit seiner Luftwaffe gründlich versagt. Nun versucht er gemeinsam mit Goebbels, einen großen Totenkult um die Opfer zu inszenieren.

»Es wird auch einmal heißen: Kommst du nach Deutschland,

Deutsche Soldaten auf dem Weg in die Gefangenschaft nach der Niederlage von Stalingrad

so berichte, du habest uns in Stalingrad liegen sehen, wie das Gesetz, das heißt: das Gesetz der Sicherheit unseres Volkes es befohlen hat. Und dieses Gesetz trägt jeder von euch in seiner Brust, das Gesetz, für Deutschland zu sterben, wenn das Leben Deutschlands diese Forderung an euch stellt.« Es folgt Applaus.

Archivfilme zeigen gefangene deutsche Soldaten. Ein Zug geschundener, ausgemergelter Krieger. Die sowjetischen Kameraleute machen bewusst diese Aufnahmen von Vertretern der »Herrenrasse«, die in ihre Heimat eingefallen sind und nun in langen Reihen durch die Schneewüste Richtung Sibirien wandern. Sie humpeln in Fußlappen oder kaputten Schuhen; die Männer, die in ihren ärmlichen Mänteln mit Lumpen um Kopf und Körper die kleinen Hügel herunterrutschen, sind dem Tod schon nahe. Die letzten deutschen Kriegsgefangenen werden erst im September 1955 von Konrad Adenauer in Moskau freigehandelt: 9626 Soldaten und etwa 20 000 Zivilinternierte kehren dann in die junge Bundesrepublik zurück.

An der Heimatfront derweil Helden-Propaganda: »Stalingrad war und ist der große Alarmruf des Schicksals an die deutsche Nation. Ein Volk, das die Stärke besitzt, ein solches Unglück zu ertragen und auch zu überwinden, ja daraus noch zusätzliche Kraft zu schöpfen, ist unbesiegbar. Das Gedächtnis an die Helden von Stalingrad soll also auch heute bei meiner Rede vor Ihnen und vor dem deutschen Volk eine tiefe Verpflichtung für mich und für uns alle sein.«

Goebbels spricht am 18. Februar 1943 im Berliner Sportpalast, »über die Ätherwellen mit uns verbunden« sind Millionen Menschen an der Front und in der Heimat. Der Propagandaminister schwört aufs Durchhalten ein.

»Der *mächtigste* Bundesgenosse, den es auf dieser Welt gibt, das Volk selbst, steht hinter uns und ist entschlossen, *mit dem Führer – koste es, was es wolle*, und unter Aufnahme auch der *schwersten Opfer* – den Sieg kämpfend zu erstreiten.« Bravo-Rufe. »Neben mir sitzt Parteigenosse *Speer*, der vom Führer den geschichtlichen Auftrag erhalten hat« – starker Beifall – »die Rüstungswirtschaft zu mobilisieren und der Front *Waffen in Hülle und Fülle* zu liefern. Neben mir sitzt Parteigenosse *Dr. Ley* ... Wir fühlen uns verbunden mit unserem Parteigenossen *Sauckel*, der vom Führer den Auftrag erhalten hat, *ungezählte Hunderttausende von Arbeitskräften ins Reich zu bringen!* ... Wir alle, Kinder unseres Volkes, zusammengeschweißt mit dem Volk in der größten Schicksalsstunde unserer nationalen Geschichte ... da beweisen *beide* Geschlechter wilde Kampfentschlossenheit

Goebbels im Berliner Sportpalast, Februar 1943

und Seelenstärke. Die Nation ist dazu bereit. Der Führer hat befohlen, und wir werden ihm folgen!«

Goebbels fordert den totalen Krieg: »Nun Volk, steh auf – und Sturm, brich los!« Stürmische Heilrufe und Beifall.

Zur gleichen Zeit schreibt Thomas Mann ins Romanmanuskript des *Doktor Faustus*: »Hier ein ungescheutes Wort, das aus den Erfahrungen unserer Tage kommt. Für den Freund der Aufhellung behalten Wort und Begriff des ›Volkes‹ selbst immer etwas Archaisch-Apprehensives, und er weiß, dass man die Menge nur als ›Volk‹ anzureden braucht, wenn man sie zum Rückständig-Bösen verleiten will. Was ist vor unseren Augen, oder auch nicht just vor unseren Augen, im Namen des ›Volkes‹ alles geschehen, was im Namen Gottes, oder der Menschheit, oder des Rechtes nicht wohl hätte geschehen können!«

Albert Speer wieder im Ministeralltag, mit energischer Stimme am Telefon: »Die Pak 8,8 cm 43 kann bis zum Frühjahr nicht endgefertigt werden. Das habe ich dem Führer bereits vorgetragen. Ja, das weiß ich auch, dass es ein hervorragendes Panzerabwehrgeschütz ist …«

Derselbe Ort, ein anderer Gesprächspartner: »Nein … wir werden jetzt beschleunigt mit Rheinmetall und Krupp feststellen, wie sich der Einbau auf einer Selbstfahrlafette machen lässt. – Weil ich das so will. Ja. – Ich lass Sie dann informieren. Heil Hitler!«

Annemarie Kempf bringt Papiere. Speer ergänzt ein Fernschreiben: »Und mahnen Sie noch einmal an, dass in die Ostlokomotiven schnellstens und in primitivster Form ein Klosettrohr einzubauen ist …«

Der Reichsminister noch einmal in wechselnden Haltungen am Telefon. »Nein, nein – der Führer hat schon längst zur Kenntnis genommen, dass die vorgesehenen Einziehungen von 100 000 Mann monatlich aus der Rüstungsindustrie nicht möglich sind. Im Übrigen ist Sauckel ermächtigt, die notwendigen Maßnahmen zu ergreifen. Doch, doch, doch – der Führer ist mit jeder Zwangsmaßnahme einverstanden, falls die Sache auf freiwilliger Basis nicht durchzuführen ist. Ja – ja, verstehe. Aber lasst

IM NAMEN DES VOLKES: DER »TOTALE KRIEG«

mir meine Rüstungsarbeiter in Ruhe. Sauckel hatte ja schon für den Monat Oktober eine Million russischer Arbeiter zugesagt. Heil Hitler.«

Speer in der Wochenschau, vor Kanonenrohren, unter Arbeitern. Der Sprecher sagt: »Der Reichsminister für Bewaffnung und Munition und Chef der OT in einem Rüstungs-Großbetrieb. Reichsminister Speer konnte den Arbeitern erfreuliche Ausführungen über den Stand der Rüstungsproduktion machen und dankte ihnen für ihren tatkräftigen Einsatz, durch den das Wunder der Rüstungssteigerung ermöglicht wurde.«

Albert Speer schreibt mehr als dreißig Jahre später in seinen *Spandauer Tagebüchern*: »Wäre es Hitler im Herbst 1942 gelungen, mit besserer Munition und größeren Truppenzahlen eine Stellung vom Kaspischen Meer über die Wolga bis Stalingrad aufzubauen …, dann hätte er sein strategisches Konzept der schrittweisen Beherrschung der Welt einen großen Schritt vorwärts gebracht. Was mich verwirrt: Obwohl ich den fatalen, verbrecherischen Charakter des Regimes inzwischen eingesehen, mich auch dazu bekannt habe, werde ich in dieser armseligen Zelle immer wieder von Gedanken heimgesucht, in denen ich mir ausmale, wie ich in Hitlers Weltregierung einer der angesehensten Männer gewesen wäre.«

Nürnberg 1945: Die Eröffnungsrede von Justice Jackson

Mittwoch, 21. November 1945. Der zweite Tag des Prozesses.

Man erhebt sich. Das Gericht betritt den Saal und nimmt seine erhöhten Sitze ein. Gepolter und Stühlerücken, im Raum wird wieder Platz genommen. Dreimal schlägt der Vorsitzende zur Eröffnung der Verhandlung mit seinem Hammer auf den Tisch. Hermann Göring versucht, das Gericht direkt anzusprechen, und wird vom Vorsitzenden belehrt. Er könne sich ausschließlich über seinen Verteidiger an das Gericht wenden. Dann wird das Wort dem Hauptanklagevertreter der Vereinigten Staaten erteilt. Die Simultanübersetzer haben schon die Kopfhörer auf und geben das Gesprochene über die Mikrofone in Französisch, Russisch und Deutsch wieder. Die Presseleute auf den Besucherrängen wählen sich in die gewünschte Sprache ein. In den Kopfhörern von Speer, Göring, Heß, Dönitz und den anderen Angeklagten kommen die Sätze in freier, gelegentlich improvisierter Sprechweise an; mal langsam und zögernd, mal schneller werdend.

Justice Jackson: »Hoher Gerichtshof! Der Vorzug, eine Gerichtsverhandlung über Verbrechen gegen den Frieden der Welt zu

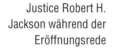

Justice Robert H. Jackson während der Eröffnungsrede

186

NÜRNBERG 1945: DIE ERÖFFNUNGSREDE

eröffnen, wie sie hier zum erstenmal in der Geschichte abgehalten wird, legt eine ernste Verantwortung auf. Die Untaten, die wir zu verurteilen und zu bestrafen suchen, waren so ausgeklügelt, so böse und von so verwüstender Wirkung, dass die menschliche Zivilisation es nicht dulden kann, sie unbeachtet zu lassen, sie würde sonst eine Wiederholung solchen Unheils nicht überleben. Dass vier große Nationen, erfüllt von ihrem Siege und schmerzlich gepeinigt von dem geschehenen Unrecht, nicht Rache üben, sondern ihre gefangenen Feinde freiwillig dem Richtspruch des Gesetzes übergeben, ist eines der bedeutsamsten Zugeständnisse, das die Macht jemals der Vernunft eingeräumt hat.«

Die mutmaßlichen Kriegsverbrecher auf der Bank folgen ungerührt oder neugierig dem Eröffnungsspiel der Anklage. Es ist ein Prozess der Sieger, und manchen kommt es noch immer seltsam vor, dass sich diese Herren die Mühe machen wollen, mit Beweisen und Zeugen, Rede und Gegenrede den Angeklagten eine Schuld nachzuweisen.

Für das Spitzenpersonal des Nazi-Regimes ist der Begriff Demokratie ein Schimpfwort, sie sehen in ihr eine überkommene, uneffektive Regierungsform. Hat nicht der Führerstaat mit dem Aufstieg des Deutschen Reiches der Welt gezeigt, wie wirksam die Kraft eines Volkes entfesselt und gebündelt werden kann? Ein Wunder, dass Demokratien unter der ständigen Drohung von freien Wahlen und Regierungswechseln überhaupt imstande waren, einen Krieg zu führen – gar, ihn zu gewinnen! Wie hätten es die Deutschen gemacht? Vielleicht hätten sie im Tempo der »Bewegung« für einen Nachkriegsprozess schon eine Liste mit Namen parat gehabt ...

»Es ist ein Fall von solcher Schwere, den die Vereinigten Nationen Ihnen, meine Herren Richter, jetzt unterbreiten«, fährt Robert H. Jackson fort.

»Auf der Anklagebank sitzen einige [sic] zwanzig gebrochene Männer, von der Demütigung derer, die sie einmal geführt, fast ebenso bitter geschmäht wie von dem Elend derer, die sie angegriffen. Die Möglichkeit, jemals wieder Unheil zu stiften, ist ihnen für immer genommen. Man mag sich beim Anblick dieser armseligen Gestalten, wie sie hier als Gefangene vor uns sind, kaum die Macht vorstellen, mit der sie als Nazi-Führer einst einen großen Teil der Welt beherrscht und fast die ganze Welt in Schrecken gehalten haben. ... Sie sind, wie wir zeigen werden, lebende Sinnbilder des Rassenhasses, der Herrschaft des Schreckens und der Gewalttätigkeit, der Vermessenheit und Grausamkeit der Macht.«

Jacksons Stimme hallt im Raum und überlagert immer wieder die deutsche Übersetzung. »Wir werden Ihnen unwiderlegbare Beweise für unglaubliche Verbrechen vorlegen. In der Liste der Verbrechen wird nichts fehlen, was krankhafte Überhebung, Grausamkeit und Machtlust nur ersinnen konnten. Diese Männer ... nahmen dem deutschen Volk all jene Würde und Freiheiten, die wir als natürliche und unveräußerliche Rechte jedes Menschen erachten.«

Unsere Kamera fährt langsam an das Gesicht von Albert Speer heran. Ein kleines, fast unmerkliches Zucken zeigt seine Anspannung, die innere Bewegung und das Bemühen, sich nicht das Geringste anmerken zu lassen vor den Augen der Welt. Er hat sich vorgenommen, hier eine respektable Figur zu machen. Geht es nicht auch um das deutsche Volk? Er wird zuhören. Er

NÜRNBERG 1945: DIE ERÖFFNUNGSREDE

ist nur der Reichsminister für Rüstung gewesen, und gerade mal die letzten drei Jahre, ein Organisationsjob, und das Eigentliche, seine Bauideen, steht ja wohl nicht zur Debatte …

»Ihre Widersacher, unter denen Juden, Katholiken und die freie Arbeiterschaft waren, bekämpften die Nazis mit einer Dreistigkeit, einer Grausamkeit und einem Vernichtungswillen, wie die Welt …« –

Er hat seine Rolle, seine Funktion im Dritten Reich, besonders aber seine Tätigkeit als Rüstungsminister in den letzten Wochen, in den verschiedenen Lagern vor Nürnberg bereits diversen Vertretern der westlichen Siegermächte, Offizieren und Geheimdienstleuten genauestens zu Protokoll gegeben. Dabei hat er auch seinen Widerstand gegen Hitler in den letzten Kriegsmonaten nicht ausgelassen. Mit viel Interesse und Entgegenkommen ist nachgefragt worden. Es ging um alles, seine Einschätzung des Führers und der Führungselite, der kriegsentscheidenden Propaganda, der Waffenentwicklung, für die man sich besonders interessierte, auch die Umstände der Niederlage und des Untergangs des Dritten Reiches.

Und wenn sie, die Gegner, übrigens nicht im Januar 1943 die

POSEN, 6. OKTOBER 1943

bedingungslose Kapitulation gefordert hätten, wäre das Volk wohl nicht bis zum Schluss dem Führer treu geblieben …

Er hat zu allem detaillierte Kenntnisse und dezidierte Urteile weitergegeben, wollte vielleicht hören, wie gut er seinen Job gemacht hat, als Rüstungsminister wider Willen – wie das jeder andere Patriot mit solchen Begabungen in jedem anderen kriegführenden Land auch getan hätte. Er hatte doch keinen Hass auf die Juden …

»Sie trieben ihr Volk in ein wahnwitziges Spiel um die Herrschaft. Sie boten die sozialen Kräfte und Mittel auf, um eine Kriegsmaschine zu schaffen, die sie für unbesiegbar hielten. Sie überrannten ihre Nachbarn. Damit die ›Herrenrasse‹ den von ihr angezettelten Krieg durchstehen könne, versklavten sie Millionen von Menschen und brachten sie nach Deutschland, wo diese Unglücklichen heute als Verschleppte umherirren. Schließlich aber wurden Bestialität und Treulosigkeit so schlimm, dass sie die schlummernde Kraft der gefährdeten Zivilisation wachrüttelten. Ihre vereinte Anstrengung hat die deutsche Kriegsmaschine in Stücke geschlagen. Der Kampf jedoch hat ein Europa hinterlassen, das zwar befreit ist, aber entkräftet am Boden liegt, und in dem eine zerrüttete Gesellschaft um ihr Leben ringt.«

Zeitgenössische Aufnahmen. Befreite Zwangsarbeiter, die sich in den deutschen Städten sammeln. Man sieht Gesichter aus allen möglichen europäischen Ländern. Die Heimkehr dieser Verschleppten wird eine Reise ins Ungewisse – für Menschen aus der Sowjetunion in die Verachtung und in die Straflager.

Zwangsarbeiter im KZ Mauthausen

Täter und Mitwisser: Posen, 6. Oktober 1943

Die Stiefel der Gauleiter lärmen über den Marmorboden des Posener Schlosses. Wir sehen Speer in der ersten Reihe einer Gruppe von Uniformierten auf ihrem Weg in den Tagungssaal. Es dominieren SS- und Amtswalter-Uniformen. Hitlers Sekretär Martin Bormann und Baldur von Schirach, Statthalter in Wien, sind dabei an diesem Vormittag, ebenso Joseph Goebbels. Eine

POSEN, 6. OKTOBER 1943

Rüstungstagung der Reichs- und Gauleiter ist anberaumt worden. Draußen herrscht strahlendes Herbstwetter.

In Vorträgen und kurzen Referaten soll der Ernst der aktuellen Kriegslage unter verschiedenen Aspekten dargestellt werden. Speers Bericht wird für den Vormittag erwartet, doch zuvor lässt er seine Fachleute zu Wort kommen, ein Procedere, das sich immer wieder als förderlich für die Durchsetzung der eigenen Ziele erwiesen hat, vor allem beim Führer – und heute geht es Speer um die totale Kriegführung. Generalfeldmarschall Erhard Milch und Großadmiral Karl Dönitz folgen mit Vorträgen.

Aber es ist an diesem Tag nicht nur von Rüstung die Rede. Reichsführer SS Heinrich Himmler wird, wohl nicht ohne Wissen Hitlers, am Nachmittag die Wahrheit über den Völkermord an den Juden unverschleiert darlegen – »eine Frage, die Sie,

191

POSEN, 6. OKTOBER 1943

meine Parteigenossen, alle als selbstverständlich hingenommen haben ... dass in Ihrem Gau keine Juden mehr sind«. Himmler will alle wichtigen Funktionsträger der Partei von nun an und für den Rest des Krieges fest einbinden. Das ist wahrscheinlich der eigentliche Sinn der Zusammenkunft.

Seine SS- und Polizeiführung hat er zwei Tage zuvor, ebenfalls in Posen, bereits in ähnlicher Weise unterrichtet, andere hohe Stellen werden später noch informiert. Es gibt kein Zurück mehr. »Sie wissen nun Bescheid, und Sie behalten es für sich.« Dem Volk sage man lieber auch in Zukunft nichts, sondern trage die Verantwortung – »die Verantwortung für eine Tat, nicht nur für eine Idee« – tapfer und schweigend bis ins Grab. Hier am Ende überhaupt eine Wahl zu haben kann nur ein militärischer Sieg gewährleisten, das wird jeder aus der Führungsriege spätestens jetzt verstanden haben.

Bleiben wir noch beim Vormittag. Im großen Saal hat man in Hufeisenform Plätze für 50 bis 60 Personen aufgebaut. Ein paar kurze Vorträge sind von Mitarbeitern Speers gehalten worden; es gab viel Zahlenmaterial. Goebbels hat wenig Neues erfahren, wie er vermerkt, und außerdem »malen [sie] etwas sehr schwarz in schwarz, um die Gauleiter zu größerem Eifer in der augenblicklich laufenden Speerschen Auskämmungsaktion anzufeuern«. Für Goebbels nachvollziehbar.

Anschließend spricht Speer selbst. »Seine Ausführungen zur Rüstungslage«, so Goebbels, »zeugen von gediegener Sachkenntnis. Insbesondere erklärt er den Gauleitern seinen großen Plan auf Stillegung der zivilen Fertigung, und zwar in größtem Umfange.« Der Minister will weite Teile der deutschen Konsumgüterindustrie schließen, um die dort tätigen Arbeitskräfte in die Rüstungsindustrie überführen zu können. Seine Diktion ist voller Schärfe und nicht ohne offene Kritik, beispielsweise an der Wehrmacht und ihren Wirtschaftsinteressen. Warum sollen Luxus- und Gebrauchsgüter wie Kühlschränke, Heizkissen, Schreibmaschinen und anderes Überflüssige immer noch im Reich produziert werden und nicht etwa in Frankreich?

Speer propagiert die Totalisierung des Krieges an der Heimatfront. Er bittet »darum, sich doch jetzt einmal endlich im Klaren zu sein, dass nur die schärfsten Maßnahmen noch in der Lage«

seien, »die Situation für uns günstig zu gestalten«. Es habe »keinen Zweck zu verschweigen, dass unsere Rüstung nur dann Aussicht [habe], der Wehrmacht die notwendigen Waffen zu liefern, wenn das ganze Volk hinter dieser Rüstung [stehe] und die politische Führung endlich den Ernst der Lage« einsehe.

Er stimmt die Versammelten dann wieder etwas milder, indem er vom Qualitätsvorsprung der deutschen Rüstung spricht oder von Raketen und anderen Geheim- und Wunderwaffen raunt. Doch er setzt entschieden Grenzen, um den Gauleitern nicht die Anstrengungen zu ersparen, die er nun mal einfordern will. Er »möchte aber betonen, dass es hier noch wesentlich unbestimmte Faktoren gibt, die es nicht gestatten, zu früh von einem sicheren Einsatz dieser neuen Waffen zu sprechen«.

Speer braucht, laut Goebbels' Aufzeichnungen, in kurzer Frist eine Million Menschen aus der zivilen Fertigung. Eine andere Möglichkeit der Rüstungsexpansion besteht in der Steigerung der Leistungskraft jedes einzelnen Arbeiters; neben der zu starken Fluktuation und den dadurch bedingten Anlernzeiten stören die so genannten Bummelanten.

Schon ein Jahr zuvor, am 30. Oktober 1942, hat der Minister während einer Sitzung der Zentralen Planung auf die Problematik hingewiesen: »Die Bummelantenfrage ist auch ein Punkt, den wir behandeln müssen. Ley [der Chef der Deutschen Arbeitsfront] hat festgestellt, dass dort, wo Betriebsärzte sind und die Leute von den Betriebsärzten untersucht werden, sofort der Krankenstand auf ein Viertel bis ein Fünftel sinkt. SS und Polizei könnten hier ruhig hart zufassen und die Leute, die als Bummelanten bekannt sind, in KZ-Betriebe stecken. Anders geht es nicht. Das braucht nur ein paarmal zu passieren, das spricht sich herum.«

Speer droht nun auch noch eine Untersuchung über Bestechlichkeit in Kreisen der Nazi-Prominenz an. Er werde sich die monatlichen Fertigungszahlen der großen Betriebe für Radioapparate und Kühlschränke besorgen. »Diese Fertigungen sind, das möchte ich hier klar sagen, Fertigungen, die zu nichts anderem dienen als zur Bestechung.« Denn sie würden zwar zum Kauf angeboten, aber unter den Bedingungen der Mangelwirtschaft doch zur Bestechung eingesetzt«.

Um die Ziele des skizzierten Rüstungsprogramms erreichen zu können, werde er, wie erwähnt, »Stilllegungen vornehmen müssen«, und deshalb habe er »mit dem neuen Reichsinnenminister [Himmler] vereinbart, dass wir, wenn notwendig, dazu die Reichsexekutive benutzen werden«. Speer meint es ernst.

Schließlich wendet er sich noch einmal direkt an die Gauleiter. »Er habe hierbei nur zu sagen, dass die Art und Weise, wie einzelne Gebiete in Deutschland sich bisher von den Stilllegungen ausgenommen haben, in Zukunft von ihm nicht mehr geduldet werde« … »die Vorträge, die auf dieser Tagung gehalten seien, sowie auch seine eigene Rede sollten den Zweck haben, der politischen Führung für die Zukunft jede Ausrede zu nehmen, einmal nicht genau gewusst zu haben, um was es sich jetzt handele.« So vermerkt es Wolters in der Chronik.

Speer macht sich nicht beliebt mit seiner Rede – er habe die Sache etwas überspannt, notiert Goebbels im Tagebuch: »Insbesondere hat bei den Gauleitern sein etwas schroffer Ton leicht verstimmt. Man wird bei den Gauleitern auf die Dauer nicht landen, wenn man ihnen mit der Polizei droht. Es ist übrigens das erste Mal, dass in einer Gauleitertagung solche Worte gesprochen werden.«

Die Gauleiter, die sich in ihren Gebieten wie Fürsten gebärden, wissen nun, dass Speer ihre Privilegien, die ihm prinzipiell gegen den Strich gehen, kappen will. Der Minister registriert einige ungemütliche Blicke im Publikum als Reaktion auf seine Drohungen. Entsprechend mager ist der Schlussapplaus. Speer wird auch sogleich von einigen Gauleitern umringt. Man zitiert seine Worte, die nur zu deutlich waren.

»›Reichsexekutive‹ – Herr Minister, das hört sich ja an, als ob Sie einige von uns ins Konzentrationslager sperren wollten.« Speer will abwiegeln. Er weiß, dass er sich die Gauleiter nicht zu Feinden machen darf, wenn er weiterhin Rückhalt für die notwendigen Aktionen zum totalen Kriegseinsatz im Land finden will.

»Nein, nein, so war das nicht gemeint.« Speer sucht Bormann. Er will noch einmal ans Mikrofon, um die Sache richtig zu stellen. Doch dem Chef der Parteikanzlei – Speer nennt ihn den »Mann mit der Heckenschere« – scheint der Aufruhr gegen

POSEN, 6. OKTOBER 1943

den Günstling des Führers ganz recht zu sein. Bormann weiß, die Verstimmung der Gauleiter kann er bei Hitler gegen Speer verwenden, und winkt aufs Freundlichste ab: »Ist nicht nötig, Herr Minister.«

Stattdessen geht Bormann nun selbst ans Mikrofon: »Wir sind dem Parteigenossen Speer außerordentlich dankbar, dass er uns einen Überblick gegeben hat. Er darf unserer Unterstützung gewiss sein. Wir schließen nun den Vormittagsteil unserer Tagung. Wir begeben uns hinüber ins Hotel, nehmen dort ein Mittagessen ein und setzen die Tagung um 15 Uhr fort.«

SS-Führer Heinrich Himmler, seit August auch Reichsinnenminister, beginnt mit seiner Rede gegen 17 Uhr in der Dämmerung. Die kleinen Lampen auf den Tischen werden angeschaltet. Himmler spricht prägnant und klar; die Rede ist sorgfältig vorbereitet. Er verpflichtet seine Zuhörer auf die Ideologie der Partei und ihren Beschluss einer gewaltsamen Linie, wie sie seit nunmehr einer Dekade umgesetzt wird.

»Die Stärke unserer deutschen Soldaten und unseres ganzen deutschen Volkes beruht im Glauben, im Herzen und in der Überzeugung, dass wir gemäß unserer Rasse und gemäß unserem Volkstum mehr wert sind als die anderen. ... In dem Augenblick, wo wir an unserem Glauben, an diesem rassischen Wert selbst zu zweifeln beginnen, ist Deutschland, ist der ger-

195

POSEN, 6. OKTOBER 1943

manische Mensch verloren. Denn die anderen sind mehr als wir. Wir aber sind mehr wert als sie.«

Himmlers Vortrag wirkt lebendig, gespickt mit teuflisch-launigem Humor. Er spricht über »den« Russen: »Es ist eine reine Glückssache, welches Register das Biest gerade zieht«, über »Väterchen Stalin«, »die östlichen Hilfsvölker« und über seinesgleichen, »die alten Nazis«: »Eine sehr große Rolle spielt die von Kreisen außerhalb der Partei im Frieden so verurteilte Einrichtung der Konzentrationslager. Ich glaube, wir alten Nazis sind uns darüber klar, wenn diese 50 000 bis 60 000 politischen und kriminellen Verbrecher draußen und nicht in den Konzentrationslagern wären, dann, meine Parteigenossen, würden wir uns schwer tun. So aber sind sie zusammen mit rund weiteren 150 000, darunter einer kleinen Anzahl Juden, einer großen Anzahl Polen und Russen und sonstigen Gesindels in den Konzentrationslagern und leisten für den Parteigenossen Speer und seine so lebenswichtigen Aufgaben im Monat jetzt rund 15 Millionen Arbeitsstunden.«

Doch nun kommt Himmler »in diesem allerengsten Kreise« auf »die schwerste Frage« seines Lebens, »die Judenfrage«: »Alle deutschen Menschen – abgesehen von einzelnen Ausnahmen – sind sich auch darüber klar, dass wir den Bombenkrieg, die Belastungen des vierten und des vielleicht kommenden fünften

POSEN, 6. OKTOBER 1943

und sechsten Kriegsjahres nicht ausgehalten hätten und nicht aushalten würden, wenn wir diese zersetzende Pest noch in unserem Volkskörper hätten. Der Satz ›die Juden müssen ausgerottet werden‹ mit seinen wenigen Worten, meine Herren, ist leicht ausgesprochen. Für den, der durchführen muss, was er fordert, ist es das Allerhärteste und Schwerste, was es gibt.«

Himmler will seiner Rede die angemessene historische Dimension verleihen. »Es trat an uns die Frage heran: Wie ist es mit den Frauen und Kindern? – Ich habe mich entschlossen, auch hier eine ganz klare Lösung zu finden. Ich hielt mich nämlich nicht für berechtigt, die Männer auszurotten – sprich also, umzubringen oder umbringen zu lassen – und die Rächer in Gestalt der Kinder für unsere Söhne und Enkel groß werden zu lassen. Es musste der schwere Entschluss gefasst werden, dieses

POSEN, 6. OKTOBER 1943

Volk von der Erde verschwinden zu lassen.« Der »Auftrag« sei durchgeführt worden, »ohne dass – wie ich glaube sagen zu können – unsere Männer und unsere Führer einen Schaden an Geist und Seele erlitten hätten«.

Nervös und leicht schwitzend folgen die Gauleiter den Worten Himmlers. Sie wissen: Da spricht jemand, dem sie diese Vollzugsmeldung eines Völkermordes unbedingt glauben können. Bei allem Wissen, Halbwissen und tätigen Mitwirken mag es für einige doch überraschend sein, so deutlich mit den Fakten konfrontiert zu werden.

Antisemitismus gehörte bereits zum ersten Programm der NSDAP von 1920, Antisemitismus schärfster Tonlage lesen Deutsche in Hitlers *Mein Kampf* seit dessen Erscheinen 1925/27. Zug um Zug ist die Entrechtung von Juden seit 1933 für jedermann sichtbar umgesetzt worden. »Die deutschen Juden werden planmäßig vernichtet«, lautet der erste Satz eines im französischen Exil geschriebenen Essays von Heinrich Mann – veröffentlicht bereits im Dezember 1935 in *Die neue Weltbühne*. Am 9. November 1938 brennen im ganzen Deutschen Reich die Synagogen. Und nun, zwei Jahre nach Beginn des systematischen Judenmordes, geht es, wie Himmler in aller Unmissverständlichkeit hervorhebt, um »die Verantwortung für eine Tat, nicht nur für eine Idee«.

»Ich habe mich für verpflichtet gehalten«, fährt Himmler fort, »zu Ihnen als den obersten Willensträgern, als den obersten Würdenträgern der Partei, dieses politischen Ordens, dieses politischen Instruments des Führers, auch über diese Frage einmal ganz offen zu sprechen und zu sagen, wie es gewesen ist. – Die Judenfrage in den von uns besetzten Ländern wird bis Ende dieses Jahres erledigt sein.« In drei Monaten also.

Man werde noch einmal »hinlangen«, wo es bisher hieß: »Halt! Sie stören die Kriegswirtschaft! Halt! Rüstungsbetrieb! – Natürlich hat das mit Parteigenossen Speer gar nichts zu tun, Sie können gar nichts dazu«, wendet sich Himmler direkt an den Minister (der später seine Anwesenheit bestreiten wird) und fügt hinzu: »Es ist der Teil von angeblichen Rüstungsbetrieben, die der Parteigenosse Speer und ich in den nächsten Wochen und Monaten gemeinsam reinigen wollen. Das werden wir genauso unsentimental machen, wie im fünften Kriegsjahr alle Dinge unsentimental, aber mit großem Herzen für Deutschland gemacht werden müssen.«

Mit diesen Worten schließt Himmler den Passus zur »Judenfrage« in seiner Rede ab.

Der ehemalige Reichsjugendführer Baldur von Schirach hat nach seiner Entlassung aus der Nürnberger Haft diesen gespenstischen Augenblick der Wahrheit in seinen Erinnerungen festgehalten (wenngleich unter falschem Datum):

»Während Himmler redete, herrschte bleierne Stille im Saal. Er sprach so eiskalt über die Ausrottung von Männern, Frauen und Kindern wie ein Geschäftsmann über seine Bilanz. Es war nichts Emotionelles in seiner Rede, nichts, was auf eine innere Beteiligung hindeutete. Und während ich fassungslos zuhörte, kam mir die Erkenntnis, dass Himmler mit dieser Rede uns alle durch Mitwisserschaft zu Komplizen machte. Wir, die wir hier im Rathaussaal zusammensaßen, waren alle Antisemiten. Es gab Radikale unter uns und Gemäßigte. Aber auch die Gemäßigten, das mussten sie jetzt erkennen, hatten sich durch antisemitische Äußerungen oder gar dadurch, dass sie sich mit der Umsiedlung jüdischer Bevölkerungsteile identifizierten, zu Helfershelfern dieser Vernichtungsaktion gemacht. Das Maß unserer Schuld lässt sich in vielen Fällen nicht juristisch erfassen. Moralisch hat sich jeder, auch derjenige, der nicht an so verantwortlicher Stelle stand wie ich, nach der Rede Himmlers mitverantwortlich gemacht für millionenfache Gräueltaten, die jenseits jeder Vorstellungskraft lagen.«

Joseph Goebbels, einer der »radikalen« Antisemiten, hat die Rede anders erlebt: Himmler habe »ein ungeschminktes und freimütiges Bild« gegeben. »Er ist der Überzeugung, dass wir die Judenfrage bis Endes dieses Jahres für ganz Europa lösen können. Er tritt für die radikalste und härteste Lösung ein, nämlich dafür, das Judentum mit Kind und Kegel auszurotten. Sicherlich ist das eine wenn auch brutale, so doch konsequente Lösung. Denn wir müssen schon die Verantwortung dafür übernehmen, dass diese Frage zu unserer Zeit gelöst wird. Spätere Geschlechter werden sich sicherlich nicht mehr mit dem Mut und mit der

Besessenheit an dies Problem heranwagen, wie wir das heute noch tun können.«

In einem Verschlag hinter der Bühne lässt Himmler seine Rede auf Tonband aufzeichnen. Es wird einmal der Tag kommen, an dem man auch dieses Zeugnis heroischen Handelns der SS zum Wohl der Volksgemeinschaft zu würdigen weiß. Unsere Kamera fährt auf die Techniker am laufenden Aufnahmegerät – Himmlers Stimme, im Original sehr verkratzt.

Fußnote zu Posen: Die Akte Speer

Im Oktober 1971 veröffentlicht der Historiker Erich Goldhagen einen Artikel, in dem es erstmals um diese Rede Himmlers – »ein bis heute unveröffentlichtes Dokument« – geht. Goldhagen betrachtet Speers hartnäckige Beteuerungen, vom systematischen Mord an den Juden nichts gewusst zu haben, mehr noch: ansonsten »wohl von der Regierung zurückgetreten« zu sein, mit dem Fund der Posener Rede vom 6. Oktober 1943 als eindeutig widerlegt.

Zweimal wird Speer – übrigens als einzige Person in der ganzen Rede – von Himmler direkt angesprochen, und der Angesprochene, so Goldhagen, sei anwesend gewesen. Genau dies zu widerlegen wird in der Folge Speers eifriges Bemühen sein. Sosehr er sich bereit erklärt, Verantwortung zu übernehmen, so konsequent versucht er, konkrete Schuld von sich fern zu halten. Eine Schuld des Nicht-gewusst-haben-*Wollens* ist das Einzige, was er akzeptiert.

Speer rekonstruiert nun aus Archivakten seinen damaligen Tagesablauf, findet heraus, dass er vormittags gesprochen hat. Himmler hingegen sei erst am frühen Nachmittag erschienen, als er, Speer, sich schon auf dem Weg nach Rastenburg ins Führerhauptquartier Wolfsschanze befunden habe – mit dem Wagen. Dummerweise hat er in seinen zwei Jahre zuvor erschienenen *Erinnerungen* von der Posener Tagung berichtet, ohne die Himmler-Rede zu erwähnen, und dabei nahe gelegt, dass er erst am Abend mit den betrunkenen Gauleitern im Zug gefahren sei.

Speer bemüht nun sogar Zeugen für diese Autofahrt, unter anderem Walter Rohland, damals Wirtschaftsführer und in Posen ebenfalls Referent – allerdings nicht ohne in den Text von dessen eidesstattlicher Erklärung einzugreifen und Empfehlungen für eine größere Glaubwürdigkeit zu geben: »Vielleicht wäre es gut, wenn Sie bei Ihrer eidesstattlichen Erklärung auf Seite 2 die Zeit (23 Uhr) weglassen würden. Erfahrungsgemäß ist es fast unmöglich, sich an ein derartiges Detail zu erinnern, um so weniger als Besprechungen bei Hitler wegen der Konzentriertheit ihres Inhalts einem oft länger vorkamen als sie tatsächlich waren.« Rohland übernimmt alle Vorschläge des früheren Rüstungsministers.

Als weiteren Beleg für seine Abreise führt Speer dann auch

besagtes Abendgespräch beim Führer an. Er beruft sich dabei auf Aufzeichnungen von Hitlers Diener Linge – in dessen »Terminkalender« seien keine Besprechungen mit anderen Personen zu dem in Frage kommenden Zeitpunkt vermerkt. Allerdings handelt es sich dabei um Notizen zu den Ereignissen des Tages, und Speer ist hier tatsächlich nicht vermerkt, erst am Tag darauf.

Wolf Jobst Siedler, der deutsche Verleger Albert Speers: »Eines Tages rief Speer mich an und fragte: ›Was sagen Sie zu Goldhagen?‹ Ich hatte den Artikel da noch gar nicht gelesen. ... Speer legte ja äußersten Wert darauf, dass er da nicht dabei gewesen ist. Er kam sofort nach Berlin und sagte: ›Wenn Sie das glauben, dass ich dabei war, dann beruht unsere ganze Bekanntschaft, die zum Schluss fast zu einer Freundschaft geworden ist, auf einer Lebenslüge. Dann wäre ich ja genau das gewesen, was ich immer abgestritten habe. Ich möchte mich rechtfertigen.‹

Er brachte dieses berühmte Verteidigungsargument, er sei schon am Mittag, nach dem Mittagessen, ins Führerhauptquartier gefahren, da er einen Termin bei Hitler gehabt habe. Bei der Rede sei er nicht dabei gewesen, sondern nur am Vormittag, als allgemeiner Bericht über die Kriegslage gegeben wurde. Da ließ er alle möglichen Leute Persilscheine schreiben ...

Ich sagte daraufhin: ›Herr Speer, ich halte es für denkbar, dass Sie das sozusagen im Freud'schen Sinne vor sich selber verdrängt haben, dass Sie selber ehrlich, aufrichtig überzeugt sind: Das kann nicht gewesen sein, ich kann das nicht gehört haben. Denn es ist ja offensichtlich so viel in Ihrer Gegenwart gesprochen worden, beschlossen worden, angeordnet worden, von dem Sie jetzt sagen wollen, Sie hätten nichts davon gewusst. Das ist wie ein Schutzmechanismus, den Sie wohl vor sich aufgezogen haben, um sozusagen sich selber ins Auge blicken zu können. Ich halte es für denkbar, dass Sie es selber nicht mehr wahrhaben wollen. Aber die Fakten sind da eigentlich unmissverständlich.‹ Und dann sind wir davon abgegangen.«

Wie reagierte er darauf?

Wolf Jobst Siedler: »Er sagte: ›Sicherlich kann das mitgespielt haben.‹ Aber dann kam er wieder mit dem Argument: Ich bin mit dem Auto gefahren, weil die Züge so unordentlich waren und ...«

Das Flugzeug konnte nicht landen, und vom ADAC hat er sich bestätigen lassen, dass man es in sechs Stunden schaffen konnte nach Rastenburg, auf den polnischen Straßen. Nur steht er an diesem Abend nicht auf Linges Anwesenheitsliste, sondern erst am nächsten Tag, und dummerweise hat er in den *Erinnerungen* zunächst erzählt, er sei mit dem Zug gefahren; und dann diese direkte Anrede von Himmler während der Rede ...

Wolf Jobst Siedler: »›Sie, Parteigenosse Speer, sind nicht gemeint!‹«

Was war Ihr Gefühl? War er da oder war er nicht da?

Wolf Jobst Siedler: »Sicherlich war er da ... Schon der Widerspruch zwischen Eisenbahnfahrt und Autofahrt und das Protokoll des Abends bei Hitler – nein, er war ganz sicherlich da. Aber ich weiß nicht, ob er wirklich wusste, dass er wusste – wieweit er sich selber einer Täuschung hingegeben hat, wieweit er nicht nur die anderen, die Umwelt täuschte, sondern sich selber, das weiß ich nicht. Das Wort von Lavater, das Goethe so liebte, *individuum est ineffabile*, der Mensch ist nicht enträtselbar, das galt für Speer in höchstem Maße. Er blieb ein Rätsel vom ersten bis zum letzten Moment.«

Albert Speer jr.: »Also, ob er jetzt da war oder nicht, das ist, glaube ich, gar nicht so wichtig. Ich glaube, dass man nicht in einer solchen Position gewesen sein kann, ohne mindestens über Dritte und Vierte davon gewusst zu haben.«

Arnold Speer: »In seiner Position und bei den Ankündigungen, was mit den Juden zu geschehen habe – das hat ja eine lange NS-Tradition –, muss er im Grunde eigentlich auch vom Völkermord gewusst haben. ... Wenn er die Fähigkeit zu verdrängen gehabt hat, die ich habe – und da müssen ja Gene rübergekommen sein –, dann gilt: Hören und Vergessen ist ein und dasselbe.«

Hilde Schramm: »Er hätte vor allen Dingen noch viel mehr wissen können. Die anderen wussten auch ganz viel, das ist ja inzwischen alles nachgewiesen. Zwangsarbeiter, die sowjetischen

Hilde Schramm mit
Heinrich Breloer

Kriegsgefangenen, die nur noch zu den Arbeitsstätten getaumelt sind – das haben die Leute doch gesehen. Die Soldaten, die von der Front auf Urlaub kamen, die haben vielleicht nicht alles erzählt, aber doch vieles, haben Bilder gemacht und so weiter. Die These ist ja längst nicht mehr zu halten, dass die Menschen mehrheitlich nicht wussten, was geschah. Die wollten es alle nicht wissen. Oder falsch – nicht alle, die meisten wollten es nicht wissen. Genauso wie mein Vater.«

Wie haben Sie für sich entschieden: Hat Ihr Vater in Posen die Rede Himmlers über die Vernichtung der Juden gehört?

Hilde Schramm: »Es ist für mich vielleicht leichter, jeweils meinem Vater zu glauben. Und meine Interpretation erlaubt das auch, weil ich denke, sein Instinkt, seine Antennen für Situationen waren so ungeheuer gut – er merkte, wenn es brenzlig wurde, und hat sich dann fern gehalten. Dafür gibt es ja viele Beispiele. Er ist auch ausgewichen, wenn es gerade günstig war; nicht aus rationalem Kalkül, sondern weil er ein dumpfes Gefühl für das hatte, was jetzt kommt. Ich glaube ihm das. So unwahrscheinlich es klingt – ich glaube ihm das. Das ist ja ein immer wieder auftretendes Phänomen, dass er fast traumwandlerisch irgendwelchen Situationen entgeht, ohne dass man dafür einen klaren Grund angeben könnte. Das ist vorrational. Vielleicht lege ich mir das so zurecht; andererseits maße ich mir auch nicht an, da ein Urteil zu fällen. Und vielleicht ist es wiederum einfacher für mich, es so zu sehen – das gebe ich schon zu.«

Der Vater würde ihre Perspektive teilen – und diese »vielen Beispiele« für eine traumwandlerische Intuition, von denen die 1936 geborene Tochter spricht, hat sie wohl eben auch als Selbstlegenden vom Vater gehört.
Wolf Jobst Siedler: »Jedes dritte Wort war ›die Vorsehung‹. Ich erwiderte: ›Wissen Sie, Herr Speer, das sagte unser Führer dauernd, also dieses Wort würde ich um alles in der Welt vermeiden!‹«

Dass Speer sich über Jahre hinweg bemüht, seine Abwesenheit in Posen zu beweisen, und sich dabei mitunter sogar selbst diskreditiert, gibt allerdings auch in die andere Richtung zu denken: Besteht hier deswegen jemand so unnachgiebig auf etwas, weil es in diesem besonderen Punkt, in dieser Detailfrage ausnahmsweise die Wahrheit ist?
Festzuhalten bleibt: Speer bezieht sich in seiner vormittäglichen Rede in Posen drohend auf Absprachen mit Himmler. Der SS-Führer wiederum bezieht sich nachmittags in seiner Rede auf Absprachen mit Speer, denen gemäß man alle nur scheinbaren Rüstungsbetriebe »gemeinsam reinigen« werde.
Mit Sicherheit hat das Posener Treffen für große Aufregung gesorgt – Speer erweckte den Eindruck, er wolle Gauleiter ins KZ einliefern lassen, falls sie ihr eigennütziges Treiben nicht einstellten; Himmler hat unmissverständlich den Vollzug der »Endlösung« bekannt gegeben. Einen Tag später begegnen alle Beteiligten (auch die Gauleiter) einander im Führerhauptquartier wieder.
Spätestens hier müsste es zu Reflexionen über all das Unerhörte gekommen sein. Obendrein ist es ja gerade Himmlers offenkundiges Anliegen – er hält in zwei Monaten drei Reden zu dem Thema –, *alle* Verantwortungsträger unleugbar über die Taten der SS zu informieren und sie auch untereinander zu Zeugen des Wissens der anderen zu machen.
Vielleicht brauchte Speer gar keine besondere »Intuition«,

Die Öfen der Krematorien von Auschwitz

vielleicht hat Himmler ihn sogar vorab davon in Kenntnis gesetzt, was er an diesem Tag vor den Gauleitern zu Protokoll geben werde. Die beiden mächtigen Herren hinter dem Führer kooperieren ja schon seit langem sehr eng miteinander. Werfen wir einen Blick in ihre Korrespondenz.

Speer schreibt am 1. Februar 1943 an Himmler: »Wie mir berichtet wird, ist im Bezirk Białystok eine größere Umsiedlungsaktion im Gange. Etwa 40 000 Juden sollen aus dem Ghetto Białystoks evakuiert werden. Um den in dem Urwaldgebiet von Białowitze noch befindlichen Partisanen die letzten Stützpunkte zu nehmen, sollen die dort lebenden Weißruthenen, hauptsächlich Kleinbauern – ebenfalls 40 000 Menschen –, ausgesiedelt und in die in Białystok frei gewordenen Judenwohnungen überführt werden. Da dieselben aber für die ländliche Bevölkerung nicht ausreichen, entsteht ein zusätzlicher Wohnungsbedarf, der durch eine Holzhaus-Siedlung bzw. Baracken für 20 000 Menschen gedeckt werden soll ...«

Die Ghetto-Liquidierungen auf polnischem Gebiet seit Sommer 1942 verlaufen brutal. Die »Evakuierung« von 40 000 Juden aus dem Ghetto Białystoks, von der Speer um den 1. Februar 1943 berichtet worden ist, bedeutet Massendeportation in die Konzentrationslager. Sie dient dort der »verstärkten Zuführung von Arbeitskräften« und ist zugleich Teil der »Endlösung«.

In einer SS-internen Mitteilung an Himmler heißt es darüber: »Im Zuge der bis 30. Januar 1943 befohlenen verstärkten Zuführung von Arbeitskräften in die KL [Konzentrationslager] kann auf dem Gebiete des Judensektors wie folgt verfahren werden:
1. Gesamtzahl 45 000 Juden
2. Transportbeginn 11.1.1943
Transportende 31.1.1943
(Die Reichsbahn ist nicht in der Lage, in der Zeit vom 15.12.1942 bis 10.1.1943 infolge des verstärkten Wehrmachtsurlaubsverkehrs Sonderzüge für die Evakuierung bereitzustellen.)
3. Aufgliederung: Die 45 000 Juden verteilen sich auf 30 000 Juden aus dem Bezirk Bialystok ... In der Zahl von 45 000 ist der arbeitsunfähige Anhang (alte Juden und Kinder) mit inbegriffen. Bei Anlegung eines zweckmäßigen Maßstabes fallen bei der Ausmusterung der ankommenden Juden in Auschwitz mindestens 10 000 bis 15 000 Arbeitskräfte an.«

Nürnberg 1945: Erster Film über die Konzentrationslager

Am 29. November, dem achten Verhandlungstag, bekommen die im Gerichtssaal Anwesenden gezeigt, was unter Konzentrationslagern zu verstehen ist.

Justice Jackson hat in seiner Eröffnungsrede darauf hingewiesen: »Ich belaste nicht gern das Protokoll mit solchen krankhaften Geschichten, aber wir haben die traurige Aufgabe, über Männer zu Gericht zu sitzen, die Verbrecher sind, und dieses sind die Dinge, die sich nach Aussage ihrer eigenen Helfershelfer zugetragen haben. Wir werden Ihnen die Konzentrationslager im Film genau in dem Zustand zeigen, in dem die Armeen der Alliierten sie bei ihrer Ankunft vorgefunden haben ... Unser Beweismaterial wird widerwärtig sein, und Sie werden sagen, ich hätte Ihnen den Schlaf geraubt ... Ich gehöre zu denen, die während des Krieges die meisten Gräuelgeschichten misstrauisch und mit Zweifel aufgenommen haben. Aber die Beweisstücke, die wir vorlegen, werden überwältigend sein, und ich wage

KZ Buchenwald, Leichen von Häftlingen nach der Befreiung des Lagers durch US-Truppen

vorauszusagen, dass nicht eines meiner Worte widerlegt werden wird. Die Angeklagten werden nur ihre persönliche Verantwortung abstreiten oder behaupten, ihnen seien diese Dinge nicht bekannt gewesen.«

Bevor der Film abgefahren wird, erläutert Fregattenkapitän James Britt Donavan, Hilfsankläger für die Vereinigten Staaten, die Authentizität und die Entstehung des Materials. Es handelt sich um einen Zusammenschnitt – »6000 Fuß Filmstreifen, die einem 80 000 Fuß langen Film entnommen worden sind« – von Aufnahmen alliierter Militär-Kameramänner; entstanden sind sie, »als die Alliierten Armeen im Westen die Gebiete, in denen sich die Lager befanden, befreiten«. Es handelt sich um Orte wie Bergen-Belsen, Buchenwald und Dachau.

Das Licht im Raum wird heruntergefahren, und auf der Leinwand erscheinen die ersten Filmaufnahmen von einem Konzentrationslager, die einem Publikum in Deutschland vorgeführt werden. (Einige der Verteidiger haben das Angebot des Gerichts angenommen und sich das Material bereits am Abend vorher zeigen lassen.)

Bilder vom Tag der Befreiung. Opfer berichten von der Leidenszeit und den Grausamkeiten, denen sie ausgesetzt waren. Eine ehemalige Gefangene, eine Ärztin, umringt von anderen Frauen, beschreibt mit ausländischem Akzent medizinische Experimente, die hier an wehrlosem »Patientengut« vorgenommen wurden.

SS-Wachen heben mit bloßen Händen vollkommen abgemagerte Leichen an und werfen sie auf die Ladefläche eines Lastwagens, wo andere SS-Männer sie weiterreichen. Tote, anscheinend leicht wie Kinder, werden am Boden entlanggezogen und in eine Kalkgrube hinuntergelassen. Sie erscheinen furchtbar lebendig und gelenkig, aberwitzige Gliederpuppen zu einem Leichenberg geschichtet.

Im großen Saal ist es still geworden. Kein Stühlerücken, Dazwischenreden, Kommen oder Gehen, kein Klappern der stenografischen Maschinen, nur hier und da Stöhnen, Husten. Der Gefängnispsychologe Gilbert und Psychiater Major Kelley notieren sich stichwortartig die Reaktionen der Angeklagten.

Colonel Andrus, der Gefängniskommandant, blickt auf Göring. Was wird der halsstarrige Reichsmarschall dazu sagen? Aber Göring setzt, offensichtlich empört, den Kopfhörer ab. Er lehnt an der Balustrade, »schaut meiste Zeit nicht zu, sieht schläfrig aus«, wie Gilbert vermerkt. »Keitel wischt sich die Stirn, nimmt Kopfhörer ab ... Heß starrt auf Leinwand, sieht aus wie ein Ghul mit eingesunkenen Augen über der Fußbeleuchtung ... Keitel setzt Kopfhörer auf, starrt aus Augenwinkel auf Leinwand ... Neurath hat Kopf gesenkt, schaut nicht hin.

Funk bedeckt Augen, scheint Qualen auszustehen, schüttelt den Kopf … Ribbentrop schließt die Augen, blickt weg … Frank schluckt krampfhaft, blinzelt mit den Augen, um Tränen zurückzuhalten … Speer sieht tieftraurig aus, schluckt mühsam … Verteidiger murmeln jetzt: ›Um Gottes willen – schrecklich!‹ … Sauckel schaudert bei Bild vom Krematoriumsofen in Buchenwald … als Lampenschirm aus Menschenhaut gezeigt wird. Streicher sagt: ›Ich glaub das nicht‹ … Göring hustet … Anwälte stöhnen … Ribbentrop schaut auf als englischer Offizier zu sprechen beginnt: 17 000 Leichen habe er schon begraben … Als [KZ-Kommandant] Kramer gezeigt wird, Funk mit erstickter Stimme: ›Das dreckige Schwein!‹ … Funk weint bitterlich, schlägt Hände vor Mund, als nackte Frauenleichen in Grube geworfen werden …«

Ein Bulldozer schiebt einen Haufen Menschenkörper vor sich her. Sie müssen in die Grube. Dabei gerät die Schaufel etwas in die Erde. Die Leichen drehen sich nun vor dem Bulldozer mit der Erde ineinander. Während die Kamera ganz nah an die Toten heranfährt, schließt der Sprecher die Sequenz ab: »That was Bergen-Belsen.« Das war Bergen-Belsen.

Richard Sonnenfeldt: »… ich weiß nicht, ob Sie es wissen: Bis Rudolf Höß gefangen genommen wurde, war es gar nicht klar, wie groß das Ausmaß dieses Holocaust war, oder das Ausmaß des Tötens in Russland.

Als ich Höß zum ersten Mal sah, habe ich zu ihm gesagt: ›Herr Höß, stimmt es, daß dreieinhalb Millionen Menschen in Auschwitz verbrannt wurden?‹ Und da hat er mich angeguckt und gesagt: ›Das stimmt nicht. Das waren nur zweieinhalb Millionen.‹ Und da habe ich zu ihm gesagt: ›Was ist mit den anderen passiert?‹ – ›Die sind verhungert und die sind durch die Krankheit gestorben‹ … Ziereis, der war Kommandant von Mauthausen – seinen Sohn habe ich getroffen, und den Sohn habe ich gefragt (sein Vater war verschwunden): ›Wie war es mit dir und deinem Vater?‹ Da lacht er: ›Mit dem bin ich gut ausgekommen, außer einmal zu meinem zehnten Geburtstag. Da hat er mir ein Gewehr geschenkt, und da mußte ich auf sechs Gefangene schießen, bis sie tot waren. Und das war sehr schwer für mich.‹ Und da habe ich es mehr und mehr und mehr mit der Wut bekommen.

Bis sie diesen Film hier im Gerichtssaal gesehen haben, haben die meisten Menschen gar nichts von dem Ausmaß dieser Übeltaten gewusst. Zum Beispiel hatten wir nicht gewusst, zu welchem Maß die deutschen Generäle sich an diesen Einsatzgruppen beteiligt oder davon gewusst hatten. Und wir hatten nicht gewusst, dass der Göring den Befehl zur ›Endlösung der Judenfrage‹ gegeben hat. … Die Deutschen haben gewusst und verstanden: Das KZ, das war etwas Furchtbares. Aber ich glaube nicht, dass die Deutschen, auch Speer und die anderen Mitglieder der Führung, von dem vollen Ausmaß der Vernichtungslager wussten oder vom Holocaust. Denn ich kann mich erinnern, als der Film hier gezeigt wurde, da sind sie zusammengebrochen. … die Soldaten haben es bestimmt nicht gewusst. Sie wissen doch, was der Göring darüber gesagt hat? Das war nur ein Propaganda-Film, wie der Goebbels einen gemacht hätte.«

Die Vorführung ist beendet. »Ich glaube es nicht!«, habe Heß kommentiert, und »Göring flüsterte ihm zu, still zu sein, seine Lässigkeit ist ganz verschwunden. Streicher meint etwas wie: ›Vielleicht in den letzten Tagen.‹ Fritzsche erwidert wütend: ›Millionen? In den letzten Tagen? – Nein!‹« Ansonsten herrscht

Rudolf Höß nach seiner Gefangennahme

düsteres Schweigen, als die Gefangenen den Gerichtssaal verlassen.

Hilde Schramm: »... da muss es einen frühen Zusammenschnitt geben, den wir gesehen haben. ... Der hat ja [in Nürnberg] auch meinen Vater sehr bewegt und teilweise sogar die anderen. Das haben wir gesehen, das heißt, es war gar keine Frage, dass es diese Judenvernichtung, den Pogrom, den Völkermord gegeben hat. Das war gar keine Frage. Wir hatten in der Schule auch ein Mädchen, deren Vater hingerichtet worden war nach dem 20. Juli. Wir hatten in der Klasse Kriegerwitwen mit vier Kindern und so weiter, und die ganzen Biografien dieser Klassenkameradinnen in ihrer Unterschiedlichkeit konnten einen ja sehr zum Nachdenken bringen. Ich glaube, das haben wir auch getan; wir haben als Mädchen auch untereinander darüber geredet.«

Haben Sie damals gedacht: Mein Vater hat etwas mit diesen Leichenbergen zu tun?

Hilde Schramm: »Das weiß ich nicht, ob ich das so direkt gedacht habe. Ich habe ja auch immer gefunden, dass mein Vater zu Recht verurteilt worden ist. Das hat er uns ja leicht gemacht, weil er – wie ich ihn damals verstanden habe und auch heute noch verstehe – selbst fand, dass er zu Recht angeklagt und verurteilt worden sei. Ich brauchte mich nicht in zwei Welten zu bewegen, um einerseits meinen Vater hochhalten und andererseits in der Schule diese Bilder sehen zu können. Die Frage war nur: Wie kriege ich das zusammen? Und dann habe ich mich sicher auch noch lange davor gedrückt, diese Verbrechen direkt mit meinem Vater in Verbindung zu bringen. Aber dass er einen wesentlichen Anteil am Krieg hatte, auch an der, wie man damals sagte, Kriegsverlängerung und damit an den Zerstörungen – dem konnte ich nicht ausweichen.«

Wenn er in Nürnberg die vielen Toten an sich herangelassen hätte – was wäre passiert, wenn er die Schuld gespürt hätte?

Arnold Speer: »Ich glaube, das hält man überhaupt nicht aus. ... Sie haben vorhin wissen wollen, was ich meinen Vater gefragt hätte – oder warum ich ihn nie gefragt habe. Das ist der Punkt. Ich hätte ihn ja dann aus dem Pauschalisieren herausgekitzelt mit den Fragen. Und da war mir anscheinend klar: Das geht an die Nieren, da trete ich ihm zu nah. Ich will ihn aber leben lassen.«

Nach einem Besuch in der Zelle am Abend des gleichen Tages notiert Gilbert: »Speer zeigte äußerlich keine Gefühlsbewegung, erklärte jedoch, er sei nur noch entschlossener, eine Kollektiv-Verantwortlichkeit der Partei-Führerschaft zu bekennen und das deutsche Volk von der Schuld freizusprechen.«

Aus dem Off hören wir die Stimme von Albert Speer. Ein Brief aus Nürnberg an seine Frau Margarete: »Meine liebe Gretel, ich muss mein Leben als abgeschlossen betrachten. Nur dann kann ich den Abschluss so gestalten, wie ich es für notwendig halte. Dann kannst Du und unsere Kinder weiter in Ehren bestehen. Es kann mir niemand mehr helfen außer Gott, der weiß, was ich getan und wie ich gedacht habe.«

Zeugen der Verteidigung

Menschen vieler Nationen eilen über Treppen und Gänge des Justizpalastes. Jede Anklagevertretung hat zahlreiche Mitarbeiter und Rechercheteams mitgebracht. Übersetzer, Techniker, Wachen, geladene Gäste und Journalisten bewegen sich in den Pausen durch das Haus.

Annemarie Kempf, der persönlichen Sekretärin Albert Speers, ist es gelungen, einen Ausweis für das Gerichtsgebäude zu ergattern. Sie ist auf dem Weg zum Verteidiger ihres Chefs, man schaut der hübschen Frau hinterher. »Dr. Flächsner« steht an der Tür, an der sie schließlich klopft. »Ja bitte«, ertönt es von innen.

Speers Verteidiger für diesen Prozess, vier Jahre älter als sein Mandant, von den Alliierten in Berlin engagiert, hat vor zwanzig Jahren schon einmal Göring vertreten – »er kam, glaube ich, ganz zufällig auf mich«. Göring hatte für Entziehungskuren nicht zahlen wollen. Das war 1925. Als Flächsner im November 1945 in Nürnberg eintrifft, erkennt Göring ihn wieder, geht auf ihn zu und verwickelt ihn in einen launigen Dialog: »»Was

Speer mit seiner Sekretärin Annemarie Kempf im Berliner Büro

machen *Sie* denn hier?‹ – ›Ich werde als Verteidiger fungieren.‹ – ›Um Gottes willen, doch nicht etwa für mich?‹ – ›Nein, ich hoffe eigentlich darauf, dass Speer mich zu seinem Verteidiger wählt.‹ Göring (gedankenvoll): ›Na, das ist schon besser. Das könnte einen praktischen Sinn haben.‹«

Flächsner hat auch nach 1933 als Anwalt praktiziert, dabei einige Prozesse vor Freislers Volksgerichtshof etwa durch Verzögerungen zugunsten von Angeklagten beeinflusst.

Annemarie Kempf stellt sich vor – »die Sekretärin vom Herrn Minister«.

Flächsner steht abrupt auf, hocherfreut und erstaunt. »Sie schickt der Himmel, meine Güte, haben wir Sie gesucht! Wie sind Sie denn überhaupt durch die Kontrollen gekommen?«

Annemarie zeigt ihm ein Ausweispapier, von ihren alliierten Arbeitgebern in Kransberg ausgestellt, angeblich für Reisen zu ihrer kranken Mutter. Sie lächelt. »Vom Büro Eisenhowers unterschrieben.«

Flächsner ist froh, dass er endlich weiterkommt. »Wir stehen mit leeren Händen da. Sie wissen, was wir brauchen?«

Annemarie weiß es wohl. »Drehen Sie sich bitte einen Augenblick zum Fenster.«

Sie zieht ihre Bluse aus dem Rock und aus der Unterwäsche wichtige Unterlagen. Die erste Lieferung, die sie Flächsner auf den Tisch legt. Kopien aus Kransberg. Speer hat die Akten seines Ministerbüros, die er kurz vor Kriegsende aus Berlin mitgenommen hatte, nach seiner Festnahme in Flensburg den Engländern und Amerikanern übergeben.

»Und nicht damit gerechnet, dass nun alles gegen ihn verwendet wird«, bemerkt Flächsner, während er schon in den Dokumenten blättert.

Annemarie zupft Bluse und Rock zurecht. »Wir hätten nie gedacht, dass er angeklagt würde.« Eine der Kopien erregt Flächsners besondere Aufmerksamkeit. »Ein Brief des Ministers an den Führer vom März '45 – ›es ist daher in 4–8 Wochen mit dem endgültigen Zusammenbruch der deutschen Wirtschaft mit Sicherheit zu rechnen …‹«

Annemarie macht sich große Sorgen um ihren Chef. Der An-

walt soll ihr reinen Wein einschenken.« »Wie stehen seine Chancen?«

Flächsner schüttelt den Kopf. »Nicht gut. Die Anklage hat alle Möglichkeiten, und wir können uns kaum bewegen.« Er hat sich mit den Kopien an seinen Schreibtisch gesetzt, muss das erst einmal alles durcharbeiten.

Annemarie tritt an den Schreibtisch heran. »Sie müssen ihn retten. Wir müssen alles versuchen. Seine Mitarbeiter zum Beispiel – die sind zum großen Teil noch in Kransberg interniert.«

»Würden die für ihn aussagen?«

»Ja, sicher. Wenn er das so anordnet.«

Die Verteidigung hat es nicht leicht, für die Angeklagten in Nürnberg Entlastungszeugen zu finden. Jeder ist froh, wenn er um diesen Prozess herumkommt, jeder muss damit rechnen, aus der Rolle des Zeugen unversehens in die eines Angeklagten überführt zu werden. Was hat er gewusst? Was hat er unterschrieben? Was hat er getan?

Albert Speer wird Glück haben und Zeugen finden, die für ihn aussagen. Auch Annemarie Kempf wird sich einem Verhör mit Hans Flächsner im Beisein eines Anklagevertreters stellen.

Seit 1937, als Speer Generalbauinspektor wurde und seine Karriere Form anzunehmen begann, kennt sie ihn aus der unmittelbaren Zusammenarbeit wie sonst kaum jemand. Sie hat in diesen Jahren wohl mehr Zeit mit ihm verbracht, mitunter auch durchgestanden, als seine Frau, und sie hat ihn von Seiten erlebt, die Margarete Speer verborgen blieben.

Gerade ist Annemarie wehmütig durch die Trümmerstadt Nürnberg gelaufen. Offiziell leitet ihr Chef, bislang wohl unwiderrufen, die Wiederaufbauplanung bombenzerstörter Städte.

Arthur Harris: »Wir bomben Deutschland nach Noten«

»Unsere gesamte Habe ist vernichtet. Das Haus ist von unserer Wohnung aus zerstört, in den ersten 5 Minuten des Angriffs begannen unsere Räume zu brennen. Darin wäre nicht mehr als ein Zufall zu sehen, und schließlich geht es vielen Hunderttausenden so.« (Hans Erich Nossack, Tagebuch, 25. September 1943)

»Hamburg geht unter. Über ihm steht eine Rauchsäule, die doppelt so hoch ist wie der höchste deutsche Berg, 6000 m. Die Mannschaften der Bomber benötigen Sauerstoffapparate. Seit 72 Stunden erfolgt alle 12 Stunden ein Angriff.« (Bertolt Brecht, Tagebuch, 26. Juli 1943)

»Beim jüngsten britischen Raid über Hitlerland hat das alte Lübeck zu leiden gehabt. Das geht mich an. Es ist meine Vaterstadt. Die Angriffe galten dem Hafen von Travemünde, den kriegsindustriellen Anlagen dort, aber es hat Brände gegeben in der Stadt, und lieb ist es mir nicht zu denken, dass die Marienkirche, das herrliche Renaissance-Rathaus oder das Haus der Schiffergesellschaft sollten Schaden gelitten haben. Aber ich denke an Coventry und habe nichts einzuwenden gegen die Lehre, dass alles bezahlt werden muss.« (Thomas Mann, *Deutsche Hörer!*, April 1942)

»Vermummte Gestalten, in Decken gehüllt, sprangen vorbei. Am Schutt entlang. Der Qualm verschluckte sie. Breitbeinig stellte sich der Mann auf den Pfad. Die Arme wie Windmühlenflügel, wollte er die Nächsten aufhalten. Doch es kam niemand mehr. Tränen zogen Rillen durch den Aschenstaub auf seinem Gesicht. Der Kürassierhelm wackelte. Der Mann schluchzte.

Das zerbombte Hamburg, August 1943

Sein Körper drehte sich um die eigene Achse, und er kroch den Schutthaufen hinauf. Mit den Händen griff er in die rauchenden Trümmer. Er begann zu scharren. Schneller und schneller. Glut stob empor. Der Sturm erfasste das Feuer. Ringsum aus dem Schuttberg leckten die Flammen. Wie ein Clown, den Helm als Maske, so grub der Mann. Er suchte den Eingang zu einem Keller.« (Gert Ledig, *Vergeltung*)

Splitter des Bombenkriegs gegen Deutschland. »Jetzt sind die Rollen vertauscht. Jetzt kommen nur ab und zu ein paar deutsche Maschinen zu uns; und wir bomben Deutschland nach Noten«, heißt es in einem Flugblatt von Arthur Harris, »Bomber-Harris«, der als Oberbefehlshaber die britischen Kampfflugzeuge lenkt.

»Warum wir das tun? Nicht aus Rachsucht – obwohl wir Warschau, Rotterdam, Belgrad, London, Plymouth, Coventry nicht vergessen. Wir bomben Deutschland, eine Stadt nach der anderen, immer schwerer, um euch die Fortführung des Krieges unmöglich zu machen. Das ist unser Ziel. Wir werden es unerbittlich verfolgen, Stadt für Stadt: Lübeck, Rostock, Köln, Emden, Bremen, Wilhelmshaven, Duisburg, Hamburg – und die Liste wird immer länger ... Es steht bei euch, mit Krieg und Bomberei Schluss zu machen. Stürzt die Nazis, und ihr habt Frieden!«

Am 22. November 1943 brennt auch Speers Ministerium. Die Chronik von Rudolf Wolters schildert diese Bombennacht während der »Schlacht um Berlin«:

»Gegen 19.30 Uhr wurde Alarm gegeben. Der Chronist, der auf Einladung des Erbauers der Flaktürme, Professor Tamms, Gelegenheit hatte, den Flakturm in Tätigkeit zu sehen, beobachtete den Beginn des Angriffs vom Umgang des Leitturms am Bahnhof Zoo. Der Abend war stockfinster. Die Wolkendecke hing dicht und außergewöhnlich tief über der Stadt. Es regnete. Es dauerte nicht lange, als erste Bombenwürfe im Westen die Stadtsilhouette blitzartig erleuchteten.

Kurz darauf konnte man vom Turm aus zwei Kaskaden beobachten, die schätzungsweise ein Kilometer westlich und einein-

halb Kilometer südwestlich herunterkamen. Aus der niedrigen Wolkendecke tropfte es in rotem Licht auf die Stadt und beseitigte die Dunkelheit. Man sah jetzt auch die Rohre des Geschützturms, der jedoch noch nicht in Tätigkeit trat. Wenige Minuten später durchbrach eine Kaskade die Wolken über dem Zoogebiet und beleuchtete die Umgebung taghell. Die jetzt immer näher kommenden Bombeneinschläge trieben uns in den Turm zurück – im gleichen Augenblick, als der Minister, der bis zu Beginn der ersten Einschläge im benachbarten Ministerium geblieben war, oben auf den Turm kam und sich auf den Umgang begab. Sekunden darauf musste er jedoch im Turm Deckung nehmen, als schwerste Einschläge in nächster Nähe den Turm trotz seiner starken Wände erschütterten. Ihm folgten in Abständen schwer angeschlagene Flaksoldaten, die durch den

Luftdruck an die Wände geschleudert und verletzt waren. Es folgte nun – schätzungsweise zwanzig Minuten lang – Schlag auf Schlag. In der Halle des Turms sah man von oben eine dicht gedrängte Menschenmenge im Dunst, der durch den von den Wänden fallenden Betonstaub immer dichter wurde.

Etwa gegen 20.30 Uhr schien der gröbste Stoß vorüber zu sein. Der Chef, der inzwischen im Divisionsgefechtsstand gewesen war, ging wieder auf den Umgang und sah von hier aus ringsum zahlreiche Brände, die jedoch im Einzelnen wegen starken Dunstes und Qualmes nicht genau auszumachen waren.

Inzwischen hatte Annemarie Wittenberg [Kempf], die beim Ministerium im Stadtbahnbogen Deckung genommen hatte, angerufen und die Meldung vom Brand des Ministeriums durchgegeben. Fast gleichzeitig, gegen 21.30 Uhr, wurde entwarnt.

Herr Speer nahm sofort seinen Wagen, begleitet von Dr. Schieber, in Richtung Stadtbahn, saß jedoch nach kurzer Zeit fest, da umgestürzte Bäume den Weg versperrten und der Grund überall durch den Regen aufgeweicht war. Zeitzünder gehen ununterbrochen hoch. Im Wagen Tamms' fuhr der Chef einen anderen Weg und gelangte, begleitet von Schieber, Tamms und Wolters, am Ministerium an, das an allen Ecken und Enden lichterloh brannte. Der Chef versuchte einzugreifen, den wenigen Männern Anweisungen zu geben – nicht Möbel, sondern Akten und Schreibmaschinen zu retten –, musste jedoch bald darauf einsehen, dass hier alles vergeblich war. Der ganze Bau brannte mit immer stärker werdender Glut, vom Sturm immer mehr angefacht. Der Qualm machte die Arbeit unmöglich, das Wasser war ausgegangen.

Kurze Pause im Stadtbahnbogen bei Wittenberg und Cliever. Speer gibt das Ministerium auf, lässt Leute zusammenholen und aus dem achtstöckigen benachbarten Heereswaffenamt, das eben zu brennen beginnt, herausholen, was zu retten ist. Er zeigt den kopflosen Männern in diesem Hause, was zu machen ist, indem er selbst im obersten Geschoss anfängt, Schreibmaschinen, Telefonapparate und Akten herauszuholen. Wittenberg erscheint und teilt mit, dass die seit kurzer Zeit bezogene Wohnung des Chefs brenne – wovon Herr Speer keine Notiz nimmt.

Tamms, Wolters und Wittenberg fahren in Richtung Wohnung. Panne, Reifenwechsel. Neben der Wohnung ein Volltreffer in die neue Schweizer Gesandtschaft. Die Wohnung wird geräumt. Die Nagelwache ist am Werk. Wenige Minuten darauf neuer Alarm. Zurück zum Flakturm. Nach einer halben Stunde etwa – es mag inzwischen 22.30 Uhr geworden sein – endgültige Entwarnung.

Die Nacht über ist der Chef weiter unterwegs, zusammen mit Dr. Schieber und General Waeger.

Der Chronist begibt sich zu Fuß durch das an allen Ecken und Enden brennende Tiergartenviertel zu seiner Dienststelle in die Viktoriastraße, wo es ihm gelingt, aus dem brennenden Haus bis zum Morgen das Wichtigste mit einigen Mitarbeitern zu bergen.

Am folgenden Morgen ist der Chef wieder im alten Hause am Pariser Platz, wo er seine engeren Mitarbeiter versammelt und die notwendigen Maßnahmen zur Wiederaufnahme und Fortsetzung der Arbeit einleitet.

Berlin ist erheblich in seinem Zentrum angeschlagen. Die westliche, südwestliche Innenstadt und das Tiergartenviertel sind schwer getroffen. Der Verkehr ist jedoch in wenigen Tagen wieder völlig in Gang. Trotz erheblichen Schadens – 400 000 Obdachlose, 3500 Tote – wird der Schlag in überraschend kurzer Zeit überwunden. Das Ministerium ist in verschiedenen Ausweichen untergebracht. Da die Telefonverbindung noch

Alliierte Bomber über Berlin

nicht wieder funktioniert, findet von nun an regelmäßig um 12.00 Uhr eine Zusammenkunft der Amtschefs und der Amtsgruppenleiter beim Minister statt.

Die Vernichtung der gesamten Arbeitsakten veranlasst den Minister zu folgender Formulierung in einem Erlass vom 23. November: ›… im übrigen glaube ich, dass hierdurch die sehr erheblichen Ansätze zu einer bürokratischen Behandlung von Problemen, die am besten verwaltungsmäßig ungebunden durchgeführt werden sollten, automatisch überwunden sind …‹«

»Verwaltungsmäßig ungebunden« zu sein, das ist immer Speers Bemühen in all seinen höheren Funktionen gewesen. In diesem Sinne vermag er in der Bombardierung seines Ministeriums also auch Vorteile zu erkennen. Darüber hinaus haben die Briten bereits hier und da zur Beseitigung von Berliner Häusern beigetragen, die ohnehin zugunsten der Nord-Süd-Achse Germanias verschwinden sollten. Während die Royal Air Force von oben her zerstört, betreibt die Generalbauinspektion Sprengungen von unten.

Dem Führer abgerungen: Wiederaufbaustab Speer

Auf den vernichteten Arbeitsakten obenauf lagen Konzepte »für die zukünftige Planung aller bombengeschädigten Städte«. Ein Auftrag, den Speer unbedingt hatte bekommen wollen, gegen den erklärten Willen der Gauleiter des Reiches, die er mit seiner Rede in Posen am 6. Oktober 1943 tatsächlich nachhaltig gegen sich aufgebracht hat. Die Phalanx seiner Widersacher formiert sich immer deutlicher, Intrigen beginnen auch bei Hitler zu wirken. In Kransberg wird Speer zu Protokoll geben: »Bormann hatte eine Gabe, die Meinung über einen Menschen Stück für Stück in langsamer und dafür gründlicher Weise bei A. H. ins Negative umzuwandeln.«

Die Gauleiter beteuerten Hitler gegenüber in der Wolfsschanze, dass Speer ihnen mit KZ gedroht habe. Außerdem sei er eine Marionette der Industrie geworden. Umso größer dann Speers

Hitler und Bormann
im Führerhauptquartier
Wolfsschanze,
August 1943

Triumph: »Bereits fünf Tage nach meiner Rede ließ ich mich von Hitler für die zukünftige Planung aller bombengeschädigten Städte einsetzen. Ich hatte damit eine Bevollmächtigung auf einem Gebiet erhalten, das meinen Widersachern, nicht zuletzt auch Bormann, näher lag als viele Kriegsprobleme. Teilweise sahen sie bereits jetzt in diesem Wiederaufbau der Städte ihre wichtigste zukünftige Aufgabe« – und eine Garantie für den Erhalt ihrer Macht nach Kriegsende. So wird es auch Speer selbst gegangen sein.

»In seiner Zeit als Minister«, protokolliert Joachim Fest später Ausführungen Speers, »habe er sehr bald herausgefunden, wie er seine jeweiligen Forderungen durchsetzen konnte. Habe Hit-

ler ihm ein Begehr abgeschlagen, sei er einige Tage lang dem Führerhauptquartier ferngeblieben, bis er durch [Luftwaffenadjutant] von Below, [Begleitarzt] Brandt oder wen auch immer hörte, dass Hitler ›ungeduldig‹ werde und verschiedentlich nach ihm gefragt habe. Zu einem möglichst unvermuteten Zeitpunkt sei er dann aufgetaucht und habe während der meist in kühler und sachlicher Befangenheit begonnenen Unterredung wie unabsichtlich eine offenbar aus Versehen zwischen die Rüstungsunterlagen geratene Architekturskizze hervorgezogen. Augenblicklich sei Hitlers Aufmerksamkeit geweckt gewesen, doch habe er, Speer, sich den Anschein gegeben, als sei jetzt nicht die Zeit dafür. Hitler sei daraufhin noch interessierter geworden, habe Einzelheiten wissen wollen, so dass sie zunehmend in eines ihrer Architekturgespräche gerieten und kein Ende fanden. Schließlich sei der Termin lange überzogen gewesen. Dann habe er seine Papiere zusammengepackt, nicht ohne, halb schon im Abgang, gleichmütig zu fragen, ob die unlängst gegen ihn gefällte Entscheidung rückgängig zu machen sei. Hitler habe dann meist seiner Forderung entsprochen.«

Diese Maske funktioniert auch nach Posen noch. »Da habe er allerdings nicht eine einzelne Zeichnung mitgenommen, sondern ein ganzes Bündel davon für den Fall, dass es zum Äußersten kommen und er um seine Entlassung bitten würde.« Am Ende hat er stattdessen bei Hitler seinen »größten Erfolg« erreicht – er bekommt den Auftrag zur Vorbereitung des Wiederaufbaus der bombardierten Städte.

»Als er später seinen Leuten den Verlauf des Gesprächs schilderte, habe er bemerkt, die Architekturskizzen seien sein ›Amulett‹. Sie bewahrten ihn vor allen Gefahren.«

Mit seinen neuen Machtbefugnissen, festgeschrieben in einem Erlass vom 11. Oktober 1943, übertrumpft Speer die Gauleiter und andere Rivalen. Er besitzt nun in der Stadtplanung eine ähnlich übergeordnete Funktion wie jene, um die er sich vor zwei Jahren noch erfolglos beworben hat.

Er stellt sofort einen Wiederaufbaustab zusammen. Dieser besteht aus Berliner Mitarbeitern, die in der Generalbauinspektion schon bekannt sind, und Leuten aus anderen Städten. Aufgrund ihrer kriegswichtigen Tätigkeit in Speers Wirkungsbereich sind sie vom Militärdienst freigestellt. Mit der Leitung des Stabes wird Rudolf Wolters beauftragt.

Arbeitshypothetisch geht man vom Endsieg aus. Die berufenen Architekten Hanns Dustmann, Ernst Neufert, Herbert Rimpl, Konstanty Gutschow, Friedrich Tamms und andere übernehmen jeweils verschiedene Städte. Schadenskarten werden angefertigt. Bei der Planung der Baumaßnahmen spielt der zu erwartende gewaltige Wohnungsbedarf ebenso eine Rolle wie die mögliche »religiöse Entwicklung« einer Zeit der völkischen Wiedergeburt mit ihrer Forderung nach Kultbauten und wie der »Wehrgedanke als Grundlage der Stadtgestaltung«. Letzterer führt zum Entwurf einer unterirdischen, bombensicheren Ansiedlung.

Speer denkt an die nach dem Krieg frei werdenden Kapazitäten der Rüstungsindustrie und entwickelt eine Prioritätenliste: zuerst die Wiedererrichtung von zerstörtem Altbestand, dann die Anlegung neuer Siedlungen und schließlich der Bau vorübergehend zu nutzender Behelfswohnungen.

In einer programmatischen Rede zum geplanten Wiederaufbau gibt er am 30. November 1943 Grundzüge vor: »Es ist ganz klar, dass bei der Planung aufs Sparsamste vorgegangen werden muss. Es ist nicht möglich, dass wir hier nach der Art der Stadtbaupläne vorgehen, die wir vor dem Kriege bereits von verschiedenen Städten bei uns vorliegen hatten und die grundsätzlich

Der Arbeitsstab Wiederaufbauplanung in Wriezen, September 1944

Rudolf Wolters und Friedrich Tamms in Wriezen, 1944

eine Ost-West-Achse und eine Nord-Süd-Achse hatten. Wir müssen in irgendeiner Form, soweit es geht, uns an die vorhandenen Straßenzüge halten und versuchen, diese Straßenzüge zu verbreitern.« Man will der sich »nach dem Kriege zweifellos« verstärkenden Verkehrsnot entgegentreten.

Der Krieg geht für Deutschland verloren, und die Architekten, Bauräte und Planer des Speer'schen Arbeitsstabes werden nun den Wiederaufbau der Städte in der Bundesrepublik bestimmen. In Wolfgang Koeppens Nachkriegsroman *Das Treibhaus* wird man über sie lesen können: »Sie sprachen von Bergarbeiterwohnungen auf neuem Siedlungsland bei den Halden, und ein Sachverständiger hatte die Quadratmeter errechnet, und ein anderer Sachverständiger hatte sich ausgedacht, wie primitiv und wie billig man die Mauern ziehen könne. Was waren denn diese Siedlungen anderes als die nationalsozialistischen Siedlungen der Kinderreichen, als SA- und SS-Siedlungen, nur billiger, nur enger, nur schäbiger, nur dürftiger? Und wenn man die Blaupausen betrachtete, es war der Nazistil, in dem weitergebaut wurde, und wenn man die Namen der Baumeister las, es waren die Nazibaumeister, die weiterbauten ...«

Superminister für die wirtschaftliche Gesamtproduktion

Trotz aller Fliegerangriffe kann Speer noch 1943 die Rüstung von Monat zu Monat steigern. Die Forderungen, die Hitler beim Amtsantritt seines neuen Ministers stellte, sind erreicht, »neue Ziele aufgestellt« worden.

Weil die Fliegerangriffe zwar zunehmen, aber »noch ohne Methode« (Speer) erfolgen, fügen sie nicht den größtmöglichen Schaden zu – bis im Frühsommer unter anderem das Zentrum der deutschen Kugellagerindustrie in Schweinfurt getroffen wird: »Schwerster Schaden. Die wichtigsten Werkshallen getroffen. Große Brände.« Die sich ständig verändernde Lage fordert schnelle Entscheidungen, kurze (eben unbürokratische) Wege und Speers ausgeprägtes Improvisationstalent.

Am 26. Juni 1943 bespricht er mit Hitler »informatorisch die Frage der Übernahme der gesamten Produktion vom Wirtschaftsministerium auf uns« – »Der Führer wäre mit einer solchen Maßnahme einverstanden.«

Hitler unterzeichnet am 2. September den entsprechenden »Erlass über die Konzentration der Kriegswirtschaft …, durch den alle Kompetenzen auf dem Rohstoffsektor und über die Verbrauchsgüterproduktion in Industrie und Handwerk vom Reichswirtschaftsministerium auf das Ministerium Speer« übergehen. Dieses wird umbenannt in »Reichsministerium für Rüstung und Kriegsproduktion«.

Damit steigt Speer zum »Lenker des europäischen Produktionsapparates« (Gregor Janssen) auf. Er ist erfreut, die »gesamte Produktionskraft des deutschen Reiches« – mitsamt den besetzten Gebieten – von einer einzigen zentralen Stelle aus managen zu können. Vorerst ausgenommen bleibt lediglich die Luftwaffe. Speer hat nun »Weisungsrecht gegenüber den Reichskommissaren, den Militärbefehlshabern und den deutschen Verwaltungsstellen«. Mit genau dieser Macht im Rücken trat er dann – wie erwähnt – einen Monat später in Posen vor die Gauleiter.

Noch in Spandauer Haft und darüber hinaus beschäftigt Speer die entscheidende Bedeutung des alliierten Luftkrieges – sie »lag darin, dass er, lange vor der Invasion, schon eine zweite

Front errichtete. Sie war gegen den Himmel über Deutschland gerichtet. Jederzeit konnten über jeder großen Stadt oder über jedem wichtigen Werk die Bomberflotten erscheinen. Die Unberechenbarkeit der Angriffe machte diese Front riesenhaft groß, jeder Quadratmeter des von uns beherrschten Gebietes war gleichsam Front. Die Abwehr erforderte die Bereitstellung von Tausenden von Flakgeschützen, die Stapelung ungeheurer Munitionsmengen an unzähligen Orten und die Bereitschaft Hunderttausender von Soldaten, die noch dazu monatelang untätig bei ihren Geschützen in Stellung liegen mussten.«

Diese Soldaten fehlen an anderen Fronten, ebenso wie es in den Rüstungsfabriken an Arbeitern mangelt. Im Mai 1943 sind bereits zwölf Millionen ausländische Arbeitskräfte (einschließlich Kriegsgefangene) eingesetzt, vor allem in der Rüstungsproduktion. »Hereingeholt« werden sie von Fritz Sauckel, der seit 1942 als »Generalbevollmächtigter für den Arbeitseinsatz im Vierjahresplan« fungiert. In vielem ist er anderer Auffassung als Speer, was insofern zu Konflikten führen muss, als Sauckels Sektor der Speer'schen Zentralen Planung nicht einverleibt ist. Die Verteilung der Arbeitskräfte will Sauckel selbst vornehmen. Viel lieber hätte Speer an dessen Stelle sowieso seinen alten Parteifreund Karl Hanke gesehen. Der ist neuerdings Gauleiter in Niederschlesien und hätte auch »Einblick in die Probleme der

KZ Dachau, Häftlinge bei der Zwangsarbeit in einem Rüstungsbetrieb

Fritz Sauckel mit seinem Anwalt in Nürnberg

Mittelinstanz« gehabt. Doch Speer kann sich gegen Bormanns Personalvorschlag nicht durchsetzen.

Mit Speers Zentraler Planung sollte größte Effizienz erreicht werden, nämlich »die zusammenfassende Steuerung aller bis dahin nebeneinander verplanten Wirtschaftsfaktoren, wie die Verteilung von Kohle, von Eisen oder Energie, die Planung der Rüstung, des Bauens oder der Landwirtschaft in Übereinstimmung zu bringen. Jetzt stand nur der Arbeitseinsatz noch außerhalb dieser Gesamtplanung.«

Speers Bedarf an Arbeitskräften macht ihn von Sauckel und dessen Fremdarbeiter-Beschaffung abhängig, auch wenn er »Kontingente« an Sauckel vorbei zu »ordern« versteht. Der Rüstungsminister würde lieber »den totalen Krieg im Inland« führen, er möchte »die Inlandsreserve an Arbeitskräften stärker ausnutzen« und endlich auch Frauen für die Rüstungsproduktion verpflichten. Zugleich will Speer die Industrie der besetzten Gebiete mit ihren einheimischen Arbeitskräften verstärkt für den Verbrauchsgüterbedarf des Reiches heranziehen und entsprechende Industriezweige in Deutschland zugunsten der Rüstungsproduktion schließen. Und damit die im besetzten Ausland (vor allem in Frankreich) für ihn produzierenden Arbeitskräfte dem Zugriff Sauckels entzogen bleiben, der auf Deportationen ins Reich beharrt, richtet der Minister so genannte »Sperr-Betriebe« ein.

Einige Bereiche der Rüstung stehen außerdem unter strikter Geheimhaltung. Das betrifft vor allem die Produktion der deutschen »Vergeltungswaffe«, der A4-Rakete alias V1 und V2. Sie wurde bisher in Peenemünde auf der Insel Usedom entwickelt. Speer ist bereits seit Winter 1939 mit dem Projekt unter Leitung von Oberst Walter Dornberger vertraut, denn er hat die Bauwünsche der Wissenschaftler und Erfinder um den Physiker und Raketeningenieur Wernher von Braun zu erfüllen.

»Rechnende Romantiker«: Die V2

»Auch auf mich wirkte, was hier im Jahre 1939 in ersten Anfängen skizziert wurde, seltsam faszinierend: es hatte etwas von der Planung eines Wunders«, schreibt Speer in seinen *Erinnerungen* 1969. »Diese Techniker mit ihren phantastischen Visionen, diese rechnenden Romantiker haben mich bei allen Peenemünder Besuchen immer wieder sehr beeindruckt, und ganz spontan fühlte ich mich ihnen in irgendeiner Weise verwandt. Dieses Gefühl bewährte sich, als Hitler im Spätherbst 1939 dem Raketenprojekt jede Dringlichkeit absprach und damit automatisch dem Unternehmen Arbeitskräfte und Material entzog. Im stillen Einverständnis mit dem Heereswaffenamt baute ich ohne seine Genehmigung die Peenemünder Anlagen weiter, eine Widersetzlichkeit, die wohl nur ich mir erlauben konnte.« Und dies rund drei Jahre, bevor Speer das Amt des Rüstungsministers übernimmt.

Zum ersten Start einer ferngesteuerten Rakete im Juni 1942 kommen »die Rüstungschefs der drei Wehrmachtsteile: Feldmarschall Milch, Generaladmiral Witzell und Generaloberst Fromm mit mir nach Peenemünde«. Der rechnende Romantiker Speer, nunmehr zuständiger Minister, kann auch bald den Führer von dessen Skepsis befreien, besser gesagt: Die größere Zielgenauigkeit der zweiten Rakete im Oktober 1942 stimmt ihn um. »Nach diesem Erfolg hatte ich für den baldigen Beginn der Serienproduktion zu sorgen. Am 22. Dezember 1942 ließ ich Hitler einen entsprechenden Befehl unterschreiben ...« Nach einer Filmvorführung durch Dornberger und Wernher von Braun

Start einer V2 auf dem Raketenversuchsgelände Peenemünde

im Führerhauptquartier ist Hitler im Juli 1943 »endgültig gewonnen«. Eine Wunderwaffe kann der Oberbefehlshaber nun auch dringend gebrauchen; die Fertigung der A4 bekommt augenblicklich gleiche Wichtigkeit eingeräumt wie die Panzerproduktion. Der laut Speer »zielstrebige und auf realistische Weise in der Zukunft beheimatete« Wernher von Braun, seit 1932 – damals zwanzigjährig – Mitarbeiter im Heereswaffenamt, hat Hitler schwer beeindruckt. Die A4 werde kriegsentscheidend sein: »Und wie wird die Heimat entlastet, wenn wir die Engländer damit angreifen!«

»RECHNENDE ROMANTIKER«: DIE V2

Doch erst einmal greifen die Engländer selbst an: Am 18. August 1943 wird die Peenemünder Heeresanstalt bombardiert und schwer getroffen. Überlegungen, die A4-Produktion – wie Rüstungsfabriken überhaupt – luftkriegssicher unter die Erde zu verlagern, bekommen dadurch den entscheidenden Anstoß.

Um bei der geplanten Serienproduktion der »Vergeltungswaffe« größtmögliche Geheimhaltung zu gewährleisten, macht SS-Chef Himmler – so Speer – Hitler einen Vorschlag, wie dies »auf denkbar einfache Weise zu garantieren« sei: »Wenn die gesamte Produktion von KZ-Häftlingen übernommen würde, wäre jeder Kontakt mit der Außenwelt unterbunden, nicht einmal ein Postverkehr existiere, und gleichzeitig mache er [Himmler] sich anheischig, alle gewünschten Fachkräfte aus den Reihen der Häftlinge zu stellen. Lediglich die Betriebsleitung und die Ingenieure müsse die Industrie ihm stellen.«

Speer fürchtet Kontrollverlust, doch er hat keinen besseren Vorschlag zu machen. Hitler beschließt, »dass alle Maßnahmen ergriffen werden, um gemeinsam mit dem Reichsführer SS unter starker Einschaltung seiner Kräfte aus den Konzentrationslagern den Bau der entsprechenden Fertigungsanlagen und die Fertigung von A4 erneut voranzutreiben … an gesicherten Orten und in gesicherter Form unter möglichst starker Heranziehung von Höhlen und sonst geeigneten Bunkerstellungen.«

Zwangsarbeiter im »Arbeitslager Dora« bei der Fertigung von Raketenteilen

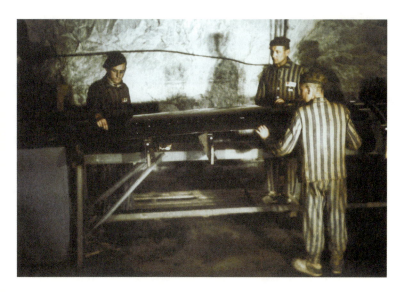

V2-Produktion im
Stollen von Dora

Die Wahl fällt auf das thüringische Nordhausen. Im Kohnstein am Südrand des Harzes gibt es ein Stollensystem der Wirtschaftlichen Forschungsgemeinschaft, das seit 1936 zu einem Treibstofflager für die Wehrmacht ausgebaut wird. Kurz nach dessen Fertigstellung im Spätsommer 1943 widmet man die unterirdische Anlage zur Produktionsstätte für die deutsche Geheimwaffe um.

Bereits Ende August treffen die ersten 107 Häftlinge mitsamt SS-Bewachern am Kohnstein ein. Es folgen nun Schlag auf Schlag weitere Transporte aus dem KZ Buchenwald in dieses neue Außenlager, das »Arbeitslager Dora«, wie es auch später als selbstständiges Lager noch heißt. Nach drei Monaten, im Dezember 1943, werden hier bereits 10 500 Häftlinge untergebracht sein.

In der Zwischenzeit wurde ebenso unverzüglich die »Mittelwerk G.m.b.H.« gegründet. Sie ist eine Tochterfirma des »Rüstungskontors«, das zum Speer-Ministerium gehört, und untersteht verwaltungsmäßig dessen Zentralabteilung Wirtschaft und Finanzen mit dem Leiter Karl-Maria Hettlage. Während die technische Entwicklung der A4 dem Heereswaffenamt obliegt und für das Fertigungsprogramm ebenfalls diese Behörde zusammen mit dem »Sonderausschuss A4« zuständig ist, erfolgt der Ausbau der Produktionseinrichtungen durch das SS-Wirtschaftsverwaltungs-Hauptamt. Die SS stellt auch die Arbeitskräfte zur Verfügung: Häftlinge und Aufsichtspersonal.

Speer sieht seine Befürchtungen bestätigt, was die auszuhandelnde Geschäftsordnung des gemeinsamen Unternehmens angeht. Er hat zwar die Zuständigkeit, aber: »Himmler hatte damit gewissermaßen einen Fuß in unsere Tür gestellt, und wir selber hatten sie öffnen helfen.«

Himmler betraut einen seiner fähigsten Männer mit diesem Prestigeprojekt: SS-Führer Hans Kammler – »seiner gedachten Stellung nach mein Konkurrent und seinem Werdegang sowie seiner Arbeitsweise nach in manchem mein Spiegelbild«, so Speer. Direktor des Mittelwerks wird Speers Mann Hans Degenkolb. Er hat bereits im Januar 1943 vom Bewaffnungsminister die Leitung des Sonderausschusses A4 übertragen bekommen – ein äußerst »effektiver« Manager, der durch die Steigerung der Lokomotivproduktion aufgefallen war.

Der Bauträger der Fertigungseinrichtungen (die Wirtschaftsforschungsgemeinschaft m.b.H.) und der verantwortliche Träger der Fertigung (die Mittelwerk G.m.b.H.) unterstehen dem Geschäftsbereich Speers. Der von ihm eingesetzte Direktor Degenkolb ist faktisch sein Mann vor Ort, der Herr des Stollensystems im Kohnstein.

Im Lager Dora

»Am Morgen des 10. Dezembers [1943] fuhr der Minister zur Besichtigung eines neuen Werkes im Harz. Die Durchführung dieser gewaltigen Aufgabe verlangte von den führenden Männern die letzte Kraft. Einige waren so weit, dass sie zur Auffrischung ihrer Nerven zwangsweise in Urlaub geschickt werden mussten. Das Werk wurde in der Tiefe der Stollen besucht und von oben aus dem Flugzeug besichtigt. In die Führung teilten sich Direktor Degenkolb und Brigadeführer Kammler.«

Ende des Vermerks in Rudolf Wolters' Chronik. Die Passage ist aus Geheimhaltungsgründen kryptisch formuliert. Unfreiwillig zeichnet sie dabei schon die Besichtigung als »gewaltige Aufgabe« aus. Und der Anblick dieser Arbeitsstätte scheint den

verantwortlichen Funktionären tatsächlich einiges abverlangt zu haben. Speer selbst wird in seinem letzten Buch schreiben: »Wahrscheinlich kannten die SS-Führer bereits die Reaktion ihrer Besucher auf dieses grausige Bild. Denn sie boten sogleich einen Korn an, den ich – gegen meine Gewohnheit – rasch hinunterstürzte.«

Was kann den Minister im fünften Kriegsjahr, nach diversen Frontbesuchen und Luftkriegserfahrungen, noch dermaßen erschrecken?

Die Führungskräfte-Delegation um Speer schaut sich »in der Tiefe« des Dora-Stollensystems um, wie es in der Wolters'schen Chronik heißt. Eine unterirdische Fabrik ist am Entstehen. Direktor Degenkolb erläutert seinem Minister die Planungsziele –

IM LAGER DORA

»nach Weihnachten wollen wir die Serienfertigung der Rakete anlaufen lassen, mit vierfacher Schallgeschwindigkeit kann dann eine Tonne Sprengstoff von der Küste in die City von London gefeuert werden. Wir bauen die größte unterirdische Fertigungsstrecke der Welt …«

Die modernste Waffe der Gegenwart wird hier zusammengeschweißt werden – unter barbarischsten Bedingungen.

An die 10 000 Menschen in gestreifter Häftlingskleidung verteilen sich auf dem Gelände. Arbeiter und Material verschwinden im Schachtinneren: »Emsiges Gewimmel wie in einem Ameisenhaufen.« Es gibt noch keine festen Unterkünfte, der Ausbau der unterirdischen Raketenfabrik hat oberste Priorität. Geschlafen wird auf vierstöckigen Holzpritschen im Schacht.

IM LAGER DORA

Der Historiker *Jens-Christian Wagner*, Leiter der Gedenkstätte des KZ Mittelbau-Dora: »Die Arbeits- und Lebensbedingungen im Stollen übertrafen an Schrecken fast alles, was die Häftlinge in ihrer vorherigen Lagerhaft hatten erleben müssen. Die Holzpritschen waren schon bald mit Ungeziefer und Fäkalien verdreckt. Waschgelegenheiten gab es nicht, und als Latrinen dienten halbierte Benzinfässer, die vor den Stolleneingängen im Fahrstollen A aufgestellt wurden. In unmittelbarer Nachbarschaft der Schlafstollen wurde ununterbrochen an der Fertigstellung des Fahrstollens A gearbeitet. Sprengungen und Bohrmaschinen verbreiteten einen ständigen Lärm. Die hohe Luftfeuchtigkeit, dichter Gesteinsstaub und giftige Dämpfe machten das Atmen zur Qual, und es herrschte ein unerträglicher Gestank, der von den Abortkübeln und den in dunklen Ecken verwesenden Leichen ausging. Gearbeitet und ›geruht‹ wurde umschichtig. Alle 12 Stunden wurden die Häftlinge aus den Schlafstollen gegen diejenigen ausgetauscht, die ihre Arbeitsschicht beendet hatten. Trotzdem herrschte in den Kammern eine drangvolle Enge, und zwischen Lebenden lagen Sterbende und Tote. Üblicherweise wurden die Leichen an einer Stelle im Fahrstollen A gestapelt und nach der Registrierung abtransportiert.«

Im Fahrstollen ist es kalt und feucht. Hinter der Plane, »da hing dann so ein fürchterlicher Geruch nach, sagen wir mal, verfaulten Innereien«. Zwei Überlebende erinnern sich.

Im Oktober 2002 treffen die beiden einander in den tiefen Stollen des Mittelwerks Dora: Albert van Dijk, Jahrgang 1924, aus Holland zur Zwangsarbeit verschleppt. Nach einem Fluchtversuch ins KZ eingeliefert, trifft er am 2. Januar 1944 mit einem Transport aus Buchenwald in Dora ein. Und Carl Schwerdtfeger, einer der ersten 107 Häftlinge aus Buchenwald, die am 28. August 1943 als »Transport Süd« hierher geschickt wurden. Er sagt, es habe 49 Kammern gegeben, die zwar schon fertig gewesen seien, aber nicht für die V-Waffen-Produktion. Der Stollen musste erst geräumt werden. Manche Häftlinge arbeiteten barfuß, täglich wurden Sprengungen vorgenommen, und den Staub konnte man nicht vom Körper abwaschen. Mit dem eigenen Urin rieb man sich ein wenig die Augen aus. Die Häftlinge

Albert van Dijk und
Carl Schwerdtfeger im
Mittelwerk Dora

schliefen in diesen ersten Monaten auf Steinen, die mit ein wenig Stroh bedeckt waren – das Stroh suchte man nach Körnern ab, die vielleicht noch essbar waren.

Schwerdtfeger wird dem Herrn Rüstungsminister bei dessen Besuch am 10. Dezember 1943 als »mit der erste Häftling« des Lagers vorgestellt. Doch wenn eine Gesellschaft »Ziviler« zur Besichtigung vorbeikommt, darf ein Höhlenhäftling den Herren, seinen Herren, nicht ins Gesicht sehen.

Albert van Dijk: »Ich erinnere mich, wie ich am 2. Januar mit einem Transport von zweihundert Häftlingen aus Buchenwald angekommen bin. Es war acht Uhr, als wir aus Buchenwald abgefahren sind, und es war spät am Nachmittag, als wir hier ankamen. Wir wurden dann sofort in die Stollen gejagt. Es war schon halb dunkel. In der Schneise zum Stollen, zum Mauerwerk waren zwei große Holztore und darin eine kleinere Tür. Es hatte den ganzen Tag geregnet. Ich wusste nicht, wohin wir kamen, aber ich hatte gesehen, dass ein Gleis in diesen Stollen lief, es musste also ein Tunnel sein. Und als wir dann durch das Tor gejagt wurden, habe ich mich noch mal schnell umgeblickt. Den ganzen Tag hatte es geregnet, und – das ist für mich sehr wichtig geblieben – die Bewölkung war jetzt aufgerissen. Ich habe mich umgedreht, und ich werde es nie verges-

IM LAGER DORA

sen: Ich habe da einen Stern gesehen. Später, als ich in dieser Dunkelheit drin war, habe ich oft an diesen kleinen Stern gedacht, den Stern wollte ich wiedersehen, koste es, was es wolle. Das hat mir Mut gemacht, und das möchte ich an dieser Stelle erzählen.

So kamen wir also rein. Es war dunkel hier, am Gewölbe hingen an einer losen Leitung Glühbirnen. Die Luft war stickig, Wasser tropfte herunter, und der Boden war nicht so glatt wie jetzt, das war alles noch unbetoniert. Und als wir Häftlinge reingejagt wurden, da haben wir uns bei der Hand gehalten, damit wir uns nicht verloren. Je tiefer wir in diesen Stollen hineingegangen sind, umso stickiger wurde es von den Sprengungen her, aber das wussten wir noch nicht. Es gab so einen Geruch, da habe ich mir gedacht: Dieser Weg müsste geradewegs irgendwo in die Hölle führen. Da wussten wir noch nicht, wie die Realität war. So sind wir dann weitergegangen bis zu unserer zukünftigen Unterkunft, wo wir dann – diejenigen, die es überleben sollten – verbleiben mussten, bis wir wieder ans Tageslicht kamen. Für die Überlebenden war das nach Monaten, aber die meisten sind hier krepiert, sie sind wirklich krepiert. Nach zehn, vierzehn Tagen kamen sie als Tote, als Leichen wieder raus.«

Wolf Speer, der Neffe Albert Speers, ebenfalls Jahrgang 1924, nimmt an diesem Treffen teil; er ist zum ersten Mal in Dora. Er

Wolf Speer mit van Dijk und Schwerdtfeger in Dora

fragt: »Was waren die Todesursachen? Verhungern, Entkräftung, Schläge?«

Albert van Dijk: »Verhungern, Schläge, Misshandlungen, aber besonders Entkräftung durch die schwere Arbeit und den Nahrungsentzug. Hier lebten Zehntausende Menschen ... 60 000 sind durch Dora gegangen, von denen 20 000 hier im Stollen, größtenteils beim Aufbau, gestorben sind. Fast eins zu drei.«

Wolf Speer: »Sie meinen, man hat sie hier reingetrieben und ihren Tod bewusst in Kauf genommen, man hat versucht, sie bis zu diesem Tod noch möglichst stark auszunutzen?«

Albert van Dijk: »So ist es. Es zählte nur die Arbeitskraft. Solange Arme und Beine noch in Bewegung waren, konnte man die nutzen zum Ausbau der Stollen, zur Einrichtung dieser unterirdischen Fabrik. Und alles Weitere, das hat man in Kauf genommen. Nicht das Leben der Häftlinge hat interessiert, sondern ihre Arbeitskraft, Arbeit bis zur Vernichtung.«

Der Rundgang durch die Gedenkstätte führt die drei alten Herren am »Schlafstollen« vorbei.

Albert van Dijk: »Als ich in die Bettgestelle geguckt habe – sie waren so ähnlich wie Kaninchenställe –, habe ich Füße gesehen, Menschen, die eng aneinander gedrängt geschlafen haben. Die Kästen waren so überfüllt, dass keine Nadel mehr dazwischen

Zeichnungen des französischen Zwangsarbeiters Leon Delarbre aus dem Lager Dora

konnte. Und wir mussten über die Leichen hinübersteigen, die in den Zwischengängen auf dem Boden lagen … Später wusste ich, dass in so einem Moment in diesen drei Stollen etwa 5000 Menschen geschlafen haben, 2000 Menschen schliefen zur gleichen Zeit zwischen der Schichtruhe, es hausten hier 10 000. Nicht für jeden war Platz, und die Schwächeren, die sind von den Mithäftlingen hinausgeschmissen worden, die lagen dann auf dem Boden, die schliefen auf dem Boden und sind dort gestorben. Das war einfach fürchterlich – das musste ja die Hölle sein, das konnte nichts anderes als die Hölle sein.

Dann ist unser Kommando, unser Transport bis zum Ende gegangen, da waren Schlafplätze für uns freigehalten. Na ja, ein paar Stunden haben wir da gelegen, bis es einen ungeheuren Krach gab. Eine Explosion fand in unmittelbarer Nähe statt, dann fing das Wasser an zu rinnen, Gerinnsel an den Wänden entlang. Und dann auf einmal: »Aufstehn! Aufstehn! Aufstehn!«, ein fürchterliches Geschrei von Kapos und Vorarbeitern, die die Häftlinge aus ihren Betten gejagt haben, und Vorarbeiter und Häftlinge, die über die oberen Schichten gegangen sind. Und mit Knüppeln, mit dicken Schläuchen, mit denen die Sprengungen vorgenommen wurden, haben sie die Menschen rausgeschlagen.

Ich war auf der oberen Etage, und ich habe hinuntergeschaut und nur Köpfe gesehen, kahle Köpfe, die zwischen den Durchgängen nach vorne getrieben worden sind, verschmutzte, wesenlose Menschen, es waren keine Menschen mehr. Und die sind dann rausgegangen, und als die ersten – das erfuhr ich später – von der warmen in die kalte Luft kamen, haben sie sich zurückgezogen, aber die Kapos und die Vorarbeiter haben geschrien: »Raus, raus, raus!«, und so haben wir dann gleich hier um die Ecke den Appell gehalten. Und ich wurde sofort, weil ich Französisch und Russisch gesprochen habe, zu einer Art Kommandoschreiber ernannt. Es gab zwei Kommandoschreiber, ich wurde Hilfs-Kommandoschreiber.

In der Anfangszeit, am 2., 3. Januar, als ich gekommen bin, erschien noch nicht die SS, um den Appell abzunehmen … Die wagten sich nicht hinein, aber sie wussten, wie viele Menschen hier drin waren, tot und lebendig, und die mussten wieder rauskommen. Und so wurde dann Appell gehalten, die Nummern wurden vorgelesen, und ich machte das auf Französisch und auf Russisch, und andere machten das auf Polnisch. Ich wurde den beiden Hauptschreibern zugeordnet, meine Aufgabe bestand darin: Ich musste wieder zurück in den Stollen, um diejenigen zu suchen, die sich nicht gemeldet hatten. Inzwischen ist das Kommando abgerückt zur Arbeit, und in der Zwischenzeit, bis die nächste Schichtruhe stattfand, suchten wir die abwesenden Nummern, denn wir waren Nummern …«

Wolf Speer: »Was geschah mit denjenigen, die krank wurden oder zu schwach waren?«

Albert van Dijk: »Wer krank wurde, war zum Tode verurteilt. Diese Kommandolisten dienten dazu, die Stärke von den Kommandos zu bestimmen, die noch Arbeit leisten konnten, und die Firmen mussten für die Häftlinge bezahlen, das waren eigentlich Lohnlisten … Unter einer Glühbirne habe ich meine Kommandoliste mit den Toten und den Kranken erstellt, und rings um mich, da war ein Schreien, da war ein Jammern – ich war manchmal so depressiv, ich suchte das Gewölbe ab, ich suchte einen Riss, ich fragte mich: ›Wer bin ich?‹ – der Albert, Albert van Dijk. Manchmal war ich in einem solchen Zustand, dass ich meinen Namen vergessen habe, nur meine Nummer kannte ich noch, ›7646‹. Es war mir dann so zumute, dass ich mich niedergelegt habe und sterben wollte.«

Hat es Hinrichtungen gegeben?

Carl Schwerdtfeger: »Ja. Es gab Galgen, und im Stollen sind viele aufgehängt worden wegen angeblicher Sabotage. Aber im Dezember sind hier noch keine V-Waffen rausgegangen, daher ist noch nicht so viel von Sabotage die Rede gewesen. Denn die Hälfte der V-Waffen kam ja immer zurück, weil sie nicht funktionierten. Denn da gab es ja Widerstand. Wir haben uns selbst gesagt: Wir stehen an der Front hier als Widerstandskämpfer.«

Wolf Speer: »Sind hier wirklich Sabotageakte von den Häftlingen durchgeführt worden – oder war das eine Fiktion der SS zum Zweck der Disziplinierung?«

Carl Schwerdtfeger: »Ich sage ja: Die haben auch viel gemacht, wenn irgendwas nicht geklappt hat, dann wurden einfach welche aufgehängt.«

Albert van Dijk: »Hinrichtungen, Erhängungen fanden täglich statt. Und die Verurteilten wurden der Sabotage beschuldigt – aber die lässt sich schwer beweisen. Was heißt Sabotage? Ich erinnere mich, hier durch diesen Stollen verlief ein Schlauch zur Wasserzufuhr für die Betonmischung, aber die Häftlinge, die hier unterirdisch lebten, haben kein Wasser bekommen. Viele sind vor Durst gestorben, besser gesagt: krepiert. Die Häftlinge hatten so einen Durst, dass sie den Schlauch entlangliefen und undichte Stellen suchten, um da Wasser zu trinken. Wenn sie dabei erwischt wurden, von einem Zivilisten, von einem Zivilen, dann wurden sie schwer verprügelt, und wenn der Zivile das dann bei der SS gemeldet hat, wurde es als Sabotage bezeichnet und der Beschuldigte erhängt.

Besser wäre es gewesen, wenn er auf der Stelle erschlagen worden wäre, dann hätte er all diese Leiden nicht erleben müssen: erst Bunker und dann Galgen im oberirdischen Lager. Und was konnte man alles unter Sabotage verstehen! Man hörte so etwas wie: Häftlinge haben in den Unterteil der Raketen geschifft. Das konnte auch als Sabotage aufgefasst werden. Wenn ein SS-Mann einen Häftling angesprochen hat und sein Aussehen hat ihm nicht gefallen, dann konnte er ihn schwer verprügeln und ebenfalls Sabotage melden, und der Häftling wurde

IM LAGER DORA

Zeichnung des französischen Zwangsarbeiters Leon Delarbre aus dem Lager Dora

dann für Sabotage gehängt. Und so gab es Hunderte von Sabotageakten, die eigentlich keine waren, aber gehängt und gestorben wurde trotzdem …

Ich erinnere mich, das war am 14. oder 15. Februar [1944], da wurden zwei Häftlinge draußen gehängt. Ich war am 2. Januar nach Dora, hier in die Hölle gekommen, und ich war dann sechs Wochen unter der Erde. Ich sehnte mich so danach, die Sonne wieder zu sehen. Dann an einem Sonntag mussten wir auf einmal antreten: ›Hinaus!‹ Und ich dachte mir: Wenn bloß die Sonne scheint! Wir kamen raus, der Himmel verhangen, es war bewölkt und nieselte, und wir kamen ins Lager. Da habe ich einen einfachen Galgen gesehen, einen einfachen mittelalterlichen Galgen. Die Häftlinge aus dem Stollen standen schon ringsum in halbem Quadrat, und ich habe mir gedacht: Ich will nicht zuschauen, ich will es nicht sehen. Ich hatte schon öfters Erhängungen gesehen, auch in Buchenwald. Ich sagte mir: ich habe nichts damit zu tun, und wollte ins Leere schauen. Und die beiden Häftlinge sind gekommen. Sie waren geflüchtet und hatten sich der Arbeit entzogen, darum wurden sie gehängt. Das war auch wieder Sabotage.«

Wolf Speer: »Das war oben?«

Albert van Dijk: »Das war oben. Es war das erste Mal, dass ich hier in Dora eine Erhängung gesehen habe. Aber dann später, wie Herr Schwerdtfeger sagte, wurde auch hier im Stollen gehängt. Da wurden Häftlinge einfach an einem Kran hochgezogen. Und die Zivilen, die ranghöheren Zivilisten standen dabei und haben zugeschaut. Das war fürchterlich.«

Zwischenbemerkung: Im zweiten Dora-Prozess 1968 in Essen, bei dem Speer aussagt, wird von einem Kapo-Zeugen behauptet, der damalige Rüstungsminister habe bei seinem Besuch eine Hinrichtung verhindert. Speer selbst, der sich sonst an alles erinnert, was ihn entlasten könnte, hat davon nie gesprochen – vielleicht weil der Kapo sich irrte; vielleicht weil es Speers Postulat einer Schuld des »Nicht-gewusst-haben-Wollens« allzu sehr widersprochen hätte, wenn er Zeuge eines Exekutionsvorhabens geworden wäre; vielleicht auch, weil man sich in einer derart rohen Zeit eine solche Einzelheit nicht gemerkt hat.

Wolf Speer: »Hat sich Herr Kammler hier öfters um die Einzelheiten gekümmert?«

Carl Schwerdtfeger: »Der ist hier nicht einmal, der ist hier mehrmals gewesen.«

Albert van Dijk: »Gerade hier, wo wir jetzt stehen – ich denke, das wird zweihundert, dreihundert Meter vom Eingang des A-Stollens entfernt sein: Hier, genau an dieser Stelle stand eine kleine Baracke, eine Ambulanz ... und dahinter, oder auch vor dieser kleinen Baracke, da war ein Leichenberg. Die Leichen aus dem Schlafstollen wurden da auf einen großen Haufen geschmissen. Es müsste im Februar gewesen sein ... – im Februar 1944 kommt eine Gesellschaft, kommen einige Zivile herein mit ranghohen SS-lern, die sind hier an dieser kleinen Ambulanzbude vorbeigegangen und dann in die Tiefe der Stollen. Von fern schon war der Leichenberg zu sehen, das Gewölbe war so alle fünfzig Meter von einer Glühbirne beleuchtet. Man konnte nicht um diesen Leichenberg herum, der Leichenberg war manchmal so ausgebreitet, dass man über die Kadaver hinwegschreiten musste. Sie sagten: »Acht!«, und wir haben strammgestanden, wir haben die Mütze abgenommen, und wir durften den Herren nicht ins Gesicht sehen. Das war sehr wichtig, wir durften sie nicht erkennen. Sie sind an uns vorbeigegangen, und ich habe doch mal hingeguckt und habe ihn dann gesehen. Das war etwa Mitte Februar. Und später sagte man, das sei der große Chef gewesen, also entweder Kammler oder von Braun ...«

Carl Schwerdtfeger: »Oder Sauer, Suer oder –?«

Wolf Speer: »Saur.« (Gemeint ist Karl-Otto Saur, seit Februar 1942 Leiter des Technischen Amtes in Speers Ministerium.)

Albert van Dijk: »Wie der Kumpel sagte – Herr Speer ... ist hier doch ins Innere der Stollen gegangen.«

Wolf Speer: »Im Februar 1944?«

Albert van Dijk: »Nein – im Dezember. Ich bin zwei oder drei Wochen später gekommen, da waren hier 10 000 Häftlinge drinnen, und es wurde ringsum gestorben, und die Toten, die waren nicht wegzuschaffen. Er muss, er muss sie gesehen haben.«

Dem Historiker Jens-Christian Wagner zufolge begann die Zahl der Todesfälle im November 1943 »steil anzusteigen, und im Winter 1943/44 erreichte die Sterblichkeitsrate ein solches Ausmaß, dass bald mehr Häftlinge starben als neue mit den Transporten aus Buchenwald eintrafen. Bis einschließlich März 1944 starben nach SS-Zählungen im und am Kohnstein über 3000 Häftlinge. Weitere 3000 Sterbende schob die SS im Frühjahr 1944 in Vernichtungstransporte nach Lublin-Majdanek und Bergen-Belsen ab.«

Wolf Speer: »Es kommt mir vor wie das Fegefeuer aus der ›Göttlichen Komödie‹ von Dante ... Am Eingang von Dantes Inferno stand: ›Ihr, die Ihr hier eintretet, lasset alle Hoffnung fahren‹, und über den KZs stand: ›Arbeit macht frei‹.«

Albert van Dijk: »Dante schreibt es, aber Dante hat es nicht gesehen. Er konnte es sich vorstellen und hat es richtig beschrieben, aber wenn er das Treiben hier in dieser Hölle gesehen hätte, dann hätte er vielleicht ein noch großartigeres Werk zur Schilderung der Hölle geschrieben. Dantes Hölle sieht noch mal anders aus als die wirkliche Hölle, die es hier gegeben hat.«

Wolf Speer: »Es liegen auch – leider muss man das sagen – sechshundert Jahre so genannter Fortschritt dazwischen. Diese

IM LAGER DORA

fabrikmäßige Herstellung einerseits von Raketen, andererseits von Leichen, das eine geht nach links, das andere nach rechts – das konnte sich Dante noch nicht vorstellen.«

Die Besichtigung im Dezember 1943 ist beendet. Wir sehen Albert Speer erschöpft draußen im Tageslicht stehen, seiner späteren Beschreibung nach gibt es nun den Schnaps, den er sofort hinunterkippt. Degenkolb versteht die Reaktion seines Chefs: »Die Arbeiten in der Höhle haben uns allen sehr viel abverlangt.« Und während Speer sich noch einen Schnaps nachschenken lässt, spricht Degenkolb über die letzten Monate. Es war einfach zu viel für seine Leute. »Die Nerven – ich habe einige von unseren führenden Mitarbeitern zwangsweise in Urlaub geschickt. Die konnten einfach nicht mehr.«

»Absolut einwandfreie Arbeitsbedingungen«

Was wissen wir sonst noch über die Reaktionen des Ministers?

Jens-Christian Wagner: »Speer schreibt, er habe nach seinem Besuch im Mittelwerk angeordnet, dass eine Barackenstadt errichtet werde, dass zusätzliche Baracken geliefert würden, dass die Ernährung verbessert werde, die medizinische Versorgung und dergleichen. Nach allem, was wir an Quellen eingesehen haben, können wir aber ganz eindeutig sagen, dass das nicht auf Speers Einfluss zurückgeht, sondern ohnehin schon vorher in die Wege geleitet worden war. Es hat im Wesentlichen damit zu tun, dass im Winter 1943/44 ein Strukturwandel stattfand vom Baulager zum Produktionslager.

Produktionshäftlinge konnte man unter diesen Umständen, unter denen die Bauhäftlinge vorher hatten leben und sterben müssen, nicht arbeiten lassen. Das heißt, es war eine gewisse Rücksicht auf die Erhaltung der Arbeitskraft nötig. Da hat man es mit einer Art Nützlichkeitsdenken zu tun, einem sehr pragmatischen Denken, das gleichwohl über Leichen geht: Bei den Häftlingen, deren Arbeitskraft nicht mehr benötigt wurde, wie bei den so genannten Bauhäftlingen, konnte man gewissermaßen bis zum letzten Atemzug mit der Peitsche dreinschlagen. Bei Produktionshäftlingen sah das schon anders aus: Einen Gefan-

Das Barackenlager des Mittelwerks Dora

genen, der an der A4-Rakete filigrane Schweißarbeiten durchführt, kann man nicht mit der Peitsche antreiben, da muss es andere Möglichkeiten geben, den Arbeitseifer zu steigern.«

Wir wissen außerdem, dass Albert Speer eine Woche nach seinem Besuch in dem Höhlenwerk an den SS-Brigadeführer Generalmajor Dr. Ing. Kammler einen Brief schreibt, in dem er ihn ausdrücklich dafür lobt, »dass Sie es fertig gebracht haben, die unterirdischen Anlagen in Nie.[dersachswerfen] aus dem Rohzustand in einer fast unmöglich kurzen Zeit von 2 Monaten in eine Fabrik zu verwandeln, die ihresgleichen in Europa kein annäherndes Beispiel hat und darüber hinaus selbst für amerikanische Begriffe unübertroffen dasteht«.

Die Formulierung erinnert an Hitlers Rede zum Richtfest der Neuen Reichskanzlei im Jahr 1938: »... kein amerikanisches Tempo mehr, das ist jetzt schon das deutsche Tempo« – damals wie jetzt vor allem das Speer'sche.

»Ich nehme deshalb Veranlassung«, heißt es in Speers Schreiben an Kammler weiter, »Ihnen für diese wirklich einmalige Tat meine höchste Anerkennung auszusprechen, mit der Bitte, Herrn Degenkolb auch weiterhin in dieser schönen Form zu unterstützen. Ich werde auch dem Reichsführer SS Himmler gelegentlich diese Ihnen gezollte Anerkennung mitteilen. Heil Hitler!«

Ein Brief für die Akten, der einmal mehr die hierarchischen Verhältnisse unter den Herrenmenschen von Dora festschreiben soll.

Jens-Christian Wagner: »Und ich denke, der Brief an Kammler kommt der historischen Wahrheit sehr viel näher als das, was Speer retrospektiv geschrieben hat. Speer saß bei dem, was hier im Mittelwerk passiert ist, an der Spitze der Hierarchie. Das war ein Projekt des Rüstungsministeriums beziehungsweise eines seiner Organe, nämlich des Sonderausschusses A4 – das heißt: Speer war ganz eindeutig verantwortlich für das, was hier passierte. Dieser Versuch, sich mit der Legende von der Anordnung des Barackenbaus rauszureden, entspricht im Grunde dem, was Speer auch sonst in seinen Büchern nach dem Krieg getan hat: einerseits Verbrechen des Nationalsozialismus einzuräumen, insbesondere die von anderen, eigene Verantwortung zum Teil zuzugeben, dann aber zu behaupten, dass er sich in wesentlichen Bereichen doch anders verhalten habe. Und ich fürchte, dass viele, die in den letzten Jahren und Jahrzehnten über Speer geschrieben haben, dieser Rhetorik auf den Leim gegangen sind.«

Ist Dora im Nürnberger Prozess verhandelt worden?

Jens-Christian Wagner: »Nein. Es ist ein paarmal erwähnt worden, übrigens auch der von Kammler überlieferte Ausspruch: ›Kümmern Sie sich nicht um die menschlichen Opfer, die Arbeit muss vonstatten gehen, und zwar so schnell wie möglich.‹ Ansonsten hat Dora keine große Rolle gespielt. Warum das im Prozess gegen Speer nicht herangezogen wurde, ist mir eigentlich schleierhaft.«

Wir geben die Frage an Richard Sonnenfeldt weiter. Er und viele andere Rechercheure reisen 1945/46 in verschiedenen Gruppen durch Europa. In wenigen Monaten sollen sie Zeugen und Beweisstücke finden, der Prozess muss schnell beginnen. Und auch als das Verfahren schon läuft, sind sie noch unterwegs, um Dokumente beizubringen gegen diese Angeklagten, die schweigen und immer nur das zugeben, was man ihnen gerade nachweisen kann.

Richard Sonnenfeldt: »Nach dem 20. Oktober [1945], dem Tag, an dem wir die Anklage im Gefängnis ausgeteilt hatten, konnten wir mit den Angeklagten nicht mehr sprechen. Ich wusste schon, dass ich nicht als Dolmetscher im Gericht tätig sein würde, und da hat mein Vorgesetzter zu mir gesagt: ›Okay, jetzt siehst du dir alle Dokumente an.‹ Und erst dann haben wir angefangen, andere Zeugen zu finden. [Rudolf] Höß zum Beispiel [der Lagerkommandant von Auschwitz] wurde im März gefunden … Ich bin zu Frau Himmler gefahren, um mit ihr zu sprechen, die hat mir nichts erzählt. Aber dann habe ich die Sekretärin von Hitler, Johanna Wolf, gefunden und seinen Chauffeur, Erich Kempka, und der hat mir über die Flucht aus dem Bunker [in Berlin] erzählt. Da war immer die Frage, was ist aus dem Bormann geworden, aus dem [Gestapo-Chef] Müller und all diesen Leuten? Wir haben gar keine Zeit gehabt, bis

»EINWANDFREIE ARBEITSBEDINGUNGEN«

US-Chefankläger Robert H. Jackson zeichnet Richard Sonnenfeldt für seinen Einsatz in Nürnberg aus

Oktober, November systematisch Zeugen zu finden und zu verhören. Und dann war ich zu hundert Prozent damit beschäftigt. Viele von ihnen habe ich selbst verhört oder als Dolmetscher, und immer, wenn ich etwas Wichtiges gefunden habe, wurden sie hierher gebracht, und ein Anwalt hat es dann beurkundet.«

Dora steht also hier zur Verhandlung im Raum, und niemand kommt auf die Idee, dass dieses Lager eindeutig zum Bereich des Angeklagten Speer gehört, dass er konkret dafür verantwortlich ist. Er ist gar nicht danach gefragt worden. Wieso ist Ihnen diese Verantwortlichkeit für das vielleicht schrecklichste KZ auf deutschem Boden entgangen?

Richard Sonnenfeldt: »Eine große Schwierigkeit war, was auch Speer selbst auf andere Art beschrieben hat: Deutschland hatte keine Regierung wie England oder Frankreich oder die Vereinigten Staaten, wo man es mit klaren Verantwortlichkeitsgebieten zu tun hat. Es gab eine große Verwirrung zwischen den Zuständigkeitsbereichen von verschiedenen Leuten, und es hat lange gedauert, bis wir das entziffern konnten. Ich habe zuerst gesagt: Machen Sie mir mal einen Plan von der ganzen Konzentrationslagerverwaltung. Wir haben zu Sauckel gesagt: Wir wollen mal Ihre Organisation sehen. Und er konnte es nicht aufzeichnen! Und Speer hat es nur im großen Rahmen gemacht. Ich muss Ihnen sagen: Wir haben es nicht entdeckt.«

Mehr noch: Das Gericht hält Reichsmarschall Göring für zuständig und verantwortlich. Der französische Anklagevertreter Dubost legt am 30. Januar 1946 als Beweis unter anderem einen Brief Görings an Heinrich Himmler vor. Hören wir in den Prozess hinein:

»Das Dokument ist von Göring unterschrieben und an Himmler gerichtet. Es beweist in entscheidender Weise die Verantwortung Görings bei der verbrecherischen Ausnutzung der Arbeitskraft der Deportierten.

›Lieber Himmler!

… Gleichzeitig bitte ich Sie, mir für die Luftwaffenrüstung noch eine möglichst große Anzahl KZ-Häftlinge zur Verfügung zu stellen‹ – das Wort KZ bedeutet Konzentrationslager – ›da die bisherige Erfahrung diese Arbeitskräfte als sehr brauchbar herausgestellt hat. Die Luftkriegslage macht die Verlegung der Industrie unter die Erde erforderlich. Gerade hierbei lassen sich KZ-Sträflinge arbeitsmäßig und lagermäßig besonders gut zusammenfassen.‹

Wir kennen somit die Verantwortlichen für diese furchtbaren Bedingungen, unter denen die Häftlinge von Dora gehalten wurden, und dieser Verantwortliche sitzt auf der Anklagebank.«

Der Vorsitzende Richter fragt nach: »Herr Dubost, wollen Sie sagen, dass dieser Brief die Verantwortung des Angeklagten Göring für die Experimente, die stattgefunden haben, beweist, oder nur für die Tatsache, dass diese Gefangenen als Arbeitskräfte benützt wurden?«

Dubost antwortet: »Wir haben nicht von Experimenten, sondern nur von Internierungen in unterirdischen Lagern wie ›Dora‹ gesprochen, über die der Zeuge Balachowsky gestern im ersten Teil seiner Aussage ausgesagt hat.

Was den Vernichtungswillen betrifft, über den wir seit Beginn unserer heutigen Ausführung sprechen, so betrachten wir ihn als erwiesen, und zwar zunächst auf Grund des Textes des Dokuments R-91, RF-347, das wir zur Verlesung gebracht haben, und ferner durch die Erklärungen, die von Zeugen abgegeben worden sind. Sie haben Ihnen den Beweis erbracht, dass in allen

»EINWANDFREIE ARBEITSBEDINGUNGEN«

Lagern, in denen sie sich aufhielten, der gleiche Prozess der Vernichtung durch Arbeit ins Werk gesetzt worden ist.«

Adolf Hitler ist tot, Heinrich Himmler ist tot, Joseph Goebbels ist tot. Albert Speer hat Glück, denn Reichsmarschall Göring lebt und ist für das Gericht der Hauptkriegsverbrecher Nr. 1 – und er will das auch sein. Er empfindet es als »eine in der Geschichte einzig dastehende Anmaßung, die Häupter eines souveränen Staates vor ein ausländisches Gericht zu stellen«.

Sein Verteidiger fragt ihn am 15. März 1946 nach der Bedeutung des in der französischen Anklage erwähnten Lagers Dora.

Göring antwortet: »… Das Lager ›Dora‹ habe ich ebenfalls hier als Begriff zum erstenmal gehört. Selbstverständlich kannte ich die unterirdischen Werke, die in der Nähe von Nordhausen waren; ich war zwar selbst nicht dort. Aber diese waren ziemlich frühzeitig errichtet worden. Es wurde dort zunächst vor allen Dingen die Fabrikation von V2 und V1 betrieben. Die Zustände, wie in dem Lager ›Dora‹ geschildert, kenne ich nicht. Ich halte sie auch für übertrieben. Aber es ist selbstverständlich, dass ich wusste, dass unterirdische Werke hergestellt wurden. Ich war auch daran interessiert, dass weitere für die Luftwaffe hergestellt wurden. Ich sehe auch nicht ein, dass die Herstellung von unterirdischen Bauten etwas besonders Schlimmes oder Vernichtendes sei.«

Göring im Nürnberger Zeugenstand

Am 19. Juni 1946 befragt dann Speers Verteidiger Hans Flächsner seinen Mandanten im Gericht: »Was wissen Sie über die Arbeitsbedingungen in den unterirdischen Fabriken?«

Speer antwortet: »In den unterirdischen Fabriken waren die modernsten Fertigungen von uns mit den neuesten Waffen untergebracht. Da wir natürlich nicht über sehr viele dieser unterirdischen Fabriken verfügten, mussten wir diese modernsten Fertigungen in erster Linie dort unterbringen. Diese Fertigungen verlangen aber absolut einwandfreie Arbeitsbedingungen, eine staubfreie, trockene Luft, gutes Licht, große Frischluftanlagen, so dass die Bedingungen in einer derartigen unterirdischen Fabrik etwa die gleichen sind wie die in einer Nachtschicht in einem normalen Betrieb.

Ich möchte hinzufügen, dass, im Gegensatz zu dem Eindruck, der hier im Gericht entstanden ist, diese unterirdischen Fabriken fast ausschließlich mit deutschen Arbeitern belegt waren, weil wir ein besonderes Interesse daran hatten, diese modernen Fertigungen mit den besten Arbeitern zu besetzen, die wir zur Verfügung hatten.«

Flächsner: »Erfuhren Sie bei Ihrem Besuch in Mauthausen oder bei anderer Gelegenheit etwas über die Grausamkeiten, die in diesem und in anderen Konzentrationslagern stattgefunden haben?«

Speer: »Nein.«

Absolut einwandfreie Arbeitsbedingungen also, staubfreie, trockene Luft, gutes Licht und beste deutsche Arbeiter.

Göring und Speer sind Antipoden im Nürnberger Prozess. Der eine erkennt das Tribunal gar nicht an, der andere hofiert es als »notwendig« für das deutsche Volk. Doch sie wollen beide auf dasselbe hinaus: sich keine Schuld nachweisen, sich ihren Ehrgeiz während der vergangenen Jahre und den Stolz auf die erbrachten Leistungen nicht diskreditieren lassen.

Speer als Kronzeuge und verhinderter Hitler-Attentäter

Schräg versetzte Boxen mit Gitterfenstern – die Sprechkammern für Anwälte und Angeklagte im Nürnberger Justizpalast. Manchmal herrscht hier konzentrierte Stille, dann wieder bricht jemand mit einer hysterischen Reaktion aus der gedämpften Atmosphäre heraus, einem lärmenden Lachen oder einem selbstanklägerischen Jammern.

Dr. Flächsner erläutert seinem Mandanten Speer noch einmal die Abläufe im Gerichtssaal. Das Verfahren enthält im Wesentlichen amerikanische und britische Elemente. »Sie kennen das amerikanische Prozess-Verfahren. Ich kann Sie selber befragen. Das ist die Chance für Sie, vor Gericht auszusagen, was Sie von der Anklage entlastet. Ich werde Sie auch zu den Konzentrationslagern befragen müssen. Was Sie darüber wussten etc.«

Speer wirkt ruhig. Er ist auf derlei Fragen gefasst. »Tun Sie es nur.«

Hans Flächsner weiß die Distanziertheit, vielleicht Kaltblütigkeit seines Mandanten zu schätzen. Der ehemalige Minister hat allerdings noch nie eine scharfe Befragung durch einen Staatsanwalt erlebt. Was hat sein Mandant vom System der Konzentrationslager gewusst? Wo hat er eine Mitverantwortung? In diese Grauzone zwischen Mitwisser- und Mittäterschaft könnte die Anklage direkt hineinfragen.

»Die Anklage wird nach unserem Gespräch sehr deutlich nachhaken. Wo liegt Ihre Verantwortung bei den Millionen Fremdarbeitern? Für die Arbeitsbedingungen, die Todesrate, die Strafen? Was haben Sie gewusst, was haben Sie verhindert bzw. nicht verhindert?« Hans Flächsner fragt nicht danach, was sein Mandant obendrein initiiert haben könnte.

»Ich werde Ihnen das alles beantworten.«

Flächsner glaubt nicht, dass sein Mandant ihm die volle Wahrheit sagt. Noch einmal versucht er, auf die Gefahren des Verhörs aufmerksam zu machen. »Die Anklage hat Leute, die seit Monaten überall in Europa nach Akten, Dokumenten und Zeugen suchen. Sie könnten etwas finden, das Sie vielleicht vergessen haben.« Er will seinen Mandanten vor Überraschungen warnen, und er will selbst wissen, worauf er sich einstellen muss.

Dabei versteht Speer auch allein für sich zu sorgen.

Am 17. November 1945, drei Tage vor Prozessbeginn, schreibt er einen dem US-Hauptankläger Robert H. Jackson weiterzuleitenden Brief, in dem er vordergründig darauf hinweist, dass »verschiedene wehrtechnische Kenntnisse«, die er habe, doch wohl auch im Interesse der Amerikaner »nicht dritten Stellen bekannt werden sollten« – gemeint sind die Russen, von denen Speer für sich zu Recht am wenigsten Sympathie und Gnade erwartet. Seine »Kenntnisse« hatte er den Amerikanern bereits im Mai zu Protokoll gegeben.

»Dabei wurden die von U.S.S.B.S. [U.S. Strategic Bombing Survey, eine Untersuchungskommission zum alliierten Luftkrieg] begangenen Fehler festgelegt und eingehende Erörterungen über eine schneller wirksame Bombardierung gemacht«, hatte Speer seinerzeit selbstbewusst referiert, »was vielleicht für den Kampf gegen Japan Bedeutung haben könnte.« (Der Krieg mit Japan war noch im Gange, als Speer im Mai verhört worden war.)

Speer fährt fort: »Ich glaube, sie [die Amerikaner, die ihn verhört haben] werden bestätigen, dass ich durch meine Übersicht und durch meinen dreijährigen, zum Teil erfolgreichen Kampf gegen die Bombenangriffe sowohl die richtigen Methoden des taktischen Vorgehens wie auch die der Abwehr oder der industriellen Vorsichtsmaßnahmen auf weite Sicht gut kenne.

Ich habe alle diese Kenntnisse vorbehaltlos und, soviel ich weiß, auch zutreffend abgegeben.

Sie können sich darauf verlassen, dass ich diese Arbeit aus Überzeugung durchgeführt habe. Ich habe dabei immer betont – und möchte das in meiner jetzigen schweren Lage wiederholen –, dass ich diese Arbeit nicht getan habe, um mir für die Zukunft Vorteile zu verschaffen.

Ich käme mir dagegen erbärmlich vor, wenn ich durch Dritte

[die Sowjets] gezwungen würde, diese Kenntnisse nochmals abzugeben. – Jedes persönliche Opfer ziehe ich einer derartigen Möglichkeit vor. Speer«.

Der Angeklagte Speer macht sich wichtig, verweist auf seine willige Kronzeugenschaft, die er weiterhin erbringen möchte, und dient sich für jedwede Mitarbeit als besonders qualifiziert an. Er glaubt, seinen Wert für die neuen Führer selbst festlegen zu können – wie eben noch bei Adolf Hitler.

In den siebziger Jahren wird es eine Kontroverse darüber geben, ob dieses Schreiben Speer Vorteile verschafft oder gar zu einer Absprache zwischen ihm und Jackson geführt habe. Man darf davon ausgehen, dass beides nicht der Fall war.

Otto Ohlendorf bei seiner Vernehmung in Nürnberg

Im Januar 1946 ergreift Albert Speer eine andere Maßnahme zur Selbstverteidigung. In Abwesenheit seines Anwalts Flächsner bittet er Dr. Egon Kubuschok, Verteidiger für die Reichsregierung und den Angeklagten Franz von Papen, an den ehemaligen Einsatzgruppenführer Otto Ohlendorf einige Fragen zu richten, während dieser im Kreuzverhör steht.

Ohlendorf, ein als hochgebildet geltender Rechtsanwalt und Wirtschaftswissenschaftler, beeindruckt das Gericht durch die kühle Intelligenz, mit der er von seinen mörderischen Einsätzen als Chef des SD berichtet. Er verantwortet die Exekution von 90 000 – meist jüdischen – Männern, Frauen und Kindern in der Südukraine zwischen Juni 1941 und Juni 1942.

Speer könnte Ohlendorf dort in dieser Zeit sogar getroffen haben, etwa im Februar 1942, als er dem Baustab einen Besuch abstattete. Ab 1943 ist Ohlendorf dann im Reichswirtschaftsministerium Mitglied des Zentralen Planungsstabes, hier haben die beiden Männer miteinander zu tun.

Dem Gericht schildert Ohlendorf Einzelheiten von Tötungen durch Gaswagen oder Massenerschießungen. Er berichtet, dass er zur psychischen Entlastung der Männer, abweichend von der Praxis anderer Einsatzgruppen, immer mehrere Schützen auf eine Person habe feuern lassen …

Nach solchen Ausführungen, die vornehmlich den Einsatzgruppen und ihren Strukturen galten, lässt Speer nach Freigabe des Zeugen für die Verteidigung nun also Dr. Kubuschok für sich sprechen – zu einem ganz anderen Thema und nach einer wohlüberlegten Dramaturgie:

»Ist Ihnen, Herr Zeuge, bekannt, dass der Angeklagte Speer im Gegensatz zu Anordnungen Hitlers Maßnahmen getroffen hat zur Verhinderung der Zerstörung industrieller oder sonstiger Anlagen?«

Ohlendorf: »Jawohl.«

Dr. Kubuschok: »Dass sich diese Maßnahmen auch erstreckt haben über das Inland hinaus auf das damals noch besetzte Gebiet von Oberschlesien und so weiter.«

Ohlendorf: »Ich glaube, dass der Zeitraum, in dem mir dies bekannt gewesen ist, so spät war, dass, abgesehen von geringen Gebieten im Westen, ein Ostraum nicht mehr dafür in Frage kam.«

Dr. Kubuschok: »Eine weitere Frage, die Sie vielleicht wissen könnten. Wissen Sie, dass der Angeklagte Speer Mitte Februar dieses Jahres ein Attentat gegen Hitler vorbereitet hat?«

Ohlendorf: »Nein.«

Dr. Kubuschok: »Wissen Sie, dass Speer es unternommen hat, Himmler den Alliierten auszuliefern, damit er sich verantworten könne und eventuell Nichtschuldige klarlegen könnte?«

Ohlendorf: »Nein.«

Dr. Kubuschok: »Diese Frage wird dann eventuell durch einen anderen Zeugen bestätigt werden. Sind Sie über die Vorgänge des 20. Juli eingehend im Bilde?«

Ohlendorf: »Zu einem erheblichen Teil.«

Dr. Kubuschok: »Ist Ihnen bekannt, dass auch in den Kreisen der Attentäter des 20. Juli der Angeklagte Speer für die Fortführung seines Ministeriums in Aussicht genommen war?«

Ohlendorf: »Jawohl.«

Dr. Kubuschok: »Ist Ihnen etwas Näheres darüber bekannt?«

Ohlendorf: »Von Seiten der am 20. Juli Beteiligten ist mir nur bekannt, dass sie ihn auf einem Organisationsschema für die Weiterführung des Rüstungsministeriums vorgesehen hatten.«

Dr. Kubuschok: »Glauben Sie, Herr Zeuge, dass dieser Plan der Attentäter des 20. Juli darauf zurückzuführen war, dass der Angeklagte Speer nach seiner Tätigkeit nicht nur in diesen Kreisen, sondern auch sonst als ein reiner Fachmann und nicht Politiker angesehen wurde?«

Ohlendorf: »Die Frage ist sehr schwer zu beantworten. Es ist sehr schwer, als nicht politisch zu gelten, wenn man in einer so engen Beziehung zur letzten politischen Entscheidungsstelle des Reiches gestanden hat und vielleicht der wesentlichste Faktor gewesen ist, aus dessen Anregungen und Vorschlägen die Entscheidungen kamen; andererseits war bekannt oder galt Minister Speer nicht als ein ausgesprochen politischer Mensch.« (Politisch meint hier parteipolitisch-ideologisch auf Linie der Alten Kämpfer.)

Ende der Aussage zum Angeklagten Speer.

Auf der Anklagebank schaut man sich verblüfft und ratlos an – eine Sensation, auch eine Plumpheit vielleicht. Mit der Synchronübersetzung kommt die Überraschung auch auf die Gesichter der Richter und Ankläger.

Göring ist nun aus seinem Dauerschlaf erwacht und beginnt zu schäumen. Der Richter lässt den Hammer auf den Tisch schnellen und verlangt gebieterisch nach Ruhe im Saal.

Gilbert: »In der Pause sauste Göring über die Anklagebank zu Speer und fragte wütend, wie er es habe wagen können, ein derartig verräterisches Zugeständnis in offener Gerichtsverhand-

lung zu machen und damit ihre gesamte einheitliche Front zu sprengen! Es folgte ein erregter Wortwechsel, in dem Speer ihm buchstäblich sagte, er solle sich *zum Teufel scheren*. Vollkommen sprachlos, wusste Göring kaum, was er sagen sollte.«

Es ist also vollbracht, der Seitenwechsel in aller Öffentlichkeit vollzogen. Albert Speer hat unübersehbare Spuren gelegt, Stichworte geliefert – Distanzierung von Hitler, Befehlsverweigerung zur Rettung des deutschen Volkes, Nähe zu den Verschwörern vom 20. Juli 1944, eigenes Attentatsvorhaben.

Geradezu beiläufig, über Bande spielend, hat Speer die größte Wirkung erzielen können.

Die Aufregung unter den Angeklagten hält an. Gerichtspsychologe Gilbert, der sich bei diesem Prozess wie in einer gewaltigen Versuchsanordnung vorkommen muss, erlebt ihre Reaktionen aus nächster Nähe.

»Das war ein schlimmer Tag«, zürnt Göring am Abend. »Dieser verdammte Trottel, Speer! Sahen Sie, wie er sich in der heutigen Verhandlung selbst völlig entwürdigte? *Gott im Himmel! Donnerwetter nochmal!* Wie konnte er sich so erniedrigen, so etwas Erbärmliches zu tun, nur um seinen dreckigen Hals zu retten! Ich bin fast vor Scham gestorben! Zu denken, dass ein Deutscher so niederträchtig werden kann, um sein lausiges Leben zu verlängern – um es offen zu sagen: etwas länger vorne zu pissen und hinten zu scheißen! *Herrgott, Donnerwetter!* – Denken Sie, ich gebe auch nur so viel für dies lausige Leben?«

Wie er zu Tode komme, sei ihm schnurz, aber »es gibt noch einen Ehrbegriff in diesem verfluchten Leben! Attentat auf Hitler! Ha! *Gott im Himmel!!* Ich hätte in den Boden sinken können! Und denken Sie etwa, ich hätte Himmler an den Feind ausgeliefert, so schuldig wie er war? Verdammt nochmal, ich hätte den Dreckskerl selber liquidiert! – Oder wenn es einen Prozess gegeben hätte, hätte ein deutsches Gericht ihn verurteilen sollen! Kämen die Amerikaner auf die Idee, ihre Verbrecher uns auszuliefern, damit wir sie verurteilen?« Göring ist nicht zu beruhigen.

Aber auch Speer sieht man die Aufregung noch abends in seiner Zelle an. Gilbert schreibt: »Als ich eintrat, lachte Speer nervös: ›Nun, die Bombe platzte heute! Ich bin froh, dass Sie gekommen sind; es wird jetzt etwas schwierig für mich werden! Es war für mich ein harter Entschluss, ich meine, ich hatte mich zwar schon längst dazu entschlossen, aber es war trotzdem schwer, mich nun wirklich dazu zu bringen.‹«

Er zeigt Gilbert gleich noch seine schriftlich vorbereitete Verteidigung; sie räumt die oft bekundete Gesamtverantwortung ein und lässt persönliche Schuld aus. Speer wühlt in Papieren herum, entschuldigt seine Erregtheit – »selbst Dönitz hat mich

Speer und Mithäftlinge in Nürnberg

geschnitten« – und erläutert einen weiteren Plan, den er gehabt habe, nämlich die »zehn Partei-Leiter, unter ihnen Hitler, Himmler, Goebbels, Bormann, Keitel und Göring, gewaltsam zu entführen und in einem Flugzeug nach England zu bringen«. Die Mitverschwörer hätten aber kalte Füße bekommen.

Es macht ihm zu schaffen, dass »jetzt alle auf mich wütend sind«, ihn offenbar als einen Überläufer in entscheidender Schlacht ansehen – und Göring ihn zudem für einen Überläufer von angemaßtem Format hält.

»Wissen Sie, Göring hält sich immer noch für den ›großen Mann‹ und glaubt auch jetzt noch als Kriegsverbrecher, die Show zu bestreiten.«

Er würde gern Görings einschüchternden Einfluss auf die anderen Angeklagten beschneiden, dessen Absicht durchkreuzen, eine einheitliche Front gegen Richter und Ankläger zu bilden. Das müsste auch im Interesse des Gerichts sein ... Ein paar Tage später erzählt Speer denn auch »belustigt« (Gilbert), dass sich die Gemüter mittlerweile beruhigt hätten. Zumindest nach außen hin stünden die Mitangeklagten aber nach wie vor unter dem Zwang fortgesetzter Führertreue. »Es wäre sehr gut, wenn sie ihre Masken fallen und Deutschland die Verrottetheit des ganzen Systems erkennen ließen!« Göring dürfe die anderen nicht länger davon abhalten, »das zu sagen, was sie denken. Damit das Volk ein für allemal die letzten verfaulten Überreste sei-

Göring (links) und Mithäftlinge in Nürnberg

ner Illusionen über den Nationalsozialismus begräbt! Es gibt Deutsche, die nach Amerika gingen und gute Demokraten geworden sind; warum also nicht hier?«

Mr. Jackson, I'm your man. – Speer »will dem Volk klar machen, dass seine jetzige Notlage und die ganze sinnlose Zerstörung einzig und allein die Schuld von Hitler ist«. Da möchte er nun vor aller Welt als Kronzeuge auftreten und den Deutschen die rechte Gesinnung vormachen dürfen. Aus den Ruinen ist ein erster deutscher Demokrat erstanden. »Sogar damals [im Januar 1945] war ich schon der Ansicht«, so Speer weiter zu Gilbert, »dass das Volk für die nächsten zehn Jahre bestenfalls das bloße Existenzminimum von einem großzügigen Sieger erhoffen konnte. Das ist es, was das Volk begreifen muss.«

Vor allem, so scheint es, soll aber das Gericht Speers Wandlung begreifen, und dieser Mann, Gilbert, ist das Bindeglied – auch nach draußen, zu den Demokraten, zur Geschichtsschreibung.

Haben ihm seine Kinder, die schließlich in demokratische Verhältnisse hineingewachsen sind, den Attentatsplan später abgenommen?

Hilde Schramm: »Also ich glaube nicht, dass es geschwindelt ist. Es sind Spielereien, auch Möglichkeiten, die durchgedacht werden. Dann wird wieder etwas verworfen, und es wird etwas anderes durchgedacht. Dass er davon überzeugt war, dass es gut wäre, wenn Hitler umgebracht würde, damit der auch diese Politik der ›verbrannten Erde‹ nicht weiter fortsetzen kann, das glaube ich schon, aber das war dann wieder weg.«

Albert Speer jr.: »Für ihn ging es wirklich um seinen Kopf, und da kann ich mir schon vorstellen, dass die Gedanken, die er in der Realität hatte, dann auch ein bisschen übertrieben dargestellt wurden.«

Im Juni 1946, als Speer in der Vernehmung der Angeklagten an der Reihe ist, kommt es zu Detailfragen in Sachen Attentatsplan. Angeblich sollte Giftgas in den Luftschacht des Berliner Führerbunkers geworfen werden. Einzelheiten mag Speer nicht erzählen; dabei hat er sogar einen Gewährsmann für seine einstigen Pläne. Nur hat er sie eben nicht ausgeführt, und sie hätten bei den örtlichen Gegebenheiten auch nicht funktionieren können. (Der Bunkerspezialist Dietmar Arnold: »Es gab hier nie im Boden eine Ansaugöffnung. Man baut auch normalerweise bei Bunkeranlagen in den Boden keine Ansaugöffnung hinein, weil sie im Falle einer Explosion sofort weg ist.«) Ihren Zweck im Prozess erfüllen Speers Attentatspläne aber auch so.

Seine Mitangeklagten haben ihm nicht geglaubt – oder nur insofern, wie sie selbst solche und ähnliche Gedanken gehabt haben mochten. Sie alle hatten ihre Entfremdungserfahrungen mit Hitler, der ab 1944 allmählich den Rückzug in seinen persönlichen Bunker antritt.

Göring etwa verliert 1943 seinen Einfluss, wovon nicht zuletzt Speer profitiert. Zwischen Hitler und Baldur von Schirach, dem Statthalter in Wien, kommt es beinahe zum Bruch, als dessen Frau Henriette, geborene Hoffmann, auf dem Obersalzberg dem Führer gegenüber empört ihre Beobachtungen von Judendeportationen in Amsterdam anspricht und damit ein Tabu verletzt. Und nicht zu vergessen die despektierliche Behandlung, die Hitler den Militärs zuteil werden lässt.

Als Stimmungsbild gilt wohl, was Speer mit Blick auf seinen Anschlagsplan zu Gilbert sagt: »Zu der Zeit ... sei es leicht gewesen, vernünftige Männer zu finden, die nur zu gerne mit jedem zusammenarbeiteten, der versuchte, den Krieg und den zerstörerischen Wahnsinnsbefehlen ein Ende zu setzen.«

»Das aufregendste Wettrennen der Weltgeschichte«

Der Krieg kehrt in sein Ausgangsland zurück. Und auch Hitlers »zerstörerische Wahnsinnsbefehle« richten sich jetzt zunehmend gegen Deutschland selbst.

Für Albert Speer beginnt das Jahr 1944 mit einer mehrmonatigen Erkrankung. Das Ganze »fängt mit einer Motorpanne über dem Bottnischen Meerbusen in der Polarnacht an. Es geht noch gut ab. Aber beim Übernachten im Freien habe ich mir eine Entzündung des Knies zugezogen.« Das Bein schmerzt, schwillt an. Speer lässt sich in die Klinik von Professor Karl Gebhardt in Hohenlychen bei Berlin einweisen – »rheumatoider eiteriger Infekt des linken Kniegelenks bei einem alten Bandschaden«, hält Rudolf Wolters die Diagnose in der Chronik fest.

Und Speer selbst vermerkt 1946 im *Nürnberger Entwurf*: »Das Lazarett gehört der SS. – Gebhardt ist einer der engsten Freunde Himmlers, wie ich später erfahre. Ich bin in einer Mordzentrale. Denn wie ich im Prozess mit Grausen feststelle, wurden in dem gleichen Lazarett Operationen an Häftlingen aus Konzentrationslagern vorgenommen.

Es ist nicht leicht, im Dritten Reich als Minister krank zu werden. Einmal glaubt es niemand, da niemals ein hoher Würdenträger entlassen, sondern als ›krank‹ erklärt wird, wenn man ihn los sein will. Das Prestige des Systems lässt es nicht zu, dass das Versagen des einen oder anderen öffentlich bekannt gemacht wird.

Wenn man nun *wirklich* krank ist, muss man also so tun, als ob man gesund wäre, um nicht als abgesetzt zu gelten. Daher Anweisung an den Chef meines Zentralamtes, dass weiter alle Schreiben unter meinem Namen herausgehen. … Weiter versuchen natürlich, wenn die echte Krankheit erst erkannt ist, diejenigen, die ihren Machtbereich ergänzen oder verstärken möchten, dies auf Kosten des Kranken zu tun.«

1944 wird das Jahr der Extreme, das Jahr vor der endgültigen Niederlage, mit allen Kennzeichen des Verfalls. Im Mai, nach einem Genesungsaufenthalt in Meran, der sich an Hohenlychen anschließt, kehrt Speer in sein Ministerium zurück.

Während er weg war, haben sich Gegenmächte innerhalb seines Zuständigkeitsbereichs breit gemacht. »Es ist übrigens eine der Eigenarten Hitlers, gerne mit den ›zweiten‹ Männern zu arbeiten und die eigentlich Verantwortlichen dadurch in ein größeres Abhängigkeitsverhältnis zu ihm zu bringen. Diese Eigenschaft ist bei allen seinen alten Mitarbeitern bekannt und gefürchtet.«

Für Speer ist ein solcher »empfindlicher Punkt« beispielsweise sein Mitarbeiter Xaver Dorsch, der für ihn selbstständig die Organisation Todt leitet. Zur Erinnerung: Es war Dorsch, der bei Speers Antrittsrede vor dem Personal der OT vom Vertrauen sprach, das man sich erst verdienen müsse. Mit Hilfe Görings und Bormanns, die dabei wiederum ihre eigenen Interessen verfolgen, agiert er bei Hitler über Speer hinweg, als es um die Entscheidung für aufwendige Luftwaffenbauten, so genannte »Pilze«, geht. Dem Führer dauert die Realisierung dieser Projekte viel zu lange, was speziell Göring gern auf den abwesenden Rüstungsminister schiebt.

Der darniederliegende Speer kann auf Intrigen nur eingeschränkt reagieren. Xaver Dorsch verwarnt er schriftlich, dass er ihn »nicht für unentbehrlich« halte, und Gerüchtemachern in seinem Ministerium stellt er KZ-Haft in Aussicht.

Andere Verselbstständigungen in Speers Apparat, die von Hitler begünstigt werden, führen schließlich, einen Tag vor des Führers Geburtstag, zu einem bitteren Beschwerdebrief aus Meran. Der Minister droht gar mit Rücktritt, was Hitler erbost.

Nach einigem Hin und Her sowie Einschaltung des von Hitler geschätzten und mit Speer befreundeten Generalfeldmarschalls Erhard Milch geht der Rüstungsminister letztlich gestärkt aus der Krise der Krankheitsmonate hervor. Ein Gespräch auf dem Obersalzberg wendet alles in seinem Sinne. »Die Unsicherheit der letzten Wochen hatte mich tief bedrückt, ich konnte nicht ohne Zuneigung und Anerkennung arbeiten, nun durfte ich mich als Gewinner in einem Machtkampf fühlen, der von Göring, Himmler und Bormann gegen mich geführt worden war.« Speer meldet sich als Kronprinz zurück.

Den letzten militärischen Bereich, der Göring noch verblieben war, übernimmt Speer im Juni 1944 – in dem Monat, in dem die Alliierten Rom erobern und in der Normandie an Land

Auf dem Obersalzberg

gehen: Er ist nun auch, dem Führer sei Dank, für die Luftrüstung zuständig – »... ein unbedeutendes Intermezzo, verglichen mit den Ereignissen, die sich nun infolge der Überlegenheit der feindlichen Luftflotten in Deutschland abspielten«.

Die alliierten Bombardements treffen vor allem die Treibstoffwerke, zeitweise fallen 98 Prozent der Produktion von Flugtreibstoff aus. Die Luftverteidigung gilt längst als der Schwachpunkt der deutschen Kriegführung.

Zeitgleich lässt Speer verlauten, dass »das Rennen zwischen der Zerstörung und der Wiederherstellung das aufregendste Wettrennen der Weltgeschichte« sei. Und an anderer Stelle bemerkt er rückblickend auf 1944: »... unterdessen aber bestach und berauschte mich, reine Macht auszuüben, Menschen einzusetzen, über wichtige Fragen zu entscheiden, über Milliarden zu verfügen.«

Daraus mögen Euphorien, aber auch gegenläufige Impulse erwachsen sein, die Speers Verhalten und seine Signale in den nächsten Monaten erklären. Denn obwohl er einen Sieg nicht mehr für möglich hält und auch die V2 nach wie vor nicht einsatzbereit ist, verbreitet er Optimismus. Noch im Dezember 1944 – zwei Wochen vor der Ardennenoffensive, Hitlers letztem Durchbruchsversuch an der Westfront – beendet Speer in Rechlin einen Vortrag über Rüstung mit den Worten: »Es ist selbstverständlich in einem technischen Kriege notwendig, immer wieder darauf hinzuweisen, dass der technische Fortschritt das Entscheidende ist und dass eine Waffe, die sicher überlegen ist, unter Umständen den vier- und fünffachen Wert an Kampfkraft haben kann als die Waffe, mit der dann der Gegner entgegentritt. Und wir hoffen, dass auf Grund unserer technischen Leistungen, die wir zusammen mit den Waffenämtern der Wehrmachtteile durchführen, auch der Tag nicht sehr ferne ist, an dem wir unsererseits mit Waffen auftreten, die dann die materielle Überlegenheit des Gegners mehr als ausgleichen werden.«

Auch die Herren der Rüstungsindustrie werden in Durchhaltepropaganda getaucht – und, nebenbei bemerkt, von Hitler persönlich in ihren Ängsten hinsichtlich möglicher Verstaatlichungen nach dem Kriege beruhigt. Speer prophezeit fahrlässig weitere Rüstungssteigerungen für das Jahr 1945. Zwar kann

Speer mit Vertretern der Rüstungsindustrie

Speer auf Frontbesuch in Frankreich (auch Abbildung rechts)

tatsächlich noch Erstaunliches erreicht werden, bei schwindender Rohstoffzufuhr wegen des Rückzugs aus vormals besetzten Gebieten und ebenso prekärer Arbeitskräftelage, die man durch verstärkte Hinzuziehung der »Heimatfront« zu kompensieren versucht. Aber es ist eben nicht mehr als eine Verlängerung des schrecklichen Endes.

Speer hält sich vielfach seine Frontbesuche zugute. Beim einfachen Soldaten erfährt man, was Sache ist. Das Vertrauen, das dort offenbar noch immer in Hitler gesetzt wird, verstört ihn jetzt: »Es war immer erschütternd zu sehen, wie durch eine verlogene Propaganda das Volk auf falsche Absichten gelenkt wurde. Die Konsequenz, mit der völlig überholte Parolen, wie die der ›Vergeltung‹, der ›neuen Waffen‹, des ›Sieges‹, immer wiederholt wurden, ist ein Werk von Goebbels, der in der Schaltung seiner Propaganda kein Gewissen kannte.« Goebbels also. Er, Speer, habe erfolglos versucht, sich gegen diese Propaganda zu wehren. Sie schmälerte ja seine beachtlichen Leistungen, weil sie zu hohe Erwartungen weckte. Zudem habe er sich aus »innerer Ablehnung« gegen die Goebbels'schen Parolen gewandt, so Speer in den ersten Verhören.

Während seiner Aufenthalte an den Kriegsschauplätzen macht der Minister allerdings auch die Erfahrung, in der Achtung der Menschen gestiegen zu sein: »Bei solchen Frontbe-

suchen wird mir Vertrauen entgegengebracht. Es hat sich herumgesprochen, dass ich als Minister beim 20. Juli vorgesehen war« – ein anderes einschneidendes Ereignis des Jahres 1944, wohl der letzte aussichtsreiche Versuch, Hitler durch einen Anschlag zu beseitigen. Unternommen hatten ihn Militärs um Claus Graf Schenk von Stauffenberg, Oberst und Stabschef beim Befehlshaber des Ersatzheeres, General Friedrich Fromm. Tatsächlich hat man erwogen, Speer nach einem erfolgreichen Attentat zum Mitglied der neuen Regierung zu machen. Sein Name stand – mit einem Fragezeichen versehen und ohne sein Wissen – auf einer Liste der Verschwörer. Dieser Umstand trägt Speer nach dem 20. Juli keine Nachteile ein, man scheint sich seiner Loyalität sicher zu sein.

»Ich erfahre die wahre Lage«, schreibt Speer weiter über seine Frontbesuche. »Andere außerhalb des Heeres erfahren sie nicht mehr, um den Verleumdungen der Parteiführung zu entgehen. – Die Lage ist hoffnungslos.«

Speer weiß es. Und längst trifft er Vorkehrungen für die Zukunft – es ist die Zeit der Memoranden. Vor dem Nürnberger Tribunal macht Annemarie Kempf als Zeugin der Verteidigung, nach Absprache mit Dr. Flächsner und Sichtung von Dokumenten, die Aussage: »Aus seinen mir diktierten Berichten an den Führer war mir etwa seit Mitte 1944 bekannt, dass nach seiner

»DAS AUFREGENDSTE WETTRENNEN DER WELTGESCHICHTE«

Ansicht eine militärisch erfolgreiche Beendigung des Krieges nicht mehr möglich war ... Es ergaben sich während dieser Zeit oftmals Gespräche zwischen Herrn Speer und mir über seine Absichten und die von ihm für notwendig erkannten Maßnahmen, gerade weil mir auch die entgegengesetzt laufenden Anordnungen des Führers bekannt waren. Die Ereignisse dieser erschütternden Zeit prägten sich mir tief ein.

Bereits im August 1944 hatte Herr Speer für den Balkan Anweisung an die OT gegeben, die durch sie erschlossenen Gruben bei Feindbedrohung nicht zu zerstören, mit der Begründung, dass deren Nutzen für den Feind, der genügend große Vorräte habe, nicht von entscheidender Bedeutung sei. – Die gleiche Anweisung war für Frankreichs Industrieanlagen ausgegeben worden. – Der Führer hatte zunächst nach Herrn Speers

Vortrag in seinem Sinne – keine Zerstörungen, wenn nötig Lähmungen vorzunehmen – entschieden.

Entsprechende Befehle wurden von Herrn Speer für Luxemburg, das Saargebiet usw. und auch für die Kohlengebiete Belgiens und Hollands ... gegeben. Im September 1944 – nach Auftreten der Gefahr von Kampfhandlungen auch in Deutschland – wurde trotz dieser vorliegenden Führerentscheidung der Befehl ausgegeben, in allen Gebieten, die dem Feind überlassen werden müssen, Bergwerke, Industrieanlagen u.ä. zu zerstören.«

Speer kann Hitler auf dessen propagierten Siegeswillen verpflichten (auf Pessimismus steht beim Führer die Todesstrafe): Gebiete, die man später zurückerobert, darf man im eigenen Interesse nicht verwüsten. Eine entsprechende Weisung ergeht an alle Gaue.

»Trotzdem forderte das OKW [Oberkommando der Wehrmacht] bei Bedrohung des Saargebietes im Dezember [1944] erneut die Zerstörung der Bergwerke statt Lähmung. Herr Speer gab sofort ohne Rückfrage beim Führer ein erneutes Verbot der Zerstörung in Form einer Führerentscheidung heraus und erwirkte auch nachträglich dessen Zustimmung.«

Angeblich – laut Annemarie Kempf – ändert Speer um den Februar 1945, als er die Leitung des neugegründeten Verkehrsstabes übernimmt, die Prioritäten: der Sektor der Ernährungsgüter soll Vorrang haben, auch gegenüber der Rüstung.

Am 28. Januar 1945 notiert Wilfred von Oven, persönlicher Pressereferent von Joseph Goebbels, dem Generalbevollmächtigten für den totalen Kriegseinsatz, dass das oberschlesische Industriegebiet verloren sei. »Und zwar ist es dem Feind unversehrt in die Hände gefallen. Speer berichtet dem Minister darüber. Es muss damit gerechnet werden, dass die Werke heute bereits wieder auf vollen Touren laufen – für die Russen ... Die Rote Armee jedenfalls hat bei ihrem weiteren Vormarsch im deutschen Osten keine Kraftstoffsorgen mehr.«

Wenige Wochen zuvor hat sich der Rüstungsminister sogar vor Ort für den Erhalt dieser Industrien eingesetzt: »In Kattowitz wird nochmals festgelegt, dass keine Zerstörungen vorgenommen werden. – Der Russe ist schon bei Krakau.« (Und am 27. Januar öffnet »der Russe« die Tore von Auschwitz.)

Speer berichtet Goebbels außerdem, dass es in spätestens drei Monaten zur totalen Niederlage kommen werde, wenn nicht noch irgendeine Wende geschehe; die Rüstungskapazität liege gerade noch bei 30 Prozent der früheren Leistungen. Welche Wende ist zu erhoffen? Die Allianz der Gegner wird auch im sechsten Kriegsjahr nicht auseinander brechen, Siegen verbindet. Neue, effizientere Waffen, ob Jagdflieger, Strahlflugzeuge oder U-Boote mit »Zielaugentorpedos«, die wundersame »Fernrakete« (die zwar weit fliegt, aber nur wenig Sprengstoff transportieren kann) oder chemische Kampfstoffe – gegen die alliierte Übermacht reicht es nicht.

Einen Tag später, am 29. Januar 1945, notiert Wilfried von Oven, was die Herren zur Verteidigung Berlins festgelegt haben. Alle Kräfte sollen mobilisiert werden: »Der Minister vereinbart mit [Speer], dass die kriegswichtige Fertigung in Berlin nicht nur weiterlaufen, sondern auf höchste Touren gebracht werden soll. Berlin ist nach dem Verlust Oberschlesiens jetzt das wichtigste Rüstungszentrum des Reiches. An eine Evakuierung Berlins ist daher gar nicht zu denken. Speer will die Fertigung von Panzern und 8,8-cm-Geschützen in Berlin mit aller Gewalt vorantreiben. Mit diesen Waffen soll das Personal der in Berlin befindlichen Heeresschulen ausgerüstet und kampfbereit gemacht werden.« Minister Speer bewaffnet gewissermaßen beide Seiten.

Kraftstoffreserven werden beschlagnahmt – die »Vorratslage ist günstig. Berlin ist für mindestens sechs Wochen mit allem Notwendigen versorgt.«

Wenn das überhaupt noch etwas bewirken kann. Die sowjetischen Truppen haben schon die so genannte »Tirschtiegel-Stellung«, Berlins Schutzwall nach Osten, bestehend aus Volkssturm-Einheiten und einer SS-Division, mit Panzern »in unendlicher Zahl« durchbrochen und stehen 100 Kilometer vor der Reichshauptstadt.

»Frau Goebbels weint jetzt hemmungslos. Sie ist noch immer zu keinem Entschluss über das Schicksal ihrer Kinder gelangt«, schreibt von Oven. Magda Goebbels hat bei einem beklemmenden Mittagessen im Ministerium ihres Mannes von der militärischen Lage erfahren. Als glühende Nationalsozialistin wird sie sich drei Monate später für den Freitod entscheiden und ihrem

Speer und Goebbels während einer Großkundgebung im Berliner Sportpalast

erwachsenen (aus erster Ehe stammenden) Sohn Harald Quandt in einem Abschiedsbrief erklären: »Unsere herrliche Idee geht zu Grunde – mit ihr alles, was ich Schönes, Bemerkenswertes, Edles und Gutes in meinem Leben gekannt habe. Die Welt, die nach dem Führer und dem Nationalsozialismus kommt, ist nicht mehr wert, darin zu leben, und deshalb habe ich auch die Kinder hierher mitgenommen.«

Albert Speer gehört nicht zu den Selbstmördern. Er dreht die Aggregate hoch und unterstützt den Kampf bis in den Untergang – und bereitet zugleich das Feld, sein Feld, für die Zeit danach.

Zwischen Niederlage und Neubeginn

Speer in seinem Büro am Pariser Platz. Vor den Fenstern liegt das zerbombte Berlin in tiefschwarzer Nacht. Die Stadt hat sich gegen die alliierten Angriffe vollkommen verdunkelt. Hier drinnen brennt nur eine kleine Schreibtischlampe, und das Licht des Volksempfängers leuchtet. Der Sender überträgt das monotone Ticken eines Weckers. Die Zuhörer können dann jederzeit auf Empfang einstellen, wenn die Meldungen vom Einflug feindlicher Bombergeschwader in den Großraum Berlin durchgegeben werden.

Albert Speer hat sich als Rüstungsminister immer gegen überzogene Erwartungen zur Wehr gesetzt. Sie bedeuten nicht zuletzt auch eine Herabsetzung seiner Leistungen, die doch enorm bleiben, selbst in diesen letzten Wochen, die »der erregendste Abschnitt meines Lebens« sind. Speer erkennt nun, »dass Adolf Hitler sein Volk dem Untergang entgegenführen« will.

Seit Ende 1944 informiert er – parallel zu seinen optimistischen Reden im Durchhaltejargon – Hitler und die Führungsspitze in umfangreichen Denkschriften über die kritische Lage von Rüstungsproduktion und Rohstoffzufuhr. Man wird ihm nicht vorwerfen können, die Wahrheit verschwiegen zu haben. Es sind Leistungsberichte, und seine Vorhersagen erweisen sich kurze Zeit später als unfehlbar richtig; er ist ein äußerst qualifizierter Mann.

Von Hitler ist nichts mehr zu erwarten. Dessen Defätismus macht es für Albert Speer leicht, ja notwendig, sich von ihm zu lösen.

Wir sehen den Minister, wie er am 15. März den Text seines zweiten Berichts für das Jahr 1945 durchgeht. Angesprochen wird darin die desaströse Wirtschaftslage der Monate März und April. Speer ist wohl einer der wenigen, die solche Offenheit wagen. Doch er kann sein Risiko einschätzen, und vor allem: Er kann nicht über seinen Schatten springen.

Speer prüft vor allem noch einmal die Sätze, die Annemarie gesperrt getippt hat, damit sie sich auch in der übergroßen Type der Führerschreibmaschine noch deutlich hervorheben: »Es ist daher in 4–8 Wochen mit dem endgültigen Zusammenbruch der deutschen Wirtschaft mit Sicherheit zu rechnen. ... Nach diesem Zusammenbruch kann der Krieg auch militärisch nicht fortgesetzt werden. ... Wir in der Führung haben die Verpflichtung, dem Volk in den schweren Stunden, die es erwarten muss, zu helfen.«

Speer will das Schreiben dem Führer gleich persönlich hinüberbringen. Annemarie ist damit beschäftigt, Akten des Ministeriums in einem großen Koffer zu verstauen. Die wichtigsten Unterlagen sollen an einem sicheren Ort aufbewahrt werden. Der Krieg ist verloren, und ihr Chef rechnet damit, den Siegern bald Auskunft über seine Arbeit und seine Haltung in den letzten Kriegsmonaten geben zu müssen. Mag der Mann im Bunker noch auf ein Wunder hoffen und, von Krankheit gezeichnet, gegen die Kapitulation anleben – hier ist ein Minister, der über das Ende hinaus zu denken versteht. Sein Auftreten in den letzten Wochen hat ihn immer stärker vom Kreis um Hitler isoliert.

Speer verfügt nicht über die Mittel, mit denen das Blatt noch gewendet und Deutschlands Niederlage verhindert werden könnte. Er reist stattdessen in alle Himmelsrichtungen, um Gauleiter oder Generäle für die Erhaltung der deutschen Wirtschaftskraft zu gewinnen, Industrielle auf die Erfordernisse der Nachkriegszeit einzustimmen oder sich von Mitarbeitern an entlegenen Fronten zu verabschieden.

Gerade Anfang März ist der Minister im Ruhrgebiet gewesen, »um auch dort zu erörtern, was das bevorstehende Ende und

der Neubeginn verlangten. Die Sorge der Industriellen galt vor allem den Verkehrswegen: wenn die Kohlengruben und Stahlwerke zwar erhalten blieben, jedoch alle Brücken zerstört würden, sei der Kreislauf von Kohle, Stahl und Walzwerk unterbrochen. Noch am gleichen Abend fuhr ich daher zu Feldmarschall Model.« Der wiederum erzählt aufgebracht von einem neuen Wahnsinnsbefehl aus dem Berliner Bunker: Eine Truppe ohne Kampfkraft würde unnötigerweise verheizt werden. »Der Unmut über Hitlers Befehle machte Model bereit, meine Vorschläge anzuhören.« Der Feldmarschall wird Speer zusichern, »die unersetzlichen Brückenbauwerke, besonders die Reichsbahnanlagen, zu schonen«.

Mit Generaloberst Heinz Guderian vereinbart Speer einen Grundsatzerlass gegen Zerstörungsmaßnahmen im eigenen Land. Er ist zum ersten Mal in seiner Karriere ohne Vollmachten des Führers unterwegs; aber vielleicht bekommt er sie noch.

Bevor Speer sich nun auf den Weg zu Hitler macht, mit der Denkschrift, die den besagten Erlass bewirken soll, taucht sein »Chronist« in der Tür auf: »Leiter der Nachkriegsbüros Rudolf Wolters meldet sich zur Stelle!«

Ausgestattet mit Sonderausweisen des Ministeriums, war Wolters im Februar im Auftrag Speers in den Westen gereist, um die Einrichtung von Büros voranzutreiben, die nach dem Krieg den Wiederaufbau zerbombter deutscher Städte übernehmen sollen. Noch bevor er Vortrag halten kann, ertönt eine Stimme im Radio. »Achtung – Achtung! Hier spricht der Befehlsstand der 1. Flakdivision Berlin.« Eindringlich gedehnt wird die Luftlagemeldung des Senders Berlin verlesen. »Die gemeldeten Bomberverbände befinden sich im Raum Hannover-Braunschweig...«

Speer setzt sich noch einmal an seinen Schreibtisch, Wolters nimmt auf der anderen Seite Platz.

»In Höxter haben wir schon ein Büro eingerichtet. Bauleiter Lübke hält dort die Stellung.«

Gemeint ist Heinrich Lübke, der spätere Bundespräsident. Seine Beziehungen zum Bürgermeister von Höxter werden dem Büro in wenigen Monaten den ersten Auftrag verschaffen: die

Wiedererrichtung einer gegen Speers Anordnung gesprengten Stadtbrücke.

»Gut, dann kümmere du dich um unser Flensburger Büro.« Die Sache scheint anzulaufen, Arbeit wird es angesichts der Verwüstungen im Land ohnehin genug geben. Zudem ist Speer ja schon seit geraumer Zeit Beauftragter des Führers für den Wiederaufbau zerstörter Städte – es gibt bereits Konzepte, die nur auf ihre Umsetzung warten.

»Ich werde in den ersten Monaten sicher nicht vor Ort sein können, hoffe dann aber bald zu euch zu stoßen«, plant Speer weiter. »Doch vielleicht sollte ich lieber den Vorschlägen meines Kampffliegers Baumbach nachgeben und mich fürs Erste mit ein paar Freunden aus dem besetzten Deutschland heraus nach Grönland verziehen …«

Wolters, der ehemalige Studienkollege, kann sich das nicht so recht vorstellen. »Na Hauptsache, du lässt dich nicht von den Russen erwischen.« Er zündet sich eine Zigarette an und nimmt einen kräftigen Zug. »Hoffentlich ist das alles bald vorbei«, sagt er nachdenklich. Man müsste es beschleunigen können, wie lange wird es die Eminenz im Bunker denn noch machen …?

Wolters weiß ebenso gut wie Speer, dass dieser eine Gefangenschaft bei den Sowjets nicht überleben würde; mit den Westalliierten hingegen … –

Speer spricht das Entscheidende aus: »Wir haben uns nichts vorzuwerfen.« Das ist eine Ansage, eine Verabredung für die Zukunft, und Rudolf Wolters hat sie längst verstanden.

»Die Alliierten brauchen uns. Unser Programm für den Wiederaufbau. Wir sind die Fachleute. Es gibt niemanden sonst. Auf wen wollen die denn zurückgreifen?« Wolters nickt.

Speer ist aufgestanden. Er nimmt seinen Mantel, um endlich in den Bunker zu gehen. Dort angekommen, übergibt er seine 22-seitige Ausarbeitung dem Luftwaffenoberst Nicolaus von Below, mit der Bitte, sie »in einem geeigneten Moment vorzutragen«. Den persönlichen Adjutanten des Führers, Julius Schaub, ersucht er bei dieser Gelegenheit, von Hitler »ein Foto mit persönlicher Widmung« zu seinem bevorstehenden 40. Geburtstag zu erbitten – als »der einzige engere Mitarbeiter Hitlers, der zwölf Jahre lang nie danach gefragt hatte«.

Ein Signal der Verbundenheit, mit dem Speer den Führer vielleicht gewogen stimmen möchte, wie einst mit seinen Bauentwürfen; vielleicht auch eine Geste gegen das eigene Gefühl der Untreue, des Verrats. Denn ihre Wege haben sich bereits getrennt. Der Diktator macht obendrein einen katastrophalen Eindruck auf seine Umgebung; es gibt kaum jemanden, der sich darüber nicht erschüttert zeigt. Der Bildhauer Arno Breker, ein stets gut informierter Freund der Speers, berichtete etwa: »Hitler, seines früher als übermenschlich bezeichneten Durchstehvermögens völlig beraubt, war in sich zusammengefallen, seine Glieder zitterten. Das unausgesetzte Leben im Bunker demoralisierte ihn zusehends und vernichtete seine schon sehr begrenzten physischen Kräfte. Sein Äußeres schien ungepflegt, zumal er ständig in seinen Mantel gehüllt blieb, der verstaubt war und einen stark abgenutzten Eindruck machte.« Hitlers ehemaliger Begleitarzt Karl Brandt »erlebte den galoppierenden Verfall aus nächster Nähe. Die physische und psychische Auflösung wurde deutlich an Befehlen und Anordnungen, die bereits ins Reich der Pathologie gehörten.«

Am Vorabend seines 40. Geburtstages – in der Zwischenzeit hat er eine weitere Reise zu den Gauleitern im Westen unternommen – trifft Speer in einer Lagebesprechung direkt auf Hitler. Wieder hat er ein Schreiben dabei. Man erörtert die Situation des von amerikanischen Truppen bedrohten Saargebietes. Erneut will Hitler eine Entscheidung auf Kosten der Zivilbevölkerung erzwingen: die rücksichtslose Evakuierung von Millionen Menschen aus der Kampfzone.

Im Anschluss, es ist schon nach Mitternacht, lässt Speer den Führer um ein Gespräch bitten. Es wird ihm gewährt; sein Diener bringt nach Aufforderung das Foto herbei, und Hitler »händigte mir mit herzlichen Geburtstagswünschen die rote Lederkassette mit dem goldgeprägten Hoheitszeichen aus, in dem er sein silbergerahmtes Foto zu überreichen pflegte«. Die Widmung sei besonders herzlich ausgefallen, berichtet Speer in seinen *Erinnerungen*, eine »Versicherung anhaltender Freundschaft« und Dank für seine Arbeit, in verzitterter, kaum lesbarer Handschrift.

Umso schwerer fällt es Speer, seine Gegengabe, diese weitere Denkschrift, zu überreichen.

Der Führer scheint es eher gelassen zu nehmen – diesmal werde Speer eine schriftliche Antwort bekommen. Und als Vorgeschmack darauf fügt Hitler, wie Speer überliefert, beim Abschied hinzu: »Wenn der Krieg verlorengeht, wird auch das Volk verloren sein. Es ist nicht notwendig, auf die Grundlagen, die das deutsche Volk zu seinem primitivsten Weiterleben braucht, Rücksicht zu nehmen. Im Gegenteil ist es besser, selbst diese Dinge zu zerstören. Denn das Volk hat sich als das schwächere erwiesen, und dem stärkeren Ostvolk gehört ausschließlich die Zukunft. Was nach diesem Kampf übrig bleibt, sind ohnehin nur die Minderwertigen, denn die Guten sind gefallen.«

Der Nero-Befehl

Die schriftliche Antwort hält Albert Speer noch am selben Tag, am 19. März 1945, in Händen. Er befindet sich gerade im Hauptquartier von Feldmarschall Walter Model im Westerwald, als ihn der so genannte Nero-Befehl, der »Führerbefehl über Zerstörungsmaßnahmen im Reichsgebiet«, erreicht. Darin heißt es: »Der Kampf um die Existenz unseres Volkes zwingt auch innerhalb des Reichsgebietes zur Ausnutzung aller Mittel, die die Kampfkraft unseres Feindes schwächen und sein weiteres Vordringen behindern. Alle Möglichkeiten, der Schlagkraft unseres Feindes unmittelbar oder mittelbar den nachhaltigsten Schaden zuzuführen [sic], müssen ausgenutzt werden. Es ist ein Irrtum zu glauben, nicht zerstörte oder nur kurzfristig gelähmte Verkehrs-, Nachrichten-, Industrie- und Versorgungsanlagen bei der Rückgewinnung verlorener Gebiete für eigene Zwecke wieder in Betrieb nehmen zu können. Der Feind wird bei seinem Rückzug uns nur eine verbrannte Erde zurücklassen und jede Rücksichtnahme auf die Bevölkerung fallen lassen.

Ich befehle daher:

1) Alle militärischen, Verkehrs-, Nachrichten-, Industrie- und Versorgungsanlagen sowie Sachwerte innerhalb des Reichsgebietes, die sich der Feind für die Fortsetzung seines Kampfes irgendwie sofort oder in absehbarer Zeit nutzbar machen kann, sind zu zerstören.

2) Verantwortlich für die Durchführung dieser Zerstörung sind die militärischen Kommandanturbehörden für alle militärischen Objekte einschließlich der Verkehrs- und Nachrichtenanlagen, die Gauleiter und Reichsverteidigungskommissare für alle Industrie- und Versorgungsanlagen sowie sonstige Sachwerte. Den Gauleitern und Reichsverteidigungskommissaren ist bei der Durchführung ihrer Aufgabe durch die Truppe die notwendige Hilfe zu leisten.

3) Dieser Befehl ist schnellstens allen Truppenführern bekanntzugeben, entgegenstehende Weisungen sind ungültig.«

Manfred von Poser, seit Mai 1944 Speers Verbindungsmann zur Wehrmacht, begleitete den Minister. In einem Interview mit dem ZDF erinnert er sich später an jenen Tag in Models Quartier, an die Wut von Albert Speer, der sich von Hitler mit diesem Befehl betrogen sieht: »Er war wütend, echt wütend.«

Speer will mit allen Mitteln verhindern, dass Deutschland »ins Mittelalter« zurückfällt; er versucht weiterhin, vor Ort Hitlers Anordnungen entgegenzuarbeiten. Was sollte er auch anderes tun – das Land braucht keinen Rüstungsminister mehr.

DER NERO-BEFEHL

Nach einer der vielen Ruhrgebietsreisen, die Speer in den Wochen vor der Kapitulation unternimmt, kommt es zur Konfrontation. Hitler zitiert Speer am 29. März zu sich. Bormann habe ihm berichtet, sein Rüstungsminister glaube nicht mehr an den Endsieg und sabotiere die Befehle des Führers. Dies pflege er mit dem Tode zu bestrafen, und auch bei Speer hätte er diese Konsequenz zu vollziehen, wenn der nicht »sein Künstler« wäre. Speer erwidert, nach eigenen Angaben, dass er zu den »Konsequenzen« stehen wolle. Der Krieg sei verloren – das möchte er auch aussprechen dürfen; er wolle nicht zu den Verlogenen gehören, die es nur dächten. Hitler bietet ihm daraufhin Beurlaubung an, er sei ja überarbeitet. Speer lehnt ab, er will nicht, »dass in dieser Lage ihm die Möglichkeit der Verantwortung für das, was andere unter seinem Namen dann tun könnten, genommen werde« – so zitiert jedenfalls Annemarie Kempf die Worte ihres Chefs aus dem Gespräch mit Hitler.

Speer inszeniert diese Begegnung in seinen *Erinnerungen* auf pathetische Weise. Er ist anfällig für »die Größe einer Stunde«, und er macht aus so mancher Stunde eine »große«, vor allem, wenn sie beim Führer unter vier Augen verlief. Auch bei diesem Treffen ist sonst niemand dabei gewesen.

Hören wir also weiter, wie Annemarie Kempf die Ereignisse in ihrer Zeugenaussage wiedergibt:

»Zu einer Entlassung aus seinem Amt kann der Führer sich ›aus innen- und außenpolitischen Gründen‹ nicht entschließen. Der Führer versucht, Herrn Speer umzustimmen, und bittet um Speers Entscheidung bis zum nächsten Tag.

Herr Speer wollte ihm schriftlich die Gründe für seine Einstellung und Forderungen darlegen. Er schreibt handschriftlich die Antwort vom 29.3. (die ich hiervon abgeschrieben habe). – Als er von dieser erneuten Rücksprache wiederkommt, erzählte Herr Speer, dass der Führer die Entgegennahme der schriftlichen Antwort abgelehnt habe. Es sei ihm aber gelungen, bei nochmaliger sachlicher Begründung den Führer zu einem neuen Befehl umzustimmen, der am 30. März nach dem Entwurf von Herrn Speer unterschrieben wird und die Möglichkeiten bietet, den Zerstörungsplänen entgegenzusteuern. Herrn Speers

Durchführungsbestimmungen, zu denen er in diesem Befehl wieder ermächtigt wurde, werden dem Führer nicht mehr vorgelegt. Sie lassen keinen Zweifel über die Auslegung zu. Der Erlass geht mit Durchführungsbestimmungen auf jedem Wege – Funk, Fernschreiben, Kuriere usw. – an alle Dienststellen heraus.«

Wie hat Speer den Führer umstimmen können? Hat er an dessen eigene Aussagen in *Mein Kampf* erinnert, wonach die »Substanz« eines Volkes im Falle einer Kriegsniederlage nicht zerstört werden darf? Hat er die gemeinsamen Pläne von einst heraufbeschworen, dem Diktator vielleicht erneut ein »ja die Jugend, so seid's ihr!« entlocken können – diesmal nicht, weil Speer sogar den Reichstag abreißen würde, sondern weil er das zugunsten eines Neuanfangs unter den Alliierten gerade nicht tun will? Oder handelte es sich eher um eine Machtprobe zwischen Führer und Meisterschüler, bei der beide Seiten mit einem Appell an die gegenseitige Verbundenheit ihre Autorität in diesem Kräftespiel selbstverliebt zum Einsatz bringen?

Speers *Erinnerungen* zufolge soll er Hitler nach der ersten Unterredung innerhalb von 24 Stunden Auskunft geben, »ob Sie hoffen, dass der Krieg noch gewonnen werden kann«. Daraufhin schreibt der Minister den von Annemarie Kempf erwähnten Brief: eine schwärmerische Rechtfertigung der eigenen Position

im Sinne nationalsozialistischer Werte und eine Aufforderung an den Führer, sich zu »unserem Volk« zu bekennen.

Werfen wir einen Blick in dieses auf den 29. März 1945 datierte Schreiben Speers, das er 1969 beim Wiederlesen als »eine schwache Leistung« empfand:

»Mein Führer,
wenn ich mich noch einmal schriftlich an Sie wende, dann nur, weil ich mündlich nicht in der Lage bin, Ihnen – aus innerer Erregung heraus – meine Gedanken mitzuteilen.

Vorweg muss ich betonen, dass ich stolz und glücklich wäre, wenn ich weiter als Ihr Mitarbeiter für Deutschland mich einsetzen dürfte. …

Sie haben gestern unterschieden zwischen den realen Erkenntnissen, durch die man zu der Überzeugung kommen kann, dass der Krieg nicht mehr gewonnen werden könnte, und zwischen dem darüber hinaus noch vorhandenen Glauben, dass sich alles zum Guten wenden könne. Sie haben an mich die Frage gerichtet, ob ich noch auf die erfolgreiche Weiterführung des Krieges hoffe, oder ob mein Glaube durch meine nüchternen Feststellungen auf meinem Fachgebiet erschüttert ist. …

Es ist notwendig, dass ich hier etwas weiter aushole:
Ich bin Künstler und als solcher an eine mir völlig fremde und schwierige Aufgabe gestellt worden. Ich habe viel für Deutschland erreicht. Ohne meine Arbeit wäre der Krieg vielleicht 1942/43 verloren gewesen.

Ich habe diese Aufgabe nicht mit Fachwissen gemeistert, sondern mit den Eigenschaften, die einem Künstler eigen sein müssen: Mit dem Glauben an seine Aufgabe und an den Erfolg, mit dem Instinkt für das Richtige, mit dem Sinn für großzügige Lösungen und mit der inneren Anständigkeit, ohne die ein Künstler keine sauberen Lösungen schaffen kann.

Ich glaube an die Zukunft des deutschen Volkes. Ich glaube an eine Vorsehung, die gerecht und unerbittlich ist und damit glaube ich an Gott.

Es war mir weh ums Herz, als ich in den Siegestagen des Jahres 1940 sah, wie wir hierbei in weitesten Kreisen der Führung unsere innere Haltung verloren. Hier war die Zeit, in der wir uns der Vorsehung gegenüber bewähren mussten durch Anstand und innere Bescheidenheit. Der Sieg wäre dann bei uns gewesen.

So wurden wir in diesen Monaten vom Schicksal als zu leicht befunden *für größte Erfolge.* Wir haben durch Bequemlichkeit und Trägheit ein Jahr kostbarer Zeit für Rüstung und Entwicklung vertan und damit die Grundlage dafür gegeben, dass in den entscheidenden Jahren 1944/45 vieles zu spät kam. Jede Neuerung ein Jahr früher und unser Schicksal wäre ein anderes.

Als ob die Vorsehung uns warnen sollte, so wurden von nun ab alle militärischen Ereignisse von einem Unglück sondergleichen verfolgt. Noch nie haben in einem Krieg die äußeren Umstände, wie etwa das Wetter, eine so ausschlaggebende und unglückliche Rolle gespielt, wie ausgerechnet in diesem technischsten aller Kriege. ...

Ich war trotzdem der Überzeugung, dass uns das Schicksal die letzte Konsequenz ersparen und dass es uns eines Tages die Möglichkeit geben wird, unserem Volk die Existenz zu sichern; dieses Volk, das in einem geschichtlich einmaligen Heldenmut an der Front und in der Heimat gekämpft hat, kann kein bitteres Ende finden.

Als ich Ihnen am 18. März meine Schrift übergab, war ich der festen Überzeugung, dass die Folgerungen, die ich aus der gegenwärtigen Lage zur Erhaltung unserer Volkskraft zog, unbedingt Ihre Billigung finden werden. Denn Sie hatten selbst einmal festgelegt, dass es Aufgabe der Staatsführung ist, ein Volk bei einem verlorenen Krieg vor einem heroischen Ende zu bewahren.

Sie machten mir jedoch am Abend Ausführungen, aus denen – wenn ich Sie nicht missverstanden habe – klar und eindeutig hervorging: Wenn der Krieg verloren geht, wird auch das Volk verloren sein. Dieses Schicksal ist unabwendbar. Es sei nicht notwendig, auf die Grundlagen, die das Volk zu seinem primitivsten Weiterleben braucht, Rücksicht zu nehmen. Im Gegenteil sei es besser, selbst diese Dinge zu zerstören. Denn das Volk hätte sich als das schwächere erwiesen und dem stärkeren Ostvolk gehöre dann ausschließlich die Zukunft. Was nach dem Kampf übrig bliebe, seien ohnehin nur die Minderwertigen; denn die Guten seien gefallen.

Nach diesen Worten war ich zutiefst erschüttert. Und als ich einen Tag später den Zerstörungsbefehl und kurz danach den scharfen Räumungsbefehl las, sah ich darin die ersten Schritte zur Ausführung dieser Absichten.

Ich glaubte bis dahin aus ganzem Herzen an ein gutes Ende dieses Krieges. Ich hoffe, dass nicht nur unsere neuen Waffen und Flugzeuge, sondern vor allem unser fanatisch sich steigernder Glaube an unsere Zukunft das Volk und die Führung zu den letzten Opfern befähigen werden. Ich war damals selbst entschlossen, mit den Segelflugzeugen gegen die russischen Kraftwerke zu fliegen und dort durch persönlichen Einsatz mitzuhelfen, das Schicksal zu wenden und gleichzeitig Beispiel zu geben.

Ich kann aber nicht an den Erfolg unserer guten Sache glauben, wenn wir in diesen entscheidenden Monaten gleichzeitig und planmäßig die Grundlage unseres Volkslebens zerstören. Das ist ein so großes Unrecht unserem Volk gegenüber, dass das Schicksal es mit uns dann nicht mehr gut meinen kann.

Das, was Generationen aufgebaut haben, das dürfen wir nicht zerstören. Wenn der Feind es tut und damit das deutsche Volk ausrottet, dann soll er die geschichtliche Schuld allein auf sich nehmen. Ich bin der Überzeugung, dass die Vorsehung diese dann strafen wird, da sie sich an diesem tapferen und anständigen Volk vergriffen haben.

Ich kann nur mit innerem Anstand und mit der Überzeugung und dem Glauben an die Zukunft weiter arbeiten, wenn Sie, mein Führer, sich wie bisher zur Erhaltung unserer Volkskraft bekennen. ...

Ich bitte Sie daher, nicht selbst am Volk diesen Schritt der Zerstörung zu vollziehen.

Wenn Sie sich hierzu in irgendeiner Form entschließen könnten, dann würde ich wieder den Glauben und den Mut haben, um mit größter Energie weiter arbeiten zu können.

Sie werden Verständnis dafür aufbringen, was in mir vorgeht. Ich kann mit voller Arbeitskraft nicht wirken und das notwendige Vertrauen nicht ausstrahlen, wenn gleichzeitig mit meiner Anforderung an die Arbeiter zum höchsten Einsatz die Zerstörung ihrer Lebensbasis von uns vorbereitet wird. Es ist unsere

Pflicht, alle Anstrengungen zu machen, um den Widerstand auf das Äußerste zu steigern. Ich möchte dabei nicht fehlen.

Die militärischen Schläge, die Deutschland in den letzten Wochen erhalten hat, sind erschütternd. Es liegt nicht mehr in unserer Hand, wohin sich das Schicksal wendet.

Nur eine bessere Vorsehung kann unsere Zukunft noch ändern. Wir können nur noch durch eine starke Haltung und unerschütterlichen Glauben an die ewige Zukunft unseres Volkes dazu beitragen.

Gott schütze Deutschland.

Gez. Albert Speer«

Dieser Brief wird wohl nur von der Nachwelt, nicht von Hitler selbst gelesen. Denn der Führer will nichts mehr lesen, er will eine direkte, mündliche Antwort, wie Speer berichtet hat.

»Hitler stand vor mir, seiner Sache nicht sicher, fast etwas ängstlich wirkend, und fragte kurz angebunden: ›Nun?‹ Einen Augenblick war ich verwirrt, ich hatte keine Antwort bereit, aber dann, wie um überhaupt irgendetwas zu sagen, kam mir, ohne Überlegung und gänzlich nichtssagend die Antwort über die Lippen: ›Mein Führer, ich stehe bedingungslos hinter Ihnen.‹«

Gänzlich nichtssagend?

Hitler sei gerührt gewesen – »Dann ist alles gut« –, und Speer benennt nun wohl seinen Preis für die Erneuerung des Bundes: Rückübertragung der Erlassvollmacht in Sachen Zerstörungsbefehl (die Speer dann ausschließlich in seinem Sinne auslegen wird). Hitler lässt sich »fast ohne Diskussion« darauf ein, mit zitternder Hand zur Unterschrift bereit. Besiegelung eines Verrats? Oder erkennt er bei Speer noch hinreichend nationalsozialistischen »Idealismus«, um ihn an sich vorbeiziehen zu lassen wie eine Sohnesgeneration, die letztlich doch die Ideen weitertragen wird? Wie dem auch sei – Speer kehrt mit der erstrebten Autorität in sein Ministerium zurück.

Flucht der Familie

Es wird Zeit für Speer, auch sein persönliches Feld zu bestellen. Anfang April 1945 zitiert er seinen Freund Arno Breker zu sich. Der berichtet später: »Erstmals hörte ich aus seinem Mund den Plan der Aufteilung Deutschlands in vier Zonen nach vollendeter Kapitulation, die nur noch eine Frage der Zeit war. Ich musste mich seinen Anordnungen fügen ... Ich hatte Speers Familie wichtige Informationen zu überbringen.« Dabei handelt es sich vor allem um 80 000 Reichsmark in einer Blechbüchse; die Familie soll Berchtesgaden verlassen.

Mitarbeiter werden verabschiedet. Ein Brief Speers an seinen ersten Parteifreund Karl Hanke sei dabei erwähnt. Als Gauleiter von Niederschlesien erwirbt sich Hanke in diesen Tagen des Niedergangs Verdienste bei der erbarmungslosen Verteidigung Breslaus – den stellvertretenden Bürgermeister lässt er standrechtlich erschießen: »Wer nicht in Ehren kämpfen will, muss in Schanden sterben.« Solches Durchgreifen begeistert Goebbels, seinen früheren Dienstherrn.

Speer schreibt ihm am 14. April, vom bevorstehenden Tod des alten Weggefährten ausgehend, in Führerdiktion:

»Lieber Hanke,
... Durch Deine Leistungen als Verteidiger von Breslau hast Du Deutschland heute schon viel gegeben. Dein Beispiel, jetzt

FLUCHT DER FAMILIE

in seiner Größe noch nicht erkannt, wird später genau so unschätzbar hohen Wert für das Volk haben, wie nicht viele Helden der deutschen Geschichte. ... *Das Volk* war einmalig, tapfer und treu. *Das Volk* hat nicht versagt.

Jeder, der sich an diesem Volk und seinem Geschick vergreifen sollte, wird vom Schicksal schwer bestraft.

Gott schütze Deutschland. Ich, lieber Hanke, danke Dir nochmals von ganzem Herzen für alles, was Du für mich getan. Du hast mir die ersten entscheidenden Erfolge gebracht und hast mir später als Freund treu zur Seite gestanden. Du bist nicht zu bedauern. Du gehst einem schönen und würdigen Abschluss Deines Lebens entgegen.«

Karl Hanke und Joseph Goebbels

Hanke kann sich im letzten Moment aus Breslau retten, wird dann aber auf der Flucht erschossen. Der Speer'schen Legende nach hat der Gauleiter Niederschlesiens im Sommer 1944 einmal verstört auf ihn eingeredet: »Nie solle ich einer Einladung folgen, im Gau Oberschlesien ein Konzentrationslager zu besichtigen. Nie, unter keinen Umständen. Dort hätte er etwas gesehen, was er nicht schildern dürfe und auch nicht schildern könne.« Auf diese Weise präsentiert Speer noch 1969, was er als seine »Schuld des Nicht-gewusst-haben-Wollens« postuliert: »Es muss sich um Auschwitz gehandelt haben.«

In Berchtesgaden packt Margarete Speer mit dem Personal die Koffer. Ihr Mann hat eine Unterkunft, ein Gutshaus mit Park, in Oehe bei Kappeln an der Ostsee organisiert. Er wird bald verstärkt im Norden zu tun haben und will seine Familie wohl in der Nähe wissen. Zudem wäre der Obersalzberg im Moment der Niederlage vermutlich ein allzu exponierter Ort. Besser, die Familie taucht vorerst in den anonymen Flüchtlingsströmen nach Norddeutschland unter. Die Briten als die später dort zuständige Besatzungsmacht würden wohl fair genug sein, um sich nicht an Frauen und Kindern zu vergreifen. Unterwegs soll die Familie eine Zwischenstation in Sigrön einlegen, auf dem Gut eines Freundes in der Nähe von Wilsnack, in jenem immer schmaler werdenden Streifen zwischen West- und Ostfront, der noch nicht von den Alliierten besetzt wurde.

Zwei PKWs stehen auf dem Obersalzberg bereit. Fräulein Leidheuser hilft, die Koffer zu verstauen. Alle sind ernst und gefasst. Man kann nicht viel mitnehmen, die wichtigsten Kleidungsstücke – und den Schmuck natürlich.

Margarete Speer setzt die Kinder in den Wagen. Tochter Hilde steht vor dem Kaninchenstall und füttert die Tiere. »Hilde – nun komm!« Es fällt dem Mädchen schwer, sich von all dem zu verabschieden. »Die haben noch gar nichts gefressen!«

»Die werden schon nicht verhungern. Fräulein Leidheuser bleibt doch hier und passt auf. Nun komm, mach!«

Das Fräulein begleitet Hilde zum Wagen. Die Autos setzen sich in Bewegung und fahren vorsichtig den steilen Weg vor dem Haus hinab, direkt auf das Atelierhaus zu. Die Kinder drehen sich noch einmal um, Fräulein Leidheuser winkt oben vom Balkon. Niemand kann in diesen Wochen sagen, ob man Freunde

FLUCHT DER FAMILIE

und Bekannte wiedersehen wird. Und die Kinder wissen nicht, was sie hinter den Bergen erwartet – die Folgen eines Weltkrieges, einer Weltkatastrophe mit Millionen Menschenopfern, ganz Deutschland ein Trümmerfeld. Und ihr Vater hat irgendetwas damit zu tun.

Sie fahren durch ganz Deutschland, was haben Sie vom Krieg gesehen?

Hilde Schramm: »Also, ich habe da keine Eindrücke. Ich war so voller Trauer, dass wir aus Berchtesgaden weg mussten. Das war mein Gefühl.«

Albert Speer jr.: »Das war sicher ein Absturz, und meine Sprachschwierigkeiten hängen damit ganz gewiss zusammen.«

Hilde Schramm: »An Oehe habe ich wieder Erinnerungen. Aber wie wir dahin kamen, welche Bedrohungssituationen es da vielleicht auch gab, die zerstörten Städte oder so etwas, das habe ich nicht wahrgenommen. Oder wir sind nachts gefahren – das kann auch sein.«

Ein Schwarzweißfilm: Flüchtlingsquartier in einem Gutshaus. Die Kamera fährt von einem noblen Deckenfresko herunter in die Wirklichkeit des Jahres 1945. Auf engem Raum leben zahllose Menschen, durch aufgespannte Decken haben sie sich im Saal des Herrenhauses kleine getrennte Räume geschaffen. Hier wird gekocht, gegessen und geschlafen. Familie Speer hat es deutlich besser getroffen; ihr stehen eigene Zimmer zur Verfügung.

Hilde Schramm: »… das Haupthaus, das so genannte Herrenhaus, das aber, wenn man es sich heute anschaut, nicht besonders prächtig ist, war voll mit Flüchtlingen. Und da hatte mein Vater irgendwie für uns zwei, drei – auf keinen Fall mehr – Zimmer reserviert. So dass wir dann in dem Haus zusammen mit anderen Flüchtlingen untertauchten.«

Aber man wusste schon, dass Sie die Speers waren?

Hilde Schramm: »Das nehme ich an. Doch, ich bin sicher, dass die das wussten. Ich kann mich an die Erklärung meines Vaters erinnern, dass das einmal englische Zone sein würde und er am meisten Vertrauen in die Fairness der Briten habe, bezogen auf die Familie. Und zweitens: dass wir nicht verhungern würden, weil man auf alle Fälle Fisch im Meer fangen könne. Und beides hat sich ja auch bewahrheitet. Wir haben dann immer Fisch gegessen, fast zu jeder Mahlzeit.«

Doch es war eine Umstellung?

Hilde Schramm: »Ja. Aber Sie wissen ja, dass Kinder so etwas ganz anders erleben. Das war wunderschön; da waren viele andere Kinder, und diese ja doch etwas strenge Erziehung mit Regeln und Hausangestellten war vorbei. Die Nähe zur Mutter war größer. … Es ist ganz falsch zu meinen, dass solche Notsituationen, Krisensituationen für die Kinder nur nachteilig sind. Das schweißt die Familie zusammen – das habe ich so erlebt. Und dann kam dazu, dass die Kontrolle der Erwachsenen ja praktisch weg war – das ist sehr typisch, das ist auch von vielen anderen in der Nachkriegszeit so beschrieben worden. Die Erwachsenen hatten erst einmal genug damit zu tun, Lebensmittel ranzuschaffen, und wenn sie noch Zeit hatten, sich vielleicht ein bisschen zu orientieren.

Meine Mutter hat viel Radio gehört, das weiß ich – die saß am Radio, und wir sind rumgetobt. Wir haben jeden Abend, wenn es dunkel wurde, Räuber und Gendarm gespielt, aber in großen Horden. Ganz viele Kinder sind da rumgefegt. Und die einzigen

wirklichen Gefahren waren die Gänse, die uns in die Beine zwicken wollten. Und ansonsten haben wir uns da halt versteckt und auf so einem Gutshof die Welt erkundet. Es war auf eine Art eine Befreiung von der Behütetheit. Und gerade in dem Alter, als wir groß genug waren, ich zumindest, um das genießen zu können.«

Aber dann kam er, der Feind. Wie war das?

Hilde Schramm: »Der Feind kam in Form von Engländern. Die haben uns nichts getan …«

Wurden die irgendwie angekündigt: Achtung! Die Engländer kommen …?

Hilde Schramm: »Es war klar, dass sie kommen. Da gab es ja Mundpropaganda.«

Ein Jeep fährt vor.

Hilde Schramm: »Ja.«

Waffen werden gesucht.

Hilde Schramm: »Ja, die gingen durch, und dann haben sie auch geschaut, ob man etwas versteckt hat. Meine Mutter hat irgendwas, vermutlich Schmuck, im Bett von Ernst versteckt, der war ja noch ein halbes Baby, und um den haben sie sich auch gar nicht gekümmert, haben dort nicht gesucht. Wir waren alle froh … Wir wussten ja, dass da etwas versteckt war. [Lacht.] Vielleicht hatten wir uns das sogar zusammen ausgedacht, es war ja auch kein besonders einfallsreiches Versteck. Aber es hat geklappt. Also ich erinnere mich, dass da Menschen durch die Räume gehen, die uns nichts tun – wirklich nichts tun, muss ich sagen. Die haben uns nicht schlecht behandelt, die haben uns nicht gedemütigt, die sind durch die Räume gegangen, und dann sind sie wieder abgezogen.«

Haben Sie vor dem Kriegsende oder kurz danach Ihren Vater noch einmal wiedergesehen, in Oehe?

Hilde Schramm: »Ich erinnere mich nur an eine Szene, die – darüber habe ich mich gewundert – in den *Erinnerungen* nicht oder anders auftaucht. Es kann natürlich wiederum sein, dass ich mich falsch erinnere, aber ich glaube es nicht. Da landet mein Vater auf einer Wiese mit einem – ja, was genau? – einem Flugzeug, einem hubschrauberähnlichen Flugzeug …«

So ein Fieseler Storch?

Hilde Schramm: »… vermutlich ein Fieseler Storch. Und deshalb weiß ich auch, dass allen bekannt war, wer wir sind. Die Kinder aus dem Dorf kamen angerannt und haben gerufen: Euer Vater ist da! Euer Vater ist da! Dann sind wir alle auf die Wiese gelaufen, und er ist mit uns ins Haus gegangen. Das ist meiner Meinung nach sein letzter Besuch gewesen. Wann das nun genau war, vor oder nach Kriegsende, weiß ich nicht. Aber das Aufregende war, dass er da auf der Wiese gelandet und dann auch wieder hochgestiegen ist.«

Nürnberg: Einvernahme Albert Speers

Juni 1946. Im gedämpften Gewirr der Stimmen versucht der Angeklagte Speer sich auf seinen Anwalt zu konzentrieren. Es handelt sich um ein wichtiges Vorgespräch für die kommenden Verhandlungstage.

»Am Ende werde ich zwei Tage für Ihre Befragung beantragen. Wir werden das vorher genauestens durchspielen«, sagt Flächsner und schiebt einen Stapel Papiere auf die andere Seite der Sprechkammer. »Und das sind meine Fragen an Sie.«

Speer wirft einen Blick auf die Unterlagen, bevor ihm der Anwalt eine Zeitung vor das Trenngitter hält. »Und dann habe ich Ihnen noch etwas mitgebracht.« Es ist das Titelblatt der amerikanischen Armeezeitung *Stars and Stripes*. Flächsner übersetzt

299

schon beim Vorlesen: »Churchill rät den Briten und Amerikanern zur Vorsicht und Verteidigungsbereitschaft gegenüber den Russen. Die Sowjetunion sei eine wachsende Gefahr für die christliche Zivilisation.«

Speer nickt zufrieden. »Ja, ja. Es bricht auseinander.« Jeder hat es kommen sehen. Vor der Kapitulation hat man es gehofft. Jetzt hofft man es wieder; die Nachricht wird sich unter den Angeklagten schnell herumsprechen. Schon im letzten November hat Speer ja mit seinem an Justice Jackson übermittelten Brief drei Tage vor Prozessbeginn die Spannungen unter den Siegern für sich fruchtbar machen wollen.

Und so jemand wie Wernher von Braun, der »rechnende Romantiker«, ist schon in Amerika und bekommt dort die Chance, die in Peenemünde begonnenen Arbeiten an einer Langstreckenrakete fortzusetzen – nun für die andere Seite, versteht sich.

Speer überfliegt die Liste mit Flächsners Fragen. Zuerst wird es heißen: »Herr Speer! Wollen Sie bitte dem Gericht kurz Ihren Werdegang bis zur Ernennung zum Minister geben?«

»Kurz?«

Flächsner lächelt – er weiß, dass Speer eine lange Geschichte erzählen müsste, wollte er diese Frage wirklich beantworten. »Sagen Sie all das, was dem Gericht ein gutes Bild gibt – der ideell eingestellte Künstler, der zufällig in die Politik geriet und zum Minister gemacht wurde ...«

Die letzten Sätze haben Speer gefallen. Flächsner nickt vertrauensvoll.

19. Juni. Einhundertachtundfünfzigster Prozesstag, Nachmittagssitzung.

Der Saal ist voll besetzt. Albert Speer sitzt in der Zeugenbox. Vor ihm zu seiner Rechten die Anwälte, dahinter die Angeklagten. Zu seiner Linken Stenografen und Gerichtshelfer, und hinter ihnen auf erhöhtem Podest die lange Bank der Richter. Direkt ihm gegenüber am Pult steht sein Verteidiger Flächsner. Dahinter befinden sich, im Blickfeld Speers, die Reihen der Anklagevertreter. Auf den ersten Plätzen immer die Chefankläger. Der sowjetische Staatsanwalt lässt ihn nicht aus den Augen.

Die Einvernahme der Angeklagten und Zeugen gewinnt gelegentlich Züge eines Schlagabtausches, was sich auch auf die Anwesenden im Saal auswirkt. Man reagiert, je nachdem, mit Ablehnung, Zustimmung oder ironischem Grinsen.

Speer ist immer noch dabei, seinen Weg ins Rüstungsministerium zu erläutern: »... Es waren hier von mir Bauten fertig entworfen, die zu den größten der Welt gehört hätten ... Durch die Vorliebe Hitlers für seine Bauten hatte ich einen engen persönlichen Kontakt mit ihm. Ich gehörte einem Kreis an, der sich aus anderen Künstlern und aus seinem persönlichen Mitarbeiterstab zusammensetzte. Wenn Hitler überhaupt Freunde gehabt hätte, wäre ich bestimmt einer seiner engen Freunde gewesen. Trotz des Krieges wurden diese Friedensbauten bis zum Dezember 1941 weitergeführt, und erst die Winterkatastrophe in Russland machte diesen Friedensbauten ein Ende. Die Arbeitskräfte, soweit sie Deutsche waren, wurden für die Wiederherstellung der zerstörten Bahnanlagen in Russland von mir zur Verfügung gestellt.«

Der Künstler Speer antwortet konzentriert und ohne das Ziel aus den Augen zu verlieren.

Flächsner: »Herr Speer! Können Sie mir die Grundsätze sagen, die Sie beim Aufbau Ihres Ministeriums beachtet haben?«

Speer: »Ich war selbst kein Fachmann und wollte mich auch

nicht als Fachmann betätigen. Ich habe mir daher die besten Fachleute, die ich in Deutschland finden konnte, zu Mitarbeitern ausgesucht. Ich glaubte, diese in der Industrie selbst zu finden. Daher habe ich aus der Industrie mein Ministerium mit ehrenamtlichen Bearbeitern zusammengesetzt. Dies ist ein Vorgang, der in den Vereinigten Staaten im Produktionsministerium in fast gleicher Weise in diesem Kriege durchgeführt wurde. Es fehlten so in meinem Ministerium die Berufsbeamten. Man kann nicht von einem normalen Ministeriumskörper sprechen.«

Amerikanische Vorgehensweise also. Daher keine borniert Nazi-Ideologen als potentielle Schreibtischtäter unter seinen Mitarbeitern.

Dr. Flächsner: »Herr Speer! Wollen Sie mir bitte angeben,

welche Aufgaben das von Ihnen geleitete Ministerium zu erfüllen hatte …«

Speer: »Ich glaube, die Aufgaben eines Produktionsministeriums sind in allen Industriestaaten bekannt. Ich wollte nur kurz zusammenfassen, welche einzelnen Aufgaben ich in diesem Ministerium zu bewältigen hatte. Es ist einmal der Mangel an Rohstoffen, an Metallen, an Stahl zu beseitigen gewesen. Wir haben weiter durch Einführung der Fließbandarbeit, wie sie in den Vereinigten Staaten üblich ist, jedoch in Deutschland noch nicht stark verbreitet war, die Arbeit rationalisiert und dadurch Werkzeugmaschinen und Kubikraum eingespart. …

Eine der wichtigsten Aufgaben war die Entwicklung der neuen Waffen und die Einführung dieser neuen Waffen in die Produktion und schließlich ab 1943 die Beseitigung der Schäden bei den außerordentlich raschen Fliegerangriffen, die dazu zwangen, mit improvisierten Mitteln zu arbeiten.«

Vom unpolitischen Künstler zum unpolitischen Fachmann in Erfüllung vaterländischer Pflicht …

Dr. Flächsner: »Welche Wichtigkeit hatte diese Tätigkeit im Rahmen Ihres Ministeriums?«

Speer: »Es ist selbstverständlich, dass dieses Aufgabengebiet in der Heimat das wichtigste überhaupt war, auch bereits, als es nur die Heeresausrüstung umfasste. Denn ich nahm für mich in

Anspruch, dass im Kriege die übrige Wirtschaft sich nach den Bedürfnissen der Rüstung auszurichten hat. Es gibt im Kriege letzten Endes in der Heimat nur zwei Aufgaben: der Front Soldaten zu geben oder Waffen zu liefern.«

Dr. Flächsner: »Also war die Aufgabe Ihres Ministeriums auch wesentlich die staatliche Lenkung der Auftragserteilung?«

Speer: »Ja.«

Dr. Flächsner: »Sie hatten doch zunächst nur die Verantwortung für die Heeresausrüstung, Ende 1944 jedoch für die gesamte Rüstungs- und Kriegsproduktion. Können Sie mir kurz schildern, in welchen Etappen die Entwicklung vor sich ging und wie die Größe Ihrer Aufgabe damit wuchs?«

Speer: »Am besten gebe ich diese Entwicklung in der Zahl der bei mir beschäftigten Arbeitskräfte.

1942 hatte ich die Heeresrüstung und das Bauen übernommen mit zusammen 2 600 000 Arbeitern. Im Frühjahr 1943 übertrug mir Dönitz die Verantwortung für die Marinerüstung. Ich hatte damit 3 200 000 Arbeitskräfte. Im September 1943 wurde durch eine Vereinbarung mit Wirtschaftsminister Funk mir die Produktionsaufgabe des Wirtschaftsministeriums übertragen. Damit waren bei mir zwölf Millionen Arbeitskräfte beschäftigt. Und schließlich übernahm ich die Luftrüstung von Göring am 1. August 1944. Damit war bei mir die gesamte Produktion mit 14 Millionen Arbeitskräften vereinigt. Die Zahl der Beschäftigten bezieht sich auf das Großdeutsche Reich ohne die besetzten Gebiete.«

In der zweiten Reihe der Angeklagten, neben Dönitz, Raeder und von Schirach, sitzt Fritz Sauckel, der seit 1942 als Hitlers »Generalbevollmächtigter für den Arbeitseinsatz« fungierte. Sauckel hat Speer das Millionenheer der Zwangsarbeiter für die Rüstungsfabriken zugeführt – wegen Verschleppung, Misshandlung und Ausbeutung und wegen des Todes unzähliger Zwangsarbeiter steht er hier vor Gericht.

Sauckel war Hitler treu ergeben. Auch er glaubt, nur seine Pflicht gegenüber dem Vaterland getan zu haben, und beruft sich darauf, bei der Rekrutierung der Arbeiter in den besetzten Gebieten lediglich den Befehlen des Staatsoberhauptes gefolgt zu sein.

Mit höchster Aufmerksamkeit verfolgt er die Aussagen seiner damaligen »Lieferadresse«. Sehr viel, vielleicht sein Leben, wird davon abhängen, wie Speer sich ausdrückt, wie er die Verantwortung verteilt.

Dr. Flächsner: »Die Anklage wirft Ihnen vor, dass Sie für die Arbeitsbedingungen ausländischer Arbeiter, Kriegsgefangener und der Arbeitskräfte aus den Konzentrationslagern mitverantwortlich sind. Wie stehen Sie hierzu?«

Speer: »Hierfür war weder ich noch das Ministerium verantwortlich. Das Ministerium war eine Neugründung mit einer technischen Aufgabe. Es hat keiner der bereits vorhandenen Behörden irgendeine Zuständigkeit genommen. Diese blieben weiter für die Festlegung der Arbeitsbedingungen verantwortlich, und zwar waren dies das Ernährungsministerium mit den Ernährungsämtern für die Verpflegung; die Gewerbeaufsichtsämter im Reichsarbeitsministerium für die Erhaltung gesicherter und erträglicher Verhältnisse am Arbeitsplatz; die Treuhänder der Arbeit beim Generalbevollmächtigten für den Arbeitseinsatz für die Löhne und die Arbeitsleistung; die Gesundheitsbehörden des Reichsinnenministeriums für den Gesundheitsdienst, die Justiz und die Polizei für die Verfolgung von Verstößen gegen die Arbeitsdisziplin und schließlich die Deutsche Arbeitsfront für die Vertretung der Interessen der Arbeiterschaft gegenüber den Betriebsführern.«

Wie schwer es war, Kompetenzen eindeutig festzulegen und voneinander abzugrenzen, hat gerade Speer immer wieder demonstriert. Auch, wie gut er sich selbst in dem endlosen Gerangel um Zuständigkeiten jenseits der »technischen Aufgabe« durchzusetzen verstand.

Dr. Flächsner: »Haben Sie die Bestrafung von arbeitsunwilligen Arbeitern gebilligt?«

Speer: »Ja. Ich hielt eine Bestrafung von Arbeitern, die gegen die Arbeitsdisziplin verstoßen, für richtig, habe hier jedoch keine zusätzlichen Maßnahmen gefordert. Ich stand auch grundsätzlich auf dem Standpunkt, dass eine befriedigende Arbeitsleistung von 14 Millionen Arbeitern auf die Dauer nur durch den guten Willen des Arbeiters erzielt werden kann. Das ist eine allgemein gültige Erfahrung, die jeden Betriebsführer in der Welt veranlasst, alles zu tun, um eine zufriedene Belegschaft zu haben.«

Tatsächlich hat Speer 1942 in einer Zentralen Planung gegenüber dem Leiter der Deutschen Arbeitsfront, Robert Ley, den Vorschlag gemacht, »Bummelanten« in Konzentrationslager einzuweisen – das brauche nur ein paarmal zu passieren, das spreche sich herum ... Im späteren Kreuzverhör wird er darauf angesprochen werden.

Dr. Flächsner: »Haben Sie die Bestrebung Sauckels unterstützt, die sozialen Bedingungen der Arbeiter zu verbessern, und wenn ja, warum?«

Speer: »Ich habe sie selbstverständlich unterstützt, obwohl ich dafür nicht zuständig war, und zwar aus denselben Gründen, die ich eben erwähnte. Denn unsere Erfahrungen zeigten, dass eine zufriedene Arbeiterschaft mit bedeutend weniger Ausschuss an Material arbeitet, was für mich bei unserem Mangel an Rohstoffen wichtig war. Es ist klar, dass darüber hinaus die bessere Qualität, die durch eine zufriedene Arbeiterschaft erzielt wird, in einem Kriege von besonderer Bedeutung ist.«

Albert Speer versuchte, die Produktivkraft seines Millionenheeres an Arbeitern unter Berücksichtigung aller Parameter zu erhalten und zu steigern. Das geht mit beeindruckender Unverblümtheit auch aus seiner nächsten Antwort hervor.

Dr. Flächsner: »Warum, Herr Speer, wurden nun bei den Betrieben KZ-Sonderlager errichtet, die so genannten Arbeitslager?«

Speer: »Diese Arbeitslager wurden errichtet, um lange Wege zu ersparen, um dadurch den Arbeiter frisch und arbeitslustig im Betrieb zu haben. Weiter wäre die zusätzliche Ernährung, die vom Ernährungsministerium für alle Arbeiter in den Betrieben, also auch für die Arbeiter aus den Konzentrationslagern gegeben worden ist, diesen Arbeitskräften nicht zugekommen, wenn sie aus dem großen Konzentrationslager gekommen wären. Dann wäre diese zusätzliche Ernährung im Konzentrationslager verbraucht worden, so hat dieser Teil der Arbeiter aus den Konzentrationslagern die zusätzlichen Vergütungen, die in der Industrie

Speer (rechts) besucht ein Werk des Salzgitter-Konzerns in Österreich, wo Häftlinge Zwangsarbeit leisten

gegeben wurden, wie Zigaretten oder zusätzliche Ernährung, in vollem Umfange bekommen.«

Um den Arbeiter »frisch und arbeitslustig« zu halten – das ist Herrenmenschendiktion. Wie es tatsächlich um die Lebensbedingungen der Menschen bestellt war, wusste Albert Speer. Die Ernährung der eingesetzten Arbeiter, Zwangsarbeiter und KZ-Häftlinge gehörte offenkundig zum Speer'schen Produktionskreislauf. Dass sie ihre Zusatzrationen, »die in der Industrie gegeben wurden«, auch erhielten, verlangte die Effizienzformel; bei Menschen, die nicht für ihn arbeiteten, wären diese raren Produktionsmittel verschwendet gewesen.

Dr. Flächsner: »Haben Sie auch mal bei Betriebsbesichtigungen Konzentrationslager-Häftlinge gesehen?«

Speer: »Selbstverständlich wurden bei Betriebsbesichtigungen von mir gelegentlich Konzentrationslager-Häftlinge gesehen, die jedoch einen gut genährten Eindruck machten.«

Vier wesentliche Ziele verfolgt Speers Verteidigung. Sir David Maxwell-Fyfe, der stellvertretende Hauptankläger der Briten, hat sie einmal zusammengefasst. Erstens behauptet der Angeklagte Speer, »dass er für die Aufbringung, Zuteilung und Behandlung von Arbeitern nicht verantwortlich war. In Punkt 2 will er beweisen, dass seine Aufgaben rein technische und nicht

politische waren. Mit Punkt 3 will er beweisen, dass er Vorkehrungen traf, um die Hereinnahme von ausländischen Arbeitern und die Verwendung von KZ-Arbeitern in der Rüstungsindustrie, für die er verantwortlich war, zu beenden.« Und viertens sucht der Angeklagte um Anerkennung seiner Bemühungen bei Kriegsende, »die Zerstörungen innerhalb Deutschlands zum Nutzen der Alliierten und Deutschlands nach dem Kriege aufzuhalten«.

20. Juni 1946, Vormittagssitzung. Verteidiger Flächsner nähert sich mit seinen heutigen Fragen den Hauptanklagepunkten gegen Speer: »Sie haben in Ihrer Aussage vom 18. Oktober 1945 erklärt: Erstens, Sie hätten von Sauckel mit Schärfe neue Arbeitskräfte gefordert; zweitens, Sie hätten gewusst, dass unter diesen Arbeitskräften Ausländer sein würden; drittens, und hätten gewusst, dass diese teilweise gegen ihren Willen in Deutschland arbeiteten. Was haben Sie dazu zu sagen?«

Speer: »Diese freiwillige Erklärung ist richtig. Ich war Sauckel während des Krieges für jede Arbeitskraft dankbar, die er mir vermittelte. Ich habe ihn oft genug dafür verantwortlich gemacht, wenn durch zu wenig Arbeitskräfte die Rüstung nicht die möglichen Leistungen erzielt hätte, und ich habe immer die Verdienste, die er durch seine Tätigkeit für die Rüstung hatte, hervorgehoben.« ...

Dr. Flächsner: »Ich komme jetzt zu der Frage der Verantwortlichkeit für die Zahl der ausländischen Arbeiter allgemein.

Herr Speer! Die Anklage erhebt den Vorwurf, dass Sie an der nach Deutschland gekommenen Gesamtzahl ausländischer Arbeiter eine Mitverantwortung haben. Ihr Mitangeklagter Sauckel hat hierzu ausgesagt, dass er vordringlich für Sie gearbeitet hätte, so dass seine Tätigkeit durch Ihren Bedarf in der Spitze bestimmt worden sei. Was haben Sie dazu festzustellen?«

Speer: »Selbstverständlich habe ich von Sauckel erwartet, dass er den Bedarf der Rüstung vordringlich abdeckt, aber es kann nicht davon die Rede sein, dass er meinen Bedarf an der Spitze abgedeckt hat, denn ich habe ab Frühjahr 1943 nur einen Teil der Arbeitskräfte erhalten, den ich benötigt hätte. Wenn mein Spitzenbedarf abgedeckt worden wäre, hätte ich alles erhalten müssen. Ich brauche hierzu nur ein Beispiel zu nennen: Es sind in der gleichen Zeit 200 000 Ukrainerinnen für die Haushaltungen bereitgestellt worden. Es ist sicher …«

Fritz Sauckel folgt dieser Darstellung seiner Arbeit mit wachsender Erregung. Schwitzend macht er Notizen für seinen Anwalt. Die Kamera fährt dicht an ihn heran. »Speer hat mich also heimtückisch hinters Licht geführt. Etwas Gemeineres gibt es gar nicht. Denn er hat Arbeitskräfte gefordert.«

Ein Wachmann bringt den Zettel zu Sauckels Verteidiger Robert Servatius. Der wirft einen Blick darauf, nickt seinem Mandanten zu und notiert sich selbst etwas. Er wird Speer am Ende des Kreuzverhörs dazu befragen. Unterdessen setzt der Ex-Minister seinen Bericht gelassen fort – den Bericht des einstmals größten Arbeitgebers in Deutschland, der mit der rücksichtslosen Ausbeutung von Fremdarbeitern nichts zu tun hatte, ganz zu schweigen von ihrer Beschaffung. Speer erklärt, »dass ich nicht für die Abdeckung des Spitzenbedarfs, für die Forderung an ausländischen Arbeitskräften insgesamt verantwortlich gemacht werden kann«.

Sauckel schickt den Boten erneut mit einem Zettel zu Servatius: »Ich bleibe fest bei allen meinen Aussagen, weil die nach meiner Überzeugung der Wahrheit entsprechen. Von Speer kam

der erste Auftrag 1,6 Millionen. Ebenso hat er den Einsatz von Ausländern verlangt. Auch kam die erste Anregung über Beauftragte in den besetzten Gebieten von ihm. Sauckel.«

Anwalt Flächsner kommt noch einmal auf die frühere Aussage von Speer zurück: »Sie haben darin mehrmals bestätigt, dass Sie wussten, dass die Arbeitskräfte aus besetzten Gebieten gegen ihren Willen nach Deutschland kamen. Die Anklage behauptet nun, dass Sie die Anwendung von Zwang und Terror gebilligt hätten. Was haben Sie hierzu zu sagen?«

Speer: »Ich hatte auf die Art und Weise, wie die Arbeitskräfte beschafft wurden, keinen Einfluss. Wenn die Arbeitskräfte gegen ihren Willen nach Deutschland kamen, so verstehe ich darunter, sie werden durch gesetzliche Maßnahmen verpflichtet, Arbeit für Deutschland anzunehmen.

Ob diese gesetzlichen Maßnahmen berechtigt waren oder nicht, habe ich damals nicht untersucht. Dies war ja auch nicht meine Angelegenheit. Unter Anwendung von Zwang und Terror verstehe ich dagegen polizeiliche Maßnahmen, wie Festnahmen, Razzien und dergleichen. Diese Gewaltmaßnahmen billigte ich nicht. ...«

Dr. Flächsner: »Herr Speer! Warum waren Sie gegen derartige Gewaltmaßnahmen?«

Speer: »Weil durch Gewaltmaßnahmen dieser Art ein geordneter Arbeitseinsatz in den besetzten Gebieten zerschlagen werden musste. Ich hatte aber ein Interesse an einer geordneten Produktion in den besetzten Gebieten. Bei Gewaltmaßnahmen gingen mir die Arbeitskräfte in den besetzten Gebieten verloren, denn es bestand die Gefahr, dass sie sich in zunehmendem Maße in die Wälder flüchteten, um nicht nach Deutschland zu müssen, und dass sie die Reihen der Widerstandsbewegungen stärkten. Dies aber führte wieder zu erhöhten Sabotagen, und das wieder zur Einschränkung der Produktion in den besetzten Gebieten. Daher waren sowohl die Militärbefehlshaber wie die Oberbefehlshaber der Heeresgruppen wie auch ich immer wieder gegen diese vorgeschlagenen Gewaltmaßnahmen größeren Stils.«

Gewaltmaßnahmen stören die Produktion.

Die hellen Scheinwerfer leuchten die Szenerie für die Kameras aus, und die Angeklagten verbergen sich hinter den dunklen Gläsern ihrer Sonnenbrillen, wenn sie es müde sind, dem Spiel vor ihnen zu folgen. Bei Albert Speer aber hören sie aufmerksam zu.

Der schaut von seinem Zeugenstand in den Saal. Er weiß, dass nicht nur die Prozessbeteiligten, sondern auch die Vertreter der Presse auf jedes Wort achten. Auf der hohen Galerie sitzen Jour-

Speer im Zeugenstand in Nürnberg

nalisten in steil aufgebauten Sitzreihen wie im Kino. Hochrangige Militärs, die als durchreisende Besucher für ein paar Stunden die Verhandlung erleben wollen, lassen sich die Menschenverächter unten in der Arena zeigen. Einer der Porträtzeichner holt sich den Angeklagten Speer mit seinem Fernglas heran. In den Kopfhörern scheppern die Worte der englischen, französischen und russischen Übersetzer; Stenotypistinnen schreiben mit.

Anwalt Flächsner arbeitet seinen Fragenkatalog ab – mehr als einmal ungeduldig unterbrochen vom Vorsitzenden des Hohen Gerichts: Man will nicht immer wieder die Zweckmäßigkeit der Speer'schen Maßnahmen in allen Einzelheiten erläutert bekommen, sondern deren *Rechtmäßigkeit*. Allein die interessiere.

Reaktionen in der Familie

Margarete Speer sitzt am Tisch und schält Kartoffeln. Sie lauscht dabei dem aktuellen Radiobericht aus Nürnberg.

Der Kommentator spricht: »Ich weiß, dass viele Deutsche sich für den Nürnberger Prozess nicht allzu sehr interessieren. Der Grund für dieses geringe Interesse ist wohl zu einem erheblichen Teil, dass sie mit einer Vergangenheit, die zum größeren oder zum kleineren Teil mit ihre eigene Vergangenheit war, nichts mehr zu tun haben wollen …

Kein Hitlergegner will Nationalsozialisten in eine Vergangenheit zurückstoßen, von der sie loskommen möchten. Aber wir müssen alles tun, damit möglichst unser ganzes Volk von der Vergangenheit loskommt um der Zukunft willen. Dazu kann der Nürnberger Prozess helfen …«

Hilde Schramm: »Meine Mutter saß ja am Radio und hat die Nürnberger Prozesse verfolgt. Sie hat mit uns eigentlich nicht darüber geredet, aber wir haben trotzdem mitgekriegt, dass da ein Prozess ist, dass da die Leute, und auch unser Vater, als Hauptkriegsverbrecher angeklagt sind. Das hat uns schon alles erreicht. Also mich zumindest hat das erreicht. Meine Mutter war sehr besorgt und wollte nicht gestört werden, wenn sie Radio hörte. Sie saß sehr konzentriert da und hat sich das angehört.«

Sie wurden rausgeschickt von ihr?

Hilde Schramm: »Ach, was heißt rausgeschickt. Wir waren ja sowieso mehr daran interessiert, schwimmen zu gehen oder rumzurennen. Aber ob sie uns nun wirklich rausgeschickt hat oder ob wir einfach vom Gefühl her gemerkt haben, dass sie allein sein will – das weiß ich nicht. Ich kann mich jedenfalls nicht daran erinnern, dass ich daneben gesessen und auch zugehört hätte. Und trotzdem ist genug bei mir angekommen. Vielleicht bin ich auch mal ein paar Sätze lang dabei gewesen? Ich weiß es nicht.«

Was haben Sie verstanden davon? Hat man Ihnen erklärt, wieso Ihr Vater angeklagt war?

Hilde Schramm: »Schwer zu sagen. Ich weiß nur, dass ich gegen diesen Vorgang nicht rebelliert habe. Wenigstens erinnere ich mich nicht daran. Ich erinnere mich nicht, dass meine Umgebung oder ich selbst das Gefühl gehabt hätten, hier geschieht ein ungeheures Unrecht. Es gab eher so ein Entsetzen – auch bei meiner Mutter.«

Entsetzen bei Ihnen und der Mutter?

Hilde Schramm: »Na, über die Sachen, die da geschildert wurden.«

Hinter den Bergen von Berchtesgaden – die Leichen.

Hilde Schramm: »Ja. Auch meine Mutter war sehr in sich gekehrt, und deshalb haben wir sie in Ruhe gelassen, wenn sie Radio hörte.«

Da muss sie gezweifelt haben, falls ihr Mann nichts erzählt oder angedeutet hatte ... –

Hilde Schramm: »Ja, sicher. Das hat ja auch andere aufgewühlt. Aber sie hat sich nicht dagegen gewehrt. Ich kann mich jedenfalls nicht daran erinnern, dass sie es gehört und dann gesagt hätte: *Das stimmt nicht.* Oder dass sie irgendeine andere Art von Abwehr, Bestreiten oder Ausrede vorgetragen hätte – das hat sie nicht.«

Die Journalistin Ursula von Kardorff schreibt in der *Süddeutschen Zeitung* vom 25. Juni 1946: »Speer trat aus der Reihe der Schattenfiguren, die sich zum größten Teil als unterwürfige

Marionetten in der Hand des Dämons erwiesen hatten, angenehm abstechend heraus. Er wand sich nicht vor der Last der Verantwortung, weder der allgemeinen noch der eigenen. Man hörte bei ihm nicht dauernd dieses: ›Daran erinnere ich mich nicht‹ oder ›Das war eine ganz untergeordnete Dienststelle‹. Er gab auch kein nachträglich korrigiertes Bild seines Verhältnisses zu Hitler, den er jahrelang sehr verehrt hatte: ›Wenn Hitler überhaupt Freunde gehabt hätte, wäre ich einer seiner engsten gewesen.‹ – Und den er später, als er merkte, welche Katastrophe für Deutschland Hitler bedeutete, kühl ermorden wollte. Er sagte: ›Ich habe mich diesem Führerprinzip zur Verfügung gestellt und dann seine ungeheuren Fehler erkannt, vor allem dadurch, dass jeder Befehl ohne jede Kritik und ohne jede Rücksicht durchgeführt wurde. Welch ungeheure Gefahren im autoritären System liegen, ist dadurch erwiesen.‹«

Hilde Schramm: »... Wenn man das jetzt mal nicht unter dem Aspekt seiner eigenen Rettung betrachtet, dann würde ich zumindest sagen, dass sein Auftreten im Nürnberger Prozess trotzdem ein Glücksfall war. Er hatte ja in Teilen der Bevölkerung ein gewisses Ansehen speziell durch die letzte Kriegsphase; und ich finde es eigentlich viel interessanter zu überlegen: War die Rolle, die er übernommen hatte, aus unserer Sicht richtig? Er hätte sie sicher noch besser ausfüllen können; aber war sie richtig? War sie sozusagen in der Zeit für andere Menschen – ja, einerseits vielleicht erleichternd, aber andererseits doch auch vorbildhaft?«

Vorbildhaft? ... Sie wissen ja heute, dass er nicht die ganze Wahrheit gesagt hat.

Hilde Schramm: »Ja.«

Was hätte er zum Beispiel sagen können, wenn er die Wahrheit über sich gesagt hätte? Was, meinen Sie, hätte er sagen müssen? Was hat er verschwiegen?

Hilde Schramm: »Das will ich jetzt hier nicht sagen. Das soll ein Historiker sagen.«

Es hätte ihn den Kopf gekostet, wenn er mehr gesagt hätte. Wann hat Ihrer Meinung nach Albert Speer erkannt, dass er Teil eines verbrecherischen Regimes ist?

Hilde Schramm: »Das hat er vor Nürnberg überhaupt nicht erkannt. Oder besser: Dass es sich um ein verbrecherisches Regime handelte, hat er davor für jenen Teilsektor erkannt, bei dem es um die Zerstörung der so genannten Überlebensmöglichkeit des deutschen Volkes ging. Aber ich weiß nicht, ob er in dem Zusammenhang an die Ermordung der Juden gedacht hat oder an den Angriffskrieg und an alle diese Komponenten, die ja dazugehören, wenn man wirklich eine kritische Haltung zu dem Regime hat. Ich glaube, die hat er wirklich erst in Nürnberg gewonnen. Davor war das sozusagen eine Teilvernunft auf seinem eigenen Gebiet. Und das eigene Gebiet war eben die Industrie, die Infrastruktur, die Transportwege und was dazugehörte. Es bezog sich nicht auf anderes. Das Gesamtregime, denke ich, war damals von ihm noch nicht durchschaut.«

Warum eigentlich nicht? Warum hat er den Krieg erst in dem Moment für verbrecherisch erklärt, als er erkannte, dass dieser Krieg verloren war?

Hilde Schramm: »Ja, die Frage stelle ich mir auch. Das heißt eben, dass er doch stark in dem NS-Denken und auch in der Ideologie befangen war. Anders kann man es eigentlich nicht erklären. Aus meiner Sicht ist es ja einfach hirnverbrannt, einen solchen Krieg anzufangen und die Weltherrschaft beziehungsweise die Herrschaft bis nach Russland hinein und im Westen und überall haben zu wollen. Jeder rational denkende Mensch muss doch sehen, dass das gar nicht geht; abgesehen davon, dass es auch nicht gehen soll. Und das verstehe ich nicht – dass ein Mensch wie mein Vater mit all seiner Intelligenz und der Fähigkeit, Zusammenhänge zu erkennen, nicht von Anfang an gesagt hat: ›Das ist ein irrsinniges Unternehmen, davon muss man die Finger lassen. Wenn schon die anderen nicht, dann wenigstens ich!‹ Oder man versucht es mit einer anderen Erklärung: dass jemand in einer bestimmten Funktion eine Aufgabe übertragen bekommt und diese Aufgabe ihn reizt; dass man jetzt, wo ein Krieg schon begonnen wurde, ihn auch meint gewinnen zu müssen.«

Das Konzept war ihm ja klar: die Versklavung ganz Osteuropas.

Hilde Schramm: »Ich weiß. Deshalb denke ich, dass er diese Kriegsziele zumindest nicht hinterfragt haben wird; vermutlich hat er sie auch aktiv mitgetragen. Aber das ist ja gerade das Erstaunliche: Wie kann man versuchen, solch irrwitzige – abgesehen davon: inhumane, aber auch irrwitzige – politische Ziele in die Realität umzusetzen? Das können wir heute gar nicht mehr verstehen. Ich finde es erschreckend, wie das zusammenfallen kann: so eine formale Intelligenz, dazu Intuition und Menschenkenntnis, auch Liebenswürdigkeit, und dann sich einlassen auf diesen Irrsinn. Da hilft es auch nicht, wenn man sagt: Das haben viele gemacht. Ich kann es nicht verstehen. Außer eben, indem ich versuche, mir auf einer allgemeineren Ebene die Gefahr klar zu machen, in der wir uns alle befinden: dass wir immer nur unseren eigenen Bereich sehen, dass wir Erfolg haben wollen, dass wir ehrgeizig sind und dass wir dann ausblenden, um welche Ziele es eigentlich geht.«

Kreuzverhör

21. Juni 1946. Wir hören einen Ausschnitt aus dem Kreuzverhör mit dem amerikanischen Chefankläger Justice Robert H. Jackson. Es lohnt sich, darauf zu achten, an welchen Stellen Albert Speer nicht recht versteht und wann die Antworten zwar lang, aber für seine Verhältnisse ungewöhnlich diffus geraten.

Speer während des Kreuzverhörs in Nürnberg

Justice Jackson: »Es war doch in ganz Deutschland bekannt, dass der Aufenthalt in einem Konzentrationslager eine recht rauhe Angelegenheit war, nicht wahr?«

Speer: »Ja, aber nicht in dem Sinne, der hier in dem Prozess aufgedeckt wurde.«

Justice Jackson: »Und tatsächlich erfüllte der schlechte Ruf der Konzentrationslager schon dadurch einen Teil seines Zweckes, dass er den Leuten davor Angst einjagte, dass sie dorthin geschickt werden könnten.«

Speer: »Zweifellos waren die Konzentrationslager ein Mittel, ein Drohmittel, um die Ordnung aufrechtzuerhalten.«

Justice Jackson: »Und um die Leute bei der Arbeit zu halten?«

Speer: »Das möchte ich in dieser Form nicht sagen. Ich behaupte, dass auch die ausländischen Arbeitskräfte bei uns zum großen Teil ihre Arbeitsleistung freiwillig vollbrachten, wenn sie erst in Deutschland waren.«

Justice Jackson: »Darauf werden wir noch zurückkommen. Sie haben die Arbeit der Konzentrationslager bei der Produktion in einem solchen Ausmaße ausgenutzt, dass man von Ihnen verlangt hat, den Ertrag der Arbeit mit Himmler zu teilen, nicht wahr?«

Speer: »Das habe ich nicht verstanden.«

Justice Jackson: »Sie haben sich doch schließlich mit Himmler darüber geeinigt, dass er fünf Prozent oder ungefähr fünf Prozent [erhalten sollte], während Sie 95 Prozent der Arbeitsproduktion der Konzentrationslager erhalten sollten.«

Speer: »Nein, das ist nicht ganz richtig.«

Justice Jackson: »Dann sagen Sie mir, wie es war. Das geht nämlich aus Dokumenten hervor, wenn ich sie richtig auslege.«

Speer: »Das steht in meinem Führerprotokoll so darin – ich möchte den Sinn erklären –: Himmler wollte in seinen Konzentrationslagern, wie ich gestern ausführte, selbst Fabriken bauen und hätte dann eine unkontrollierbare Waffenherstellung gehabt. Das wusste Hitler natürlich. Diese fünf Prozent an Waffen, die an Himmler hätten abgegeben werden sollen, waren im gewissen Sinne die Entschädigung dafür, dass er auf die Errichtung dieser Fabriken in den Konzentrationslagern selbst verzichtete. Es war ja für mich nicht so ganz einfach, psychologisch, Himmler, der bei Hitler selbst immer wieder den Gedanken vorbrachte, in den KZ Rüstungsbetriebe zu errichten, in irgendeiner Form von dieser Idee abzubringen, und ich hoffte, dass er mit diesen fünf Prozent an Waffen dann zufrieden wäre. In der Tat aber wurden diese fünf Prozent nie ausgeliefert, das haben wir beim OKW-Führungsstab, bei General Buhle, auf stillem Wege so erledigt, dass er diese Waffen nicht bekam.«

Justice Jackson: »Ich kritisiere dieses Geschäft nicht, verste-

Der Chefingenieur der IG-Farben Max Faust und Himmler besichtigen das KZ Auschwitz

hen Sie mich richtig. Ich bezweifle gar nicht, dass Sie recht daran taten, die 95 Prozent zu bekommen, aber es handelt sich darum, dass Himmler mit Ihrem Wissen die Arbeiter der Konzentrationslager zur Herstellung von Waffen benützte oder wenigstens die Absicht hatte dieses zu tun und dass Sie doch diese Produktion unter Ihrer Kontrolle haben wollten?«

Speer: »Kann die Übersetzung etwas lauter sein? Bitte wiederholen Sie.«

Justice Jackson: »Sie wussten doch damals, dass Himmler Arbeiter der Konzentrationslager verwandte, um eine unabhängige Industrie in Betrieb zu halten, und dass er beabsichtigte, in die Waffenindustrie einzutreten, um für die Waffenlieferungen für seine eigene SS eine Quelle zu haben?«

Speer: »Ja.«

Justice Jackson: »Sie kannten auch die Politik der Nazi-Partei und die Regierungsmaßnahmen gegen die Juden, nicht wahr?«

Speer: »Ich wusste, dass die Nationalsozialistische Partei antisemitisch ist, und ich wusste, dass die Juden aus Deutschland evakuiert worden sind.«

Justice Jackson: »Sie nahmen doch an der Durchführung dieser Evakuierungsmaßnahmen teil, nicht wahr?«

Speer: »Nein.«

Justice Jackson: »Ich habe das aus dem Dokument L-156, Exhibit RF-1522 entnommen. Es ist ein Brief vom Generalbevollmächtigten für den Arbeitseinsatz vom 26. März 1943, den Sie zweifellos gesehen haben, wenn Sie das Dokument nochmals sehen wollen, zeige ich es Ihnen; darin steht Folgendes: ...«

Speer: »Ich kenne es.«

Justice Jackson: »... ›Im Einvernehmen mit mir und dem Herrn Reichsminister für Bewaffnung und Munition hat der Reichsführer SS aus Gründen der Staatssicherheit die bisher im freien Arbeitsverhältnis tätigen, nicht lagermäßig eingesetzten Juden Ende Februar von ihren Arbeitsplätzen abgezogen und einem geschlossenen Einsatz zugeführt oder zur Fortschaffung zusammengezogen.‹

Ist das eine richtige Schilderung Ihrer Tätigkeit?«

Speer: »Nein.«

Justice Jackson: »Würden Sie mir dann sagen, was Sie für eine

Zwangsarbeit in einem süddeutschen Rüstungsbetrieb

Rolle dabei gespielt haben? Es besteht doch kein Zweifel darüber, dass sie in Arbeitsgruppen oder zum Abtransport zusammengefasst wurden, nicht wahr?«

Speer: »Das stimmt.«

Justice Jackson: »Nun sagen Sie, Sie hätten das nicht getan. Wollen Sie mir bitte sagen, wer es dann gewesen ist?«

Speer: »Das ist ein längerer Vorgang: Wie ich im Februar 1942 mein Amt antrat, war bereits die Forderung der Partei, die Juden, die noch in den Rüstungsbetrieben beschäftigt waren, zu entfernen aus den Rüstungsbetrieben. Ich habe damals dagegen Einspruch erhoben und habe erreicht, dass Bormann ein Rundschreiben herausgab, dass diese Juden weiter in den Rüstungsbetrieben beschäftigt werden dürfen und dass den Parteidienststellen verboten ist, den Betriebsführern wegen dieser Beschäftigung der Juden politische Vorwürfe zu machen. Diese politischen Vorwürfe wurden den Betriebsführern von den Gauleitern gemacht, und zwar war das in der Hauptsache im Gau Sachsen und im Gau Berlin. Daraufhin konnten die Juden in den Betrieben bleiben. Ich hatte dieses Rundschreiben der Partei, ohne dazu die Ermächtigung zu haben, in meinem Nachrichtenblatt an die Betriebsführer, an sämtliche Betriebsführer, geschickt, damit ich Beschwerden der Betriebsführer bekomme, falls die Partei trotzdem dieser Weisung nicht nachkommt.

Daraufhin war Ruhe in dieser Frage bis zum September oder Oktober 1942. In dieser Zeit war eine Besprechung bei Hitler, bei der auch Sauckel anwesend war. In dieser Besprechung forderte Hitler sehr scharf, dass nun diese Juden aus den Rüstungsbetrieben heraus müssten und ordnete das an – das geht aus einem Führerprotokoll hervor, das noch erhalten ist. Trotzdem ist es wieder gelungen, die Juden noch in den Betrieben zu halten, und dann ist erst im März 1943, wie das Schreiben zeigt, dieser Widerstand erfolglos gewesen, und die Juden mussten aus den Rüstungsbetrieben herausgehen.

Ich muss darauf aufmerksam machen, dass es sich hier, soviel ich noch in Erinnerung habe, nicht um das Gesamtproblem der Juden handelte, sondern es haben sich in den Jahren 1941 und 1942 Juden in die Rüstungsbetriebe begeben, um dort eine kriegswichtige Arbeit, eine kriegswichtige Beschäftigung zu haben, und mit dieser kriegswichtigen Beschäftigung konnten sie der Evakuierung, die damals schon in vollem Gange war, entgehen. Sie waren in der Hauptsache beschäftigt in der Elektroindustrie, und hier hatte zweifellos der Geheimrat Bücher von der Elektroindustrie, von AEG und Siemens, etwas nachgeholfen, um die Juden dort in größerem Umfange aufzunehmen. Diese Juden waren noch völlig frei, und ihre Familien waren noch in ihren Wohnungen.

Dieses Schreiben hat mir natürlich nicht vorgelegen von Gauleiter Sauckel, aber Sauckel behauptet ja, dass er selbst es auch nicht gesehen hätte; aber es ist zweifellos richtig, dass ich vor dieser Aktion davon Kenntnis bekam, denn es musste ja die Frage diskutiert werden, wie der Ersatz zu schaffen ist. Es ist aber genau so sicher, dass ich auch damals dagegen Protest erhob, dass diese Fachkräfte mir aus der Rüstung genommen werden, weil das für mich, abgesehen von anderen Gründen, eine Belastung war in der Rüstung.«

Justice Jackson: »Das ist gerade der Punkt, den ich hervorheben wollte. Wie ich Sie verstehe, kämpften Sie darum, genügend Arbeitskräfte für die Rüstungsindustrie zu bekommen, um den Krieg für Deutschland zu gewinnen.«

Speer: »Ja.«

Justice Jackson: »Und diese antisemitische Aktion war so in-

Rechte Seite: Schreiben Speers an Sauckel vom Februar 1944 über die Anforderung von über vier Millionen »zusätzlicher« Arbeitskräfte

tensiv, dass Sie dadurch Ihrer gelernten Techniker beraubt und Ihnen die Möglichkeit genommen wurde, Ihre Aufgaben durchzuführen. Trifft das nicht zu?«

Speer: »Ich habe den Sinn der Frage nicht verstanden.«

Justice Jackson: »Ihre Aufgabe, Waffen herzustellen, damit Deutschland den Krieg gewinnen sollte, wurde durch diese antijüdische Aktion, die von einigen Ihrer Mitangeklagten unternommen wurde, sehr erschwert.«

Speer: »Das ist sicher, und es ist genau so klar, dass, wenn die Juden, die evakuiert worden sind, bei mir hätten arbeiten können, dass das für mich ein großer Vorteil gewesen wäre.«

…

Justice Jackson: »Ich möchte etwas über die Rekrutierung von Zwangsarbeitern wissen. Soweit ich das übersetzen kann, wussten Sie, dass 100 000 Juden aus Ungarn für Arbeit in unterirdischen Flugzeugfabriken abtransportiert worden sind, und Sie haben uns bei Ihrer Vernehmung am 18. Oktober 1945 gesagt, dass Sie keine Einwände dagegen erhoben hätten. Stimmt das?«

Speer: »Das ist richtig, ja.«

Justice Jackson: »Sie haben uns ebenfalls am gleichen Tage ganz offen mitgeteilt, dass es für Sie überhaupt kein Geheimnis war, dass ein großer Teil der Arbeitskräfte, die von Sauckel rekrutiert wurden, auf illegalem Wege beschafft worden waren. Das stimmt auch, nicht wahr?«

Speer: »Ich habe damals sehr darauf geachtet, welchen Ausdruck der verhörende Offizier gebrauchte; er hat den Ausdruck gebraucht, ›sie kamen entgegen ihrem Willen‹, und das habe ich bejaht.«

Justice Jackson: »Haben Sie nicht gesagt, es sei kein Geheimnis für Sie gewesen, dass sie auf illegalem Wege beschafft worden waren. Haben Sie das nicht selbst hinzugefügt?«

Speer: »Nein, nein, das stimmt nicht.«

Justice Jackson: »Auf jeden Fall wussten Sie, dass der Führer bei der Führerbesprechung im August 1942 seine Einwilligung gab, dass zur Beschaffung von Arbeitskräften jegliche Zwangsmaßnahmen ergriffen werden konnten, wenn man keine freiwilligen Arbeiter bekommen konnte. Und Sie wussten, dass dieses Programm durchgeführt wurde. Sie persönlich kümmerten

KREUZVERHÖR

A. Arb.

Berlin, den 15. Febr. 1944 Fr.

50

Herrn
Reichsstatthalter Gauleiter S a u c k e l
B e r l i n W 8
Mohrenstr. 65 (Thüringenhaus)

zur Absendung
an Büro: [Signatur]

Sehr geehrter Gauleiter Sauckel,

am 12.1.1944 habe ich Ihnen eine Ergänzung zu der von Reichsminister L a m m e r s gefertigten Niederschrift über die Besprechung beim F ü h r e r über Arbeitseinsatz übersandt.

Zu Punkt 1 der Niederschrift habe ich dabei klargestellt, dass die 4.050.000 Arbeitskräfte zusätzlich der Wirtschaft zugeführt werden müssen, und dass die übliche Fluktuation dabei ausser Betracht bleiben muss. Nach Ihrer Ansicht könne damit der Eindruck entstehen, dass ich die Auffassung vertrete, die 4.050.000 Arbeitskräfte müssten zusätzlich also als Aufstockung der Wirtschaft zugeführt werden. Es ist selbstverständlich, dass ich damit nur die tatsächliche Zuführung zur Deckung der natürlichen Abgänge, wie Tod, Invalidität, Einberufung zur Wehrmacht, Ablauf von Verträgen, Flucht der Ausländer, in Höhe von 2,5 Mill. neben der geplanten Aufstockung und den Arbeitskräften für die Luftschutzbauten gemeint habe, und dass ich unter der "üblichen Fluktuation" lediglich die Umsetzung innerhalb der deutschen Wirtschaft verstanden wissen will.

Ich glaube, dass damit endgültig Klarheit über diesen Punkt geschaffen ist.

H e i l H i t l e r !

7859

gez. Speer

sich sehr wenig um die rechtliche Seite dieser Angelegenheit. Sie brauchten Arbeitskräfte, das ist doch Tatsache?«

Speer: »Absolut korrekt.«

Justice Jackson: »Ob auch auf legale oder illegale Weise, das machte Ihnen weiter keine Sorgen?«

Speer: »Ich glaube, dass das in der ganzen Kriegslage und in der ganzen Auffassung, die wir in dieser Frage hatten, begründet war.«

Justice Jackson: »Ja, und es war in Übereinstimmung mit den politischen Richtlinien der Regierung, und das war alles, was Sie damals wissen wollten?«

Speer: »Ja, ich bin der Meinung, dass in dem Augenblick, in dem ich mein Amt antrat, im Februar 1942, alle diejenigen Vergehen gegen internationales Recht, die später ... die mir heute vorgeworfen werden können, an diesem Tag bereits realisiert waren.«

Justice Jackson: »Und Sie streiten es nicht ab, dass Sie an diesem Programm eine gewisse Mitverantwortung tragen – ob es nun eine legale Verantwortung war oder nicht –, indem Sie diese Arbeitskräfte gegen ihren Willen nach Deutschland bringen ließen? Das streiten Sie doch nicht ab?«

Speer: »Die Arbeitskräfte wurden zum großen Teil gegen ihren Willen nach Deutschland gebracht, und ich hatte nichts dagegen einzuwenden, dass sie gegen ihren Willen nach Deutschland kamen; ich habe im Gegenteil in der ersten Zeit, bis zum Herbst 1942, sicher auch mit meine Energie eingesetzt, dass möglichst viele Arbeitskräfte auf diese Weise nach Deutschland kamen.«

Am Ende dieses Kreuzverhörs – das man gelegentlich als zu entgegenkommend angesehen hat – will Jackson wissen, wie Speer seine Verantwortung definiert:

Speer: »Sie meinen die Erklärung, die ich gestern abgab, dass ich ...«

Justice Jackson: »Ihre Gesamtverantwortung. Was verstehen Sie unter ›Gesamtverantwortung‹ zusammen mit noch anderen?«

Speer: »Ja, es gibt meiner Ansicht nach im Staatsleben zwei Verantwortungen; die eine Verantwortung ist für den eigenen

Sektor, dafür ist man selbstverständlich voll verantwortlich. Darüber hinaus bin ich persönlich der Meinung, dass es für ganz entscheidende Dinge eine Gesamtverantwortung gibt und geben muss, soweit man einer der Führenden ist, denn wer soll denn sonst die Verantwortung für den Ablauf der Geschehnisse tragen, wenn nicht die nächsten Mitarbeiter um ein Staatsoberhaupt herum? Aber diese Gesamtverantwortung kann nur für grundsätzliche Dinge sein. Sie kann nicht sein für die Abstellung von Einzelheiten, die sich in den Ressorts anderer Ministerien oder anderer verantwortlicher Stellen abspielen, denn sonst kommt ja die gesamte Disziplin im Staatsleben vollständig durcheinander, dann weiß ja kein Mensch mehr, wer etwas im einzelnen auf seiner ... Die Einzelverantwortung auf dem eigentlichen Arbeitsgebiet muß sauber und klar trotzdem erhalten bleiben für die Einzelperson.«

Justice Jackson: »Wenn ich Sie recht verstehe, wollen Sie damit sagen, dass Sie als ehemaliges Regierungsmitglied und als einer der Führer eine Verantwortung für die großen Linien der Politik dieser Regierung auf sich nehmen, aber nicht für die einzelnen Geschehnisse, die bei Durchführung der Maßnahmen vorkamen. Ist das eine richtige Beschreibung Ihrer Einstellung?«

Speer: »Ja. Ja.«

»Sauber und klar« muss »die Einzelverantwortung auf dem eigentlichen Arbeitsgebiet« erhalten bleiben – da hätte die Einzelperson Speer viel zu erzählen gehabt.

In Nürnberg durchschaut man nicht, in welchem Maße der ursprünglich wenig bekannte Speer bereits als Generalbauinspektor und Architekt des Führers die gewaltsame Ausbeutung menschlicher Arbeitskraft nicht nur »billigend in Kauf nahm«, wie man so sagt, sondern das nationalsozialistische Unrechtssystem geradezu bewirtschaftete, für seine Zwecke nutzte und mit Eigeninitiative beeinflusste. Der Durchblick wird Anklägern und Richtern erschwert durch die große Fülle an Material, das zu 21 mutmaßlichen Hauptkriegsverbrechern in kurzer Zeit gesammelt und verarbeitet werden muss, durch die unübersichtlichen Strukturen des NS-Regimes und durch die politischen Spannungen zwischen den zu Gericht sitzenden Mächten.

Was wusste man etwa über Speers Zusammenarbeit mit der DEST, der Deutschen Erd- und Steinwerke GmbH? Speer kam mit diesem SS-Wirtschaftsunternehmen als Zulieferfirma für seine antiketauglichen Baustoffe ins Geschäft, wodurch er schon als Generalbauinspektor Standorte für Konzentrationslager direkt und indirekt mitbestimmte und deren Betrieb mitfinanzierte.

Was man in Nürnberg ebenfalls nicht ahnte, war Speers aktive Rolle bei Maßnahmen zur schrittweisen Entrechtung der jüdischen Bevölkerung in Berlin. Letztlich unterstützte er Deportationen, damit seine Behörde schneller auf Ausweichwohnraum zugreifen konnte. Wie sagte er eben vor Gericht: Juden, die in der Rüstung arbeiteten, lebten 1941/42 noch mit ihren Familien in der eigenen Wohnung.

Wie das Prinzip »Vernichtung durch Arbeit« vollzogen wurde, hat Albert Speer mit eigenen Augen gesehen. Von seinem Besuch im KZ Mauthausen im März 1943 weiß das Nürnberger Tribunal. Geschundene Arbeiter will er dort nicht gesehen haben. Als an anderer Stelle im Prozess der Zeuge Boix darauf hinweist, dass er den damaligen Minister auf diversen Fotografien auch im »berüchtigten Steinbruch« (Speer) von Mauthausen gesehen habe, im einvernehmlichen Gespräch mit dem Lagerkommandanten Franz Ziereis, wird darauf nicht noch einmal eingegangen.

Dass Speer im Dezember 1943 das Lager Dora/Mittelbau besichtigt und die mörderischen Zustände dort mit eigenen Augen gesehen hat – davon wiederum hat man in Nürnberg keine Kenntnis. Schon gar nicht weiß man, dass er für dieses Unternehmen und die Bedingungen vor Ort maßgeblich verantwortlich war, gerade auch gemessen an seinen eigenen Standards. Wir erinnern uns: Im Prozess hat Speer die Verhältnisse in den unterirdischen Fabriken sogar als »absolut einwandfrei« bezeichnet – staubfreie, trockene Luft, gutes Licht, große Frischluftanlagen.

Des Vernichtungssystems indirekt »ansichtig« und nicht minder verantwortlich wird Speer in gewissem Maße, als er 1942 in seiner Funktion als »Generalbevollmächtigter Bau« für das KZ Auschwitz ein Baukontingent in Höhe von 13,7 Millio-

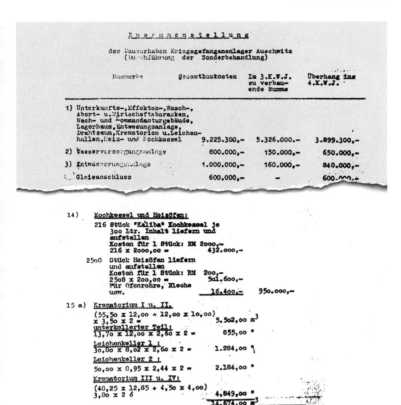

Vom »Generalbevollmächtigten Bau« bewilligtes Kontingent für die Erweiterung des KZ Auschwitz

nen Reichsmark zur Erweiterung des Lagers bewilligt, darunter mehrere Krematorien und »Leichenkeller« (Gaskammern) zur »Durchführung der Sonderbehandlung«.

Beispiele für die Einzelverantwortung Speers auf seinem Arbeitsgebiet. Hinzu kommen alltägliche, mitunter subtile Einmischungen, Maßnahmen und Entscheidungen – von denen etwa sein Schriftverkehr mit Heinrich Himmler zeugt. Erinnert sei hier lediglich an die gleich nach seinem Amtsantritt im Februar 1942 erwirkte »Verordnung des Führers zum Schutz der Rüstungswirtschaft«, die eine entsprechende Strafverfolgung allein »auf Verlangen des Reichsministers für Bewaffnung und Munition« vorsah.

Hitlers bester Mann hat es mit Führervollmachten und dem Hochmut des Herrenmenschen verstanden, das gesamte Un-

rechtssystem für seine Ziele, seinen Leistungsehrgeiz und sein Machtbedürfnis produktiv zu machen. Gerade Speer, der am liebsten »verwaltungsmäßig ungebunden« agierte, zeigt darüber hinaus exemplarisch, wie im Dritten Reich persönliche Autorität die formalen Befugnisse immer wieder überflügeln konnte.

Sodann versucht Staatsjustizrat M. J. Raginski für die russische Seite, Speer im Kreuzverhör auf eine justiziable Verantwortung festzulegen. Hier leistet sich der Angeklagte offene Respektlosigkeit – für die Galerie und wohl auch der eigenen politischen Haltung entsprechend.

Raginski unterstellt, dass Speer sich bereits an der Vorbereitung des Angriffskrieges beteiligt habe, und überführt den Angeklagten nutzloserweise der Lektüre von *Mein Kampf*. Damit ist nichts zu beweisen, außerdem wirkt es lächerlich angesichts der zu verhandelnden Verbrechen.

Speer triumphiert: »Ich war besonders beruhigt im Jahre 1939, als der Nichtangriffspakt mit Russland abgeschlossen wurde; und schließlich müssen ja Ihre Diplomaten auch das Buch *Mein Kampf* gelesen haben, und sie haben ja auch trotzdem den Nichtangriffspakt abgeschlossen. Und sie waren bestimmt intelligenter als ich, ich meine in politischen Dingen.« Von den Russen erwartet Speer ohnehin keine mildernden Umstände.

Der amerikanische Richter Francis Biddle schließt das Kreuzverhör mit zwei wesentlichen Nachfragen ab.

Mr. Biddle: »Wussten Sie nicht, dass Gewalt oder körperliche Züchtigung angewandt wurden, um die Vorschriften durchzusetzen, wenn die Internierten sie nicht befolgten?«

Speer: »Nein, das habe ich nicht in dieser Form gewusst. Ich wurde ... Ich muss hier sagen, ich wurde in der Zeit, in der ich Minister war, so seltsam das klingt, über das Schicksal der Häftlinge in den Konzentrationslagern beruhigter, als ich war, bevor ich Minister war, weil mir in der Zeit – in meiner Ministerzeit – von offiziellen Stellen immer nur Gutes und Beruhigendes über die Konzentrationslager gesagt wurde; es wurde gesagt, die Ernährung wird verbessert und so weiter und so weiter.«

Mr. Biddle: »Nur noch eine Frage. Was Sie am Schluss über die Verantwortung aller Führer für gewisse allgemeine Grundsätze, gewisse große Dinge, gesagt haben, hat mich sehr interessiert. Können Sie mir irgendeines dieser Dinge nennen? Was meinten Sie damit? Welche Grundsätze meinten Sie? Meinten Sie die Fortsetzung des Krieges zum Beispiel?«

Speer: »Ich finde, so eine grundsätzliche Angelegenheit wie der Beginn des Krieges oder das Ende des Krieges zum Beispiel. Ich finde ...«

Mr. Biddle: »Sie finden also, dass der Beginn oder das Ende des Krieges grundsätzliche Angelegenheiten wären, wofür die Führer verantwortlich gewesen seien?«

Speer: »Ja.«

Mr. Biddle: »Danke schön.«

Vorsitzender: »Der Angeklagte kann auf die Anklagebank zurückkehren.«

Zuletzt im Bunker

Der für den Beginn des Krieges verantwortliche Führer sitzt seit Wochen rund acht Meter tief unter der Erde, im Bunker der Neuen Reichskanzlei, des einzigen vollendeten, nun bereits in Trümmern liegenden Bauwerks seiner »Welthauptstadt Germania«, und kann nicht aufhören mit diesem Krieg.

Der Mann, der vor Frontbesuchen zurückscheut, der den Tod millionenfach verantwortet, aber nicht mit eigenen Augen sehen will, hat die Kampfzone nun über sich. Er zittert, er harrt aus, er dämmert, er wartet ab, bespricht, befiehlt, schreit herum, verurteilt.

Am 20. April 1945 ist Hitler 56 Jahre alt geworden. Bei einer letzten Lagebesprechung in größerer Runde tritt seine Führungselite noch einmal an – die Militärs Dönitz, Keitel, Jodl und Krebs, außerdem Göring, Himmler, Speer, Kaltenbrunner und Ribbentrop. Eine Abschiedsveranstaltung, bei der Hitler ankündigt, »dass er, um den Widerstand in Berlin zu steigern, die Stadt erst im letzten Augenblick verlassen werde. Diese wenig erfreuliche Aussicht veranlasst die meisten seiner engsten Mitarbeiter, sich noch am gleichen Abend von ihm zu verabschieden. Noch nie hatten so viele hohe Offiziere und Parteileute plötzlich drin-

Am 20. April 1945, seinem letzten Geburtstag, begrüßt Hitler eine Abordnung von Hitlerjungen im Garten der Reichskanzlei

gende Geschäfte in anderen, noch unbesetzten Teilen des Reiches zu erledigen«, schreibt Speer 1946 über diesen Abend. Auch er selbst reist ab.

Der ergebene Goebbels, immer noch Generalbevollmächtigter für den totalen Kriegseinsatz und Gauleiter Berlins, zieht zwei Tage später mitsamt seiner Familie in den Vorbunker. Eva Braun hat schon vor längerem den Berghof verlassen und lebt nun in fensterlosen Räumen neben Hitlers Vorzimmer. Sie wird ihre äußerste Treue beweisen und dafür kurz vor dem gemeinsamen Tod die Braut des Führers werden. Dessen Liaison mit Deutschland ist zerrüttet. Über der fast fünf Meter dicken Betondecke des Bunkers herrschen blutige Anarchie und das Chaos der Vernichtung. Das Reich ist verloren, seine Hauptstadt von den Russen umstellt – alle wissen es, auch Hitler weiß es; auf dem Obersalzberg lässt er bereits Akten und Privatdokumente vernichten. Seit er sich entschlossen hat, das Ende in Berlin zu vollziehen, geht es nur noch um den richtigen Zeitpunkt.

Die wenigen Nachrichtenblätter, die in Deutschland noch erscheinen, melden unbeirrt, der Führer treffe jetzt »persönlich die Entscheidungen über Truppenaufstellungen und den Einsatz von Verstärkungen bei der Verteidigung der Hauptstadt des Reiches gegen den bolschewistischen Angriff« – als ob das ein gutes Zeichen wäre. Außerdem werde er von nun an alle Auszeichnungen selbst überreichen – tatsächlich verleiht Hitler in diesen Tagen mehr Orden denn je, vor allem an Mitglieder der Hitlerjugend, andere Helden hat der Führer der Deutschen nicht mehr.

Hitlers letzte große Angst gilt der Möglichkeit, den Russen in die Hände zu fallen, die dann »meinen Kopf auf eine Stange spießen und durch Berlin tragen. Man wird mich vor der Welt zum Bluthund machen«. Er wird deshalb Vorkehrungen treffen, dass er keinen Leichnam hinterlässt; er wird seine letzten Getreuen anweisen, ihn und seine Frau nach dem gemeinsamen Tod zu verbrennen.

Also kein Mausoleum in Linz – obwohl ein Entwurfsmodell seiner Sehnsuchtsstadt noch im Bunker aufgestellt wird.

Es sind nur noch eine Hand voll Menschen, auf die Hitler sich in diesen Tagen verlassen kann, darunter Goebbels und Bormann,

Architekt Hermann Giesler erläutert Hitler im Bunker seine Pläne für den Neubau der Stadt Linz

seine Trauzeugen. Letzterer schmiedet auch jetzt noch Intrigen, um hinter dem immer paranoideren Führer seine Macht zu behaupten.

Heinrich Himmler trifft unterdessen in Lübeck Maßnahmen, den Westmächten ein Kapitulationsangebot zu unterbreiten – nicht dem Osten, dort »würden die Deutschen weiterkämpfen, bis die westlichen Verbündeten zum Entsatz vorgerückt seien. Dadurch würde der ganze nördliche Abschnitt sinnloser Zerstörung entgehen.« Der selbst ernannte Friedensunterhändler macht sich auch schon Gedanken über den Namen einer neuen Partei und die Zusammensetzung der künftigen Regierung, in der er sich unter Görings Führung als Ministerpräsident sieht.

Der Reichsmarschall selbst, offiziell noch immer der zweite Mann im Staat, fühlt sich angesichts der kritischen Lage und der Aktionsunfähigkeit im Bunker berufen, gemäß Führererlass vom 29. Juni 1941 Hitlers geordnete Nachfolge anzutreten und »sofort die Gesamtführung des Reiches« zu übernehmen. Mit einem entsprechenden Telegramm vom Obersalzberg löst er am 23. April in der Hauptstadt-Katakombe einen weiteren Wutanfall aus: noch ein Verrat im zerfallenden Reich. In seinem Antworttelegramm beschuldigt Hitler den alten Kampfgefährten des Hochverrats am Nationalsozialismus. Darauf steht die Todesstrafe, doch angesichts seiner Verdienste darf Göring »aus

Gesundheitsgründen« seinen Rücktritt einreichen. Das tut er dann auch unverzüglich. Bormann lässt ihn außerdem auf dem Obersalzberg in Schutzhaft nehmen.

Albert Speer wiederum hat sich im Anschluss an den Führergeburtstag nach Norddeutschland begeben. Auf dem Gebiet der künftigen britischen Besatzungszone errichtet er sich zum einen ein Quartier ganz in der Nähe von Großadmiral Karl Dönitz, der am 20. April von Hitler eine »unumschränkte Befehlsgewalt über Material und Menschen im Norden« bekommen hat; mit Hilfe des Hamburger Gauleiters Karl Kaufmann nimmt er zum anderen eine Rede auf, die nach Hitlers Tod oder seinem eigenen (!) im Rundfunk gesendet werden soll – ein Aufruf an die Bevölkerung, Zerstörungen einzustellen oder zu verhindern, Kriegsgefangene ziehen zu lassen, den Besatzern aufrecht entgegenzutreten und vor allem sich dem Wiederaufbau des ruinierten Landes zuzuwenden.

»Ich selbst hatte zu diesem Zeitpunkt keine Aufgabe, es gab keine Rüstungsindustrie mehr. Dennoch wurde ich durch eine heftige innere Unruhe rastlos umhergetrieben«, erinnert sich Speer. Am 23. April treibt es ihn zurück nach Berlin. Von hier aus würde sich offenkundig alles Weitere entscheiden, hier würde das Blatt der Weltgeschichte gewendet werden.

Über die Beweggründe für seine waghalsige Rückkehr ist viel spekuliert worden – auch von Speer selbst. Es kam wohl mehreres zusammen, und je nach eigener Stimmung oder nach der Erwartungshaltung der Gesprächspartner berichtete und gewichtete er das, was er als seine Motivation verstanden wissen wollte, unterschiedlich.

»Wenn ein Mensch in Todesgefahr ist, handelt er oft instinktiv und weiß später nicht mehr, wie er der Gefahr entkommen ist. Die Spannung, in der ich diese letzten Monate das Krieges lebte und die verursacht war durch den unvermeidlichen Zusammenbruch, durch die Überbeanspruchung der Nerven – sie kann vielleicht einen ähnlichen Dauerzustand des instinktiven, automatischen Handelns hervorbringen.« So heißt es 1946 im Nürnberger Lebensabriss, geschrieben für die Nachwelt angesichts eines ungewissen Prozessausgangs. Speer fügt hinzu: »Ich glaube heute, nach meinem eigenen Erleben, dass in einer großen seelischen Spannung ein Mensch in zwei voneinander völlig getrennten Richtungen sein Leben führen kann.«

Er meint wohl einerseits die Untreue, mit der er seit Monaten über seinen Förderer hinweg das eigene Überleben und das heißt: den eigenen Machterhalt über das Kriegsende hinaus organisiert, und damit auf seines Führers Kapitulation, ja: Tod, spekuliert hat und andererseits seine Anhänglichkeit – Treue ist die viel beschworene deutsche Urtugend jener Zeit – an diesen Mann oder wofür er in Speers Leben steht. Das wäre nicht zuletzt Sentimentalität gegenüber der eigenen Lebensgeschichte.

Wie Speer 1946 weiter erläutert, hat er im eingekesselten Berlin Verabredungen getroffen, etwa mit General Kinzel von der Heeresgruppe Weichsel: »Er sollte nach der erfolgten Offensive der Sowjets dafür sorgen, dass die deutschen Armeen an Berlin vorbeimarschierten, damit keine nutzlose Verteidigung der Hauptstadt des Reiches stattfände. Ich sagte ihm zu, alles zu versuchen, in diesem Falle Hitler in Berlin zu halten, damit er dort sein Leben beende und seine Absicht, eine letzte Verteidigung in den Alpen durchzuführen, somit vereitelt werde. Kienzle [sic] hatte seine Absicht durchgeführt. ... Die letzte Absicht Hitlers, die Truppen nach Berlin zu führen und damit um diese Stadt eine furchtbare große Schlacht inmitten von 10 Millionen Frauen und Kindern durchzuführen, war vereitelt. Nun war es an mir, meine Zusage an Kienzle [sic] wahr zu machen. Ich gehe in die Reichskanzlei ...«

Speer will auch seinen Freund Karl Brandt, den langjährigen Begleitarzt des Führers, »der nun – von Hitler zum Tode verurteilt – in einem Berliner Gefängnis auf die Vollstreckung wartete, in der allgemeinen Kopflosigkeit aus Berlin herausholen. Ich stellte in Berlin fest, dass er bereits außerhalb Berlins war. Damit war der eigentliche Zweck meines Flugs hinfällig. – Obwohl ich seit Februar 1945 die verschiedensten Gegenmaßnahmen gegen die von Hitler befohlenen Zerstörungen unternommen hatte und eigentlich keine Veranlassung war, mich dort noch sehen zu lassen, ging ich in die Reichskanzlei ...«

Aus seinen *Erinnerungen* von 1969, in denen er diese Verabredung mit General Kinzel zur Rettung der Berliner Zivilbevölkerung gar nicht mehr erwähnt, geht wiederum hervor, dass Speer bereits auf halber Strecke in Kyritz durch ein Telefonat erfährt, Dr. Brandt sei »auf besonderen Befehl Himmlers« nach Norddeutschland in Sicherheit gebracht worden. (Karl Brandt, Generalkommissar für das Sanitäts- und Gesundheitswesen, wird wegen seiner Verantwortung für Menschenversuche in den Konzentrationslagern im Nürnberger Ärzteprozess von 1947 zum Tode verurteilt und hingerichtet werden.)

Auch Friedrich Lüschen, Leiter der Elektroindustrie im Rüstungsministerium, für Speer ein väterlicher Freund, den er überreden will, mit in den Westen auszufliegen, um nicht den Russen in die Hände zu fallen, ein weiterer Speer'scher Beweggrund für die Reise in die Hauptstadt, ist von Kyritz aus nicht erreichbar. (Er wird Selbstmord begehen.)

In einem *Spiegel*-Interview im Oktober 1966 ist Lüschen – »ein Vorstandsmitglied von Siemens« – sogar der allein benannte Auslöser für den Berlinflug. Jedenfalls nicht Hitler: »Ich ging eigentlich nicht zu ihm.« – »Ich bin eigentlich nicht mit der Absicht hingefahren, ihn zu sehen.« In Speers Erzählung von 1969 heißt es dann: »Mächtiger aber wirkte hinter diesen vorgeschobenen Motiven der Magnet Hitler. Ihn wollte ich ein letztes Mal sehen, von ihm Abschied nehmen.«

Die Reichskanzlei liegt im Artilleriefeuer russischer Geschütze. Doch deren Wirkung blieb unbedeutend, wenn man sah, was »amerikanische Tagesangriffe hier in den letzten Wochen anrichteten« – so Speers Beschreibung aus dem Jahr 1946. »Ich steige über ein Gewirr verbrannter Balken, gehe unter gerade eingestürzten Decken hindurch und komme zu dem Eingang des Bunkers ... Es geht eine lange Treppe hinunter, und dann gelangt man tief unter der Erde in eine komplett eingerichtete Wohnung. Die Zentrale des Reiches in den letzten Monaten.«

Es herrscht ein furchtbarer Gestank »in dem trüben, von flackernden Glühbirnen spärlich beleuchteten Betonlabyrinth«, so Speer an anderer Stelle zu Joachim Fest. Es riecht nach »Brand, Schweiß und Fäulnis, und hinzu kamen die verstopften Toilettenrohre. Es war unbeschreiblich, eine Unterwelt auch im übertragenen Sinne, Dantes Hölle eben, wie sie ›zu Hitler gehörte‹.«

Tag und Nacht fließen im Bunker ineinander; es muss Abend

Panzer der Roten Armee stoßen am Brandenburger Tor ins Herz Berlins vor

sein, als an diesem 23. April eine Lagebesprechung stattfindet. Speer nimmt daran teil: »Die ›Lage‹ ist kurz. Früher dauerte sie 2–3 Stunden, jetzt noch 20–30 Minuten. Es gibt nichts zu berichten und nicht mehr viel zu befehlen. Es sind unglückliche Menschen, die Berlin auf Befehl Adolf Hitlers verteidigen müssen. Angriffe von weit überlegenen russischen Kräften erfolgen. SS-Mannschaften sollen die Brücken verteidigen. Zahlreich sollen die Todesurteile sein, die von der SS ausgesprochen werden. An den Laternenmasten werden sie vollstreckt, als abschreckendes Beispiel für die Kameraden. So berichtet man im ›Führerbunker‹.«

Hitler hat sich zur Ruhe begeben, und Speer besucht Magda Goebbels – »die inmitten ihrer vielen Kinder in einem kleinen Zimmer des Bunkers krank liegt. Das Herz versagt ihr. – Ihr Mann hat bestimmt, dass sie und ihre Kinder in Berlin bleiben sollen und dort sterben müssen. Dieser Befehl ist unmenschlich«, kommentiert Speer.

Bormann trifft er »sehr unruhig« an, ein ungewohntes Bild – Speer »solle auf Hitler einwirken, dass er sofort Berlin verlasse, um in Süddeutschland das Kommando zu übernehmen«.

Schließlich Eva Braun, die letzte Aufrechte: »Vor ihr habe ich Achtung. Sie flog gegen den Befehl Hitlers nach Berlin, als die Lage kritisch wurde.« Zum Sterben sei sie hergekommen.

ZULETZT IM BUNKER

»Das ›Dritte Reich‹ bricht sichtbar zusammen. Hitler in diesem Bunker – draußen verraten ihn seine ›Getreuen‹. Ist dies Ende ein Sinnbild der inneren Wertlosigkeit?« Mitten hinein nun noch das Telegramm Hermann Görings. Und Speer? Wo sieht er sich selbst, draußen bei den Verrätern oder drinnen bei den Unverbesserlichen – oder drinnen *und* draußen mit je einem Bein?

»Hitler lässt mich allein zu sich kommen. Er spricht ruhig, müde und wie selbstverständlich von seinem Ende. … Er werde nicht im Kampfe fallen, er wolle verhindern, dass nach seinem Tode die Feinde mit ihm ihr Spiel trieben, wie sie es mit Mussolini getan hätten. [Hier muss Speer sich irren: Mussolini wird erst fünf Tage später, am 28. April 1945, erschossen und öffentlich aufgehängt werden.] Er werde daher anordnen, dass er nach

Die letzte Aufnahme Hitlers vor dem Bunker der zerstörten Reichskanzlei, links Adjutant Julius Schaub

seinem Tode verbrannt würde. Obwohl ich in den letzten Monaten an ihm zu zweifeln begonnen habe, obwohl ich seine Befehle zur Zerstörung der Lebensbasis des Volkes nicht ausgeführt und sabotiert habe, bin ich in diesem Augenblick tief erschüttert. Ich biete ihm an, in Berlin zu bleiben. Er lehnt ab und sendet mich zu Dönitz. Die Verabschiedung ist kurz. Hitler ist wieder kühl und abweisend, wie er es in den letzten Monaten mir gegenüber fast immer war. Kein freundliches und herzliches Wort. – Wieder kehrt die alte Enttäuschung und tiefe Verachtung in mir ein. Also habe ich doch richtig gesehen und gehandelt.«

Zwei voneinander enttäuschte Männer also. Was hatte Speer erwartet bei seinem letzten Besuch im Bunker der von ihm erbauten Reichskanzlei? Vielleicht ein bisschen mehr von dem, was dann in anderen, späteren Versionen dieser letzten Begegnung mit Hitler von ihm »hinzuerinnert« wird: Eine gerührte oder doch gebührende Anerkennung.

Albert Speer 1969: »Ich hatte das Gefühl, mit einem bereits Leblosen zu sprechen. Die Atmosphäre wurde zunehmend unheimlich, die Tragödie kam an ihr Ende. In den letzten Monaten hatte ich ihn zeitweise gehasst, hatte ihn bekämpft, ihn belogen und betrogen; aber in diesem Augenblick war ich verwirrt und erschüttert. Außer Fassung gestand ich ihm leise und zu meiner eigenen Überraschung, dass ich keine Zerstörungen durchgeführt, sie sogar verhindert hätte. Einen Augenblick füllten sich seine Augen mit Wasser. Aber er reagierte nicht. Solche noch vor einigen Wochen wichtige Fragen waren ihm nun weit entrückt. Geistesabwesend starrte er mich an, als ich ihm zögernd anbot, in Berlin zu bleiben. Er schwieg. Vielleicht spürte er meine Unwahrhaftigkeit.« Nach Unterbrechungen durch die Lagebesprechung und den Tumult wegen des Göring'schen Telegramms – auch hier der karge Abschied. »Seine Worte kamen so kalt wie seine Hand: ›Also Sie fahren? Gut. Auf Wiedersehen.‹ Keinen Gruß an meine Familie, kein Wunsch, kein Dank, kein Lebewohl.«

In seinem *Spiegel*-Interview vom Oktober 1966, drei Jahre zuvor also, verweist Speer ein solches Geständnis ins Reich der Übertreibung: Der britische Historiker Hugh R. Trevor-Roper habe dies nicht ganz richtig beschrieben. Es stimme nicht, dass

er Hitler offen gesagt habe, die Industrie sei nicht zerstört worden. »Das musste er [Hitler] sich aber eigentlich nach dieser damaligen Sache schon gedacht haben. Und wie das bei Trevor-Roper richtig steht, war [Hitler] durchaus in einer gelockerten Haltung und nahm das nicht unfreundlich auf.«

Die Verabschiedung kennzeichnet er auch hier als »das Kühlste, was man sich vorstellen kann. Vielleicht hat er erwartet, dass ich freiwillig drin bleibe oder sonst was. Er hat nur gesagt: ›Auf Wiedersehen‹, was ganz widersinnig war. Ich weiß nicht mehr, was er sagte. Jedenfalls ganz kurz, ohne mir die Hand zu geben. Das war ganz kurz und bündig erledigt, und dann flog ich raus.«

Weil der Romantiker Speer sich immer auch als Rechner erwiesen hat, sind zugleich andere Gründe für seine Abschiedsreise in Erwägung gezogen worden: Er habe vor allem verhindern wollen, dass Hitler ihn als seinen Nachfolger einsetzt.

Speer selbst legt diesen Gedanken nahe, noch nicht im Nürnberger Lebensabriss von 1946, aber in allen späteren Versionen, in denen er sich zunehmend als »Königsmacher« geriert: Hitler habe ihn eindringlich nach Dönitz' Arbeitsweise gefragt und wissen wollen, wie dieser sich als sein Generalbevollmächtigter und Stellvertreter im Norden mache – eigentlich eine seltsame Frage, denn Dönitz übt dieses Amt erst seit drei Tagen aus. Und er, Speer, habe ihn subtil »emporgelobt«, ihn in den Vordergrund geschoben. »Ich hatte deutlich das Gefühl, dass sein [Hitlers] Interesse sich nicht von ungefähr auf Dönitz richtete, sondern dass es der Frage seines Nachfolgers galt. Auch heute noch [1969] glaube ich, dass Dönitz die trostlose Erbschaft, die ihm unerwartet zufallen sollte, mit mehr Klugheit, Würde und Umsicht liquidiert hat als das Bormann oder Himmler getan hätten. Ich schilderte Hitler meinen positiven Eindruck und schmückte gelegentlich meinen Bericht mit Details aus, die ihm gefallen mussten. Aber aufgrund alter Erfahrungen versuchte ich nicht, ihn für Dönitz zu beeinflussen und damit in die entgegengesetzte Richtung zu drängen.«

Allzu großzügig gewährte Einblicke in seine Tricks und Methoden (im *Spiegel*-Gespräch wird Speer noch deutlicher), lassen immer aufhorchen: Was will er seinen Zuhörern oder Lesern eigentlich nahebringen? Den Eindruck, er habe die eigene Ernennung als Nachfolger des Führers unbedingt verhindern wollen, drängt Speer durch diese – ansonsten nur eitle – Betonung seiner immer noch wirksamen Einflussmöglichkeiten geradezu auf. Und vor allem vom Ende der Geschichte, von seiner späteren Situation als Angeklagter her betrachtet, erscheint ein solcher Verhinderungsversuch auch plausibel.

Doch dieses Ende ist im April 1945 für Speer ganz und gar undenkbar. Er hält sich in diesen Wochen und Monaten gerade aus der Perspektive der Alliierten für unanfechtbar, vielleicht mehr noch: für den kommenden Mann.

Auf der Liste der Attentäter vom 20. Juli als mögliches Regierungsmitglied aufzutauchen hat ihm in der Hitler-Diktatur nicht schaden können. Auf der Nachfolgeliste eines zuletzt gebrochenen, scheinbar unberechenbaren alten Mannes in selbstgewählter Bunkerisolation zu stehen, für den man nun mal sowieso hoch hinaus gebaut und bis tief unter die Erde gerüstet hat, was soll das anrichten können bei all den eindeutigen Friedensmaßnahmen dieses Ministers in Zeiten des Krieges?

Denn was hat er in den letzten Wochen nicht alles geleistet gegen diesen Untergangsverliebten: Er hat versucht, das eigene Land, zum Teil auch die besetzten Gebiete, vor der Zerstörung zu bewahren. An die Industrie sind bereits Weisungen ergangen, »so dass in einer vorauszusehenden ersten Zeit der Desorganisation die Betriebe in der Besatzungszeit schon irgendwelche Marschrichtungen und Aufträge haben«. Sein Wiederaufbaustab für die bombenzerstörten Städte hat längst die Arbeit aufgenommen. Er hat die Versorgung seines Volkes gesichert, indem er statt Rüstungsgüter Saatgut ausfahren ließ. Und er hat vor zwei Tagen eine erste Rede für die Nach-Hitler-Zeit aufgenommen, die dann sofort gesendet werden würde, wenn er, Speer, ermordet oder durch Hitler zum Tode verurteilt werden würde – oder wenn Hitler zwar tot wäre, sein Nachfolger jedoch dessen Politik fortsetzte. So hat er es mit Karl Kaufmann in Hamburg vereinbart, bevor er nach Berlin aufgebrochen ist.

Warum kehrt Speer, die Gefahren der Kriegslage missachtend, in die Hauptstadt, in den Bunker zurück?

Vielleicht weil er Spielernatur genug ist und ausreichend Durchsetzungswillen hat, um noch einmal zu versuchen, sich der »Vorsehung« in den Weg zu stellen und ihr ein besonderes Schicksal abzuringen. Vielleicht erkennt der Führer ja – spontan, intuitiv, nach subtilem Hinweis –, wer der eigentlich geeignete Mann ist, um das deutsche Volk aus diesem Krieg nun wieder herauszuführen: »Speer, ich traue Ihnen das zu«, jetzt sofort, eine letzte Vollmacht, die sowohl seinen ungebrochenen nationalsozialistischen »Idealismus« anerkennt als auch den Verrat an seinem größten Förderer aufhebt (und dessen Verrat am eigenen Volk).

Und ist das zufällig während seines Besuchs eintreffende Telegramm des untreuen Alten Kämpfers Göring, dem inoffiziell längst abgehalfterten Nachfolger, nicht wie gemacht für eine solche Schicksalswende? Steht Speer nicht genau im richtigen Moment an der richtigen Stelle, der Einzige, buchstäblich der Einzige, der unter Gefahren zurückgekehrt ist – und würde er nicht sogar bleiben, wenn es diese Fügung verlangte?

Doch so kommt es nicht. Die Fügung und der Führer, der noch als Wrack »pathetischer wirkt als jemand voller Kraft und Entschlossenheit«, sie enthalten ihm diese Lösung vor.

Stattdessen erfährt Speer, obendrein wie beiläufig, die Kränkungen des gekränkten Hitler, dessen Verweigerung jeder Auszeichnung. Man spricht über die Lage im Nordraum, weil Speer ja gerade von dort kommt; berät über den angemessenen Ort für das Ende, der doch schon feststeht. Albert Speer spürt die müde Todesentschlossenheit, die von Hitler ausgeht. Vorsichtig versucht er, das Thema auf den Wiederaufbau der Städte zu lenken, doch das bringt seinen einstigen Bauherrn nur auf die Pläne für Linz, die »der gute Giesler«, der andere also, unlängst noch bei ihm abgeliefert habe ... Speers Abtrünnigkeit der letzten Wochen beginnt auf diesem Gespräch zu lasten. »Geständnisse« irgendeiner Art sind nicht nötig (und längst, im März schon, erbracht worden) – aber es wäre nun tatsächlich tröstlich, solch ein befreiendes Moment der Nähe zu erleben, solch eine Möglichkeit noch zu haben. Nichts scheint übrig geblieben zu sein, nichts als Stumpfheit und die Banalität zu hoch angesetzter Erwartungen.

Ob nun nach Unterbrechungen oder nach ungestörten Minuten: Der Führer kommt auf den Nordraum und den dort installierten (auch für Speer günstigen) Dönitz zurück und leitet damit das Ende des Gespräches ein: Gut, gut. Dann fahren Sie mal. Gut, gut. Auf Wiedersehen.

Benommen verlässt Albert Speer den Bunker; vielleicht ist es auch die stickige Luft, der penetrante Geruch, was ihm einen Kopfschmerz wie bei herannahender Ohnmacht verursacht. Dazu die trübseligen Begleiterscheinungen der Auflösung: Die Bunkergesellschaft wahrt nicht mehr unbedingt die Form, das Dritte Reich verschwimmt im Alkohol.

Welch ein grotesker Kontrast zu seiner erhebenden Reichs-

ZULETZT IM BUNKER

kanzlei; der Natursteinbau hat noch im Niedergang, als Trümmerstätte gegen den Nachthimmel gerichtet, die ihm gegebene Größe bewahrt.

Speers Adjutant Manfred von Poser wartet schon, offenkundig erleichtert, ihn endlich kommen zu sehen.

»Wir starten in der Nacht auf der unbeleuchteten Ost-West-Achse bei der Siegessäule. Wegen des Windes. Unter vereinzelten Schüssen russischer Artillerie. Mit Mühe ›drücken‹ wir uns an der in der Dunkelheit kaum erkennbaren Siegessäule vorbei. Es ist ein schauerlich-eindrucksvoller Flug. Überall in Berlin brennende Häuser, das Aufblitzen der Artillerie und Leuchtkugeln. Dort im Nordwesten, wo der Ring des Kampfes noch nicht geschlossen worden ist, müssen wir durch. Wir brauchen keinen

345

Die zerstörte Reichskanzlei

Kompass. Das Schauspiel auf der Erde zeigt deutlich den Abschnitt, an dem noch kein Kampf geführt wird.«

Der meistbefragte Mann des Dritten Reiches

Nach sicherer Landung in jenem noch nicht umkämpften Gebiet schlägt Speer das Angebot seines Freundes Kaufmann, die aufgenommene Rede sofort über den Rundfunk zu senden, mit der Begründung aus, »dass es falsch und sinnlos sei, noch in die Tragödie einzugreifen«.

Mit einer kleinen Entourage, der auch seine Sekretärin Annemarie Kempf angehört, richtet sich der beschäftigungslose Minister am Eutiner See notdürftig in Bauwagen der Reichsbahn ein und wartet. Im Gegensatz zu den meisten anderen weiß er wenigstens, worauf.

Mit anderen in der Gegend untergekommenen Regierungsmitgliedern, darunter Außenminister Ribbentrop, der Minister für die besetzten Ostgebiete Alfred Rosenberg und Finanzminister Schwerin von Krosigk trifft man sich gelegentlich im Eutiner Landratsamt. Man sondiert das Chaos oder spekuliert über die Pläne des in Lübeck residierenden Heinrich Himmler.

Speer ist der Einzige von ihnen, der regelmäßig auch das Dönitz'sche Quartier besucht. Großadmiral Karl Dönitz, dessen Ehrgeiz bisher auf das Militärische, auf den Marinesektor beschränkt blieb, verbindet mit Speer ein beinahe freundschaftliches Verhältnis.

So ist Speer zugegen, als Dönitz am frühen Abend des 30. April erfährt, als Hitlers Nachfolger eingesetzt worden zu sein. Am nächsten Tag gehen zwei weitere Funksprüche aus Berlin ein – mit der Nachricht vom Tod des Führers und der Bestätigung, dass sein Testament in Kraft getreten sei. Speer ist auch dabei, »als Dönitz am 1. Mai 1945 der Funkspruch überreicht wurde, der seine Rechte als Nachfolger Hitlers entscheidend einschränkte. Hitler hatte dem neuen Reichspräsidenten die Regierung vorgeschrieben: Goebbels war Reichskanzler, Seyß-Inquart Außenminister und Bormann Parteiminister geworden.«

Und Albert Speer war nichts geworden. Das Amt des Rüstungsministers erbt sein Mitarbeiter Karl-Otto Saur, bislang Leiter des Technischen Amtes im Speer-Ministerium, der den Minister bereits in den letzten Monaten beim Führer in Rüstungsbesprechungen vertreten hat.

Wie darf man Hitlers Entscheidung verstehen – als Bestrafung eines Treulosen? Der von ihm als Verräter betrachtete (und von Bormann als solcher suggerierte) Hermann Göring wird testamentarisch aus der Partei ausgestoßen. Ebenso Heinrich Himmler, von dessen Verhandlungen mit dem schwedischen Grafen Folke Bernadotte über eine Teilkapitulation – und die Übergabe der Konzentrationslager ans Rote Kreuz – Hitler zwei Tage vor seinem Selbstmord erfahren hat.

Im Nürnberger Prozess wird Speers Verteidiger sehr darauf bedacht sein, die Missachtung seines Mandanten im Führer-Testament zu dessen Gunsten auszulegen. An anderer Stelle hat man daher erwogen, ob es sich bei Hitlers Entschluss um eine letzte Freundlichkeit gegenüber seiner »unglücklichen Liebe« gehandelt haben könnte.

Womöglich ist es viel einfacher: Für Hitler in seinen letzten Stunden gilt dieses Testament mehr der Korrektur der alten als der Bildung einer zukünftigen Regierung, und für Speer hat er seit längerem keine Verwendung mehr. So hält er sich am Ende an sein Versprechen, den gelernten Architekten nach dem Krieg wieder für das Bauen freizustellen. Vielleicht ist ihm Speer mit den Jahren der Machtausübung auch zu »unkünstlerisch« geworden für ein bedeutendes Führungsamt.

Speer fühlt sich im ersten Moment bemüßigt, dem von Hitlers Nachfolgeregelung völlig überraschten und zunächst auch überforderten Dönitz zu gratulieren, was von Anwesenden als unangebracht empfunden wird. Er zieht sogleich ins Hauptquartier, um Dönitz zu unterstützen, und wird dessen erstes inoffizielles Regierungsmitglied.

Eine unmittelbare Reaktion läßt Speer wohl erst zu, als er allein ist: »Am Abend des 1. Mai, an dem der Tod Hitlers bekannt wurde, schlief ich in einer kleinen Kammer des Quartiers von Dönitz. Als ich meinen Koffer auspackte, fand ich die rote Lederkassette, in der bis dahin das Bild Hitlers ungeöffnet gele-

gen hatte. Meine Sekretärin hatte es mir mitgegeben. Meine Nerven waren am Ende. Als ich das Bild aufstellte, überfiel mich ein Weinkrampf.«

Der neue Reichspräsident Dönitz ist konsterniert über die Aussicht, mit Bormann zusammenarbeiten zu sollen, und setzt sich in seiner ersten Amtshandlung über Hitlers Letzten Willen hinweg. Dabei ist ihm Speer eine willkommene Hilfe, er berät ihn bei der Kabinettsbildung und entwirft die ersten Verlautbarungen: »Deutsches Volk! Der Führer ist im Kampf gegen den Bolschewismus in Berlin geblieben. Mit diesem freiwilligen Entschluss hat er noch einmal eindringlich den Sinn seines ganzen Lebens, den Inhalt seines Schaffens und rastlosen Arbeitens für alle Zeiten festgelegt. Der Führer mag heute noch im Streit der Meinungen stehen. Seine historische Persönlichkeit wird einmal in einer gerechten Geschichte anerkannt werden. Wir hoffen, dass nach seinem Tode nicht nur seine Persönlichkeit, sondern seine seherische Festlegung der aus dem Osten für die gesamte Menschheit drohenden Gefahr noch rechtzeitig für Europa und auch für die gesamte Welt erkannt wird.«

Am 2. Mai wird Speer zum Wirtschafts- und Produktionsminister des Reiches ernannt. Nach zwei Tagen erkennt er, dass diese Pseudoregierung ohne Handlungsfähigkeit zur Abwicklung des Dritten Reiches, deren »Kabinett« in einer Flens-

burger Marineschule tagt, ein sinnloses Unterfangen ist. Darüber hinaus könnte sie ihm zum Klotz am Bein werden.

Er möchte übergangsweise eine Abwicklungsstelle bilden, bis mit der anstehenden Gesamtkapitulation »das weitere Schicksal des deutschen Volkes« ganz dem Gegner überlassen bleibt. Zur Mitarbeit hält man sich natürlich bereit, beispielsweise als Wiederaufbauminister in einer von den Siegermächten eingesetzten Regierung. Speers im April aufgezeichnete Rede wird nun in überarbeiteter Fassung im Rundfunk gesendet. Sie richtet sich an alle gesellschaftlichen Gruppen und enthält unter anderem Appelle gegen die »verständliche Lethargie«, die in den letzten Monaten über das Volk gekommen sei, sowie Richtlinien für erste Dringlichkeitsmaßnahmen. Speers Anweisungen hätten »genauso gut von General Eisenhower [dem Oberbefehlshaber der alliierten Truppen] selbst stammen können«, schreibt man sogar in der *New York Times* am 4. Mai.

In den USA ist man allerdings auch längst an dem Mann interessiert, der für die Rüstung des Reiches verantwortlich war: Das »United States Strategic Bombing Survey« (USSBS), eine von Präsident Roosevelt initiierte und von Kriegsminister Henry Lewis Stimson eingerichtete Zivilbehörde, welche die Effektivität des alliierten Luftkriegs untersuchen soll, erhofft sich Aufschlüsse nicht zuletzt für den Kampf gegen Japan.

»Schon sehr bald hatten wir bei unserer Arbeit festgestellt, dass der Blick auf verbrannte und zerstörte Fabriken nichts über die Wirkung der Luftangriffe sagte. Sie sahen alle gleich aus. Man brauchte Aufzeichnungen und dazu die Männer, die sie gemacht oder benutzt hatten«, so der Leiter des USSBS, der Wirtschaftswissenschaftler John Kenneth Galbraith. Er ist drei Jahre jünger als Speer und wird später unter anderem als Berater von Präsident Kennedy tätig sein.

»Sehr bald stießen wir ... auf eine Gestalt im Götterhimmel der Nazis, die zwar weit weniger bekannt war als Göring, Goebbels, Himmler, Ribbentrop, Ley oder Streicher, die aber weitaus wichtiger war. Der Mann hatte in der deutschen Kriegsproduktion offenbar sichtlich Wunder vollbracht und hieß Albert Speer.«

Auf den Listen der britischen und amerikanischen Geheimdienste steht der Name des Rüstungsministers ganz oben. Doch wo steckt er?

Galbraith: »1945 gab es in Deutschland keine Zivilregierung, keine Zeitung außer *Stars & Stripes*, keine Züge, keine Post und keinen Rundfunk. Informationen erhielt man entweder über Nachrichtenverbindungen der Armee oder durch Mund-zu-Mund-Propaganda; Erstere kamen unregelmäßig, Letztere war unzuverlässig. Selbst bei den wichtigsten Angelegenheiten tappte man im Dunkeln, und dies betraf auch die Aufenthaltsorte der führenden Nazis.

Aufgrund des Geredes über eine Alpenfestung suchte man zuallererst in Bayern nach ihnen, und dort war auch Göring aufgegriffen worden. Aber die wichtigere Fluchtlinie verlief von Berlin nach Flensburg an der dänischen Grenze, was uns anfänglich jedoch nicht bekannt war. Wie dem auch sei, kurz nach der Kapitulation durchstöberten zwei unserer jüngeren Stabsmitglieder, Leutnant Wolfgang Sklarz und Oberfeldwebel Harold E. Fassberg, ein schnell zum Amtsgebäude umfunktioniertes Haus in Flensburg und stießen dabei auf eine Bürotür mit Speers Namen. ... Speer war nunmehr Leiter des theoretischen Reichswirtschafts- und Produktionsministeriums in der ebenso theoretischen Regierung des Admirals Dönitz.«

Eine Regierung, die sich in der Flensburger Enklave dennoch drei Wochen halten kann; Galbraith wundert sich.

»Sie verfügte über eine Armee, mit der Flensburg dermaßen vollgestopft war, dass auf den Straßen buchstäblich kein Platz mehr für Fußgänger blieb. In zwei dichten Wellen in Feldgrau bewegten sich den ganzen Tag über deutsche Soldaten in dieser oder jener Richtung durch die Stadt. Doch von der Stadt und der Armee abgesehen, besaß die Regierung weder ein Land noch eine Funktion. Man erzählte sich damals, das SHAEF [das Oberste Hauptquartier der alliierten Expeditionsstreitmacht] habe ein Definitionsproblem: Wie nahm man die Kapitulation einer Regierung entgegen, die infolge ihrer bedingungslosen Kapitulation aufgehört hatte zu existieren? Manche Deutschen glaubten, die Amerikaner und die Briten versuchten, einen Nazikern zu bewahren, um die Russen in Schach zu halten.«

Albert Speer hat sein Quartier inzwischen auf Einladung des Herzogs von Holstein ins Schloss Glücksburg verlegt, eine Wasserburg aus dem 16. Jahrhundert. Hier also finden die beiden Stabsmitglieder Sklarz und Fassberg den dringend Gesuchten – und der erwartet sie schon, als sie an seine Tür klopfen: »Ich weiß, wer Sie sind ... Sie sind vom amerikanischen Strategic Bombing Survey.« Auf die telefonische Anordnung ihres Chefs Paul Nitze, sie mögen den Herrn unbedingt festhalten, antwortet Sklarz nur: »Der geht nicht weg, Sir; das Einzige, was er will, ist, mit Ihnen zu sprechen.«

Die drei führenden Köpfe des USSBS fliegen nach Flensburg: der bereits zitierte John Galbraith, der spätere Staatssekretär und Präsidentenberater Paul Nitze sowie George Ball, der es noch zum stellvertretenden US-Außenminister und Botschafter bei den Vereinten Nationen bringen wird.

Galbraith: »Die Regierung Dönitz trat, soviel ich mich erinnere, jeden Morgen um elf Uhr zusammen. Das Verhör von Speer jedenfalls begann jeden Tag um zwölf Uhr.« Nach Eintreffen am Schloss mit requirierten Fahrzeugen werden die Amerikaner in der Regel »vom wachhabenden Unteroffizier der SS, einem kleinen, nicht eben furchterregend wirkenden, rattengesichtigen Mann begrüßt, der uns unter Verbeugungen in die Halle, einen weiten, rechteckigen Raum mit niedriger, gewölbter Decke führte. Für die Vernehmungen benutzten wir ein kleines Zimmer am anderen Ende der Halle.«

Konzentriert und gelassen pflegt Speer ihnen Tag für Tag entgegenzutreten – ein Mann, der ohne Angst in die Zukunft blickt und die Sieger das auch spüren lässt: »... hochgewachsen, im hellen Regenmantel, mit dunklem, leicht zerzaustem Haar, dunklen Augen und einem liebenswürdigen Lächeln. Niemand konnte daran zweifeln: dies war eine Persönlichkeit.« – »Er stellte in jeder Hinsicht – auch, was seinen Humor betraf – einen krassen Gegensatz zu den anderen Nazis dar und war sich dessen auch vollauf bewusst. Aus seinem Verhalten ging eindeutig hervor, dass er alles daransetzte, die Distanz zwischen sich und den ›Primitivlingen‹, für die er die Nazis hielt, noch zu vergrößern. In der richtigen Annahme, dass diese sich, wenn man sie mit den Gräueltaten konfrontierte, auf Unwissenheit, die Schuld anderer oder auf die eigene Unfähigkeit, mildernden Einfluss auszuüben, berufen, ja sogar ihre persönliche Rechtschaffenheit ins Feld führen würden, hatte er sich entschieden, sein Teil an Verantwortung auf sich zu nehmen. Das würde den Unterschied noch hervorheben.«

Doch die Betonung dieses Unterschieds fällt auch auf Speer zurück. Die Gauleiter, die Parteiführer, die Minister: korrupte Emporkömmlinge, die nach oben gebuckelt und nach unten zugetreten haben – wie konnte ein so distanzierter und klar denkender Mann derartige Gangster ertragen und unterstützen?

Da war die Treue zu meinem Vaterland, zu meiner Regierung – und zugleich musste ich mit Leuten zusammenarbeiten, konkurrieren, die mir zutiefst zuwider waren. Diese Zerrissenheit. Sie können nicht verstehen, was es heißt, in einer Diktatur zu leben – wird Speer antworten.

Und das viele Male in den nächsten Wochen. Am 23. Mai wird die Dönitz-Regierung von den Briten verhaftet. Alles, was im Dritten Reich auf dem Feld der Rüstungswirtschaft Rang und Namen hatte, landet schließlich, nach einigen Zwischenstationen, im Lager Kransberg (genannt »Dustbin«, Mülleimer): politische Führungskräfte wie Albert Speer, aber auch Leute wie der Raketeningenieur Wernher von Braun, die Industriellen

Verhaftung der Regierung Dönitz durch britische Streitkräfte (Speer in der Mitte im hellen Mantel)

Fritz Thyssen und Alfried Krupp, der Volkswagenerfinder Ferdinand Porsche oder die Verantwortlichen der I.G. Farben.

Der ehemalige Rüstungsminister hält sich fern von den anderen; man registriert: »Nur seine einstige Sekretärin und getreue Mitarbeiterin Annemarie Kempf ließ er an sich heran.«

Speer wird der meistbefragte Mann des Dritten Reiches.

Bemerkenswert offen und umfassend gibt er nicht nur in Verhören Auskunft, sondern auch in schriftlichen Ausarbeitungen, zu denen er wegen seiner »Gefühlsschwankungen« aufgefordert wird. Er informiert über Details der Kriegführung und Rüstung, ebenso über die politischen, ökonomischen, administrativen und psychologischen Strukturen »des autoritären Systems«, wie er gerade unter Hinweis auf dessen eingebaute Mängel zu sagen pflegt.

Dabei erstellt er genaue Charakterbilder seiner Kollegen aus der Führungselite. Er bilanziert die abgelieferten Leistungen und kommentiert die Entwicklung der jeweiligen Persönlichkeit; jeder möge offenbar das bekommen, was er in Speers Augen verdient. Sauckel beispielsweise müsse auf jeder Kriegsverbrecherliste weit oben rangieren – so versteht ihn Kenneth Galbraith bereits im Mai in Glücksburg. Sauckel wiederum hat wohl an anderer Stelle über den ehemaligen Rüstungsminister ausgesagt, man sollte ihn hängen.

Lesen wir in Speers Ausführungen über Adolf Hitler und »die ganze Phantastik seines Wesens« aus dem Sommer 1945: »Nach meiner Meinung kann man als durchgehenden Leitsatz voranstellen, dass er ein ›Genie‹ war. Dabei möchte ich auch die negativen Eigenschaften, die allgemein bei einem Genie angenommen und beim Künstler noch verziehen werden, damit treffen. Politiker mit nüchterner und rationaler Arbeits- und Denkweise sind sicher nützlicher. Aber er wollte ein ›Genie‹ sein. Bei uns sagt man, dass Genie und Wahnsinn nah beieinander sind. Das trifft auch bei A. H. zu, und zwar recht früh, wenn man darunter den Begriff der ›überspannten Ideenbildung‹ und nicht den psychiatrischen versteht. Er stellte z. B. oft fest, dass seine politische, künstlerische und militärische Vorstellungswelt eine Einheit sei, die er sich bis in die Einzelheiten bereits gebildet hätte, als er zwischen 30 und 40 Jahre alt war. Das sei seine fruchtbare

Zeit gewesen. Alles, was er jetzt schaffe, sei nur eine Verwirklichung seiner damaligen Ideen. ... In derselben Zeit legte er in Skizzen seine Pläne für Berlin fest, die eine überdimensionale Größe haben und wohl nur zusammen mit seinen politischen Plänen zu verstehen sind.«

Weil er diese auch für ihn selbst also unverkennbar politischen Pläne unterstützte, die sich *künstlerisch* im Bauen, *militärisch* aber im Ausbeutungskrieg manifestierten, wird Albert Speer zu seinem großen Erstaunen angeklagt.

Mit seinen intelligenten Ausführungen und frappierenden Kenntnissen wollte er sich als Kronzeuge mit weitreichenden Ambitionen profilieren – und hat sich damit zugleich als einer der Hauptkriegsverbrecher zu erkennen gegeben.

Vor dem Urteil

Samstag, 31. August 1946. Heute, am zweihundertsechzehnten Tag des Prozesses, haben die Angeklagten die Möglichkeit, ihr persönliches Schlusswort zu sprechen. Das Nürnberger Militärtribunal hat über neun Monate hinweg in rund 400 öffentlichen Sitzungen verhandelt; mit schier endlosen Beweisaufnahmen, Befragungen und Analysen ist versucht worden, den mutmaßlichen Hauptkriegsverbrechern eine individuelle Schuld nachzuweisen. Bereits im Juli haben die Verteidiger und die vier Chefankläger ihre Plädoyers gehalten.

Die Schlussworte der Angeklagten sollen ungekürzt über den Rundfunk gesendet werden – vielleicht die letzte Gelegenheit, sich in seinem Denken vor aller Welt darzustellen, zu rechtfertigen oder politisches Mißfallen kundzutun. Angeklagte mit Sendungsbewusstsein wie Albert Speer erkennen darin eine historische Chance. Das Urteil des Tribunals kann das wohl kaum noch beeinflussen, die schwierigen Beratungen der Richter laufen schon seit Ende Juni. Sie werden noch einen ganzen Monat in Anspruch nehmen; das Gericht wird sich deshalb bis zum 30. September vertagen.

Speer hat schon während des Prozesses das Bedürfnis, seine Sicht der Dinge, seine Bewertungen, seine Unschuld »für die

Nachwelt« festzuhalten. In seinen Reflexionen über »Die Tätigkeit als Minister 8. Februar 1942 – 23. Mai 1945« kann man lesen: »Vieles ist bezeichnend für diese Zeit, nichts aber so sehr, als dass schliesslich nur noch die Entscheidung blieb, dem eigenen Volk oder dem Führer Adolf Hitler zu dienen.« Der ehemalige Minister denkt dabei zweifellos an seine letzten Monate unter Hitler und nicht – was er nach allem im Prozess Gehörten auch hätte in Betracht ziehen können – an die vielen Jahre, in denen er als Architekt und Rüstungsorganisator dem Führer *und* dem Volk zu dienen glaubte.

Speers intensive Schreibaktivität seit Ende der Regierung Dönitz mag auch der Reflex auf ein Ohnmachtsgefühl sein – wie nie zuvor in der Hand anderer Menschen zu sein. Bei den Verhören und im Prozess ist er umso selbstbewusster aufgetreten. Er konnte sich darauf verlassen, unter allen Angeklagten den weltläufigsten Eindruck zu machen – ein bisschen »bessere Herkunft«, ein bisschen »unpolitischer Künstler«, ein bisschen »technizistischer Fachmann«, im Grunde also ein Außenseiter im schmutzigen Geschäft, der für die Wirklichkeit eben zunehmend blind wurde und nun mit der Übernahme staatsmännischer »Gesamtverantwortung« vielleicht auch »reuevoll« genug erscheint.

Speer ist gelobt worden. Er sei »der beste Mann in der Box« (Justice Jackson gegenüber Hans Flächsner), der einzige, vor dem man Respekt aufbringen könne. Und möglicherweise braucht man gerade in einem solchen Prozess über beispiellose Massenverbrechen zumindest einen unter den Angeklagten, der es den zu Gericht Sitzenden ermöglicht, den Glauben an die Menschheit nicht völlig zu verlieren.

»Dieser Prozeß muß zu einem Markstein in der Geschichte der Zivilisation werden«, fordert der amerikanische Chefankläger Jackson in seinem Plädoyer, »indem er nicht nur für diese schuldigen Menschen die Vergeltung bringt und nicht nur betont, daß Recht schließlich über das Böse triumphiert, sondern auch, daß der einfache Mann auf dieser Welt – und ich mache hier keinen Unterschied zwischen Freund und Feind – nunmehr fest entschlossen ist, das Individuum höher zu stellen als den Staat.«

Wie sehr dieses Individuum bedroht ist – obendrein in Zeiten eines beginnenden Kalten Krieges – will auch der Angeklagte Speer in seinem Schlusswort herausstellen:

»Die Diktatur Hitlers unterschied sich in einem grundsätzlichen Punkt von allen geschichtlichen Vorgängern. Es war die erste Diktatur in dieser Zeit moderner Technik, eine Diktatur, die sich zur Beherrschung des eigenen Volkes der technischen Mittel in vollkommener Weise bediente.

Durch die Mittel der Technik, wie Rundfunk und Lautsprecher, wurde 80 Millionen Menschen das selbständige Denken genommen; sie konnten dadurch dem Willen eines einzelnen hörig gemacht werden ...«

Richard Sonnenfeldt: »Das hat der Speer mehrmals gesagt: ›Ich muss die Übel des Führerprinzips und der ganzen Diktatur bekennen, um das deutsche Volk freizusprechen.‹ Das heißt: Das deutsche Volk war nur unter der Gewalt von Hitler und der Partei, und die haben selbst keine Schuld daran gehabt. Er hat sich als einen Sündenbock gesehen, ohne jemals ein Verbrechen zu gestehen.«

Speer: »Für den Außenstehenden mag dieser Staatsapparat wie das scheinbar systemlose Gewirr der Kabel einer Telephonzentrale erscheinen; aber wie diese konnte er von einem Willen bedient und beherrscht werden. Frühere Diktaturen benötigten auch in der unteren Führung Mitarbeiter mit hohen Qualitäten, Männer, die selbständig denken und handeln konnten. Das autoritäre System in der Zeit der Technik kann hierauf verzichten. Schon allein die Nachrichtenmittel befähigen es, die Arbeit der unteren Führung zu mechanisieren. Als Folge davon entsteht der neue Typ des kritiklosen Befehlsempfängers.«

Entscheidend ist in Diktaturen also die Qualität des Personals, und der deutsche Mitläufer in der »unteren Führung« hat eben zu wenig Kritikfähigkeit bewiesen – wollte Speer nicht gerade die Schuld vom deutschen Volk abwenden? Über welche Qualitäten die Befehlsgeber der Diktatur verfügen, die oberste Führung jenes einen »Willens«, der er selbst angehörte, erörtert Speer nicht.

»Daher: Je technischer die Welt wird, um so notwendiger ist als Gegengewicht die Förderung der individuellen Freiheit und des Selbstbewußtseins des einzelnen Menschen. ...

Dieser Krieg endete mit den ferngesteuerten Raketen, mit Flugzeugen in Schallgeschwindigkeit, mit neuartigen U-Booten und mit Torpedos, die ihr Ziel selbst finden, mit Atombomben und mit der Aussicht auf einen furchtbaren chemischen Krieg. Der nächste Krieg wird zwangsläufig im Zeichen dieser neuen zerstörenden Erfindungen menschlichen Geistes stehen. Die Kriegstechnik wird in fünf bis zehn Jahren die Möglichkeit ge-

ben, von Kontinent zu Kontinent mit unheimlicher Präzision Raketen zu schießen. Sie kann durch die Atomzertrümmerung mit einer Rakete, bedient vielleicht von nur zehn Menschen, im Zentrum Newyorks in Sekunden eine Million Menschen vernichten, unsichtbar, ohne vorherige Ankündigung, schneller wie der Schall, bei Tag und bei Nacht.«

Ein Appell an die zerstrittene Menschheit oder ein Hinweis darauf, dass sich auch die Mächte, die hier zu Gericht sitzen, moralisch fragwürdiger Mittel bedienen – etwa mit dem Abwurf von Atombomben auf Japan?

»Als ehemaliger Minister einer hochentwickelten Rüstung ist es meine letzte Pflicht zu sagen: Ein neuer großer Krieg wird mit der Vernichtung menschlicher Kultur und Zivilisation enden. Nichts hindert die entfesselte Technik und Wissenschaft, ihr Zerstörungswerk an den Menschen zu vollenden, das sie in diesem Kriege in so furchtbarer Weise begonnen hat. Darum muß dieser Prozeß ein Beitrag sein, um in der Zukunft entartete Kriege zu verhindern und die Grundregeln menschlichen Zusammenlebens festzulegen. Was bedeutet mein eigenes Schicksal nach allem, was geschehen und bei einem solch hohen Ziel?«

Man könnte vergessen, dass Albert Speer hier als Angeklagter steht, als ein Mann eigenen *entfesselten Willens* an den Schalthebeln einer mörderischen Diktatur.

Hilde Schramm: »Ich weiß schon, das ist sehr zwiespältig. Er klammert sich selbst aus und springt auf die abstrakte, allgemeine Ebene. Aber bei solchen Passagen ist für mich immer wieder die zentrale Frage: Wie kann ein Mensch, der solche richtigen Einsichten hat, die er auch gut formulieren kann – der Schluss ist für unsere Verhältnisse etwas zu pathetisch –, wie kann ein solcher Mensch über Jahre die Vernunft ausschalten und nur noch eine Rationalität in Gang halten, die sich auf das Funktionieren im eigenen Zuständigkeitsbereich beschränkt? Das ist mir immer noch unverständlich. Gut, manchmal kommt man an Erklärungsansätze heran, kann die auch zusammenfügen, aber es bleibt für mich immer noch ein ungelöster Kern. Ich kann zum Beispiel sehen, dass er jede seiner Rollen stets sehr stimmig ausgefüllt hat – stimmig nach den jeweils vorgegebenen Regeln. Er hat die Rolle des Rüstungsministers nach den vorgegebenen Regeln und den Erwartungen extrem effizient ausgefüllt; er hat später in Spandau die Rolle des Gefangenen in einer wirklich – mir zumindest – Respekt abnötigenden Weise ausgefüllt, ohne sich gehen zu lassen. ... Und hier in Nürnberg besitzt er die Fähigkeit, sich ganz auf diesen Prozess und die Zusammenhänge, die da mitgeteilt werden, einzulassen und dabei eine Kehrtwendung in seinem Denken zu vollziehen. ... Er hatte die Fähigkeit, sich ganz auf die jeweilige Situation einzulassen – mit den Vor- und Nachteilen, die das mit sich bringt.«

Er hatte die Fähigkeit, das zu wittern, was man von ihm erwartete.

Hilde Schramm: »Jeder kluge Mensch macht das ja, jeder kluge Mensch hat eine Taktik und eine Strategie, die gar nicht mehr rational ist – ein Gespür für Situationen, ein Vermögen, dass er intuitiv richtig auf Situationen reagiert, dass er die Menschen um sich herum einschätzt, Nebeneffekte …«

… vorausberechnet …

Hilde Schramm: »… vorausberechnet, aber nicht Schritt für Schritt, wie bei einem Generalplan. Das sind eher spontan entstehende und dann zusammenschießende Einstellungen und Situationseinschätzungen. Und ich denke, das macht einen erfolgreichen Menschen aus, egal an welcher Stelle er sich befindet. Das Schlimme, das Erschreckende ist eben, dass diese besondere Fähigkeit offenbar in jedem System gebraucht wird und unter den jeweiligen Vorzeichen auch immer gleich überzeugend ist. Das sind ja alles Fähigkeiten, die wir auch heute schätzen. Dazu gehört noch eine gewisse Kreativität – dass er unerwartet handeln, andere verblüffen kann. Das alles macht auch in unserer Zeit den erfolgreichen Menschen aus.«

Das hat dann nichts mit Moral zu tun.

Hilde Schramm: »Das hat überhaupt nichts mit Moral zu tun. Das ist ja der Punkt! Es hat überhaupt nichts mit Moral zu tun, und die Frage ist: Wie können Werthaltungen, humane Hemmschwellen, so stabil eingebaut werden, dass diese Fähigkeiten nicht für den falschen Zweck eingesetzt werden? So ungefähr, denke ich, muss man die Sache verstehen, und dann kann man nicht sagen: Er hat in Nürnberg kalkuliert um seinen Kopf gekämpft. Das ist zu einfach.«

Vielleicht verliert man auch nach all den Jahren, in denen Albert Speer sich selbst verrätselt und seinen Kritikern die Legende vom Unpolitischen – erst Künstler, dann Techniker und Organisator – eingeimpft hat, den Blick dafür, wie sehr er mit dem Denken, den Wert- und Minderwerthaltungen des Nationalsozialismus übereinstimmte, dass er hinreichend von dessen selektiver »Moral« durchdrungen war, um eine zum Äußersten treibende Kraft im Räderwerk der technizistischen Diktatur werden zu können. Albert Speer war Nationalsozialist aus freien Stücken; er gelobte im Jahr 1931, beim Eintritt in die Partei, vor der Hakenkreuzfahne »meinem Führer Adolf Hitler Treue. Ich verspreche ihm und den Führern, die er mir bestimmt, jederzeit Achtung und Gehorsam entgegenzubringen.«

Hören wir die letzten Sätze des Schlusswortes, die uns heute, wie Hilde Schramm sagt, allzu pathetisch erscheinen, die aber wohl auch etwas verraten über die nazistischen Kontinuitäten im Denken Speers:

»Was bedeutet mein eigenes Schicksal nach allem, was geschehen und bei einem solch hohen Ziel?

Das deutsche Volk hat in früheren Jahrhunderten viel zu dem Aufbau menschlicher Kultur beigetragen. Es hat diese Beiträge oft in Zeiten geliefert, in denen es genauso ohnmächtig und hilflos war wie heute. Wertvolle Menschen lassen sich nicht zur Verzweiflung treiben. Sie werden neue bleibende Werke schaffen, und unter dem ungeheuren Druck, der auf allen lastet, werden diese Werke von besonderer Größe sein.

Wenn das deutsche Volk so in den unvermeidlichen Zeiten seiner Armut und seiner Ohnmacht – aber gleichzeitig auch in der Zeit seines Aufbaus – neue Kulturwerte schafft, dann hat es damit den wertvollsten Beitrag zu dem Geschehen in der Welt geleistet, den es in seiner Lage leisten kann.

Es sind nicht die Schlachten der Kriege allein, die die Geschichte der Menschheit bestimmen, sondern in einem höheren Sinne die kulturellen Leistungen, die einst in den Besitz der ganzen Menschheit übergehen. Ein Volk aber, das an seine Zukunft glaubt, wird nicht untergehen.

Gott schütze Deutschland und die abendländische Kultur!«

Hören wir noch einmal, was Adolf Hitler am 9. Januar 1939 sagte, bei Übergabe der von Speer erbauten Neuen Reichskanzlei, in der man, so der Führer, »auf dem langen Weg vom Eingang bis zum Empfangssaal schon etwas abbekommen [sollte] von der Größe des Deutschen Reiches«:

»Es gab vielleicht den einen oder anderen, der sagt …: Warum will er immer das Größte? Meine deutschen Volksgenossen, ich tue es, um den einzelnen Deutschen wieder das Selbstbewusstsein zurückzugeben. Um auf hundert Gebieten dem einzelnen zu zeigen: Wir sind gar nicht unterlegen, sondern im Gegenteil, wir sind jedem anderen Volk absolut ebenbürtig. Es ist das so wichtig, dass ein Volk an sich selber glaubt. ... Das Werk spricht am Ende dann für sich. Jeder einzelne hat mitgeholfen an einem Baudenkmal, das viele Jahrhunderte überdauern wird und das von unserer Zeit sprechen wird, das erste Bauwerk des neuen großen deutschen Reiches.«

»Speer lachte nervös«: Das Urteil

In größtmöglicher Abgeschiedenheit halten die Richter zwischen dem 27. Juni und dem 26. September 1946 insgesamt 21 Sitzungen ab, um zu ihren Entscheidungen zu gelangen. Die Zugänge zum Tagungsort werden überwacht, die Telefone im Beratungsraum sind abgeschaltet, und man achtet darauf, dass in den

Papierkörben kein Material nach außen gelangt, das für Dritte irgendwie aufschlussreich sein könnte.

Der amerikanische Henker John C. Woods, ein Mann mit langjähriger Berufserfahrung, bekommt schon im August den Geheimauftrag, sich für die Nürnberger Kriegsverbrecher bereitzuhalten.

Die Richter sprechen zur Urteilsfindung jeden einzelnen Fall durch und prüfen ihn mit Blick auf die vier wesentlichen Anklagepunkte:

I. Teilnahme an einer Verschwörung, die auf »die Begehung von Verbrechen gegen den Frieden, gegen das Kriegsrecht und gegen die Humanität« abzielte.

II. Verbrechen gegen den Frieden, Vorbereitung eines Angriffskrieges.

III. Kriegsverbrechen, unter anderem »Ermordung und Misshandlung der Bevölkerung von besetzten Gebieten«, »Misshandlungen an Kriegsgefangenen«, »zwangsweise Rekrutierung von Zivilarbeitern«.

IV. Verbrechen gegen die Menschlichkeit; zum Teil eine Erweiterung von Punkt III: »Ermordung, Ausrottung, Versklavung, Deportation und andere unmenschliche Handlungen gegen Zivilbevölkerungen vor und während des Krieges sowie »Verfolgung aus politischen, rassischen und religiösen Gründen«.

Die Urteile sollen vor der Geschichte unanfechtbar sein, deshalb haben die Amerikaner einen zusätzlichen Stab qualifizierter Berater eingerichtet. Albert Speer ist für die Richter einer der besonders schwer zu beurteilenden Fälle, wie man später erfahren wird. Zwei Tage dauert es, bis man sich bei diesem Angeklagten auf einen Urteilsspruch und das Strafmaß geeinigt hat.

Das einstige Bau- und Rüstungsgenie der »Bewegung« liest in dieser Phase des Wartens, wie er später berichtet, ein Buch von Charles Dickens: *Zwei Städte. Roman aus der französischen Revolution*. Es beeindruckt ihn, »wie die Gefangenen in der Bastille mit Ruhe, oft mit Heiterkeit, ihrem ungewissen Schicksal entgegensahen. Ich dagegen war zu solcher inneren Freiheit unfähig. Der sowjetische Anklagevertreter hatte für mich das Todesurteil

beantragt.« Speer weiß es selbst im Jahr 1969 noch nicht, oder er will es nicht sagen: Der amerikanische Chefankläger Robert H. Jackson hat das ebenfalls getan.

In seinem »Closing Brief against Albert Speer« vom 31. Juli 1946, unterschrieben auch vom Stellvertreter Thomas J. Dodd, lautet der letzte Satz: »Justice demands that SPEER should receive the maximum penalty for his crimes.« Die Gerechtigkeit fordere die Höchststrafe.

Es ist derselbe Jackson, an den sich Speer kurz vor Prozessauftakt werbend in einem Brief gewandt hatte und dessen Kreuzverhör zumindest im Ton als zu milde angesehen wurde, der hier nun dem ehemaligen Minister für dessen Maßnahmen gegen Hitlers »Nero-Befehl« nicht einmal mildernde Umstände einräumen würde. In seinem abschließenden Antrag schreibt der Ankläger, dass es Speer allein darum gegangen sei, für die Zeit nach der absehbaren Niederlage die Entschädigungen für die betreffenden Staaten und die Kosten des Wiederaufbaus im eigenen Land möglichst gering zu halten. Jackson hält Hitlers »Wirtschaftsdiktator« (Hugh R. Trevor-Roper) auch der Vorbereitung eines Angriffkrieges für schuldig.

Zwei Wochen vor Urteilsverkündung entwirft Jackson für das US-Kriegsministerium Richtlinien darüber, wie etwaige Petitionen zugunsten von Strafmilderung zu behandeln seien. Keinem der Angeklagten, so Jackson, stehe Gnade zu, weder aus politischen Gründen noch mit Blick auf irgendeine »zukünftige Brauchbarkeit«. Zudem habe sich nicht einer von ihnen »im mindesten um die Anklagebehörde verdient gemacht«.

Im Aufenthaltsraum der ausländischen Presse werden unterdessen Wetten am Schwarzen Brett abgegeben. Angeblich glauben im Falle Speers 11 von 32 Journalisten an eine bevorstehende Hinrichtung. Bei drei Angeklagten – Göring, Ribbentrop und Kaltenbrunner – ist man einstimmig der Auffassung, dass am Ende die Exekution stehen werde; Keitel und Sauckel folgen mit 29 Stimmen. Die Zeit der richterlichen Beratungen ist wie gemacht für Gerüchte und Spekulationen.

Fernab von Nürnberg warten auch die Angehörigen auf das Ende des Prozesses. Margarete Speer ist im Herbst 1946 mit den

Kindern von Oehe zu ihren Eltern nach Heidelberg gezogen. Das vierstöckige Anwesen am Hausackerweg, das Albert Speer 1930 für seine Schwiegereltern bauen ließ, ist in den Kriegsjahren verkauft worden, die Webers wohnen nur noch im Erdgeschoss zur Miete. Gleichwohl kommen Tochter und Enkel vorerst dort unter. Albert junior ist zwölf, Hilde zehn, Fritz neun, Margret acht, Arnold sechs und der Jüngste, Ernst, gerade mal drei Jahre alt. Zur entscheidenden Stunde sitzen alle bis auf Hilde, die noch in der Schule ist, bei Großmutter Lina im Esszimmer vor dem Radioapparat.

Am 30. September wird das Polizeiaufgebot rund um das Nürnberger Gerichtsgebäude verstärkt. Die Kontrollen fallen am ersten Tag der Urteilsverkündungen besonders streng aus, man braucht nun einen Spezialausweis, und erst nach einer peinlich genauen Leibesvisitation darf man den Saal betreten. Ein Augenzeuge berichtet: »Babylonisches Stimmengewirr, vermischt mit dem Summen der Ventilation. Kurz vor halb zehn werden die Verteidiger, von Militärpolizisten begleitet, geschlossen in den Saal geführt, damit ihnen die Einzelheiten der Eingangskontrolle erspart bleiben. Die Stenografen und Dolmetscher haben ihre Plätze eingenommen. Auf der Pressegalerie ist jetzt kein Sitz mehr frei. In den verglasten Rundfunkkabinen drängen sich Sprecher und Techniker hinter den Scheiben. Fotografen und Kameraleute sind auf ihren Ständen. Die Angeklagten erscheinen in Gruppen von je zwei oder drei. Die nächsten, die mit dem Lift aus dem Gefängnis heraufgebracht werden, folgen immer in Abständen von knapp einer halben Minute. Die meisten machen einen aufgeräumten Eindruck … Als letzter erscheint Göring, allein. Wie immer trägt er seine umgearbeitete, hellgraue Uniform. Bevor er seinen Platz in der ersten Bankreihe einnimmt, gibt er Keitel und Baldur von Schirach die Hand.«

Die acht Richter treten ein. Zuerst werden die Urteile verlesen und begründet, anschließend erfahren die Angeklagten gesondert ihr jeweiliges Strafmaß. Dieses Prozedere dauert ausnehmend lange – »erst am nächsten Morgen, am 1. Oktober 1946, ist die Urteilsverkündung so weit fortgeschritten, dass die Namen der einundzwanzig fallen. Göring hat den Kopf gesenkt, mit Zeige- und Mittelfinger drückt er die Hörmuschel ans rechte

Ohr, hört das ›Schuldig nach allen vier Anklagepunkten‹, weiß sicher, dass das am Nachmittag nur ein Todesurteil bedeuten kann, aber kein Muskel in seinem Gesicht verrät Erregung. Seine Augen sind durch die dunkle Sonnenbrille verdeckt, seine Lippen zusammengepresst und zu einem unmerklichen Lächeln erstarrt.«

Bei Speer haben sich die Richter in ihren Beratungen auf einen Schuldspruch nach den Anklagepunkten III und IV geeinigt. Die Russen A. F. Woltschkow und I. T. Nikitschenko erkannten in allen vier Punkten auf schuldig. Der britische Lordrichter Geoffrey Lawrence sah Speer ebenfalls als schuldig gemäß Punkt II der Anklage, mochte jedoch den Hauptanklagepunkt, die führende Mitverantwortung für das Zwangsarbeitersystem, nur eingeschränkt bewerten: Es sei bereits etabliert gewesen, als Speer 1942 Rüstungsminister wurde.

Über das Strafmaß kann man sich lange nicht verständigen – schwierig wird es vor allem dann, wenn man die Verantwortung Speers in Beziehung setzt zu jener des Generalbevollmächtigten für den Arbeitseinsatz Fritz Sauckel. Der ist keine sympathische Erscheinung, aber dafür kann man ihn nicht bestrafen. Sauckel sei immer nur benutzt worden von Leuten wie Göring oder Speer, heißt es in der Analyse eines amerikanischen Beraters. Speer hingegen habe mit vollkommener Rücksichtslosigkeit ein Programm durchgeführt, bei dem »fünf Millionen Menschen in Sklavenarbeit und Unzählige zu Tode kamen«. Die von Sauckel verantworteten Gewaltakte waren so gesehen auch eine Folge von Speers hohen Arbeitskräfteanforderungen. Im Urteil wird es heißen, Speer sei der hauptsächlichste Nutznießer des Zwangsarbeiterprogramms gewesen, auf dessen Erweiterung er fortwährend gedrängt habe, obwohl er umfassend im Bilde war, unter welchen Bedingungen sich der Einsatz der Zwangsarbeiter und die Zusammenarbeit mit Himmlers SS vollzog. Doch unmittelbar hatte er mit den Grausamkeiten nichts zu tun, er führte sie nicht selbst aus. Die Sperr-Betriebe, deren Arbeiter vor Deportation geschützt waren, mochte man zu seinen Gunsten anrechnen, auch wenn sie kaum ins Gewicht fielen, ebenso die Sabotage von Hitlers Politik in den letzten Monaten ...

Der amerikanische Richter Francis Biddle tut sich besonders

schwer mit dem Strafmaß für diesen nicht wenig beeindruckenden und ihm doch höchst fragwürdig erscheinenden Mann. Biddle plädiert auf Todesstrafe, ebenso wie die Russen. Noch eine Stimme, die der Briten oder Franzosen, und Albert Speer würde hingerichtet. Der französische Richter Henri Donnedieu de Vabres votiert jedoch für fünfzehn Jahre Haft, dem schließt sich der britische Lordrichter Geoffrey Lawrence an (sein jüngerer Kollege Norman Birkett schlägt sogar zehn Jahre vor). Zwei Stimmen für den Galgen, zwei für Gefängnis – eine unhaltbare Pattsituation, die eine Nacht lang bestehen bleibt.

1. Oktober 1946, die Nachmittagssitzung beginnt. Es fehlen die drei im Sinne der Anklage für nicht schuldig Befundenen. Der einstige Vizekanzler Franz von Papen, der ehemalige Rundfunkkommentator Hans Fritzsche und der Ex-Reichswirtschaftsminister Hjalmar Schacht führen erleichtert erste Interviews mit der Presse. Ihre Freude schlägt allerdings um, als sie erfahren, dass sie nun wegen Verbrechen am deutschen Volk vor ein deutsches Gericht gestellt werden. Aus Angst vor dem, was sie draußen erwarten könnte – die Nürnberger Polizei oder eine aufgebrachte Bevölkerung –, bleiben sie freiwillig noch drei Tage länger im Gefängnis. (Ein Entnazifizierungsgericht in Nürnberg wird sie 1947 zu acht und neun Jahren Arbeitslager verurteilen; sie werden dann aber vorzeitig entlassen.)

Für die 18 anderen Angeklagten ist nun der Moment gekommen, in dem sie ihre Strafe erfahren.

Der Augenzeuge: »Anders als in all den vergangenen Monaten, anders auch als heute Vormittag ist jetzt die Atmosphäre. Kein Scheinwerfer lässt den Saal erstrahlen, nur das fahle, bläuliche Licht der Neonröhren liegt schattenlos auf den Wandtäfelungen, den leeren Anklagebänken, auf den Gesichtern der Richter, Ankläger, Verteidiger, Stenografen, Hilfskräfte und Presseleute.« Man hat es so verfügt, damit die Angeklagten in diesem über ihr Leben entscheidenden Augenblick nicht fotografiert oder gefilmt werden können. »Eine knisternde Spannung liegt über der Szene. Jedes Husten, jedes Rascheln eines Papiers wirkt wie ein unerwarteter Knall. Beinahe reglos sitzen die Menschen.« Auch an unzähligen Radios im Land.

Albert Speer jr.: »Wir ... haben selbstverständlich den Nürnberger Prozess mitbekommen. Ich erinnere mich sehr gut, dass wir, alle Kinder, die Großeltern und meine Mutter, bei der Urteilsverkündung vor einem kleinen Volksempfänger saßen. Das war 1946, ich hatte schon begonnen, Englisch zu lernen, und im Gedächtnis ist mir nur der eine Satz geblieben: ›... to death by hanging‹. Der ist geblieben. Ob wir erlöst waren, dass diese Worte nach dem Namen meines Vaters nicht kamen – daran kann ich mich nicht erinnern.«

Achtzehnmal wird sich die Tür in der Wandverkleidung öffnen. »Lautlos wippt der silberne Minutenzeiger der Saaluhr einen Punkt weiter. Da zuckt das große Tier, dieses Wesen Massenmensch, das weit ausgebreitet und mit vielen hundert Köpfen die Tribünen füllt, wie unter einem Nadelstich zusammen.« So dramatisch erlebt jedenfalls der Augenzeuge den Moment, in dem die Angeklagten einzeln erscheinen und ihren Richtern gegenübertreten. Elf von ihnen bekommen zu hören: »Gemäß den Punkten der Anklageschrift, unter denen Sie für schuldig befunden wurden, verurteilt Sie der Internationale Gerichtshof zum Tode durch den Strang.« Es sind – hier mit ihren Ämtern im NS-Staat – Reichsmarschall Hermann Göring, Außenminister Joachim von Ribbentrop, Generalfeldmarschall Wilhelm

Keitel, RSHA-Chef Ernst Kaltenbrunner, Reichsleiter und Reichsminister Alfred Rosenberg, der Generalgouverneur in Polen, Hans Frank, Innenminister und Reichsprotektor Wilhelm Frick, *Stürmer*-Herausgeber und Gauleiter Julius Streicher, der Generalbevollmächtigte für den Arbeitseinsatz Fritz Sauckel, Generalmajor Alfred Jodl und Reichskommissar Arthur Seyß-Inquart. Der Leiter der Parteikanzlei, Martin Bormann, bekommt in Abwesenheit ebenfalls die Höchststrafe zugesprochen.

Rudolf Heß, einst Stellvertreter des Führers, Reichswirtschaftsminister Walther Funk und Großadmiral Erich Raeder erhalten eine lebenslängliche Haftstrafe. Baldur von Schirach, Reichsjugendführer und Reichsstatthalter in Wien, wird zu zwanzig Jahren Gefängnis verurteilt, Außenminister und Reichsprotektor Konstantin von Neurath bekommt fünfzehn Jahre, Großadmiral Karl Dönitz zehn. Das Urteil für Albert Speer lautet zwanzig Jahre Haft – Richter Francis Biddle hat am Ende auf Gefängnisstrafe entschieden.

Hilde Schramm: »Am Tag der Urteilsverkündung bin ich offenbar ganz normal in die Schule geschickt worden. Das zeigt natürlich auch, wie meine Mutter mit der Situation damals umgegangen ist: Einerseits war sie hilflos, andererseits wollte sie den Alltag aufrechterhalten. Ich fuhr mit der Straßenbahn, mein

Bruder Albert war schon zu Hause, hat mich abgeholt und gesagt: ›Er wird nicht gehängt.‹«

Und das war eine Erlösung, weil Sie wussten, dass er hätte gehängt werden können.

Hilde Schramm: »Ja, sicher, das war ganz klar. Er hatte ja auch an seine Frau geschrieben, dass es möglich ist, oder auch, dass er damit rechnet – je nachdem, wie die Briefe formuliert sind. Dass sie sich darauf einstellen muss, und wir auch.«

War die Spannung Ihrer Mutter anzumerken?

Hilde Schramm: »Meine Mutter war auf eine erstaunliche Weise gehalten. Sie hat sich also, wie man sagt, zusammengenommen und versucht, eine Belastung der Familie zu vermeiden – mit dem Alltag, den vielen Kindern, einer Mischung aus Ablenkung und so genannter Pflichterfüllung. Sie war in der Zeit, denke ich, schon beachtlich stark.«

Wie stellte sie sich das vor – ihr Mann jetzt zwanzig Jahre eingesperrt?

Hilde Schramm: »Das war sozusagen erst mal nebensächlich. Die Hauptsache war: Er bleibt am Leben. Und zwanzig Jahre sind so viel – die kann man sich gar nicht vorstellen.«

Hat man sich am Abend mit den Großeltern zusammengesetzt und gefeiert?

Hilde Schramm: »Das weiß ich nicht. Eine Erleichterung war schon da, aber wie wir das nun gestaltet haben? Vermutlich überhaupt nicht.«

Die zum Tode Verurteilten dürfen ihre Zellen nur noch mit Handschellen verlassen, nachts müssen sie mit dem Gesicht zur Lampe schlafen und die Arme über die Decke legen. Die meisten sind zutiefst erschüttert. Gerichtspsychologe Gustave M. Gilbert macht seine letzten Einträge: Ribbentrop war entsetzt, in Keitels Augen »stand nacktes Grauen«, auch wegen der ehrenrührigen Hinrichtungsart, die den Verurteilten zugedacht war. Kaltenbrunner verkrampfte die Hände ineinander, während sein Gesicht kaum Regung zeigte, Sauckel »schwitzte und zitterte am ganzen Körper«; er wird mit dem Urteil am schwersten fertig, kann sich einfach nicht damit abfinden und schreibt es unter anderem eklatanten Übersetzungsfehlern zu. Göring habe ver-

sucht, lässig zu wirken, doch seine Hände zitterten. »Seine Augen waren feucht und er atmete schwer, als kämpfe er einen seelischen Kollaps nieder.« Wenig später wird er bekunden, wie froh er sei, nicht lebenslänglich bekommen zu haben – so könne er noch Märtyrer werden. Er sieht sich nicht zuletzt für seinen Führer in den Tod gehen, Reue wird er bis zuletzt nicht zeigen.

Und Speer? »Speer lachte nervös. ›Zwanzig Jahre! Nun, das ist gerecht genug. Sie hätten mir keine leichtere Strafe in Anbetracht der Tatsachen geben können. Ich kann mich nicht beklagen. Ich sagte, die Urteile müssten streng sein, und ich gestand meinen Anteil an der Schuld. Es wäre also lächerlich, wenn ich mich über die Strafe beschweren würde. Aber ich bin froh, dass Fritzsche freigesprochen worden ist.‹«

Jahre später berichtet Anwalt Hans Flächsner der Speer-Biografin Gitta Sereny: »Es war erstaunlich ... aber als sie zwanzig Jahre sagten, da – ich denke es wirklich – traf ihn das schwerer, als ihn die Todesstrafe getroffen hätte. Auf sie hatte er sich irgendwie vorbereitet – in einer Art Euphorie der Schuld, der Buße, vieles spielte dabei eine Rolle. Aber zwanzig Jahre ... diese Vorstellung war ein großer, großer Schock. Außerdem – es klingt grotesk, und er hat das nie gesagt, ich sage es im Rückblick – vielleicht hat ihn die Tatsache, dass er nicht die Todesstrafe erhielt, in seinen Augen herabgesetzt.«

Die Todesurteile sollen in der Nacht vom 15. auf den 16. Oktober vollstreckt werden – nach zwei quälend langen Wochen, in denen Angehörige ein letztes Mal zu Besuch kommen, Gnadengesuche beim Alliierten Kontrollrat in Berlin eingereicht und abgelehnt und letzte Dinge geregelt werden. Unter strengster Geheimhaltung sind inzwischen Vorkehrungen in der kleinen Turnhalle der Haftanstalt getroffen worden.

Es hat auch Gesuche gegeben, die Hinrichtungsart umzuwandeln, damit die Schuldiggesprochenen nicht den Verrätertod am Galgen sterben – wie unzählige ihrer eigenen Opfer –, sondern auf »ehrenvolle« Weise erschossen werden. Diese Initiativen scheitern, was Hermann Görings Entschluss befördert, es Hitler, Himmler, Goebbels und anderen NS-Führern gleichzutun. Am späten Abend des 15. Oktober schlägt der Posten vor Görings Zelle Alarm. Der herbeigerufene Gefängnisarzt Dr. Pflücker sieht sofort, dass der Reichsmarschall in den letzten Zuckungen liegt – sein Gesicht wird »blau wie vom Licht einer Höhensonnenlampe überflutet«. Trotz gründlicher Kontrollen hat Göring Zyankalikapseln bei sich aufbewahren können.

Die übrigen zehn Todesurteile werden vollstreckt, im Beisein von wenigen ausgewählten Beobachtern, darunter acht Korrespondenten für die Weltpresse, vier Generälen der Alliierten, Oberst Andrus und dem bayerischen Ministerpräsidenten Wilhelm Hoegner als »Zeuge für das deutsche Volk«.

Speer, ein anderer Zeuge für das deutsche Volk, wacht in dieser Nacht durch Schritte und unverständliche Worte im unteren Flur auf. »Dann Stille, und dahinter der Aufruf eines Namens. ›Ribbentrop!‹ Eine Zellentür wird aufgeschlossen, dann Unruhe, Wortfetzen, Scharren von Stiefeln und hallende Schritte, die sich langsam entfernen. Ich bekomme kaum Luft, sitze jetzt aufrecht auf meiner Pritsche, ich höre mein Herz laut schlagen, gleichzeitig wird mir bewußt, daß meine Hände ganz kalt sind. Schon kommen die Schritte zurück, jetzt der nächste Name: ›Keitel!‹. Wieder geht eine Zellentür auf, wieder Unruhe, und wieder verliert sich der Nachhall der Schritte. Name auf Name wird genannt.«

Die letzten Worte der Delinquenten vor dem Galgen fallen unterschiedlich aus. Gott wird angerufen, um Schonung, Glück

»SPEER LACHTE NERVÖS«: DAS URTEIL

oder neue Größe für Deutschland und das deutsche Volk gebeten oder ein letztes Mal Protest bekundet. Nur einmal ist »Heil Hitler!« zu hören, und zwar von Julius Streicher.

Um vier Uhr morgens treffen zwei Lastwagen der US-Armee vor der Turnhalle ein. »Die Fahrzeuge sind von einem Jeep und einer Limousine mit aufmontierten Maschinengewehren eskortiert. Ein amerikanischer und ein französischer General führen das Kommando. Elf sargartige Kisten werden aufgeladen.« Die Wagen wenden mit heulendem Motor, rollen vom Hof und fahren ab in Richtung Fürth. Eine Kolonne von Presseleuten folgt hinterher, ohne jedoch weit zu kommen. Jahre später stellt sich heraus, dass die sterblichen Überreste der Hauptkriegsverbrecher auf Umwegen nach München gebracht wurden. Dort verbrannte man sie unter amerikanischer Regie im Krematorium des Ostfriedhofs und streute die Asche eilig in die Isar. Keine zukünftige Kultstätte sollte entstehen können.

»Wir Übriggebliebenen«, so Speer, »sind heute morgen in das untere Geschoß gezogen. Dort mussten wir die Zellen der Gehenkten aufräumen. Die Essgeschirre standen noch auf den Tischen, ein paar Reste der kargen Henkersmahlzeit, Brotkrümel, halb geleerte Blechnäpfe. Papiere lagen zerstreut, die Decken waren in Unordnung. ... Nachmittags wurden Schirach, Heß und mir Besen und Scheuertücher ausgehändigt.« Ein Soldat

führt sie in die Turnhalle, den Raum der Hinrichtungen. »Aber der Galgen [es waren drei] war bereits abgebaut, die Stätte gesäubert und aufgeräumt. Trotzdem sollten wir den Boden fegen und aufwischen. Aufmerksam verfolgte der Leutnant unsere Reaktion. Ich bemühte mich, Fassung zu bewahren, Heß nahm vor einer dunklen Stelle auf dem Boden, die wie ein Blutfleck aussah, Haltung an und erhob die Hand zum Parteigruß.«

Nach Nürnberg

»Heute Nacht habe ich mir eine Rechnung aufgemacht: Ich war sechsundzwanzig, als ich Hitler, der mich bis dahin überhaupt nicht interessiert hatte, erstmals reden hörte; ich war dreißig, als er mir eine Welt zu Füßen legte. Ich habe ihm nicht in den Sattel geholfen, habe ihm nicht seine Aufrüstung finanziert. Meine Träume galten immer nur den Bauten, ich wollte keine Macht, sondern ein zweiter Schinkel werden. Weshalb habe ich nur so hartnäckig auf meiner Schuld bestanden. Manchmal habe ich den Verdacht, es könnte Eitelkeit und Großtuerei gewesen sein. Natürlich weiß ich vor mir selber, dass ich schuldig wurde. Aber hätte ich mich damit vor dem Gericht so aufspielen sollen? In dieser Welt besteht man besser mit Wendigkeit und Schläue.

NACH NÜRNBERG

Andererseits: Kann mir die Gerissenheit Papens ein Vorbild sein? Wenn ich ihn beneide, so verachte ich ihn doch auch. Aber: Ich war vierzig Jahre, als ich verhaftet wurde. Ich werde einundsechzig sein, wenn ich das Gefängnis hinter mir habe.«

Albert Speers erster Tagebucheintrag nach Verkündung des Urteils legt authentische Unmittelbarkeit nahe, klingt bei aller Emphase der Selbstbefragung jedoch abgeklärt – hier weiß jemand schon, wie es weitergegangen ist in seinem Leben, dass die Haftzeit ihm zu Beginn sehr zu schaffen macht, dass sie ihm nach der Hälfte überlang und unangemessen erscheinen und dass er eine Begnadigung nicht erfahren wird.

Der Eintrag vom 2. Oktober 1946, der noch im Nürnberger Gefängnis entstanden sein müsste, könnte auch 1975 geschrieben worden sein, denn in diesem Jahr wird er in den *Spandauer Tagebüchern* erstmals veröffentlicht. Und manches spricht über die Tonlage hinaus dafür, denn Albert Speer hat auf seiner »Schuld« vor Gericht gerade nicht bestanden, aber er ist umso mehr von seinen Freunden der allzu eifrigen Bußfertigkeit und von seinen Feinden der allzu gewissenlosen Phrasendrescherei bezichtigt worden. Seine ehrgeizig betonte »Gesamtverantwortung« ohne moralische Geltung hat über die Jahre alle provoziert. »Speer diente der Selbstanklage, wie er Hitler gedient hat-

te; so einer tut nichts halb«, schreibt Golo Mann 1969, nach Erscheinen des ersten autobiografischen Bandes von Albert Speer, den *Erinnerungen*.

»28. Juli 1949 ... ich frage mich mitunter, ob es nicht einen unerklärlichen Instinkt in mir gibt, der mich immer, ob ich will oder nicht, dem Zeitgeist ausliefert; als trage mich stets die herrschende Strömung hierhin und dorthin. Mein Schuldgefühl in Nürnberg war sicherlich vollkommen aufrichtig; aber mir wäre lieber, ich hätte es 1942 empfunden.«

Es wird über neun Monate dauern, bis die sieben zu Haftstrafen verurteilten Hauptkriegsverbrecher des Dritten Reiches am 18. Juli 1947 nach Berlin überführt werden. In die Wilhelmstraße 24, den Gefängniskomplex Spandau.

Sechshundert Insassen könnten darin unterkommen. Hier im Nordwesten der Stadt werden die vier Alliierten nach detaillierten Statuten bis zum Tod ihres letzten Lebenslänglichen Rudolf Heß am 17. August 1987 zusammenarbeiten. Vierzig Jahre also. Eine künstliche Welt innerhalb der geteilten und ummauerten Stadt, die alle Störungen und Zerrissenheiten der Jahrzehnte des Kalten Krieges überdauert.

Der Alltag der Häftlinge, die von nun an nur noch mit Nummern und nicht mehr mit Namen angeredet werden dürfen, ist

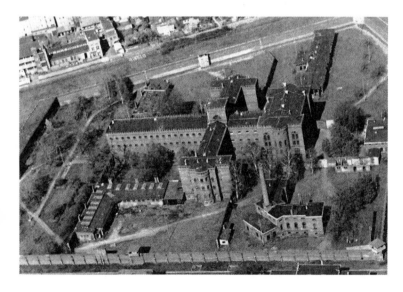

Das Kriegsverbrechergefängnis in Berlin-Spandau

genauestens reglementiert. Das diensthabende Wachpersonal der Amerikaner, Briten, Franzosen und Russen wechselt monatsweise. Laut Gefängnisordnung müssen die Häftlinge arbeiten, sie kleben zeitweise Briefumschläge, die dann verbrannt werden.

Ab 1947 gestattet der britische Direktor den Inhaftierten, sich im Gefängnisgarten zu betätigen. 5- bis 6000 völlig verunkrautete Quadratmeter zur Anpflanzung von Bäumen, Sträuchern, Obst und Gemüse; es wird Speers Terrain: »16. September 1961 … Der zweite Steingarten ist fertig. Ein regelmäßiges, fast symmetrisches System von Blumenkästen. Schirach im Vorbeigehen: ›Wie die Mauern von Ninive. Oder ein Parteitagsgelände für Gartenzwerge. Kolossal!‹«

Die Regeln für den Kontakt zu den Familien sehen vorerst jede vierte Woche einen Brief von festgelegter Wortzahl und jede achte Woche einen Besuch von einer Viertelstunde vor. Man kann die Minuten ansammeln, vielleicht auch die Wörter.

Margarete Speer muss sich und die Kinder durchbringen, das Vermögen ihres Mannes ist vorerst beschlagnahmt. Doch der alte Freund Rudolf Wolters wird helfen. Er hat sich mit seinem Architekturbüro in seiner westfälischen Heimatstadt Coesfeld niedergelassen und eröffnet ein »Schulgeldkonto«: Bei alten Mitarbeitern Speers, mit denen Wolters beruflich ein loses Netz ge-

bildet hat und Einfluss auf die stadtplanerische Gestaltung der Nachkriegsbundesrepublik zu nehmen versucht, sammelt er Spenden; ebenso erinnert Wolters Industrielle an gewisse Verdienste des ehemaligen Rüstungsministers, so dass respektable Summen zusammenkommen.

Freund Wolters wird über die Jahre für alle juristischen, finanziellen und sonstigen Belange, die es für Albert Speer von der Festung aus zu regeln gilt, die Steuerungszentrale bleiben.

1949 kann Margarete Speer erstmals für eine Stunde von Heidelberg nach Spandau reisen: »Es war eine Quälerei, für sie vielleicht noch mehr als für mich. Unter den Blicken dieser fünf oder sechs fremden Menschen [dem alliierten Wachpersonal, das auch mitschreibt] brachten wir kein natürliches Wort heraus.«

Sohn Albert und Tochter Hilde wird der so angestrengt wie patriarchalisch zur Familie Kontakt haltende Speer zum ersten Mal 1953 bei sich begrüßen.

Hilde Speer wird wenige Jahre später in Vaters Fernregie und unterstützt von Annemarie Kempf, die als Sekretärin im Büro eines Bonner Abgeordneten untergekommen ist, erfolglose Kampagnen zur Entlassung ihres Vaters starten.

Auch als Speers früherer Mitarbeiter Heinrich Lübke – dem einmal nachgewiesen werden wird, dass er als Bauleiter des Ra-

ketenzentrums Peenemünde für den Einsatz von KZ-Häftlingen verantwortlich war – im Jahre 1959 für zehn Jahre zum Bundespräsidenten gewählt wird, ändert dies nichts. 1961 wird die Mauer gebaut. Gerade gegen Ende der fünfziger Jahre verhärtet sich die politische Situation außerhalb der Insel Spandau, nachdem man sich zuvor über drei Entlassungen hat verständigen können.

Der Erste, der vorzeitig auszieht, ist »Nummer drei«. Konstantin Freiherr von Neurath, schuldig nach allen vier Anklagepunkten und verurteilt zu 15 Jahren Gefängnis, darf im Alter von 81 Jahren am 6. November 1954 aus gesundheitlichen Gründen Spandau verlassen. Bundeskanzler Konrad Adenauer und Bundespräsident Theodor Heuss senden ihm Glückwunschtelegramme. Letzterer erwähnt dabei eine »freudige Genugtuung«, die in der bundesdeutschen Öffentlichkeit auf Kritik stößt. Von Neurath stirbt zwei Jahre später in aller Stille.

Nach knapp einem weiteren Jahr wird Erich Raeder, »Nummer vier«, schuldig gesprochen nach Punkt I, II und III und zu lebenslänglich verurteilt, am 26. September 1955 ebenfalls aus Gesundheitsgründen entlassen. Der 79-Jährige hat noch fünf Lebensjahre in Freiheit vor sich, er stirbt 1960.

Der kurzfristige Nachfolger des Führers, Karl Dönitz, »Nummer zwei«, schuldig nach Punkt II und III der Anklage, verbüßt

NACH NÜRNBERG

seine volle Strafe und verlässt nach genau zehn Jahren am 1. Oktober 1956 das Spandauer Gefängnis. Er stirbt 1980.

Ein halbes Jahr später findet die dritte und letzte vorzeitige Entlassung statt: »Nummer sechs«, Walter Funk, schuldig unter Punkt II, III und IV und zu lebenslänglicher Haft verurteilt, wird nach Verbüßung von elf Jahren im Mai 1957 gesundheitlich angeschlagen freigelassen. Er stirbt drei Jahre später.

Für die nächsten neun Jahre bleiben in der Spandauer Festung außer »Nummer sieben«, Rudolf Heß, nur noch »Nummer eins«, Baldur von Schirach, und »Nummer fünf«, Albert Speer, übrig.

Das Land vor den Mauern von Spandau, das die Gefangenen vor Augen haben, ist die vitale und erfolgreiche Bundesrepublik. Was dort gern übersehen wird, die Kontinuität der Eliten beim Aufbau der Republik, drinnen im Gefängnis wird es mit Interesse

und Wohlgefallen wahrgenommen. Speers Architekten bauen das Land auf, und Männer aus dem Hause des Reichsrüstungsministers sind bis zur neuen Bundeswehr überall in der Bonner Republik in Spitzenpositionen.

Für den Gefängnisalltag hat jeder Gefangene seinen Rhythmus entwickelt. Neben der Arbeit im Garten gestaltet sich Albert Speer mit großer Disziplin ein abwechslungsreiches Leben in der reizarmen Einfachheit der Haft. Er zeichnet, hält sich über die Entwicklungen in der Architektur auf dem Laufenden, lernt Sprachen, imaginiert Landschaften und wandert in seinem Garten insgesamt 31 816 Kilometer »um die Welt« (Wolters unterstützt mit geographischen und topographischen Beschreibungen die Speer'schen Phantasierouten). Außerdem wird neben den schließlich zugelassenen Zeitungen viel Weltliteratur von »Nummer fünf« gelesen: »Darunter zum zweiten Mal eines der großen Lese-Erlebnisse meiner jungen Jahre: *Die Buddenbrooks* von Thomas Mann. Der literarische Eindruck ist unverändert groß. Dennoch lese ich den Roman anders als früher ... – als Bericht über die Zersetzung der moralischen Lebenskraft des deutschen Bürgertums. Ich denke an den eigenen Vater; und an dessen Vater. Für sie gab es noch unverbrüchliche Werte. ... Nicht vorstellbar ist, sich den Vater oder Großvater im Kreise Hitlers und seiner Kamarilla auf dem Obersalzberg an einem der öden Kinoabende zu denken.«

Albert Speer sucht nach Anregungen, wie er sich selbst historisieren kann. Und er probiert Kostüme an – ist er nicht eine Art Faust, der für die großen Bauwerke seinen Pakt mit dem Mephisto Hitler geschlossen hat?

Ein paar Monate später heißt es, datiert 20. November 1962: »Sonderbar genug fällt mir erst jetzt, während ich dies schreibe, auf, dass ich die Beschränkung gar nicht empfunden habe, als im Dritten Reich Autoren und Bücher in Acht und Bann getan waren: Thomas Mann, Franz Kafka, Sigmund Freud, Stefan Zweig und viele andere. Ganz im Gegenteil verschaffte es vielen geradezu ein Gefühl elitärer Besonderheit, solche Beschränkungen hinzunehmen. Etwas von jener Verzichtshaltung, die aller Moral wesentlich zugrunde liegt, ist dabei im Spiel. Das Geheimnis der Diktaturen von Stalin bis Hitler liegt nicht zuletzt

Albert Speer bei seiner Entlassung aus dem Spandauer Gefängnis am 1. Oktober 1966

darin, dass sie den Zwang moralisch dekorieren und auf diese Weise in Befriedigungserlebnisse umwandeln.«

An den Geheimnissen der Hitler-Diktatur zeigt sich die Öffentlichkeit bei den Inhaftierten von Spandau tatsächlich sehr früh interessiert. Albert Speer notiert unter dem 28. Dezember 1948 eine Anfrage der Witwe des New Yorker Verlegers Alfred A. Knopf (»der die Werke von Thomas Mann in den USA herausgebracht hat«). Sie wolle seine Memoiren veröffentlichen.

Und Speer schreibt – anfangs auf Toilettenpapier der Marke Matador, dann aber meist auf dünnem Luftpostpapier. Längst ist ein Weg gefunden, über einen fest angestellten Sanitäter »schwarze« Korrespondenz und rund 25 000 Zettel, wie der Klappentext eines seiner späteren Bücher raunt, als Kassiber an Freund Wolters zu schmuggeln. Sein ehemaliger »Chronist«, der für den Fall der Hinrichtung von Speer auch als sein Biograf eingesetzt war, lässt sie abtippen, und Speer nimmt sie 1966, zwei Wochen nach seiner Haftentlassung am 1. Oktober, bei einem Besuch in Coesfeld fein säuberlich in Empfang – nebst reichlichem Begrüßungsgeld vom »Schulgeldkonto«.

Doch bevor er etwas veröffentlicht, hat der Autobiograf Speer auch im Bundesarchiv die Akten studiert, nachermittelt, den Stand der offiziellen Erkenntnisse über den eigenen Fall recher-

NACH NÜRNBERG

Die erste Pressekonferenz am Tag nach der Entlassung

chiert. Er hat Bücher und Zeitungsartikel über sich und seine Zeit gelesen, selbst wiederum – nicht zuletzt nach dem Belohnungsprinzip – Interviews gegeben: dem *Stern*, dem *Daily Express*, dem *Spiegel*, der *Welt am Sonntag*, dem *Playboy* ...

Im moralisch in Frage gestellten Nachkriegsdeutschland findet der Mann, der bis zur Kapitulation die Träume seines Führers wahr zu machen versucht hatte, eine wegweisende Rolle; sie hatte schon im Prozess Konturen angenommen. Er wird zum Kronzeugen der Nazidiktatur, zur Identifikationsfigur. Speer entwirft seine eigene »Verfallsgeschichte«.

Zwischen 1966 und 1969 schreibt er an seinen *Erinnerungen*, die ein Weltbestseller werden. »Ich sagte ihm mal«, so erzählt sein Verleger *Wolf Jobst Siedler* später: »Herr Speer, Sie sind der Organisator nicht nur der deutschen Kriegsindustrie, sondern auch Ihres eigenen Bildes. Sie haben sozusagen Ihr Selbstverständnis organisiert, schon aus den Spandauer Jahren heraus bis zur Gegenwart. Da lachte er leicht erschreckt und verschämt.«

Dass es sich bei Speers Veröffentlichungen vielfach um Verschleierungen handelt, weiß man mittlerweile auch.

Chronist Wolters, dessen Name in allen Werken des ehemaligen Hitler-Vertrauten unerwähnt bleibt, sogar als »Coburger Freund« anonymisiert wird, wendet sich enttäuscht von Albert Speer ab. Dessen Verleugnung seiner einstigen Begeisterung für die Ideen des Dritten Reiches geht dem Freund zu weit, auch, in welch negatives, despektierliches Licht Speer nun »den Führer« überall stellt.

Die viel zitierte Chronik hatte Wolters vorsorglich zensiert, indem er etwa Passagen über die Aktionen des Generalbauinspektors zur Räumung jüdischen Wohnraums in Berlin kurzerhand strich. Doch auf seinen Hinweis wird sie einem der ersten Wissenschaftler, die sich auf die Spuren des selbst geschaffenen »Mythos Speer« begeben, zu unerwarteten Enthüllungen verhelfen. Die Veröffentlichung des Buches von Matthias Schmidt erlebt Albert Speer nicht mehr, er stirbt ein halbes Jahr vorher, am 1. September 1981, während eines Besuches in London.

Seitdem ziehen Forscher immer wieder Dokumente ans Licht und belegen Albert Speers verschwiegene Verantwortungen; so wird es vermutlich weitergehen. Sie haben schon jetzt gezeigt, welches Monument der untergegangenen Architekturen des einstigen Baumeisters aus festestem Stoff ist: er selbst als Palimpsest. Albert Speer hat sich mit all seinen Aussagen und in all seinen Schriften offenkundig immer wieder selbst überschrieben.

Wolf Jobst Siedler: »Ich fragte ihn ja: ›Herr Speer, wenn Sie jetzt Ihr Leben passieren lassen – der junge Mann von Tessenow, der junge Architekt, der große Generalbauinspektor, der Reichsrüstungsminister; und dann zwanzig Jahre Einzelhaft, trostlose Haft in einer Zelle, drei mal drei Meter – würden Sie, wenn Sie Ihr Leben neu leben könnten, auf alles verzichten und lieber ein nobler, anständiger Stadtarchitekt von Heidelberg werden?‹ Da sagte er: ›Nein, ich würde alles so noch einmal durchmachen wollen: noch einmal den Glanz, noch einmal die Schande, noch einmal das Verbrechen, noch einmal der Weg in die Geschichte.‹«

Texthinweise

Gesprächsausschnitte stammen, wenn nicht anders angegeben, aus Fernsehaufnahmen und Interviews der jeweiligen Personen mit Heinrich Breloer. (Siehe dazu auch: Heinrich Breloer/Mitarbeit Rainer Zimmer, *Unterwegs zur Familie Speer*, Propyläen Verlag, Berlin 2005.)
Originalzitate, soweit sie nicht indirekt in die Darstellung, vor allem ihre Dialogteile, verwoben worden sind, werden im Folgenden ausgewiesen.
Für Einzeldokumente sei an dieser Stelle Rainer Zimmer gedankt.

Albert Speer wird nach seinen Veröffentlichungen im Propyläen Verlag zitiert:
Erinnerungen, Frankfurt/M., Berlin 1969 (Erinnerungen)
Spandauer Tagebücher, Frankfurt/M., Berlin, Wien 1975 (Span. Tb.)

13   ein für ... Betten gab. Erinnerungen, S. 510.
13   Absturz von ... Mensch gewesen. Erinnerungen, S. 502.
14   Ich versuchte ... mich schwer. Erinnerungen, S. 507.
15   damals ... Reiches. Rudolf Wolters, Albert Speer, (Deutsche Künstler unserer Zeit) Oldenburg 1943, S. 9.
18   Der Angeklagte ... Verbrechen teil. Zit. n. d. Anklageschrift gegen Speer im Nürnberger Prozeß: Der Nürnberger Prozeß. Das Protokoll des Prozesses gegen die Hauptkriegsverbrecher vor dem Internationalen Militärgerichtshof, 14. November 1945 – 1. Oktober 1946. (Einführung Christian Zentner.) Digitale Bibliothek Bd. 20, Directmedia Publishing, Berlin 1999.
18   A) Ermordung ... des Krieges. Zit. n. d. Anklage im Nürnberger Prozeß, a.a.O.
19   In meiner ... aufführte. Erinnerungen, S. 512.
19   durch ihr Leben ... entwickelt. Zit. n. Ulrich Schlie (Hg.), Albert Speer »Alles, was ich weiß«. Aus unbekannten Geheimdienstprotokollen vom Sommer 1945, München 1999, S. 28.

TEXTHINWEISE

20f. Als deutsch sprechender … kleinen Leute. Gustave M. Gilbert, Nürnberger Tagebuch. Gespräche der Angeklagten mit dem Gerichtspsychologen. Taschenbuchausgabe, Frankfurt/Main 1962, S. 9. (In der Folge: Tb.)

21 Wandalengau. Zit. n. Robert Wistrich, Wer war wer im Dritten Reich, Anhänger, Mitläufer, Gegner aus Politik, Wirtschaft, Militär, Kunst und Wissenschaft. München 1983, S. 74.

21 Polen wird … werden. Zit. n. Urteil gegen Frank im Nürnberger Prozeß, a.a.O.

21 Ich sehe ein … schwach zu werden. Gilbert, Tb., S. 144.

21 Wenn ich … herzustellen. Zit. n. Urteil gegen Frank im Nürnberger Prozeß, a.a.O.

21 Soll ich … die Sieger. Gilbert, Tb., S. 13.

22 was nur … liegen. Gilbert, Tb., S. 36.

22 der … zu sein. Gilbert, Tb., S. 30.

22 Der Prozeß … autoritären Staat. Gilbert, Tb., S. 11.

23 Der Sieger … Angeklagte sein! Gilbert, Tb., S. 10.

23 Wie eine … stehen. Zit. n. Wolfgang Schneider, Frauen unterm Hakenkreuz, Hamburg 2001, S. 222.

23f. Citate … elend sie sind. Thomas Mann, Tagebücher, Frankfurt/Main 1986, 28. 5. 1945.

24 er hoffe … jetzigen Elend. Gilbert, Tb., S. 165.

24 gegenwärtigen … sein mögen. Gilbert, Tb., S. 166.

24 hier als … Privatperson. Erinnerungen, S. 512.

24 Es hat keinen … V2. Gilbert, Tb., S. 30.

25 »Wie konnten Sie … meinerseits«. Gilbert, Tb., S. 166.

26 heroische Reden … Vaterland. Gilbert, Tb. S. 30.

27 guter Dinge … Chance zu haben. Erinnerungen, S. 512.

30 Obersalzberger. Erinnerungen, S. 98.

34 Für einen … Befehle! Gilbert, Tb., S. 12.

34 amerikanische Marotte. Gilbert, Tb, S. 12.

35 die Mischung … Propaganda. Gilbert, Tb., S. 12.

35 Es ist … erheben wird. Gilbert, Tb., S. 13.

36 ganze … Rassenpolitik. Gilbert, Tb., S. 12.

36 ein … Weltjudentums. Gilbert, Tb., S. 12.

36 antisemitische … Schutzmaßnahme. Gilbert, Tb., S. 11.

36	Ich fühle … zu dienen. Gilbert, Tb., S 11.
36	Die Kluft … erschüttert. Gilbert, Tb., S. 11.
36	hoffe ich! Gilbert, Tb., S. 12.
37	auf der … Verschwörung. Gilbert, Tb., S. 11.
38	Ich war … Verteidigung. Gilbert, Tb., S. 12.
38	erstens … unerklärlich. Gilbert, Tb., S. 12.
38	Ich verstehe … worden bin. Gilbert, Tb., S. 11
39	Nie in … Verbrechen. Gilbert, Tb., S. 11.
39	I can't remember. Gilbert, Tb., S. 10.
40	eine einfältig … Paracodein. Zit. n. Gilbert, Tb., S. 17.
40	letzten Renaisssancemenschen. Joe J. Heydecker, Johannes Leeb, Der Nürnberger Prozess. Bilanz der Tausend Jahre, Köln/Berlin 1962 (1958), S. 396.
40	Marmorsarkophag in fünfzig Jahren. Gilbert, Tb., S. 155.
43	Joachim Fest, Albert Speer. Eine Biographie, Berlin 1999. Zit. n. d. Taschenbuchausgabe, Frankfurt/Main 2001, S. 22–27, und Gitta Sereny, s. u.
43	Das war mein … nur Sklaven. Gitta Sereny, Albert Speer. Sein Ringen mit der Wahrheit, München 1995/96. Zit. n. d. Taschenbuchausgabe, München 2001, S. 57 (und 55–58).
43	Ich fühlte … angezogen. Sereny, a.a.O., S. 57.
46	Am 30. Januar … war es so. Span. Tb., S. 374.
46	Führer und … Reichshauptstadt. Span. Tb., S. 374.
47	Die anderen … sie träumten. Erinnerungen, S. 35.
47	Je höher … zurückkehren. Zit. n. Hilde Kammer, Elisabeth Bartsch, Jugendlexikon Nationalsozialismus, Reinbek 1982.
47	Mit zweiundzwanzig … Zivilisation. Span. Tb., S. 374.
48	Weg … Akademikertums. Zit. n. Konstantin Goschler, Hitler. Reden, Schriften, Anordnungen, Bd. 4, München, New Providence usw. 1994, S. 145.
49f.	Der Götze … Wertschätzung erwachsen. Zit. n. Goschler, a. a. O., S. 145–147
50f.	Sie haben … Studium vergeblich. Zit. n. Goschler, a. a. O., S. 145–147.
51	falscher Eindruck. Erinnerungen, S. 33.
51f.	angewidert … Gewaltanwendung. Erinnerungen, S. 33f.

TEXTHINWEISE

54	Wir sind ... ist erwacht! Joseph Goebbels, Vom Kaiserhof zur Reichskanzlei. Eine historische Darstellung in Tagebuchblättern, München 1934, 5. 3.1933, S. 275.
54	Ich muß ... morgen sein. Goebbels, Kaiserhof, a.a.O., 11. März 1933, S. 279.
54	neues Leben eingezogen. Erinnerungen, S. 39.
55	empörte ... Schützenfest. Erinnerungen, S. 40.
56	Jede ... Haus. Erinnerungen, S. 40
56	In Tempelhof ... Bereitschaft. Goebbels, Kaiserhof, a.a.O., 28. April 1933, S. 304
56	Die Scheinwerfer ... Führer spricht. Zit. n.: Albert Speer. Architektur. Karl Arndt, Georg Friedrich Koch, Lars Olaf Larsson (Hg.), Frankfurt, Berlin 1978, S.79.
57	Das deutsche Volk ... Vaterland. Zit. n. der Wochenschau vom 1. Mai 1933.
57f.	Ein toller ... gebildet hat. Goebbels, Kaiserhof, a.a.O., 1. Mai 1933, S. 307.
58	Sie waren ... Untergang. Wolfgang Koeppen, Das Treibhaus, München 2004 (Süddeutsche Zeitung/Bibliothek), S. 113.
58	Glauben Sie ... möbliert übergeben. Erinnerungen, S. 40.
60	Unser aller ... was er befiehlt. Zit. n. Wistrich, a.a.O., S. 120.
62	Mit Recht ... leichter macht. Heinrich Mann, »Der große Mann«, in: Der Haß, Frankfurt/Main 1987, S. 65.
62f.	Fahnen, Masten ... Mitteln. Wolters, Speer, S. 15.
63	Politik im ... ihr Antlitz. Thomas Mann, »Deutsche Ansprache. Ein Appell an die Vernunft«, in: Essays Bd. 3. Hg. v. Hermann Kurzke, Stephan Stachorski, Frankfurt/Main 1994, S.269f.
73	Wenn der Putzer ... Platz mehr. Speer im »Spandauer Entwurf«, BArch Koblenz N 1340/414, 5. 11. 1953, S. 24f.
78	nicht zuletzt ... behandelte. Erinnerungen, S. 70.
80	vielleicht ... gesetzt wurde. Wistrich, a.a.O., S. 221.
80f.	Gleichzeitig ... Licht hin und her. Zit. n. Albert Speer. Architektur, a.a.O., S. 90.
80	nicht nur ... überdauert hat. Erinnerungen, S. 71f.
81	Einen Bauauftrag ... er sich nicht. Erinnerungen, S. 87.

87   den ersten ... Deutschlands. Wolters, Speer, S. 10.
87   Viereinhalbtausend ... hergestellt hatten. Erinnerungen, 128.
88   Insgesamt also ... Deutschen Reiches! Erinnerungen, S.117.
91   Die Gegner ... Bauten. Zit. n. Peter Adam, Kunst im Dritten Reich, Hamburg 1992, S. 211.
91   Ich entschied ... zu werden. Zit. n. Adam, a.a.O., S. 207.
91   Denn: seine ... seiner Bauwerke. Cigaretten-Bilderdienst (Hg.), Adolf Hitler. Bilder aus dem Leben des Führers, Hamburg-Bahrenfeld 1936, S. 72.
92   warum will ... zu geben. Zit. n. Olaf Groehler, Die Neue Reichskanzlei, Berlin 1995, S. 81.
92f. Ich hatte ... denkbar wäre. Zit. n. Die Neue Reichskanzlei. (Zusammengestellt von Rudolf Wolters und Heinrich Wolff), München o. J. [1939], S. 8.
93   Das ist jetzt ... deutsche Tempo. Zit. n. Groehler, a.a.O., S. 79.
94   Rückwirkend ... nicht beteiligte. Erinnerungen, S. 45.
94   Genie. Brief an Annemarie Kempf, 30. 6. 1956. BArch Koblenz N 1340/157.
94f. Hitler erschien ... Selbstgespräche. Erinnerungen, S. 102f.
95   Ausführungen ... anzugeben vermochte. Heinrich Hoffmann, Hitler wie ich ihn sah. Aufzeichnungen seines Leibfotografen. München, Berlin 1974, S. 160.
98f. Wenn er da ... einfach nichts mehr. Reinhard Spitzy, zit. n. Peter Adler, Guido Knopp, Hitlers Helfer, Speer, Der Architekt. ZDF/BMG Video 1996.
99   Zwang zu übertreffen. Elias Canetti, »Hitler, nach Speer«, in: Adelbert Reif, Albert Speer, Kontroversen um ein deutsches Phänomen, München 1978, S.296.
101 Naturstein ... billigsten stellt. Zit. n. Cigaretten-Bilderdienst, a.a.O., S. 75.
102 Zeiten des ... Teiles. Adolf Hitler, Mein Kampf, München 1933 (1925/27), S. 581.
103f. Paris hat ... überprüfen können. Arno Breker, Im Strahlungsfeld der Ereignisse, Preußisch Oldendorf, 1972, S. 153.

TEXTHINWEISE

104   Phantome. Breker, a.a.O., S. 155.
105   wo er lange ... blieb. Erinnerungen, S. 187.
105   Im Innern ... verneigt sich. Breker, a.a.O., S. 160.
105   Im Invalidendom ... später darüber. Hermann Giesler, Ein anderer Hitler, Leoni 1977, S. 390.
105   Als sich Hitler ... Lebens! Hoffmann, a.a.O., S. 188.
105   Ich habe ... am Ende. Erinnerungen, S. 187.
106   ungenierte Offenbarung seines Vandalismus. Erinnerungen, S.188.
106   Natürlich war ... beherrschen würde. Zit. n. Sereny, a.a.O., S. 226.
109   Ein nettes Siegespförtchen! Rudolf Wolters, Gedächtnisprotokoll Führerbesuch. Mittwoch den 11. 9. 1940. (6 Seiten Maschinenschrift, aus Privatbesitz, S. 1.)
111   zugeschlagen ... halten müssen. Wolters, Gedächtnisprotokoll, S. 3 u. 1.
112   Marmor-Proben ... vorsichtig. Wolters, Gedächtnisprotokoll, S. 4.
112   die Nachkommen ... herrscht. Hitler, Mein Kampf, a.a.O., S.291.
112   Nicht die ... bestimmt. Zit. n. Cigaretten-Bilderdienst, a.a.O., S. 75.
112   Schon der ... Hälfte bewilligt. Hitler, Mein Kampf, a.a.O., S. 291.
112   schleicht ... bleibt offen. Wolters, Gedächtnisprotokoll, S. 4f.
114   auf dem Papier ... schlucken würde. Breker, a.a.O., S. 100.
114   seine burschikose Art. Breker, a.a.O., S. 146.
114   Speer ... Siegeszuversicht. Breker, a.a.O., S. 147.
115   Wenn doch ... Mitteln verwirklichen. Breker, a.a.O., S. 113.
115   Lieber Hanke ... Berlins leisten. BArch Berlin R 4606/716.
115f. Die unterzeichneten ... Pläne des Führers. BArch Berlin R 4606/716.
116   So gaben wir ... nicht verletzt sei. Erinnerungen, S. 154.
117–
119   Ich behalte mir ... Judenwohnungen u.ä. Erlass des Generalbauinspektors für die Reichshauptstadt über

394

die Zusammenarbeit mit dem Oberbürgermeister der Reichshauptstadt. Vom 28. 6. 1940, BArch Berlin NS 19 neu/2046. ??

119 Als ich ... abzusetzen‹ sei. Aktenvermerk von Albert Speer, 16. Juli 1940. BArch Berlin NS 19 neu/2046.

119 Herrn Oberbürgermeister. Brief Albert Speers, 16. Juli 1940. BArch Berlin NS 19 /2046.

119 Die Unterlagen ... zugeleitet worden. Aktenvermerk, persönlicher Stab des Reichsführers SS, 11. 1. 1941. BArch Berlin NS 19 /2046.

121–123 Als sich abzeichnet ... Neuverpachtung eingeräumt wird. Johann Friedrich Geist, Klaus Kürvers, in: Jörn Düwel, Werner Durth, Niels Gutschow, Jochem Schneider, 1945. Krieg, Zerstörung, Aufbau. Architektur und Stadtplanung 1940–1950. Berlin 1995 (Schriftenreihe der Akademie der Künste Bd. 23), S. 67–69.

127 Teil eines ... das letzte Mal. Albert Speer, Nürnberger Entwurf, BArch Koblenz N 1340/ 84, I S. 12.

127 Was macht ... Judenwohnungen? Zit. n. Geist, Kürvers, a.a.O., S. 75.

127 Gemäß Speer-Anordnung ... bereitgestellt. Zit. n. Geist, Kürvers, a.a.O., S. 82f.

127f. wurden in Berlin ... Verfügung gestellt. Zit. n. Geist, Kürvers, a.a.O., S. 83.

134 Mit insgesamt ... ein. Zit. n. Geist, Kürvers, a.a.O., S. 85f.

134 Wenn ich an das ... düsterer Vorgänge. Albert Speer, Der Sklavenstaat. Meine Auseinandersetzungen mit der SS. Stuttgart 1981, S. 355.

135 insgesamt 1352 ... Kriegsmarine). Wolters, Chronik der Speer-Dienststellen (17. Oktober 1941), BArch Koblenz N 1318/1.

135 neben Werften ... 250 000 Deutsche. Erinnerungen, S. 196f.

135 Bis zu 1. Oktober ... 98 000 Mann. Wolters, Chronik (17. Oktober 1941), BArch Koblenz N 1318/1.

135 begab sich ... Arbeitsverpflichtung. Wolters, Chronik (3. Dezember 1941), BArch Berlin R 3/1735.

136 Gesamtentwurf ... Judenfrage. Zit. n. Geist, Kürvers, a.a.O., S. 87.
139f. in dessen bescheidenem ... gehen müßten. Erinnerungen, S. 200
143 Pläne ... Optimismus. Erinnerungen, S. 208.
143 Vielleicht um 2 Uhr ... allen Ämtern. Speer, Nürnberger Entwurf, BArch Koblenz N 1340/84, I S.6.
143 Mir war ... verbunden seien. Erinnerungen, S. 210.
144 Zuständigkeitsgiganten. Hans Frank, Im Angesicht des Galgens, München-Gräfelfing 1953, S. 413.
144 Ich habe ... meistern werde. Erinnerungen, S. 144.
145f. Mag unsere ... getan hat. Zit. n. Matthias Schmidt, Albert Speer: Das Ende eines Mythos. Speers wahre Rolle im Dritten Reich, Bern und München 1982, S. 86.
146 denn der Erfolg ... Deutschlands. Zit. n. Völkischer Beobachter, 15. Februar 1942.
147 Frontarbeiter der Organisation Todt! Wolters, Chronik (11. Februar 1942), BArch Berlin R 3/1736.
147f. Die ersten ... hatte. Speer, Nürnberger Entwurf, BArch Koblenz N 1340/ 84, I S. 7.
148 Versuchte ... Reichsmarschall. Wolters, Chronik (12. Februar 1942), BArch Berlin R 3/1736.
148 So war ... ich wollte. Erinnerungen, S. 217.
148f. nur einige »Schaltfehler«/ 1.) Ich war ... anderen erreicht. Speer, Nürnberger Entwurf, BArch Koblenz N 1340/84, I S. 8 u. 7.
149 Am 9. Februar ... innehatte. Wolters, Chronik (9. Februar 1942), BArch Berlin R 3/1736.
150 der Rüstung ... zukommt. Erinnerungen, S. 221.
150 gewaltigste ... Zeit. Adolf Hitler, Der großdeutsche Freiheitskampf. Reden Bd. III, München 1942, S. 213.
150 Er selbst ... übernehmen! Wolters, Chronik (2. März 1942), BArch Berlin R 3/1736
156 Der Führer ... Rücksicht zu nehmen. Willi A. Boelcke, Deutschlands Rüstung im Zweiten Weltkrieg. Hitlers Konferenzen mit Albert Speer 1942–1945, Frankfurt/Main 1969, S. 66.
156 Provisorisch ... Materialien usw. Boelcke, a.a.O., S. 64.

157 Der Führer ... bestrafen sind. Zit. n. Schmidt, a.a.O., S. 87.
157 Verordnung des Führers ... Munition. Zit. n. Gregor Janssen, Das Ministerium Speer. Deutschlands Rüstung im Krieg, Berlin, Frankfurt/Main, Wien 1968, S. 65f.
157 Vom ersten Tag ... nachhaltig genug. Erinnerungen, S. 219.
158 Ich habe ... Russland! Hitler, Freiheitskampf, a.a.O. Bd. III, S. 100.
158 Daß sich der Deutsche ... inneren Wert. Hitler, Freiheitskampf, a.a.O., Bd.III, S.225f.
159f. Das ganze Hauptquartier ... versiegt. Span. Tb., S. 86f.
160 Wollte man ... Brot zu geben. Hitler, Mein Kampf, a.a.O., S. 154.
160 Im Gegensatz ... betreiben. Span. Tb., S. 87.
160 Die weiten ... Commonwealth. Span. Tb., S. 86.
160f. Rechnen wir ... Millionen angelangt. Span. Tb., S. 88.
161 War ich überwältigt ... wurden. Span. Tb., S. 89.
162 Neugründung ... Züge miterhalten. Zit. n. Michael Hepp, Fälschung und Wahrheit. Albert Speer und der Sklavenstaat, in: Mitteilungen der Dokumentationsstelle zur NS-Sozialpolitik 1/1985, H. 3 (Mai 1985), Dokument 14.
163 Über Himmlers ... fühlen könne. Span. Tb., S. 239.
163 wahrer Idealismus ... Kultur erschuf. Hitler, Mein Kampf, a.a.O., S. 327.
164 Botschaft ... Ergebnis sein. Hitler, a.a.O., Reden III, S. 220.
164 »Deutsche ... euch handeln. Thomas Mann, Deutsche Hörer! Radiosendungen nach Deutschland aus den Jahren 1940–1945, Taschenbuchausgabe, Frankfurt/Main, S. 75.
165 Ihre Propaganda ... Volk hören. Zit. n. Schlie, a.a.O., S. 110.
165–
167 Jetzt ist man ... zu machen sind? Thomas Mann, Deutsche Hörer!, a.a.O., S. 75–77.
167 Zusammenstellung ... für die Wachtruppe. Florian Freund, Bertrand Perz, Karl Stuhlpfarrer, Der Bau des

Vernichtungslagers Auschwitz-Birkenau. In: Zeitgeschichte, Jg. 20(1993), H. 5/6, S. 187-213, S. 202, 203.

167 für die Tötungen … Juden. Freund, Perz, Stuhlpfarrer, a.a.O., S. 193.

168 1) Vergrößerung … werden müsse. Gesprächsmitteilung Oswald Pohl an Heinrich Himmler, 15. 9. 1942. BArch Berlin NS 19 Nr. 14, Bl.131ff.

168f. Verlegung … Lägern verbleiben. »Verlegung von Rüstungsfertigungen in Konzentrationsläger.« Besprechung im Büro Saur, 16. März 1942. Berlin, den 17. März 1942. (Anwesend außer Saur Schieber und Glücks. BArch Berlin)

169f. Wir dürfen nicht … leisten müssen. Gesprächsmitteilung Pohl, a.a.O.

171 Die Ziegeleien … zu bekommen. Jost Dülffer, Albert Speer-Managment für Kultur und Wirtschaft, in: Ronald Smelser, Rainer Zitelmann, Die braune Elite, 22 biographische Skizzen, Darmstadt 1989, S. 262.

172 Wir werden also … beiträgt. Gesprächsmitteilung Pohl, a.a.O.

173 Sonderbehandlung/ nicht einfach … in Auschwitz gelesen werden. Freund, Perz, Stuhlpfarrer, a.a.O., S. 193, 195.

173 nicht direkt gehört. Albert Speer im Fernsehinterview mit Joachim Fest, NDR, (Oktober) 1969.

173 die mir unter … als großzügig. Zit. n. Freund, Perz, Stuhlpfarrer, a.a.O., S. 196.

173–

175 Wir müssen … Baueisenmengen zuteilen. Zit. n. Freund, Perz, Stuhlpfarrer, a.a.O., S. 196 und Hepp, a.a.O., S. 14–16 und Dokument 10.

177f. Lagebesprechung … geworden mit ihm. Speer, Nürnberger Entwurf, BArch Koblenz N 1340/84, I S. 16–18.

178 Meine Mutter … herauszuholen. Zit. n. Sereny, a.a.O., S. 439.

178f Als die Lage … Pariser. Speer, Nürnberger Entwurf, BArch Koblenz N 1340/84, I S. 18, 19.

179 zweifellos dank … seinen Bruder. Zit. n. Sereny, a.a.O., S. 440.

182–	
184	Stalingrad war ... Sturm, brich los! Helmut Heiber (Hg.): Goebbels-Reden, Bd. 2: 1939–1945, Düsseldorf 1972, Nr. 17, (S. 172–208), S.173, 206–208.
184	Hier ein ungescheutes ... geschehen können! Thomas Mann, Doktor Faustus, Taschenbuchausgabe, Frankfurt/Main 1990, S. 53.
185	Wäre es Hitler ... gewesen wäre. Span. Tb., S. 89f.
186–	
190	Hoher Gerichtshof! ... um ihr Leben ringt. Nürnberger Prozeß, a.a.O., zweiter Tag, 21. November 1945.
191f.	eine Frage ... für eine Idee. Heinrich Himmler, Geheimreden 1933-1945 und andere Ansprachen. Hg. V. Bradley F. Smith u. Agnes F. Peterson, mit einer Einfg. v. Joachim C. Fest, Frankfurt/Main, Berlin, Wien 1974, S. 169, S. 170.
192	malen ... Umfange. Joseph Goebbels, Die Tagebücher. Hg. v. Elke Fröhlich, Bd. 10: Oktober bis Dezember 1943, München, New Providence et al. 1994, 7. Oktober 1943.
192f.	darum ... Ernst der Lage. Zit. n. Wolters, Chronik, BArch Koblenz N 1318/4 Blatt 73.
193	möchte aber ... zu sprechen. Wolters, Chronik, BArch Koblenz N 1318/ 4, Blatt 75.
193	Die Bummelantenfrage ... das spricht sich herum. Zit. n. Nürnberger Prozeß, a.a.O., 160. Tag, 21. Juni 1946.
193	Diese Fertigungen ... zur Bestechung. Wolters, Chronik, BArch Koblenz N 1318/ 4 Blatt 82.
194	Stillegungen ... benutzen werden. Zit. n. »Spandauer Entwurf«, BArch Koblenz N 1340/415, II/9.
194	Er habe hierbei ... sich jetzt handele. Wolters, Chronik, BArch Koblenz N 1318/4 Blatt 84 und 73.
194	Insbesondere hat ... gesprochen werden. Goebbels, Tagebücher, a.a.O., 7. Oktober 1943.
194	Mann mit der Heckenschere. Speer, Nürnberger Entwurf, BArch Koblenz N 1340/84, II, S. 10.
195–	
198	Die Stärke unserer ... Seele erlitten hätten. Heinrich Himmler, Geheimreden, a.a.O., S. 164–166, 168, 169f.

198 Die deutschen ... vernichtet. Heinrich Mann, Die Deutschen und ihre Juden, in: Es kommt der Tag. Deutsches Lesebuch. Taschenbuchausgabe, Frankfurt/Main 1992, S. 39.
198 die Verantwortung ... gemacht werden müssen. Heinrich Himmler, Geheimreden, a.a.O., S. 170f.
199 Während Himmler ... Vorstellungskraft lagen. Baldur von Schirach, Ich glaubte an Hitler, Hamburg 1967, S. 297.
199f. ein ungeschminktes ... heute noch tun können. Joseph Goebbels, Tagebücher, a.a.O., 7. Oktober 1943.
200 ein bis ... zurückgetreten. Zit. n. Adelbert Reif, Albert Speer, Kontroversen um ein deutsches Phänomen, München 1978, S. 384.
201 Vielleicht wäre ... sie tatsächlich waren. Am 2. 7. 1973; zit. n. BArch Koblenz N 1340/49.
206 Wie mir berichtet ... gedeckt werden soll. Zit. n. Götz Aly, »Endlösung«. Völkerverschiebung und der Mord an den europäischen Juden. Taschenbuchausgabe, Frankfurt/Main 2002, S. 411f.
206f. verstärkten Zuführung ... 15 000 Arbeitskräfte an. Zit. n. Nürnberger Prozeß, a.a.O., 19. Tag, 13. Dezember 1945.
207f. Ich belaste ... bekannt gewesen. Nürnberger Prozeß, a.a.O., zweiter Tag, 21. November 1945.
208 6000 Fuß ... worden sind. Nürnberger Prozeß, a.a.O., 8. Tag, 29. November 1945.
209f. schaut meiste Zeit ... geworfen werden. Gilbert, Tb., a.a.O., S. 51f.
211 Ich glaube ... Nein! Gilbert, Tb., a.a.O., S. 52.
213 Speer zeigte ... freizusprechen. Gilbert, Tb., a.a.O., S. 53.
213 er kam ... auf mich. Zit. n. Sereny, a.a.O., S. 679.
213f. »Was ... Sinn haben. Zit. n. »Abendgespräche mit Dr. Flächsner Berlin am 13. 12. 1972« (anonyme Niederschrift).
216f. Unsere gesamte ... Hunderttausenden so. Zit. n. Volker Hage, Hamburg 1943. Literarische Zeugnisse zum Feuersturm Taschenbuchausgabe, Frankfurt/Main 2003, S. 19.

217 Hamburg ... Angriff. Zit. n. Hage, a.a.O., S. 9.
217 Beim jüngsten ... werden muß. Thomas Mann, Deutsche Hörer!, a.a.O., S.58f.
217f. Vermummte Gestalten ... einem Keller. Gert Ledig, Vergeltung, Frankfurt/Main 1956, S. 98.
218 Warum wir ... habt Frieden! Arthur Harris, zit. n. Stephan Burgdorff, Christian Habbe (Hg.), Als Feuer vom Himmel fiel. Der Bombenkrieg in Deutschland. München 2003, Bildtafel nach S. 128.
218–222 Gegen 19.30 Uhr ... überwunden sind ... Wolters, Chronik (23. November 1943), BArch Koblenz N 1318/4.
222 für die zukünftige ... Städte. Erinnerungen, S. 327.
222 Bormann ... umzuwandeln. Zit. n. Schlie, a.a.O., S. 128.
223 Bereits fünf ... Aufgabe. Erinnerungen, S. 327.
223f. In seiner ... vor allen Gefahren. Joachim Fest, Die unbeantwortbaren Fragen. Notizen über Gespräche mit Albert Speer zwischen Ende 1966 und 1981. Reinbek 2005, S. 47f.
225f. religiöse Entwicklung/ Wehrgedanke ... zu verbreitern Stadtgestaltung. Zit. n. Werner Durth, Deutsche Architekten. Biographische Verflechtungen 1900–1970, Braunschweig, Wiesbaden 1986, S. 217, 206.
226 Sie sprachen ... weiterbauten ... Koeppen, a.a.O., S. 97, 99.
227 und neue ... Brände. Nürnberger Entwurf, BArch Koblenz N 1340/84, II S. 7, 4.
227 informatorisch ... Kriegsproduktion. Boelcke, a.a.O., S. 273 (28.), 315f. (12.).
227 Lenker des ... Verwaltungsstellen. Janssen, a.a.O., S. 135.
227f. lag darin ... liegen mussten. Span. Tb., S. 514.
228f. Einblick ... Gesamtplanung. Zit. n. Schlie, a.a. O., S. 120, 123.
229 den totalen ... ausnutzen. Zit. n. Schlie, a.a.O., S. 127, 123.
230f. Auch auf mich ... damit angreifen! Erinnerungen, S. 376f.
231 auf denkbar ... ihm stellen. Erinnerungen, S. 378.
232 daß alle Maßnahmen ... Bunkerstellungen. Boelcke, a.a.O., S. 291 (24.).

233 Mittelwerk GmbH/Rüstungskontor. Boelcke, a.a.O., S. 291 (24.).
234 Himmler hatte ... helfen. Erinnerungen, S. 379.
234 seiner gedachten ... Spiegelbild. Erinnerungen, S. 383.
234 Am Morgen ... Kammler. Wolters, Chronik (10. Dezember 1943), BArch Koblenz N 1318/ 4.
235 Wahrscheinlich ... hinunterstürzte. Speer, Sklavenstaat, a.a.O., S. 300.
236 Emsiges ... Ameisenhaufen. Wilfred von Oven, Finale Furioso. Mit Goebbels bis zum Ende, Tübingen 1974, S. 392.
237 Die Arbeits- und ... abtransportiert. Jens-Christian Wagner, Produktion des Todes. Das KZ Mittelbau-Dora, Göttingen 2001, S. 187.
249 daß Sie es ... Heil Hitler! Albert Speer an Hans Kammler, 17.12.43. BArch Berlin R 3/1585.
252f. Das Dokument ... gesetzt worden ist. Nürnberger Prozeß, a.a.O., 46. Tag, 30. Januar 1946.
253 eine in der ... zu stellen. Zit. n. Gilbert, Tb., a.a.O., S.191.
253 Das Lager ... Vernichtendes sei. Nürnberger Prozeß, a.a.O., 82. Tag, 15. März 1946.
254 Was wissen Sie ... Nein. Nürnberger Prozeß, a.a.O., 158. Tag, 19. Juni 1946.
257f. verschiedene wehrtechnische ... vor. Speer. Zit. n. Reif, a.a.O., S. 224f.
259f. Ist Ihnen ... politischer Mensch. Nürnberger Prozeß, a.a.O., 26. Tag, 3. Januar 1946.
260–
263 In der Pause ... zu bestreiten. Gilbert, Tb., a.a.O., S. 105–108.
263f. belustigt ... begreifen muß. Gilbert, Tb., a.a.O., S. 123f.
265 Zu der Zeit ... zu setzen. Gilbert, Tb., a.a.O., S. 393.
266 fängt mit ... zugezogen. Speer, Nürnberger Entwurf, BArch Koblenz N 1340/84, II S. 15.
266 rheumatoider ... Bandschaden. Wolters, Chronik (Januar 1944), BArch Koblenz N 1318/5.
266 Das Lazarett ... Kranken zu tun. Speer, Nürnberger Entwurf, BArch Koblenz N 1340/84, II S. 18.

267	Es ist übrigens ... empfindlicher Punkt. Speer, Nürnberger Entwurf, BArch Koblenz N 1340/84, II S. 11f.
267	nicht für unentbehrlich. Zit. n. Janssen, a.a.O., S. 159.
267	Die Unsicherheit ... worden war. Erinnerungen, S. 353.
268	ein unbedeutendes ... abspielten. Erinnerungen, S. 360.
268	das Rennen ... Weltgeschichte. Zit. n. Schmidt, a.a.O., S. 139.
268	unterdessen aber ... zu verfügen. Erinnerungen, S. 353.
269	Es ist selbstverständlich ... werden. »Rede Reichsminister Speer am 3.12. 1944 in Rechlin«, BArch Koblenz N 1318/12, S. 10f.
270	Es war immer ... kannte. Zit. n. Schlie, a.a.O., S. 113f.
270	innerer Ablehnung. Zit. n. Schlie, a.a.O., S. 108.
270f.	Bei solchen ... hoffnungslos. Speer, Nürnberger Entwurf, BArch Koblenz N 1340/395, III S. 2.
271–273	Aus seinen ... u. ä. zu zerstören. Zeugenaussage Annemarie Kempf am 2. Mai 1946, Beweisstück Speer-43, in: Der Prozeß gegen die Hauptkriegsverbrecher vor dem Internationalen Militärgerichtshof. Bd. 41, Nürnberg 1949, (S. 497–509) S. 500–502.
273	Und zwar ist ... Kraftstoffsorgen mehr. Wilfred von Oven, a.a.O., S. 557.
273	In Kattowitz ... bei Krakau. Speer, Nürnberger Entwurf, BArch Koblenz N 1340/395, III, S. 24.
274	Der Minister ... Kinder gelangt, Wilfred von Oven, a.a.O., S. 559f., 558, 559.
275	Unsere herrliche ... mitgenommen. Zit. n. Wistrich, a.a.O., S. 92.
276	der erregendste ... entgegenführen. Speer, Nürnberger Entwurf, BArch Koblenz N 1340/395, III S. 19.
277	Es ist daher ... zu helfen. Zit. n. Janssen, a.a.O., S. 310.
277f.	um auch dort ... zu schonen. Erinnerungen, S. 442.
280f.	in einem ... gefragt hatte. Erinnerungen, S. 443.
281	Hitler, seines ... Pathologie gehörten. Breker, a.a.O., S. 324f.
282f.	händigte mir ... sind gefallen. Erinnerungen, S. 445f.
283f.	Führerbefehl ... sind ungültig. BArch Berlin R 3/1623a.

TEXTHINWEISE

284 Er war ... wütend. Manfred von Poser, in: Peter Adler, Guido Knopp, Hitlers Helfer. Speer der Architekt. ZDF/BMG Video 1996.

285 dass in dieser ... genommen werde. Zeugenaussage Kempf, a.a.O., S. 504f.

285 die Größe einer Stunde. Zit. n. Fest, Fragen, a.a.O., S. 191.

286f. Zu einer Entlassung ... Dienststellen heraus. Zeugenaussage Kempf, a.a.O., S.505.

288 ob Sie ... werden kann. Erinnerungen, S. 459.

288–291 Mein Führer ... Gez. Albert Speer. BArch Berlin R 3/1538.

291 Hitler stand ... alles gut. Erinnerungen, S. 292.

292 Erstmals hörte ... überbringen. Breker, a.a.O., S. 329.

292 Wer nicht ... sterben. Zit. n. von Oven, a.a.O., S. 557.

293 Lieber Hanke ... Lebens entgegen. Speer an Karl Hanke, 14. April 1945. BArch Berlin R 3/1625.

293 Nie solle ich ... gehandelt haben. Erinnerungen, S. 385.

301–304 Es waren hier ... besetzten Gebiete. Nürnberger Prozeß, a.a.O., 158. Tag, 19. Juni 1946.

305–309 Die Anklage ... Kriege aufzuhalten. Nürnberger Prozeß, a.a.O., 158. Tag, 19. Juni 1946.

309f. Sie haben ... Es ist sicher. Nürnberger Prozeß, a.a.O., 159. Tag, 20. Juni 1946.

310 Speer hat ... gefordert. Handschriftlicher Zettel Sauckels an Servatius, BArch Koblenz V All Proz 3.

310 dass ich ... werden kann. Nürnberger Prozeß, a.a.O., 159. Tag, 20. Juni 1946.

310f. Ich bleibe ... Sauckel. Handschriftlicher Zettel Sauckels an Servatius, BArch Koblenz V All Proz 3.

311 Sie haben darin ... größeren Stils. Nürnberger Prozeß, a.a.O., 159. Tag, 20. Juni 1946.

315f. Speer trat ... dadurch erwiesen.‹ Ursula von Kardorff, Süddeutsche Zeitung 25. Juni 1946.

319–327 Es war doch ... Ja. Ja. Nürnberger Prozeß, a.a.O., 160. Tag, 21. Juni 1946.

328   berüchtigten Steinbruch. Speer, Der Sklavenstaat, a.a.O., S. 68.
331   Ich war besonders ... zurückkehren. Nürnberger Prozeß, 160. Tag, 21. Juni 1946.
332f. dass er, um ... Reiches zu erledigen. Speer, Nürnberger Entwurf, BArch Koblenz N 1340/395, IV S. 2.
333   persönlich ... Angriff. Zit. n. Earl F. Ziemke, Die Schlacht um Berlin. Das Ende des Dritten Reiches, Taschenbuchausgabe, Wien, München 1978, S. 138.
334   würden die deutschen ... entgehen. Zit. n. Hugh R. Trevor-Roper, Hitlers letzte Tage, Taschenbuchausgabe, Frankfurt/Main, Berlin, Wien 1973, S. 143f.
334   sofort die Gesamtführung des Reiches. Zit. n. Trevor-Roper, a.a.O., S. 141.
335   aus Gesundheitsgründen. Zit. n. Trevor-Roper, a.a.O., S. 148.
335   unumschränkte ... im Norden. Ziemke, a.a.O., S. 124.
335   Ich selbst hatte ... umhergetrieben. Erinnerungen, S. 479.
335f. Wenn ein Mensch ... führen kann. Speer, Nürnberger Entwurf, BArch Koblenz N 1340/395 III S.35
336   Er sollte nach ... in die Reichskanzlei ... Speer, Nürnberger Entwurf, BArch Koblenz N 1340/395 IV S. 1.
337   auf besonderen Befehl Himmlers. Erinnerungen, S. 480.
337   ein Vorstandsmitglied ... ihn zu sehen. Spiegel-Gespräch: Albert Speer im Gespräch mit W. Hentschel und W. Malanowski am 28. Oktober 1966 in Heidelberg. Zit. n. ungekürztem Manuskript o. S.
337   Mächtiger aber ... Abschied nehmen. Erinnerungen, S. 479.
337   einige amerikanische ... letzten Monaten. Speer, Nürnberger Entwurf, BArch Koblenz N 1340/395 IV S. 1f.
337f. in dem trüben ... ›zu Hitler gehörte‹. Zit. n. Fest, Fragen, a.a.O., S. 185.
338–
340   Die ›Lage‹ ist kurz ... gesehen und gehandelt. Speer, Nürnberger Entwurf, BArch Koblenz N 1340/395 IV S. 3f., 6.

340 Ich hatte das ... Unwahrhaftigkeit. Erinnerungen, S. 483.
340 Seine Worte ... Lebewohl. Erinnerungen, S. 488.
341f. Das musste ... flog ich raus. Spiegel-Gespräch, a.a.O.
342 emporgelobt. Spiegel-Gespräch, a.a.O.
342 Ich hatte deutlich ... Richtung zu drängen. Erinnerungen, S. 482.
343 so dass in einer ... Aufträge haben. Spiegel-Gespräch, a.a.O.
344 pathetischer wirkt ... Entschlossenheit. Zit. n. Fest, Fragen, S. 188.
344 der gute Giesler. Zit. n. Fest, Fragen, S. 183.
345f. Wir starten ... gefuehrt wird. Speer, Nürnberger Entwurf, BArch Koblenz N 1340/395 IV S. 7.
346 daß es falsch ... einzugreifen. Erinnerungen, S. 490.
347f. als Dönitz ... geworden. Erinnerungen, S. 490.
348f. Am Abend des ... Weinkrampf. Erinnerungen, S. 489.
349 Deutsches Volk! ... erkannt wird. Zit. n. Marlis G. Steinert, Die 23 Tage der Regierung Dönitz. Die Agonie des Dritten Reiches. Taschenbuchausgabe, München 1978, S. 166.
350 das weitere ... Volkes. Zit. n. Steinert, a.a.O., S. 259.
350 verständliche Lethargie. Speer, Rundfunkansprache am 3. Mai 1945, BArch Berlin R 3/ 1557 Blatt 118.
351 genauso gut ... können. Zit. n. Steinert, a.a.O., S. 345.
351 Schon sehr bald ... Albert Speer. John K. Galbraith, Wirtschaft, Friede und Gelächter, München u.a. 1972, S. 235.
352f. 1945 gab es ... in Schach zu halten. John K. Galbraith, Leben in entscheidender Zeit, München 1981, S. 210.
353 Ich weiß ... sprechen. Zit. n. Sereny, a.a.O., S. 659.
353 Die Regierung ... Persönlichkeit. Galbraith, Gelächter, a.a.O., S. 235.
353f. Er stellte ... noch hervorheben. Galbraith, Leben, a.a.O., S. 211.
355 Nur seine einstige ... an sich heran. Zit. n. Schlie, a.a.O., S.13
355 Gefühlsschwankungen. Zit. n. Schlie, a.a.O., S. 13.
355f. die ganze Phantastik ... zu verstehen sind. Zit. n. Schlie, a.a.O., S. 36f.

357	Vieles ist ... zu dienen. Speer, Nürnberger Entwurf, BArch Koblenz N 1340/84 I S.1.
358	Dieser Prozeß ... als den Staat. Nürnberger Prozeß, a.a.O., 188. Tag, 27. Juli 1946.
358–361	Die Diktatur ... solch hohen Ziel? Nürnberger Prozeß, a.a.O., 216. Tag, 31. August 1946.
363	Was bedeutet ... abendländische Kultur! Nürnberger Prozeß, a.a.O., 216. Tag, 31. August 1946.
363	auf dem langen ... Reiches. Erinnerungen, S. 117.
363f.	Es gab vielleicht ... Reiches. Zit. n. Groehler, a.a.O., S. 81f.
365	die Begehung ... religiösen Gründen. Zit. n. Heydecker, Leeb, a.a.O., S. 541–544.
365f.	wie die Gefangenen ... beantragt. Erinnerungen, S. 523.
366	Closing Brief ... crimes. BArch Koblenz V All Proz 1, Rep. 501 XXXXVII Ye 12.
367	zukünftige ... gemacht. Zit. n. Reif, a.a.O., S. 230.
368f.	Babylonisches ... Lächeln erstarrt. Zit. n. Heydecker, Leeb, a.a.O., S. 506f.
369	fünf Millionen ... kamen. Vgl. Joseph E. Persico, Nuremberg. Infamy on Trial. New York, London 1995, S. 392.
371	Anders als ... zusammen. Zit. n. Heydecker, Leeb, a.a.O., S. 509f.
373f.	stand nacktes Grauen ... freigesprochen worden ist. Gilbert, Tb., S. 426–428.
374	Es war erstaunlich ... Augen herabgesetzt. Zit. n. Sereny, a.a.O., S. 713.
375	blau wie ... deutsche Volk. Heydecker, Leeb, a.a.O., S. 521.
375	Dann Stille ... wird genannt. Span. Tb., S. 24.
376	Die Fahrzeuge ... aufgeladen. Zit. n. Heydecker, Leeb, a.a.O., S. 524.
376f.	Wir Übriggebliebenen ... zum Parteigruß. Span. Tb., S. 25.
377f.	Heute Nacht ... hinter mir habe. Span. Tb., S. 17.
379	Speer diente ... nichts halb. Zit. n. Reif, a.a.O., S. 323.
379	28. Juli ... empfunden. Span. Tb., S. 210.

TEXTHINWEISE

380 16. September ... Kolossal! Span. Tb., S. 543.
381 Es war eine ... Wort heraus. Span. Tb., S. 206f.
384 Darunter zum ... zu denken. Span. Tb., S. 550.
384 Sonderbar genug ... umwandeln. Span. Tb., S. 562.
385 der die Werke ... hat. Span. Tb., S.169.
386 Mythos Speer. Schmidt, a.a.O.

Personenregister

Adenauer, Konrad 182, 382
Andrus, Burton C. 17, 22, 40, 83, 209
Arnold, Dietmar 265

Balachowsky, Alfred 252
Ball, George 353
Baumbach, Werner 280
Below, Nicolaus von 224, 280
Bendix, Cilly, Hugo und Regina 133
Bernadotte, Folke, Graf von Wisborg 348
Biddle, Francis 85, 331, 369 f., 372
Birkett, Norman 85, 370
Bismarck, Otto von 89
Blum (Erzieherin) 42
Boix, François 328
Bormann, Martin 28, 30, 34, 84, 95, 126, 138, 140, 142, 180, 190, 194 f., 222 f., 250, 262, 267, 285, 333, 335, 338, 342, 347 ff., 372
Bosch (Nachbarsfamilie in Heidelberg) 42
Brandt, Anni, geb. Rehborn 138
Brandt, Karl 137 f., 144, 224, 281, 336 f.
Brauchitsch, Walther von 158
Braun, Eva 27 f., 30 f., 333, 339
Braun, Wernher Freiherr von 230 f., 246, 300, 355
Brecht, Bertolt 217

Breker, Arno 88, 103, 104 f., 114 f., 281, 292
Brückner, Wilhelm 75, 101
Brunner, Alois 133
Bücher, Hermann 323
Buhle, Walter 320

Canetti, Elias 99
Churchill, Winston S. 115, 300
Clahes, Dietrich 146
Cliever, Carl C. 220

Dante Alighieri 246 f., 338
Degenkolb, Gerhard 234 f., 247, 249
Desch (Mitarbeiter Speers) 175
Dickens, Charles 365
Dietrich, Otto 75
Dietrich, Sepp 75
Dijk, Albert van 237–246
Dodd, Thomas J. 366
Dönitz, Karl 34, 155, 186, 190 f., 262, 304, 332, 335, 340, 342, 344, 346–349, 352, 354, 357, 372, 382 f.
Donnedieu de Vabres, Henri 85, 370
Donovan, James Britt 208
Dornberger, Walter 230
Dorsch, Franz Xaver 146, 267
Dubost, Charles 252
Dülffer, Jost 172
Dustmann, Hanns 125, 225

Egerstedt, Heinrich 162

409

PERSONENREGISTER

Eichmann, Adolf 127
Eisenhower, Dwight D. 214, 351

Falco, Robert 85
Fassberg, Harold E. 352 f.
Fest, Joachim 43, 97, 173, 223, 337
Finck, Werner 116
Flächsner, Hans 64–67, 83, 213–216, 254 ff., 271 f., 299–309, 311, 313, 374
Franco Bahamonde, Francisco 130
François-Poncet, André 56
Frank, Hans 21, 210, 372
Freisler, Roland 214
Freud, Sigmund 24, 202, 384
Freund, Florian 173
Frick, Wilhelm 37, 372
Friedrich, Caspar David 95
Fritzsche, Hans 34, 211, 370, 374
Fromm, Friedrich 230, 271
Funk, Walther 39, 148, 210, 372, 383

Galbraith, John Kenneth 351 ff., 355
Garnier, Charles 104
Gebhardt, Karl 266
Geist, Johann Friedrich 121, 134
Giesler, Hermann 103 ff., 126, 333, 344
Gilbert, Gustave M. 20 ff., 24 ff., 35, 83, 209, 213, 260–265, 373 f.

Goebbels, Joseph 19, 23, 34 f., 45, 51 f., 54–58, 67, 71 f., 74 ff., 97, 107, 116, 164 f., 180 f., 183 f., 190, 192 ff., 199, 211, 253, 262, 270, 273, 292, 333, 347, 351, 375, 384
Goebbels, Magda, zuvor verh. Quandt 274, 338
Goethe, Johann Wolfgang von 44, 203
Goldhagen, Erich 200, 202
Göring, Anneliese, geb. Henkell 34
Göring, Hermann 14, 22 f., 30, 39 f., 66, 72, 74, 76 f., 83, 115, 122, 128, 136, 140, 144 f., 147, 149, 177, 179 ff., 186, 209 ff., 213 f., 252 f., 255, 260–263, 265, 267, 304, 332, 334 f., 339 f., 344, 348, 351 f., 367 ff., 371, 373, 375
Gropius, Walter 47
Guderian, Heinz 278
Gutschow, Konstanty 225

Hanke, Karl 45, 53 ff., 228, 292 f.
Harris, Arthur 216, 218
Haushofer, Albrecht 60
Haushofer, Karl 60
Henderson, Neville 80
Hentrich, Helmut 125
Heß, Rudolf 15 f., 39, 60, 83, 140, 186, 209, 211, 372, 376 f., 379, 383
Hettlage, Karl Maria 134, 233
Heuss, Theodor 382

Heydrich, Reinhard 36, 128, 135 f.
Himmler, Heinrich 20, 34, 36, 78, 97, 119, 161, 163, 169, 173, 180, 191 f., 194–207 passim, 232, 234, 249, 252 f., 259, 262, 266 f., 319 ff., 329, 332, 334, 337, 342, 346, 348, 351, 369, 375
Himmler, Marga(rethe), geb. Boden 250
Hindenburg, Paul von 53
Hoegner, Willhelm 375
Hoffmann, Heinrich 75, 91, 94 f., 103, 105
Holstein, Wilhelm Friedrich Herzog von Schleswig-H.- Sonderburg-Glücksburg 353
Höß, Rudolf 210 f., 250
Hubmann, Hanns 152 f.

Jackson, Robert H. 16, 69, 186, 188, 207, 256, 258, 263, 300, 318–327 passim, 358, 367
Janssen, Gregor 227
Jodl, Alfred 19, 34, 332, 372

Kafka, Franz 384
Kaltenbrunner, Ernst 14 f., 36, 332, 367, 372 f.
Kammler, Hans 234, 245 f., 249
Kaufmann, Karl 335, 343, 346
Keitel, Wilhelm 19, 34, 83, 209, 262, 332, 367 f., 372 f., 375

Kelley, Douglas M. 209
Kempf, Annemarie, geb. Wittenberg 67, 94, 119, 121, 146, 149, 156, 184, 213–216, 220, 271, 273, 277, 285 f., 288, 346, 355, 381
Kempka, Erich 250
Kennedy, John F. 351
Kinzel, Eberhard 336 f.
Kluge, Hans-Günther von 130
Knopf, Alfred A. 385
Koeppen, Wolfgang 58, 226
Kramer, Josef 210
Krebs, Hans 332
Kreis, Wilhelm 113 f., 125
Krupp von Bohlen und Halbach, Alfried 17, 39, 355
Kubuschok, Egon 258 f.
Kürvers, Klaus 121, 134

Lavater, Johann Kaspar 203
Lawrence, Geoffrey 85, 331, 369 f.
Ledig, Gert 218
Leidheuser, Wilhelmine 294
Lenbach, Franz von 89
Ley, Robert 20 f., 34, 148, 183, 193, 306, 351
Linge, Heinz 202 f.
Lippert, Julius 116–119
Lübke, Heinrich 279, 381
Lüschen, Friedrich 337

Mann, Golo 379
Mann, Heinrich 62, 198

PERSONENREGISTER

Mann, Thomas 24, 63, 81, 164 f., 184, 217, 384 f.
Maxwell-Fyfe, David 308
Mays, Charles W. 84
Mies van der Rohe, Ludwig 47
Milch, Erhard 147 f., 178 ff., 191, 230, 267
Model, Walter 278, 283 f.
Müller, Heinrich 250
Mussolini, Benito 130, 340

Napoleon Bonaparte 105, 160, 179
Neave, Airey 15, 17
Nein, Hermann 137
Neufert, Ernst 225
Neurath, Konstantin Freiherr von 37, 209, 372, 382
Nikitschenko, Iola T. 84 f., 369
Nitze, Paul Henry 353
Nossack, Hans Erich 217

Ohlendorf, Otto 258 ff.
Oven, Wilfried von 273 f.

Papen, Franz von 37 f., 258, 370, 378
Parker, John J. 85
Paulus, Friedrich 159, 176 f.
Perz, Bertrand 173
Pflücker, Ludwig 375
Pohl, Oswald 167 ff., 173, 175
Porsche, Ferdinand 355
Poser, Manfred von 284, 345

Quandt, Harald 275

Raeder, Erich 34, 304, 372, 382
Raginski, Mark J. 69, 330
Reif, Adelbert 258
Ribbentrop, Joachim von 14, 34, 66, 83, 101, 210, 332, 346, 351, 367, 371, 373, 375
Riefenstahl, Leni 75, 79 f., 108, 124
Rimpl, Herbert 225
Rommel, Erwin 130
Rosenberg, Alfred 15, 36, 162, 346, 372
Rulands, Drei (Gesangstrio) 116

Sachse, Peter 116
Sander (Mitarbeiter Speers) 175
Sauckel, Fritz 36, 85 f., 184 f., 210, 228 f., 251, 304, 309 ff., 323 ff., 355, 367, 369, 372 f.
Saur, Karl-Otto 348
Schacht, Hjalmar Horace Greely 38 f., 370
Schaub, Julius 75, 143, 280
Schieber, Walter 172, 220 f.
Schinkel, Karl Friedrich 54, 125, 377
Schirach, Baldur von 35, 190, 199, 265, 304, 368, 372, 376, 380, 383
Schirach, Henriette, geb. Hoffmann 265
Schmidt, Matthias 387
Schobert, Eugen Ritter von 120

Schramm, Hilde, geb. Speer 28 ff., 32 f., 97 f., 153, 176, 203 f., 204, 212, 264, 294–298, 313–317, 361 ff., 368, 372 f., 381
Schreck, Julius 75
Schreiber, Walter 64
Schulte-Frohlinde, Julius 125
Schuschnigg, Kurt 37
Schwerdtfeger, Carl 237 f., 243, 245 f.
Schwerin von Krosigk, Ludwig Johann 346
Sereny, Gitta 43, 106, 374
Servatius, Robert 310
Seyß-Inquart, Arthur 37, 348, 372
Siedler, Wolf Jobst 202 f., 205, 387
Sklarz, Wolfgang 352 f.
Sonnenfeldt, Richard W. 15, 17 f., 69, 210, 250 f., 359
Speer, Albert Friedrich (Vater Albert Speers) 42 f., 52, 73, 178 f., 373
Speer, Albert jun. (Sohn Albert Speers) 28, 30, 32, 78, 90, 97 f., 113, 151, 153 ff., 176, 295, 368, 371, 373, 381
Speer, Arnold (Sohn Albert Speers) 30, 33, 151 ff., 155, 203, 368
Speer, Berthold (Großvater Albert Speers) 73
Speer, Ernst (Bruder Albert Speers) 42 f., 50, 119–127, 153, 159, 177, 179

Speer, Ernst (Sohn Albert Speers) 153, 298, 368
Speer, Friedrich (Fritz, Sohn Albert Speers) 30, 98, 153, 368
Speer, Hermann (Bruder Albert Speers) 42 f., 50, 179
Speer, Hilde (Tochter Albert Speers), verh. → Schramm
Speer, Luise Mathilde Wilhelmine, geb. Hommel (Mutter Albert Speers) 42 f., 50, 373
Speer, Margarete (Gretel), geb. Weber (Ehefrau Albert Speers) 27 f., 41–45, 52 f., 56, 76–79, 151 f., 176, 213, 216, 293 f., 297, 313, 315, 367, 372 f., 380 f.
Speer, Margret (Tochter Albert Speers), verh. Nissen 153, 368
Speer Wolf (Neffe Albert Speers) 179 ff., 239–246 passim
Speidel, Hans 105
Spitzy, Reinhard 98
Stalin, Jossif W. 69, 130, 384
Stauffenberg, Claus Graf Schenk von 271
Stimson, Henry 351
Streicher, Julius 19, 22, 36, 39, 210 f., 35, 372, 376
Stuhlpfarrer, Karl 173
Stührk, Gustav 114

Tamms, Friedrich 125, 218, 225

413

Tessenow, Heinrich 43, 47, 58, 94, 387
Thorak, Josef 104, 125
Thyssen, Fritz 355
Todt, Fritz 25, 45, 138–150 passim
Trevor-Roper, Hugh 341, 366
Troost, Gerdy 99
Troost, Paul Ludwig 71, 76, 99, 144

Waeger, Kurt 221
Wagner, Jens-Christian 237, 246, 248 ff.
Weber, Friedrich 41 f., 368, 373
Weber, Lina, geb. Arnold 42, 368, 373

Wessel, Horst 57
Wilhelm II., Kaiser 102
Willems, Susanne 131 ff., 173
Wittenberg, Annemarie, verh. → Kempf
Witzell, Karl 230
Woltschkow, Alexander F. 84, 369
Wolters, Rudolf 63, 73, 112, 123 ff., 127, 135, 146, 149, 162, 218, 220, 225, 234 f., 267, 278 ff., 380 f., 384–387
Woods, John C. 365

Zeitzler, Kurt 177
Ziereis, Franz 211, 328
Zweig, Stefan 384

Bildnachweis

(Die Ziffern beziehen sich auf die Buchseiten, mehrere Abbildungen pro Seite sind mit a, b, c usw. gekennzeichnet)

WDR Köln/Stefan Falke 14, 15 a+b, 16a, 19, 23, 25, 28a, 30, 31b, 32, 33, 35, 37, 40b, 53, 55, 59, 63, 65a+b, 68, 70b, 71, 73, 75, 77, 79a, 84b, 86, 88, 89, 95a+b, 100, 108–110, 113a+b, 120, 125, 127, 128b, 131, 137, 141, 144, 146, 147, 150–152, 154, 157, 176, 179, 181, 185, 186a, 187, 189, 191, 192, 195–198, 201, 202, 204, 209, 210, 214, 215, 219, 235, 236, 238, 239, 247, 254, 257, 260–262, 272, 276, 278, 279, 281–283, 285-287a+b, 291, 294, 295a, 297, 299, 300, 302, 303, 305, 308, 310, 311, 314, 315, 318, 330, 341, 345, 347, 349a+b, 350, 351, 357, 358, 360, 364, 366, 367, 370, 372, 374, 376–378, 380a+b, 381, 382a+b, 383

ullstein bild 13, 16b, 17, 21, 22, 27, 29a, 36, 38, 40a, 46, 48, 51a+b, 54a+b, 57, 60, 61, 70a, 87, 93, 98b, 99, 103a–c, 104, 107, 114a+b, 129, 136, 138, 139, 149, 155, 159a+b, 165, 171, 172, 178b, 182, 183, 186b, 190, 213, 217, 221, 223, 224, 228, 231, 258, 263, 264, 268–271, 275, 293, 307, 312, 319, 320, 322, 332, 334, 338, 339, 346a+b, 354, 379, 385, 386

Familie Speer 28b–d, 29b, 31a, 41a+b, 42a+b, 43, 44, 79b, 80, 90, 97, 98a, 153a+b, 178a, 295b

Nachlass Speer Bundesarchiv Koblenz 117, 122, 128a, 174, 325, 329

Albert Speer, *Architektur* 81, 82, 101, 111

Yad Vashem 168–170, 206, 208, 211

Ray D'Addario, Klaus Kastner, *Der Nürnberger Prozess* 20, 66, 84a, 229, 253

Susanne Willems, *Der entsiedelte Jude* 122, 132

Werner Durth, *Deutsche Architekten* 225, 226

Yves Le Maner, André Sellier, *Bilder aus Dora* 232, 233, 240, 241, 244, 248

Richard W. Sonnenfeldt, *Mehr als ein Leben* 251

Monacensia, München 166

Süddeutscher Verlag, Bilderdienst 145

Die Kunst im Deutschen Reich, Ausgabe B, 5. Jg., 11/1941 162

Heinrich Breloer 9